张承良／王冰／汤红

中国
历史文化名人
广东故事

ZHONGGUO LISHI WENHUA MINGREN

GUANGDONG GUSHI

SPM
南方出版传媒
广东人民出版社
· 广州 ·

图书在版编目（CIP）数据

中国历史文化名人广东故事 / 张承良，王冰，汤红编著. —广州：广东人民出版社，2019.9

ISBN 978-7-218-13875-6

Ⅰ. ①中… Ⅱ. ①张… ②王… ③汤… Ⅲ. ①历史人物—生平事迹—广东 Ⅳ. ①K820.865

中国版本图书馆 CIP 数据核字（2019）第 222154 号

ZHONGGUO LISHI WENHUA MINGREN GUANGDONG GUSHI

中国历史文化名人广东故事

张承良　王冰　汤红　编著

版权所有　翻印必究

出 版 人：肖风华

责任编辑：廖智聪　伍茗欣　李　钦　李尔王
装帧设计：王　辉　奔流设计
责任技编：周　杰　周星奎

出版发行：广东人民出版社
地　　址：广东省广州市海珠区新港西路204号2号楼（邮政编码：510300）
电　　话：（020）85716809（总编室）
传　　真：（020）85716872
网　　址：http://www.gdpph.com
印　　刷：广州市浩诚印刷有限公司
开　　本：787毫米×1092毫米　1/16
印　　张：29　　字　　数：416千
版　　次：2019年9月第1版
印　　次：2019年9月第1次印刷
定　　价：78.00元

如发现印装质量问题，影响阅读，请与出版社（020-85716849）联系调换。
售书热线：（020）85716826

前　言

　　岭南自古被视为瘴疠之地、蛮荒之所。据《史记》《汉书》记载，岭南地区与内地的文化交流自先秦以后渐成规模。秦始皇南征岭南后，大军留驻，又"发诸尝逋亡人、赘婿、贾人"，"适治狱吏不直者，筑长城及南越地"。后来赵佗又"求女无夫家者三万人，以为士卒衣补。秦皇帝可其万五千人"，岭南与中原交往自此日趋繁密。

　　岭南地区由于开化较晚，在其发展的早期，较少高水平的思想文化创造。但自东汉末期以降，经由广州港的海外贸易日益繁荣，对外文化交流愈加频繁；加上历朝历代因各种原因而南迁的人越来越多，特别是汉末、西晋末年"八王之乱""永嘉之乱"以及后来唐宋"安史之乱""靖康之难"等战祸，造成大量的人口迁移到岭南，移民甚至逐渐成为岭南的主体。在此背景下，以中原文化为主的多元文化与岭南本土文化交融（如韩愈、苏轼、柳宗元等贬官岭南的文人都对岭南文化贡献卓著），岭南文化在日益丰厚的积淀中也渐趋形成自己独特的精神气质，思想文化的创造也由此逐渐"水涨船高"，乃至后来居上。及至明代中叶澳门开埠、清代后期香港开埠，西风东渐，广东越来越成为观念开新之地，思想文化创造的成果"芝麻开花节节高"，以至于成为执牛耳者，引领时代之风骚。

　　诚如学者所指出的，岭南文化在历史演进的机缘中，成就了独特的"岭南性"，要而言之，有两方面是最重要的：其一，南宋末代朝廷因蒙古入侵而流亡岭南，经崖山一战而覆亡的悲壮结局，却使得崖山精神在岭南大地落地生根、照耀后世，极大地激发和凝重了岭南思想文化的力量感。"崖山作为汉人亡国的永久'纪念'（毋宁说是耻辱），加深了岭南与中原的联系和认同，激发了岭南人强烈的危机意识、社会责任感和

主体担当，也促进了岭南人对历史和传统的理性批判和反思，乃至积极甚至激烈的行动。"自此，岭南文化的主体意识日渐确立，岭南思想文化的厚重底色也渐趋沉淀成型，"其共同特点是："以天下为己任'"敢为天下先'"。其二，惠能创立禅宗，将佛教的众生平等观念深深地印刻于岭南文化中，并升华为岭南精神和中华文化的重要部分。禅宗思想以向下的视角，更多地将目光投注于百姓日常生活，将深奥的佛理和修行寓于行住坐卧的生活场景之中，以现实关照和日常践行来取代对彼岸净土的缥缈追求，由此形成了岭南人无贵无贱的平等意识、见性成佛的自尊自立、自我作祖的创新精神、从心而行的浪漫情怀，这种强调"直心"的平民化、通俗化、简捷化取向，培养了岭南人既超脱尘世又脚踏实地的生活态度，也成就了岭南文化"眼光向下"的突出特征。

时至近代，西方现代文明首先从广东登陆，与岭南文化冲突激荡、交融会通，推动着岭南文化的近代转型，岭南由此"摇身一变"成为古老中华走向新文明形态的观念发祥地、行动践行地。岭南地区人才辈山，新思想、新观念叠现。可以说，一部中国近代史，离不开岭南和岭南思想家、革命家的忧患意识、思想洞见和担当作为。岭南独特的地理环境、文化传统和人文风情，还激发了历代岭南人独特的生命体验和文化艺术创造；而众多来到岭南生活工作的外乡人，也在岭南独特的人文氛围中激活了思想和情感的火花，他们以积极进取的思想、文化及艺术创造，丰富了岭南文化的底蕴，增添了岭南文化的厚度与高度，凝聚成为岭南文化璀璨夺目的精神标识。

习近平总书记指出，近代以来，广东就是中国许多重大历史事件的发生地，如虎门销烟、三元里抗英、鸦片战争、太平天国运动、辛亥革命、北伐战争等都同广东有密切关系，文天祥、林则徐、洪秀全、邓世昌、孙中山、廖仲恺、黄兴、何香凝、鲁迅等民族英雄和文化名人都是广东人或在广东活动过，文天祥的"人生自古谁无死？留取丹心照汗青"、林则徐的"苟利国家生死以，岂因祸福避趋之"、孙中山先生的"要立志做大事，不要做大官"等名言至今仍广为传颂……很多历史人物也是广东人或在广东生活过，如唐代的张九龄、宋代的苏轼、明代的袁崇焕、清代的康有为和梁启超等人，这是广东宝贵的精神财富，要继承发扬好。

为此，我们编写了这本《中国历史文化名人广东故事》，选取岭南历代思想、文化及艺术创造的代表人物，介绍他们的生平事迹和创新创造故事，让读者集中地阅读、了解，以期达到传承文化、赓续精神的目的。

编者

2019年8月

目录

三　社科学术篇

四　文学艺术篇

五　教育传媒篇

一

思想宗教篇

《 题记 》

　　岭南历代以来的思想文化创造，就其代表性而言，从惠能创立禅宗南宗、陈献章创立白沙心学，到近代以来的康梁新学、孙中山的"三民主义"、郑观应的"盛世危言"等，这些思想文化都具有鲜明的开创性质，成为中华思想文化发展史上一个个显眼的高峰。而这一切，与岭南（广东）的文化特质有着密切的关系。

　　岭南地区由于开化较晚，至秦汉时期都没有形成任何定型的文化体系。秦汉以后，在源源不断的中原移民和海外移民迁入的背景下，在因频繁的海外贸易带来丰富多元文化交流的环境下，岭南文化更像一张白纸，以开放的心态面对形形色色的外来元素，包容和吸纳异质文化，由此成就了岭南文化包容多元的浓重底色。与此同时，也由于岭南本来就没有久远的思想传承与体制化的学术成规，在训诂、考据以及对典籍原义的知解上，与北方思想界无法比肩。但所谓"失之东隅，收之桑榆"，岭南人触事而悟，在主观觉解上开辟了一条新路，即在学风上不拘泥于古旧成说，在文风上不滞着于烦琐的证定，通过直抒胸臆、重主观悟得而成就了思想创造、学术创新的新途径。惠能成为禅宗顿教的开创者，白沙成为明代心学家的肇始者，正是这一思想新路的典型见证。

　　宋代以后，广东（广州、珠三角）作为全国对外贸易中心和文化交流中心的地位越发明显。及至明代中叶澳门开埠，以及鸦片战争后香港开埠，广东地区日益成为西风东渐的"桥头堡"，岭南文化精神中固有的价值传统与西方现代文明融会贯通，由此催生了中国近现代史上波澜壮阔的资产阶级革命的思想滥觞。

葛　洪

葛洪（284—364），字稚川，自号抱朴子，晋代丹阳郡句容县（今江苏省句容县）人。作为一位卓越的道教学者、炼丹家、医药学家，葛洪内擅丹道，外习医术，研精道儒，可谓学贯百家、思想渊深。他不仅对道教理论的发展卓有建树，而且学兼内外，在医学、治术、音乐、文学等方面多有成就。

葛洪生于官宦世家，祖父葛系是三国时孙吴的高官，父亲葛悌由吴入晋，为邵陵太守。但到13岁时父亲离世，家道中落。据明代李贽《初潭集·葛洪苦学》记载，葛洪自幼好学，常常因为学习而无暇处理家务。院落的篱笆围墙野草丛生，但家里穷请不起人来修剪整饬，以至于进出庭院大门都要用手分开挡在门口的杂草野树。家里数次失火，收藏的著作典籍都被焚毁了。葛洪背着书箱，不远千里步行去借书抄写。他把自己卖柴火换来的钱拿去购买纸张，通宵达旦地翻阅抄写。每一张纸都反复使用多次，密密麻麻的记录，别的人很难看明白。

葛洪一生著作宏富，据史料记载共有五六百卷之多，其中有《抱朴子》内篇20卷、外篇50卷，《神仙传》10卷，《隐逸传》10卷，《良吏传》10卷，《集异传》10卷，《金匮药方》100卷，《肘后备急方》8卷，文集30卷，还有杂抄经史百家方技短杂奇要等310卷。为此，明代著名学者胡应麟感慨地说："六朝著述之富，盖无如葛稚川者。"（胡应麟《诗薮·六朝》）但如今大部分亡佚，保存得比较完整的只有《抱朴子》《神仙传》《肘后备急方》等少数几种。按照葛洪自己的说法，《抱朴子》内篇"言神仙、方药、鬼怪、变化、养生、延年、禳邪、却祸之事，属道家"，外篇"言人间得失，世事臧否，属儒家"。《神仙传》主要是宣传

其道教思想，可将此书当作志怪小说集来读。今本《神仙传》涉及仙人80多位，乃是后人的辑本，其中有些混乱讹误。神仙之事本属于虚诞，并不可信，因此正如《四库全书总目》所说："流传既久，遂为故实，历代词人，转相沿用，固不必一一核其真伪也。"此外，《西京杂记》和《汉武故事》两部小说亦流传于世。《肘后备急方》是一部临床急救手册，在中国医学史上有着非常重要的地位。

葛洪一生以炼丹和医学为主，其在医学上的贡献是多方面的。《肘后备急方》是其医学成就的代表之作。《肘后备急方》，顾名思义就是常备于肘后（带在身边）的应急医书，书中收集了大量其在行医、游历过程中所收集的救急用的方子，如治疗狂犬病、天花、恙虫病、疟疾等急症、传染病的方子，疗效显著。2015年，中国科学家屠呦呦荣获诺贝尔生理学或医学奖就与《肘后备急方》有重要关系。屠呦呦和她的团队在20世纪70年代成功地从中草药黄花蒿中提取有效成分，用于疟疾治疗有神效，几十年来挽救了千百万人的生命。而这一重大发现，就是源自葛洪的《肘后备急方》一书中"青蒿一握，以水二升渍，绞取汁，尽服之"可治"久疟"的启发。屠呦呦采用低沸点溶剂乙醚从黄花蒿中萃取青蒿素，结果一举获得成功。

葛洪后半生主要隐居在广东罗浮山，在此修道炼丹、采药治世、著书立说，为岭南医药学的奠基作出了巨大贡献。罗浮山由此成为中国十大道教名山之一，又有"岭南第一山"之称。罗浮山留下不少与葛洪有关的遗迹，如冲虚古观、酥醪观、葛洪衣冠冢、稚川丹灶、长生井、洗药池、遗履轩、蝴蝶洞等。

| 故事1 |

取疯狗脑髓治狂犬病

葛洪在其著作中提出了不少治疗疾病的简单药物和方剂，其中有些已被证实是特效药，如松节油可以治疗关节炎，铜青（碳酸铜）可以治疗皮肤病，雄黄、艾叶可以消毒，密陀僧可以防腐，等等。更重要的是，他对疾病的产生尤其急症的产生提出了自己独到的见解和解决办法。他甚至采用免疫法来治疗狂犬病，而这种含有免疫学的思想萌芽，比起后来欧洲的巴斯德狂犬病疗法早了1000多年。《肘后备急方》记载了他用这一方法来治疗狂犬病的做法。

葛洪潜心研究医术、炼丹，不时外出行医、游历，逐渐成了老百姓心中悬壶济世的神医。有一天，一位老农急匆匆地来到葛洪家里，见到葛洪纳头便拜，焦急地说："葛先生，我儿子被疯狗咬伤了，请您想想办法，救我儿一命。"

葛洪一听，二话不说挎上药箱就跟老农出了门。他也很焦急，他知道人若是被疯狗咬伤，会非常痛苦，受不得半点刺激，哪怕是受到一点光、听到一点声音，都能引起抽搐、烦躁。尤其是怕水，听到水、谈到水、见到水都会立刻咽喉痉挛，发病几个时辰内便会痛苦地死亡。葛洪之前遇见过好几桩类似的病例，都是眼睁睁地看着病人痛苦地死去，一点办法都没有。因此，他一直留心查找典籍，在游历时留意相关案例的治疗经验。他想到了"以毒攻毒"的疗法，《易经》的理论告诉他，世间万物相生相克！疯狗身上的病毒一定也有它生克的物质存在。病毒入侵狗的脑子，令狗丧失理智，那么拿疯狗的脑髓来涂在病人伤口上，以毒攻毒，是不是会有效呢？他决定冒险一试。葛洪对老农说："现在也没别的什么好办法。我想用疯狗的脑髓涂在你儿子的伤口上，或许能让他脱离危险。"事已至此，老农也没有别的办法，只好听从葛洪的吩咐把疯狗捕来杀死，取出脑髓，敷在患病人被狗咬的伤口上。没想到，病人的疼痛还真的渐渐减轻了，进而慢慢好转了，此后再没有发病。自那以后，葛洪用这种方法给不少被疯狗咬伤的人治疗，效果总体来说都还不错。

| 故事2 |

成功治愈沙虱病（恙虫病）

罗浮山是一个天然的中草药库，山上有植物种类3000余种，其中药

用植物有1000多种。葛洪和妻子鲍姑隐居罗浮山后，他们广泛搜集民间验方、秘方；还经常上山采药，并对各种中草药进行鉴别；将采集的中草药放在池中清洗，加工后用来为百姓治病。现在罗浮山有一处叫洗药池的景点，在冲虚观右侧，相传就是当年葛洪和鲍姑洗制中草药的地方。该池由青砖砌成，八角形状，面积约15平方米，池畔有一苍劲巨石，上刻有"洗药池"三个大字及清代爱国诗人丘逢甲的题咏："仙人洗药池，时闻药香发。洗药仙人去不还，古池冷浸梅花月。"

话说当年，葛洪隐居罗浮山，发现当地居民极易患一种怪病，三天两头就有人莫名其妙地丢了性命。奇怪的是，他们发病之前没有任何预兆，发病后短短几天就丢了性命。葛洪用心记录这种病的临床症状，他发现病人刚发病时，腋窝、腹股沟等处的皮肤上都会生出一些小红点，此后出现水泡结痂，痂皮脱落后形成溃疡，同时，病人会出现畏寒、头痛、全身酸痛、疲乏、嗜睡、食欲下降、恶心、呕吐、颜面潮红等症状。葛洪仔细询问病人发病前的行踪，细心观察病人周边的生活环境。他最后确信，这种病应该与一种叫沙虱（恙虫）的虫子有关。岭南地区由于闷热潮湿，极易生长沙虱，这种虫子主要藏身于水里或草丛树林间，如果洗冷水澡或阴雨天在草丛中逗留，虫子粘在人身上，就会钻入人的皮肤中，引发一系列病症。

这一次，葛洪听说又有一户农家的老人患了这种怪病。他来到农户家里，仔细观察，竟然真的在老人会阴及腿部发现了虫子的叮咬痕迹。这让葛洪心里更有底了，他确信老人肯定是感染了沙虱病，于是他用针挑出虫子，用灸疗法为老人遭受损伤的五脏进行灸疗。治疗三四次后，老人的病慢慢痊愈了。

《肘后备急方》详细地记载了沙虱病的相关情况：

山水间多有沙虱，甚细，略不可见。人入水浴，及以水澡浴，此虫在水中著人身，及阴天雨行草中，亦著人，便钻入皮里。其诊法：初得之皮上正赤，如小豆黍米粟粒，以手摩赤上，痛如刺。三日之后，令百节强，疼痛寒热，赤上发疮。此虫渐入至骨，则杀人。

在国外，直至20世纪20年代，西方医学界才逐渐发现了沙虱病的病原是一种比细菌小得多的"立克次氏体"，并弄清了携带病原的小红蜘蛛的生活史。而葛洪早在1600多年前，在没有显微镜的情况下，就把它的病原、病状、发病的地点、感染的途径、预后和预防等弄得较为清楚了，还指出此病见于岭南，与今天临床所见竟无二致，这不能不说是一件很了不起的事。

惠　能

　　1400多年前的7世纪初，正是中国历史上隋唐朝代更替的时期。在这前后，世界宗教运动风起云涌、波澜壮阔：基督教在历经磨难后再创辉煌；伟大先知穆罕默德在麦加城接受天启，伊斯兰教自此在世界宗教舞台上隆重登场。而远在东方的中国，源自印度的佛教经过数百年传播扩散，与中国本土的儒家、道教不断碰撞融合，最终得以本土化，中国化的佛教——禅宗诞生。禅宗六祖惠能，成为完成佛教中国化的极其关键人物之一。

　　唐贞观十二年（638），惠能出生于岭南新州夏卢村（今广东省新兴县六祖镇）。《坛经》记述惠能身世："惠能严父，本贯范阳，左迁流于岭南，作新州百姓。此身不幸，父又早亡，老母孤遗，移来南海；艰辛贫乏，于市卖柴。"

　　偶然的一天，惠能送柴火到客店，听到有住客在念诵《金刚经》，他"一闻经语，心即开悟"，并在历经磨难之后，终成正果。

　　惠能定居韶州曹溪宝林寺讲法37年，在岭南乃至中原地区形成了持续的巨大影响力。弟子法海等人将惠能的演讲予以记录整理，由此演绎出了第一部也是唯一的一部以"经"命名的中国本土佛教经典《坛经》。与此同时，惠能在曹溪弘法30多年间，门下弟子云集，其中有史料记载者43人。最出名的弟子有青原行思、南岳怀让、菏泽神会、南阳惠忠、永嘉玄觉、曹溪法海等。他们得法后大多各成一家。其中以青原行思、南岳怀让二家弘传最盛。惠能开创的南宗禅，经南岳、青原的弘扬，很快就发展起来，形成五家宗派：

　　南岳一系，经马祖道一、百丈怀海、黄檗希运、临济义玄，建立临济宗（河北）；百丈怀海下经沩山灵佑、仰山慧寂两代，建立沩仰宗（湖南）。

青原一系，经石头希迁、药山惟俨、云岩昙晨、洞山良价、曹山本寂，建立曹洞宗（江西）；石头希迁下另一传人天皇道悟，经龙潭崇信、德山宣鉴、雪峰义存、云门文偃，立云门宗（广东）；雪峰义存下另一传人玄沙师备，经罗汉桂深传法眼文益，立法眼宗（南京）。

至此，禅宗南宗形成"花开五叶"的五家法流。到宋朝，临济宗又演化出杨歧和黄龙二派，世称禅宗"五家七宗"。

随着南宗禅传播日益广泛，其对时代风气的影响也日益深化，以至一变而为中华文明的一脉基因。禅宗对后世的影响，最重要的两方面是：其一，形成宋元以后参禅的禅宗风气；其二，演变成儒学佛化的宋代理学，儒学、佛学辗转交融，偏于入世，由此成就了儒学的第二次高峰。影响所及，对王阳明的心学、隋唐以降的中国文学艺术等都产生了根本性的影响。对此，易中天曾有评价："禅宗的中国化相当成功。他们岂止中国化，也是化中国。事实上，越到后来，禅宗就越是成为中华文明不可分割的部分。唐诗、宋词、元曲、山水画、明清小说，处处可见禅宗的影子。"（易中天《禅宗兴起》）

| 故事1 |

风动幡动，无非心动

在湖北黄梅东山寺，惠能得传"顿教及衣钵"，成为禅宗六祖。为躲避寺院愤怒者的伤害，惠能一路往南逃命，在广东怀集、四会一带避难，转眼就是数年过去。

唐仪凤元年（676）正月八日，39岁的惠能在隐身修持数年后，来到了当时岭南的政治、经济和文化中心——广州。

他去的地方是光孝寺，当时称作法性寺。光孝寺作为"岭南第一古刹"，被誉为"法界枢纽、禅宗初地"，这里不仅是惠能"开东山法门"

的地方，也是中华禅宗始祖达摩来华传法的第一站。

惠能在光孝寺的第一次亮丽出场，就是坊间广泛流传的关于"风动幡动"的论辩。一般的版本是：唐仪凤元年正月八日，当时的寺院住持印宗法师正在给僧众讲《涅槃经》，惠能混迹于僧众人群之中，听印宗法师讲经。一阵风吹过来，寺院内悬挂着的经幡随风飘动起来。印宗法师即景说法，向众僧提问："到底是风在动，还是幡在动？"众僧于是议论纷纷，有人说是风在动，有人说是幡在动，一时争持不下。这时，惠能的声音在吵闹声中越众而出："不是风动，不是幡动，是看的人自己心动而已！"

惠能一语惊人！

惠能参与这场"风动幡动"的论辩，是偶遇，还是有备而来？《祖堂集》（五代南唐泉州招庆寺静、筠二禅师所编写）对这一事件的记述颇耐人寻味：

> 至仪凤元年正月八日，南海县制旨寺遇印宗。印宗出寺迎接，归寺里安下。……有一日，正讲经，风雨猛动，见其幡动，法师问众："风动也？幡动也？"一个云风动，一个云幡动，各自相争，就讲主证明。讲主断不得，却请行者断。行者云："不是风动，不是幡动。"讲主云："是什么物动？"行者云："仁者自心动。"

南海县制旨寺，指的就是广州光孝寺。按照这段文字所记，印宗法师在之前就知道有惠能这个人，所以当惠能来寺，便出门迎接，安排他在寺里住下来。如果所记属实，那么，惠能先前在怀集、四会的活动或已在相当程度上为人所知，至少在佛家人圈子里是有名气的，才会初来乍到便有印宗法师如此礼遇。

对此，《曹溪大师别传》的记述同样值得深究：

> （印宗）法师每劝门人商量论义。时嘱正月十三日悬幡。诸人夜

论幡义。法师廊下隔壁而听。初论幡者："幡是无情，因风而动。"第二人难言："风幡俱是无情，如何得动？"第三人："因缘和合，故动。"第四人言："幡不动，风自动耳。"众人争论，喧喧不止。能大师高声止诸人曰："幡无如余种动，所言动者，人者心自动耳。"印宗法师闻已，至明日讲次，欲毕，问大众曰："昨夜某房论义，在后者是谁？此人必秉承好师匠。"中有同房人云："是新州卢行者。"法师云："请行者过房。"能遂过房。

印宗法师在讲经的过程中，经常要僧众讨论佛法义理，这次布置"风幡之议"的论题，参与讨论的不是只有两个人，而是许多人。从"夜论幡义"来看，惠能是已经在光孝寺住下，与僧众住在一起参与讨论的。

但不管如何，惠能因"风动幡动"的论辩而备受瞩目，完成了从怀集、四会隐身避难到弘法传道的最重要的一次亮相。

| 故事2 |

拒绝朝廷敕召

在今天的南华寺藏经阁，存放着惠能祖师曾经使用过的禅杖、坠腰石等众多国宝级禅宗文物。其中有一件用金丝织出成千个佛像和20条金龙的唐代刺绣珍品，以及武则天赐六祖的圣旨，这些文物尤为显眼，其昭示着南宗禅在朝廷权力中心所得到的尊重和认可。

话说惠能在曹溪宝林寺讲法几十年，在岭南乃至中原地区渐渐形成了巨大影响力。朝廷数次敕召想请他进京说法，但他却毫不犹豫地拒绝了，充分彰显了南宗禅"眼光向下"、面向普罗大众的平民意识和不媚权势的平等意识。

武则天是中国历史上第一个也是唯一一位女皇帝。她曾经有过一段入寺为尼的经历，当了皇帝之后，更是大力提倡佛教。武则天分别在长寿元年（692）和万岁通天元年（696）两次下诏召惠能入京，惠能皆托病不

往。无奈之余，武则天只好颁下《锡赉六祖大师宣诏》，派遣中书舍人吴存颖为专使宣诏，御赐惠能水晶钵盂、百衲袈裟、白毡等法物。南华寺至今还保存着武则天赐给惠能的圣旨原件，诏书的内容是：

> 师以道契无为，德光先圣，入大乘之顿教，表无相之真宗，既而名振十方，声誉四海。万机无恼，八识俱全。功超解脱之门，心证菩提之序。朕以身居极位，事继繁煎，空披顶戴之诚，仁想醍醐之味，恨不超倍下位，侧奉聆音，倾求出离之源，高步妙峰之顶。师以宏扬之内，大济群生，横舟楫于苦海之中，究沉溺以爱河之岸，今遣中书舍人吴存颖，专持水晶钵盂一副，磨衲一条，白毡两端，香茶五角，钱三百贯，前件物微少伸供养，以表朕之精诚。仍委韶州节加宣慰，安恤僧徒，勿使喧繁寺宇。

神龙元年（705）正月十五日，唐中宗颁下诏书，召请惠能入京。诏书的内容大致是说：朕曾经迎请嵩山慧安和玉泉寺神秀两位禅师到宫中虔诚供养，在日理万机之余，时时与两位禅师讨究成佛之法。两位禅师十分谦虚，推让说南方有位惠能禅师，曾秘密领受弘忍大师的钵衣教法，承传佛之心印，可以向他请教释疑。现在派遣宫中内侍薛简，带诏书飞驰前往迎请。希望禅师以慈悲为念，迅速随内侍赶赴京城。

惠能接到诏书，仍以身有疾病为由，上表谢辞。

传递诏书的薛简正好也是一位信佛的宦官，薛简抓紧时机向惠能面求教旨，于是有了以下的一些对话。

薛简问："京城的禅师大德都说，想要体悟道，就必须坐禅习定，没有人可以不经过禅定而得以解脱成佛的。不知道禅师所宣讲的是不是这般教法？"

惠能答："道是由本心来体悟的，岂是靠打坐来获得的？佛经说了，如果说如来就是如坐如卧，那么这种认识是邪道。为什么这样说呢？既没有所来之处，亦没有所去之处，没有生成也没有毁灭，这才是得到真正的解脱的如来清净禅。其实，如来清净打坐说的是诸法空寂，如来清净禅是至高无上的境界，是无法验证的，哪里是打坐能体验的。”

薛简说：“弟子回京后，主上必定要询问打听。希望大师以慈悲为怀，指示禅法的要旨，我好向皇太后、皇上及京中学佛的人讲述。就好像一盏灯点燃了千百盏灯，使黑暗都变亮了，那就使光明无穷尽。”

惠能答：“道无所谓明暗之分，明暗有互相转换的意思，说光明无穷尽，其实也是有尽头的，相对于黑暗才有光明，《净名经》上就有‘法无有比，无相待故’的说法。”

薛简又问：“明是比喻智慧，暗是比喻烦恼。修道之人，倘不以智慧照破烦恼，凭借什么脱离没完没了的生死轮回？”

惠能答：“烦恼即是菩提，无二无别。如果说要以智慧的光明照破烦恼的黑暗，这是声闻和缘觉二乘人的见解，就跟坐在羊、鹿车上的人一样的见解，上智大根的人都不是这样想的。”

薛简问：“什么是大乘人的见解？”

惠能答：“光明与黑暗，在凡夫俗子眼中是不同。明智的人看得透彻，觉得它们的本质特性并无区别。没有区别的本质特性，即真实的本性。真实的本性，在凡夫愚人的境地不会泯灭，在贤人圣哲的境地不会增益，处于烦恼之时不被扰乱，居于禅定之时不觉空寂。它是不断不常，不来不去，不在中间及其内外，不生不灭，表象和本质一致，永恒不变，这就叫作道。”

薛简问：“大师说的不生不灭，与外道的说法有什么不同？”

惠能答：“外道所说的不生不灭，是以灭作为生的停止，以生作为灭的显示。所以说灭犹不灭，说生犹不生。我说的不生不灭，本来就无生，现在也就不灭，所以不同于外道。你想要了解禅法的要旨，只要一切善恶都不放在心上思量，自然得入清净心体，湛然常寂，那妙处就像恒河上的沙粒一样多得数不清。”

薛简得了惠能指教，豁然大悟，于是行礼告别，归奏京师。是年农历九月三日，唐中宗下诏褒奖惠能，称赞他是维摩诘（早期佛教著名居士、

在家菩萨）一样的人物，赐给他磨衲袈裟一件、水晶钵一个，敕令韶州刺史重新修葺、装饰寺院，将宝林寺改称中兴寺，两年后，又赐予"法泉寺"匾额，并赐惠能在新州的旧居为"国恩寺"。

陈献章

陈献章（1428—1500），字公甫，号白沙，广东江门新会都会村人。

说起明代心学，人们首先想到的一定是王阳明。王阳明心学，在继承陆九渊心学基础上，集宋明两代心学之大成，影响深远。但我们也应该知道，明代广东江门的陈献章，他首先打破南宋时期居于统治地位的程朱理学，开拓了明代心学的新路子，建立了"自得于心"的"心与理合一"的心学思想体系。他的学说，通过他的学生湛若水与王阳明的交往，进而影响王阳明。因此，不论从产生时间看，还是从学说影响看，说陈献章为"明代心学第一人"也不为过。

明代中叶的珠江三角洲地区，在广州港繁盛贸易的带动下，商品经济日益发达。陈献章少年时就举家迁往江门白沙村，这里的圩镇繁华，商业活动繁盛，对他形成开放思维、开启心学思想产生重要影响。可以说，陈献章学说的创立和学风的转变，是明代初期至中叶的社会变迁和商品经济发展在思想观念和学术路向上的反映，体现出岭南所特有的思想解放特质。

陈献章少年聪慧，读书过目不忘。据《明史·陈献章传》记载，陈献章20岁时参加乡试，一举考中举人，但接下来两次参加礼部会试都没考上。后来跟着理学家吴与弼学习，半年之后回家，读书日夜不停。他母亲为他盖了一座春阳台，他在春阳台静心读书，冥思苦想，十年时间足不出户，其思想逐渐由崇尚读书穷理的程朱理学转向主张求之本心的陆九渊心学。明成化二年（1466），陈献章重游太学，因有感触而写出《和杨龟山此日不再得诗》，让国子监祭酒邢让大加赞许，惊叹"龟山先生也不如你啊"，誉为"真儒复出"，自此才名震京师。

陈献章是岭南最负盛名的理学家。陈献章生活的年代，宋代以来的程朱理学占据意识形态的统治地位，学术气氛沉闷，思想界如同一潭死水。其时，陈献章自成一家之言，提倡"以自然为宗"的修养方法，极力倡导"天地我立，万化我出，而宇宙在我"的心学世界观。陈献章心学的出现，标志着明初程朱理学统一局面的结束，在明代思想史上起到承前启后的作用，对岭南文化乃至中国文化产生了重大影响。

陈献章在治学和教育上也颇有影响，创立"江门学派"，成为明代著名的教育理论家，提出了"学贵自得、学贵知疑"的教育思想。同时，陈献章还是一位出色的诗人，留存各种体裁的诗作1977首。他的诗格调很高，诗作雅健平易，他用诗来教育弟子，也用诗来传播他的学术思想。他的诗文著述，由他的学生辑成《白沙子全集》传世。

明弘治十三年（1500），陈献章病逝，终年72岁。明万历十三年（1585），在他去世85年之后，神宗皇帝又诏准陈献章以翰林院检讨的身份从祀孔庙，追谥"文恭"。广东历史人物中，能从祀于孔庙的，仅有白沙先生一人而已，所以有"岭南一人"之誉。

| 故事1 |

春阳台十年"静坐"悟道

明景泰六年（1455）初，一个春意盎然的日子，27岁的陈献章在告别老师吴与弼后，从江西临川回到了自己的家乡江门，翻开了生活的新一页。据阮榕龄《编次陈白沙先生年谱》及其他有关资料记载，在这以后的十余年，陈献章在春阳台闭门读书，经历了不得要领—有所领悟—精神自得的曲折过程。

回到江门白沙村的陈献章，立即投入到紧张的学习中。他本来要到城北蓬莱山馆去温习，但母亲担心世道不宁，极力反对，他便留在家中攻读。母亲为了让他拥有更好的学习环境，便为他在附近的小庐山山坡上修筑了一间书屋，题名为"春阳台"。此后，陈献章在春阳台中一坐就是十年，史称"坐春阳台"。毋庸置疑，这十年"静坐"，成为陈献章学术生涯中的一道分水岭，也是明代儒学思想史上的一个重要事件。

陈献章开始闭门读书。他不出家门半步，不接待任何宾客，即便来者是何等有身份地位的大人物也不例外。有一位名叫朱英的官员，时任广东右参议，为官清廉，勤政爱民。有一天，朱英巡视到了江门，有意召见陈献章，陈献章却当作没听见。朱英又亲临陈府求见，陈献章仍避而不见，不给朱英一点面子，只专心致志读书。

静居家中，陈献章没有师友交流指引，每日只是在书房中废寝忘食地读书。当时他读的书已经远远超出了科举取士所要求四书五经，在通读儒家经典的同时，旁及佛家、道家的著作，以及小说、笔记、正史、野史等，真可谓博览群书，阅尽古今典籍。大量的阅读，打开了他的眼界，为他日后创立学说、成就事业打下了坚实的基础。

长时间的闭门苦读需要过人的毅力，陈献章以常人难以想象的毅力坚持读书。他夜以继日，通宵达旦。为了驱除疲劳，他还自创"泡脚法"，困了就用凉水、热水或中药水浸泡脚部，刺激神经，继续苦读。为了排除外界的一切干扰，他每天紧闭门户，甚至连吃饭也由家人送到春阳台。即便如此，陈献章还嫌不够清静，有段时间，他干脆把门户关死，由家人在窗户上开个小洞，从洞口给他送进饭菜。

经过几年的苦读，书读了不少，但陈献章感到仍无所获。反倒是身体因用功过度而得了病，闭门苦读似乎面临难以为继的局面。

他停下来检视自己这些年读书的得失，总结这段苦读的经验教训，开始有所领悟。他体会到，读圣贤书虽是修养的重要途径，然而书读得再多，如不经过自己的思考、消化、融会贯通，结果还是书归书、我归我，领会不了书中的含义，便毫无得益。为此，他慨叹："学贵自得！"可以说，读书使他打开了眼界，对世间万物的缘起生火有了理性的见解；同时，"静坐"而来的"自得"，又使他不被书本牵着鼻子走，不凭空地、毫无根据地提出自己的见解。做学问，进行自我修养，既要求于心，又要求于书，二者不可缺一，只是有个先后和轻重罢了。在陈献章看来，读

书如果只背诵书中的言词，而不细细地品味，那么就算是被世人奉为经典的儒家的"六经"，也不过是一堆"糟粕"，毫无价值。陈献章通过对传统的治学方法的检讨和批评，终于在学问功夫上有所突破和创新。他通过"静坐"之法，领悟到了"自得"的治学路径，找到了"心"与"道"相吻合的门径。

此后，陈献章改变了以往单纯的自我封闭的苦读方式，不再只是静坐，而是以更加率性的方式理解生活、体验生活。他在读书之余四处走动，或到山林中放声高歌，或在孤岛上大声吼叫，或在溪中、海里等处垂钓、弄舟……总之，努力使自己与自然万物融于一体，进而达到"自信自乐"。

陈献章坐春阳台十年，从明景泰七年（1456）开始，十年间跨越了景泰、天顺、成化三个王朝。孔子曾说"吾十五而志于学，三十而立"，而陈献章则是将近三十才"志于学"，将近四十才有所建树。但所谓大器晚成，一位大贤的产生，时间晚一点也算不了什么。年近四十而"不惑"的陈献章，终于完成了从师—彻悟—自得的人生历程，到"自得"之学的创立，为日后自立门户、开创新的学派明确了路向，奠定了坚实的思想基础和方法论基础。

晚年的陈献章，因为精神的"自得"而过得悠闲自在。他自号玉台居士，追求人生的"真乐"。除静坐涵养外，还抚琴弄舟、月中垂钓、山林放歌、饮酒赋诗、观花赏月……人们从陈献章的大量诗句中，可窥见他晚年生活的"自得"。他常常约好友、弟子游新会的名山——圭峰山，观赏飞泉与山峰；或到崖门，回首往事，凭吊当年的抗元英雄。陈献章的《和陶》12首中《归田园》3首，生动地描写了他的"居士"生活：

> 我始惭名羁，长揖归故山。
> 故山樵采深，焉知世上年。
> 是名鸟抢榆，非曰龙潜渊。
> 东篱采霜菊，西渚收菰田。

> 游目高原外，披怀深树间。
>
> 禽鸟鸣我后，鹿豕游我前。
>
> 泠泠玉台风，漠漠圣池烟。
>
> 闲持一觞酒，欢饮忘华颠。
>
> 逍遥复逍遥，白云如我闲。
>
> 乘化已归尽，斯道古来然。

在诗中，陈献章记述了他与家乡的山水美景融于一体的精神愉悦，彰显着他超越功名束缚之后的精神自由。

| 故事2 |

陈献章创立"江门学派"

春阳台十年"静坐"，陈献章的学问和境界已然与十年前不可同日而语。明成化元年（1465），春阳台的门被一位诚心人叩开了。曾拜陈献章为师的潘松森来到了江门白沙村，决意要见到"静坐"春阳台的老师。潘松森在春阳台前十分耐心地守候着，从白天到深夜，奇迹终于发生了！春阳台的门打开了，里面走出了十年"静坐"的陈献章。

陈献章开始着手筹备接收学生、传授学说的事宜，这是他传授思想学说、创立理学新流派而迈出的第一步。他把春阳台改作书馆，亲笔题写"小庐山书屋"。38岁的陈献章，开始了他的教学生涯。陈献章设馆授徒的消息传出，登门拜师的人接踵而至。有来自江门、南海、顺德、三水各地的，因为陈献章住在白沙村，学生们便亲切地称呼他为"白沙先生"。成化二年（1466），上海陈肃远道来至江门，拜陈献章为师。陈肃与陈献章曾一起在京城国子监读书，算是"老同学"了，但他却愿拜陈献章为师，在陈献章跟前行弟子礼，足见"静坐"春阳台之后的陈献章，学问功夫已不同于往日。

在学问功夫上，陈献章提出读书"贵在自得"。陈献章确信，书本知识必须经过自己的体会、消化，才能吸收，否则便是一堆"糟粕"，或书归书、我归我。对儒家经典"六经"，人人都可以有自己的解释，如果读书时不用心体会，那么"千卷万卷皆糟粕"。他深刻批评当时一些读书人读死书，只诵章句，学习言辞，而不去品味、不用心体会其中的内容。与此同时，陈献章提出"学贵知疑"。陈献章认为，大胆怀疑，是求得学问，达到"自得"的必不可少的一步。人总是有疑之后发问，发问之后才得知，得知真切然后才确信，所以"疑"是走向真理的始发点。在陈献章看来，"疑"就是大胆地怀疑，不依靠他人，而依靠自己的独立思考；不以他人是非为是非，不以圣人是非为是非。至此，陈献章的教育理论渐成体系。

成化五年（1469）秋，41岁的陈献章从京城归来，不再属意功名，而是潜心学问，与弟子坐而论道。此后十余年间，他撰文、作诗，阐述他的学术要旨，思想渐成体系。与此同时，来求学的弟子愈来愈多，陈献章开始独立门户，创立岭南第一个具有形而上意义的学术流派——江门学派。

陈献章秉承有教无类的教育思想，广收弟子。同时，在教学上注重教学方法，因材施教，弟子中成才者众。

在《程乡县社学记》中，陈献章明确提出：学习是贫贱的人和富贵的人、有才气的人和没有才气的人，都共同拥有的权利，不能对他们进行什么选择。这显然就是孔子所说的"有教无类"。陈献章在他的教育实践中，遵循了这一原则。据史料记载，陈献章居乡数十年，开学馆、收弟子，对来求学的人，从不问他的出身贵贱，一一欢迎。陈献章对社会地位低微的弟子，不但不歧视，反而关怀备至，为他们提供免费食宿。弟子张诩在《白沙先生行状》中说：屠夫、武士、商人、农夫、身份低微的人，来求学，先生都尽情接待，有问必有答，故天下被他感化的人很多。弟子李承箕在《寿石翁陈先生六十一诗序》中，也有类似的说法。认为先生接收学生是"无远近、无贵贱"，并能"随问而答"，不强求人，也不勉强人。

陈献章还依据教学对象的具体智力与心力情况开展教学活动，对素质高的学生则提出更高的要求。譬如学生张廷实,资质聪明、反应敏锐,是块"好料",需要好好雕琢,故陈献章常常给他写信,不断地教诲他、引导他。在《陈献章集》中收集了陈献章给学生张廷实的69封信件,充分反映出陈献章对他的耐心和有针对性的引导,对他高标准的要求,以及对他的期望。

陈献章非常注重通过启发自觉,进行目标教育和人格培养。陈献章的独到之处,在于强调以做"圣人"为目标,但不主张以圣人的是非为是非,而提倡"贵疑""自得"的独立思考和思想解放的精神。陈献章培养学生,既要"作圣",也要具有独立人格,从两个参照系上造就社会的有用之才,从而也就否定了传统的愚民教育。

陈献章的"自得"之学,强调一个"自"字,学生由"自疑"即自己心中存在未解决的问题,到"自得"即自己有所悟。一方面,教师采取启发的方式,为学生创造一个能"自疑"和"自得"的外部环境,循循诱导;另一方面,学生则要敢于大胆怀疑,提出问题,进行独立思考。

进而论之,陈献章认为,学习应该有"先后缓急之序",不可能一蹴而就。学习的过程,是"自得"的过程,是人的学识、修养、境界不断提高的过程,是人的知识由量的积累到质的飞跃的过程。陈献章在《与林缉熙书》31则中的第15则中说到了"自得"的渐进过程:"塞断"作诗、写文等一切的路绪,并"扫去"心中的一切"芥蒂",于是进入"静"的状态,养出个"端倪"来,这样便出现"气象日进""造诣日深",最后达到没有内外、没有大小、没有显露和隐晦、没有精细和粗糙之分,既能把握万物,又能超然于万物之上的境界,即与自然一体的境界。

期待学生成为国家的栋梁,是陈献章毕生最大的心愿。陈献章在《与张廷实主事》69则中的第10则中说:"老朽无所为,但愿足下辈能树立于世,俾斯文有赖,甚幸,甚幸。"事实上,陈献章的学生们没有让他失望,陈献章用自己园丁般的辛劳,把自己的愿望变成了无可争议的事实,他的弟子遍及各地,以至于有"天下莫不知有白沙先生"的说法。《广东新语》有专节记述"白沙弟子",说:"新会志有白沙弟子传,弟子一百

余六人。"新会知事贾雒英编写的《新会县志》卷十二，所列的陈献章弟子为109人，其中107人有名有姓，只有2人有名无姓。据《白沙门人考》资料统计，陈献章的弟子分布情况如下：

省内154人，其中，南海12人、番禺11人、顺德19人、东莞9人、香山1人、增城7人、新宁1人、清远2人、高要1人、开平1人、鹤山8人、新兴2人、博罗2人、潮州5人、乐昌1人、吴川1人、新会71人；

省外16人，其中，江苏2人、浙江3人、江西3人、湖南1人、湖北2人、福建3人、四川1人、广西1人。

史料记载，在陈献章的晚年，得意门生科举考场高中的喜讯频频传来：

57岁时，番禺张诩中进士，东莞林光乙榜；

60岁时，浙江张瑛、姜麟中进士；

62岁时，顺德梁景行、梁贞奎，新会谭以贤，以及博罗何宇新，同领乡荐；

63岁时，吴川林廷献中进士；

65岁时，顺德黄泽领乡荐第一，增城湛若水等数人同榜；

66岁时，顺德黄泽中进士，新会李翰乙榜第一；

……

岭南，原为南蛮之地，一直落后于中原及岭北发达地区，就教育和文化的发展而言，自陈献章创立富有岭南特色的"江门学派"后，岭南始较大规模地进入全国舞台，在中国文化发展中占据一席之地。正如陈献章在其《与顾别驾止建嘉会楼书》中自豪地指出：百余年间，在岭南，从未听说有今日的盛况。

湛若水

湛若水（1466—1560），初名露，后改名雨，字民泽，40岁后定名若水，字元明，号甘泉。明代著名的哲学家、政治家、教育家。其哲学、政治、教育思想在中国思想文化史上有着重要影响。哲学上，湛若水作为陈献章传人，他继承和发展了陈献章创立的岭南心学思想体系，形成了独具特色的明代心学路向，与王阳明的心学路线相区别。政治上，湛若水作为明代"三部"（吏部、礼部、兵部）尚书，为官30多年，提出了"民庶为邦之本""刑德并用，以德为主"的治国方略，成为岭南政治史上的杰出代表。教育上，湛若水任职官学国子监祭酒，任教自己创立的私人书院，他提出了"德业"与"举业"合一的教育理念，形成了"三皓同门"（在湛若水的众多学生中，有三名年过古稀的特殊学生吴藤川、黎养真、黄慎斋，他们在年近或年过80岁的时候拜学于湛若水门下，形成了"三皓同门"的盛况，一时成为佳话）的终身教育实践模式。

湛若水少年时期，因家庭多变故，14岁才入学，27岁中举人，第二年参加会试，落第。明弘治七年（1494），湛若水慕陈献章名望，到江门拜师，在庐冈精舍潜心苦学，专心学问，得到陈献章赏识。40岁之后，湛若水遵从母亲意旨，再次进京参加会试，中进士，被授予翰林院庶吉士职位，从此在官场平步青云。历任翰林院编修、安南王正使、翰林院侍读、南京国子监祭酒及南京吏部右侍郎、礼部右侍郎、礼部左侍郎。68岁后，仍连连晋升，官职达到同时兼任"三部"尚书。明正德元年（1506），湛若水在南京结识王阳明，二人"一见定交"，共同昌明儒家学说；二人学术观点有些不同，常常有思想交锋，但对王阳明的影响不浅。75岁之后，结束仕途生涯，开始集中精力从事教育活动，学生遍布全国各地。

　　湛若水继承和发扬了陈献章"自然为宗"的方法，提出了"随处体认天理"的观点，重点探讨解决主体意识与社会规范怎样合一的问题。为此，湛若水在宋明理学"主静与主敬""涵养与致知"的方法论上进行了创新性发展。在"主静与主敬"的关系上，陈献章提倡以"主静"为主、以"主敬"为次。湛若水继承了陈献章建立在"自然为宗"基础上的"主静与主敬"相统一的方法，但认为应以"主敬"为主、动静统一于"敬"。他认为，在"随处体认天理"的过程中，主体在外在的仪轨上要保持对天理的敬畏，自觉遵守社会规范；在内在的心态上则要保持内心的平静、专一，使内心处于自然而然的状态，从而使内外合一，主体与社会规范合一。在"涵养与致知"关系上，陈献章主张"涵养与致知"相统一的方法，主张以"涵养"为主、以"致知"为辅。具体方法上，主张以"主静"为主，通过"主静"涵养心体；同时，通过书本知识的学习以获得各种知识。湛若水继承了陈献章"涵养与致知"相统一的思想，修正、克服了陈献章以"涵养"为主、"致知"为辅思想的片面性，认为"涵养"与"致知"同等重要，它们之间没有主次之分、轻重之别，二者相辅相成、缺一不可。主张通过"涵养"提高主体素质，通过"致知"获得外在的知识。

　　湛若水的相关论述被后人汇编成《甘泉文集》，以各种刻本流传于世。

| 故事1 |

湛若水与陈献章的师生情谊

　　明弘治七年（1494），28岁的湛若水到江门拜师，受到陈献章赏识。六年的求学生涯，湛若水与陈献章结下了深厚的师生情谊。湛若水在江门时，经常与陈献章一起商讨学问、交流感情，同时也参加一些劳动，如种花植树等。湛若水在其居住的楚云台旁栽种了菊花。每当湛若水离开江门时，陈献章面对湛若水所种的菊花，一种怀念之情油然而生，恨不得湛若水马上回到江门。陈献章在《楚云台观民泽所栽菊》诗中就表达了这种感情。楚云台周围的菊花，在微风中轻轻地摇动，散发出幽香的气味，它显得那么清雅、悠闲，可栽种此花的主人却在他乡。面对这一切，陈献章不由自主地产生了对暂时离开江门而居住广州的湛若水的思念，希望湛若水早日返回江门，以消除陈献章的孤独感。

湛若水在江门求学的六年中，其实很多时候都是在广州，在江门居住的时间反而相对较少，因此湛若水向陈献章的请教，很多时候是通过书信来完成的。陈献章不仅向湛若水传授白沙心学的宗旨和为学方法，教育湛若水树立远大的人生志向，而且还与湛若水交谈日常生活起居与旅游休闲等生活琐事。陈献章共写给湛若水11封书信和23首诗作，其中谈论日常生活起居与旅游休闲的书信和诗作就有17处之多，师生情意可见一斑。每当湛若水离开江门后，陈献章总有书信询问湛若水的情况，或向湛若水通报自己的近况。在《与湛民泽》（一）的信中，陈献章就将自己的起居生活、身体状况向湛若水通告，并建议湛若水回增城居住。陈献章在信中说自己居住的小庐山环境很好，非常安静，只是房子面向东北的地方比较炎热，夏天不好居住；还谈及自己的身体近况，说自己近来身体不好，经常觉得疲倦，服用中药香附子一个月之久，病情有所好转。但香附子的效果不如以前所服用的白及散的效果好。同时指出湛若水在广州的住处人来人往，不太安静，不是很好的居住环境，建议湛若水遵从湛母的意见，回到乡下增城沙贝（今属新塘镇）去住。像这样谈家常、叙起居的书信，占了陈献章给湛若水信件的近一半。

湛若水对老师陈献章的身体状况、日常起居也非常关心，时常为先生买药及其他一些日常生活用品，这从陈献章给湛若水的信中也可以反映出来。陈献章在《与湛民泽》（二）的信中就谈及了这些。陈献章记述，湛若水除了替他买药之外，还为他买一些日常用品，如篦子、竹帘等。陈献章与湛若水这种饱含深情的师生关系，充分体现了师生之间平等交流，在交流中相互学习和相互提高的教学方式的益处。湛若水对陈献章十分尊敬，只要家里有什么喜事就必定告诉陈献章，与陈献章一起分享心中的喜

悦。同时，湛若水还请陈献章为家中的大小喜事提笔留言，以示纪念。每当这时，陈献章也是尽其所能，尽量满足湛若水的要求。如湛若水家的家庙建成，陈献章就题诗表示祝贺。

除了日常起居的信息交流，陈献章还在书信中与湛若水谈论自己寄情山水、游历名山的愿望。在给湛若水的信件中，陈献章多次谈到旅游休闲的事情。陈献章生性潇洒，热爱自然，经常游乐于大自然的山水之中，对广东的罗浮山和湖南的衡山更是情有独钟。陈献章在给湛若水的信中多次谈到去罗浮山览胜、到南岳衡山旅游的想象。在《与湛民泽》（五）中，陈献章就谈到去游罗浮山的愿景。他从罗浮山的飞云峰、黄龙洞、朱明洞的自然景观谈到，如果登上飞云峰就像踩在平地一样，而且此时之心境已达到内忘其心、外忘其形的内外两忘的境界。可以说，陈献章向湛若水谈论关于游罗浮山的想象，实际上是在告诉湛若水游罗浮山可以实现人与自然融为一体的境界，实际上是在传递白沙心学的价值追求和审美品格，是陈献章向学生开展教学的一种方式。同样，陈献章向湛若水谈论南岳之游的书信也是如此。南岳衡山是南宋时代湖湘学派的发祥地，其代表人物胡寅（字致堂）曾居住于此。陈献章对南岳充满着向往，希望能完成他的南岳文化之旅，寻找胡寅居住的故地。在《与湛民泽》（十）中，陈献章说：近来派人去南岳衡山访问当地风土人情，特别是寻找湖湘学派的突出代表胡寅先生的住处，并说如果这些情况了解清楚了，我登上南岳之祝融峰就不再下来了。表面上来看，陈献章是在与湛若水谈游历之事，实际上则是思想交流和施教的一种方式。实际上，陈献章一辈子也没有实现罗浮山、南岳衡山文化之旅的愿望。这个愿望，是由湛若水来实现的。湛若水不仅游览了罗浮山、衡山，而且在罗浮山建立了朱明洞、青霞、天华三座书院，在南岳衡山紫云峰下建立了甘泉书院，并在这些书院中专门设立了献章祠，从而延伸了陈献章的罗浮山、南岳衡山文化之旅。

陈献章通过对湛若水多年的培养和教育，他认定湛若水是可以培养和造就的人才，能够继承和发扬自己创立的白沙心学精神，于是决定把白沙心学的标志——江门钓台传赠给湛若水。陈献章将江门钓台作为白沙心学的信物，把它传赠给湛若水，正式确定湛若水为白沙心学的传人，同时希望湛若水将白沙心学传承下去，使之发扬光大。湛若水没有辜负陈献章的期望，他不仅继承了白沙心学精神，而且把陈献章开创的白沙心学发展成更加完整、更加成熟的思想体系。湛若水为了表达自己对老师的纪念，后来在自己的家乡增城新塘镇建造"江门钓台"，从而使增城的"江门钓台"与江门的"江门钓台"一脉相承、相互辉映。

| 故事2 |

湛若水与王阳明的道义之交

明弘治十七年（1504），湛若水北上南京，入南京国子监学习。第二年，湛若水到北京参加科举考试，一举考取了进士，此后入选翰林院庶吉士。在这里，他认识了当时在兵部任武选清吏司的主事王阳明。此时，湛若水40岁，王阳明34岁，湛若水与王阳明"一见定交"、志同道合，成了终生的好友。

湛若水在后来为王阳明作的《阳明先生墓志铭》中描述二人初识的经过，大意是：初次见面，二人一见如故。王阳明说自己为官多年，还没有见过像湛若水这样在学术上如此成熟的人。而湛若水则说自己游学多年，没有见过像王阳明这样从政经验丰富的人。

湛若水与王阳明成为朋友不久，王阳明的人生际遇发生了急剧的变化。因为指斥宦官倒行逆施，王阳明被贬往贵州龙场驿做驿丞。在王阳明出发前，湛若水写了《赠王阳明诗九章》并序。湛若水在诗中对王阳明的不幸遭遇深表同情和悲愤，回顾自己与王阳明相识相交以来的情意，表示不管王阳明的命运如何，他与王阳明的友谊永远不会改变，并决心与王阳明生死同襟。湛若水在其中一首诗中这样写道："自我初识君，道义日与寻。一身当三益，誓死以同襟。生别各万里，言之伤我心。"（湛若水《甘泉文集》卷二六）同时，湛若水在诗中还向王阳明谈及自己的为学宗旨："圣人常无为，万物常往来。何名为无为，自然无安排。勿忘与勿助，此中有天机。"（湛若水《甘泉文集》卷二六）湛若水在这里表面上对王阳明谈及自然无为的为学宗旨，实际上是暗示王阳明：你就放心地去吧，一切顺其自然吧，多多保重，不要过分悲伤。

湛若水在王阳明到达贵州后，时时挂念着王阳明，就连梦中也不忘王阳明。明正德二年十二月二十七日（1507年1月28日）晚，湛若水在梦中梦到了王阳明，怀念之情油然而生。他把梦境记述下来："四时有去来，逐客久不至。天运尚可量，人事谁能计。昨夜梦见之，仿佛精神契。语久声弥低，画地示予字……"（湛若水《戊辰腊二十七日夜梦王伯安兄》）湛若水说：从你贬谪贵州到今夜我梦见你，转眼两年过去了，可是流放贵州的你却还没有回来。自然界的运行有常规，人们可以掌握它，人事的变化有时难以捉摸。你虽然远在他乡，我们久未相见，但我们二人的思想还是相通的。

在谪居贵州龙场驿的三年艰难岁月中，王阳明提出"知行合一"学说，学术思想进入了一个新的里程碑。可以说，这一时期湛若水对王阳明的关心、信任和鼓励是王阳明的重要精神支柱之一。王阳明结束了龙场驿的流放生活后，慢慢恢复了官职。正德四年（1509）底，王阳明升任江西庐陵知县。正德五年（1510）十一月，王阳明回到京城，两位好朋友在京城又会面了。当时，湛若水居住在京城长安灰厂。王阳明留任京城后，他在选择居住地时，慎重地选择了湛若水居住的长安灰厂右边的住房，把湛若水作为自己的邻居。这是湛若水与王阳明感情最为融洽、密切的时候，他们比邻而居，既相互讨论学问，又彼此谈心聚会。

正德七年（1512），湛若水被任命为朝廷出使安南国（今越南）的使臣，代表朝廷册封安南国王。湛若水出使安南国之前，此时王阳明正在京城任职。他特意作诗为湛若水出使安南国送行，写《别甘泉湛先生序》一文。在序中，王阳明回顾自己正德元年（1506）同湛若水相识以来，特别是正德五年从贵州龙场驿回到京城后，他与湛若水的友谊。在完成出使任务返回京城的途中，湛若水则特意到滁州看望在那里任职的王阳明，并同王阳明进行有关佛教文化与儒家文化异同的学术讨论。

总体来说，王阳明的学术思想受湛若水的启发和影响颇多。在《别甘泉湛先生序》中，王阳明结合自己学术思想发展经历及此时与湛若水深厚的友情，说自己从湛若水处受益良多。王阳明写道："某幼不问学，陷溺于邪僻者二十年，而始究心于老释，赖天之灵，因所有觉，始乃沿周、程之说求之，而若有得焉，顾一二同志之外，莫予翼也。岌岌乎仆而后兴。晚得友于甘泉湛子，而后吾之志益坚，毅然若不可遏，则予之资于甘泉多矣。"意思是说，自己年幼时学术思想不纯，陷入神仙方术之学，之后又研究佛教和道教的学说，后来发现自己的学术方向错了，又开始研究程朱理学，但还是收获不大。正当自己的学术思想处于迷惑之时，他结识了湛若水，并从湛若水那里得到了很多帮助。王阳明说自己从湛若水处获得很多帮助，不仅仅指王阳明事业上处于逆境时，湛若水给予他的关心和帮助，而且也指王阳明在学术思想上处于混乱时，湛若水的"自得之学"给予他的帮助和影响很大。在湛若水"自得之学"的影响下，王阳明抛弃了早年辞章之学、佛老之学的影响，进入了寻求圣人之学的道路，从而与湛若水的思想不谋而合、不言而会。

但到了后来，王阳明与湛若水在学术思想上的观点却渐行渐远，这主要是由王阳明思想观点上的变化所致。从湛若水复职翰林院编修到王阳明去世，湛若水与王阳明在学术上的辩论较以前更为激烈，双方辩论的观点更为明朗。在此期间，王阳明对湛若水学术观点的批评多于他对湛若水学术观点的认同。王阳明此时只相信自己的"致良知"学说是最高真理，他用"致良知"学说去抨击其他一切思想学说，湛若水的"随处体认天理"之说当然也在抨击之中了。

不过，与王阳明晚年几乎全凭个人意气批评湛若水不同，湛若水始终以理性的精神、平和的态度对待王阳明的批评。特别是在王阳明去世之后，湛若水严格禁止自己的学生与王阳明的学生互相批评，杜绝学生之间的门户之见。对于自己和王阳明的学术思想，湛若水主张调和。湛若水十分珍惜自己与王阳明的友谊，并努力使这种友谊在自己与王阳明的学生中发扬光大。这种"道义之交"的友情从一个侧面体现了湛若水的人格力量，值得我们学习和效仿。

郑观应

郑观应（1842—1922），本名官应，字正翔，号陶斋，又号居易、杞忧生、慕雍山人，广东香山县（今中山市）人。他是中国近代改革思想的先驱，是中国近代最早具有完整维新思想体系的理论家，是卓有建树的实业家、教育家、文学家、慈善家和热忱的爱国者。

郑观应的家乡三乡镇雍陌乡位于中山南部，珠江出海口。郑观应出生时，正是鸦片战争行将结束、中英《南京条约》草签之时，中国历史即将揭开最后一个封建王朝——清王朝的最后70年屈辱历史的序幕。由于地理上接近澳门，香山县人在对外贸易的行业里，从事买办这一职业的比较多，做得也比较出色，因而香山县成了远近闻名的买办之乡。郑观应的叔父郑廷江是一名买办，郑廷江的族兄郑济东则比郑廷江更早就在宝顺洋行学艺。郑观应的父亲郑文瑞虽然没有考上什么功名，但却是一位受人尊敬的教书先生——塾师。这样的环境，对郑观应后来的人生选择产生了重大影响。清咸丰八年（1858），郑观应童子试未中，即奉父命远游上海，弃学从商，投奔任上海新德洋行买办的叔父郑廷江，并逐渐成长为见多识广、经验丰富的企业经营家。清光绪九年（1883）十月，郑观应任轮船招商局总办。此后，先后担任开平矿务局粤局总办、官办汉阳铁厂总办、粤汉铁路公司购地局总办等职。

郑观应一生积极参与洋务运动，排除万难引进先进生产力，提出与外人商战，振兴中国实业，成效不菲；他一腔热血，亲自投身军事，在中法战争期间，只身奔赴越南前线，侦探敌营，策划抗法斗争的谋略；他一生勤于著述，对时局进行理性思考，传世著作有《救时揭要》《易言》《盛世危言》《盛世危言后编》《罗浮偫鹤山人诗草》等。一本30万言的《盛世危言》，提出仿行西法以求自强，要把古老而落后的中国引上工业化和近代化的道路，眼光远大，与时俱进，有力地推动了维新变法思潮的广泛传播。

郑观应晚年政治上拥护"立宪"、反对革命，但又对袁世凯称帝、张勋复辟和军阀混战不满。民国11年（1922）5月，郑观应病逝于上海招商公学宿舍。

| 故事1 |

撼世之论，《盛世危言》

郑观应是一位杰出的实业家，同时又是一位对中西文化思考精深的思想家。《盛世危言》正是他作为思想家的一部代表性著作。作为晚清一部震撼朝野的皇皇巨著，《盛世危言》从中国现实需要出发，开始破除"变器不变道"的藩篱，超越"中学为体，西学为用"的文化结合模式，对西方文化持开放吸取的积极态度，代表了当时中国思想文化认知的新高度。在近代中国，这是最早对洋务派"中体西用"思想进行批判的言论。他的思想，唤醒了千百万沉睡的灵魂，影响了近代中国的几代伟人，其中著名的就有康有为、梁启超、孙中山和毛泽东等人。

1885年1月，郑观应因太古总买办杨桂轩（郑观应是保荐人之一）亏空资金事受到牵连，被港英当局拘留。将近半年的拘禁生活，加上其他几项债务问题接连爆发，郑观应的身心遭到极大打击，他"抑塞愤懑，热血填膺，致成肝疾"，情绪也跌落冰点。从1886—1890年（44～48岁）的三年多时间里，郑观应基本上是幽居澳门，住在新建成不久的郑家大屋里。也幸好是这座崭新宽敞的大屋，给了郑观应疗治身心、审度时事、思考未来的温暖之地。郑家大屋始建于1881年，大屋直接面向内港码头的坡地，视野开阔，开门便是千帆并举，大小船只穿梭而过的繁华景观。1885年郑家大屋建成时，郑观应踏进这座新建成的家宅，便写了《题澳门新居》七绝两首。其中一首是这样的："三面云山一面楼，帆樯出没绕青洲。侬家

正住莲花地，倒泻波光接斗牛。"坐落在山海之间的家宅，"前迎镜海，后枕莲峰"，可以看到云影、波光、帆樯以及辽阔浩渺的大海汪洋，大自然的纯净和优美淘洗了郑观应的心灵，其郁闷的心境开始舒缓下来。

不过，隐居澳门的日子里，郑观应并未停止对中国问题的思考。这段时间，他以自己十多年前写成的《易言》一书为基础，在朋友们的帮助下，于1892年春撰成了变法思想更为明晰、内容更为丰富的新作《盛世危言》。

郑观应《盛世危言》以世人所粉饰的"盛世"，突出一个"危"字。在他的笔下，"盛世"却是"危世"。他忧心如焚地说："自南败于法，北败于日，于是兵力之弱，军械之窳，府库之空，学校之陋，吏治之坏，工商之衰，民心之涣，向之上下相蒙者，至此予人以共见。"

郑观应一腔热血，罔识忌讳，激烈地批评时政，属于当时敢言之人。对于外来侵略，他说："种种欺侮，凡有血气，共抱不平，稍具知识，亦深耻惧。"对于国内流弊，他直言不讳地指出："彼（指西方）崇新而强，我泥古而弱。处二十纪之时，行十九纪之法，何异冬葛而夏裘，岂第贻人之讪笑！""当道安于苟且，保其富贵。士商愈屈而愈愤，苦无生计，急欲图新。内讧外侮，势几不可以终日。"为此，他直陈出路："我中国丁此时艰，欲变法自强，非政府得人，取俄、日、普变法之成案，实力仿行不可。"

作为一部富民强国的变法大典，《盛世危言》全面而系统地谈及几乎所有领域的改革主张，逐项列篇，条分缕析，说理精辟，切实可行。它也是一部当时中国变法思想的集大成之作，大量收集了当时仁人杰士的名言伟论，向读者提供更多方面的解决中国问题的思路。概其要而言之，《盛世危言》在以下几个方面提出了富有建设性的分析和解决方案。

其一，仿泰西（旧泛指西方国家）。郑观应坚信，世变无常，而富强有道。那么，富强之道在何方？自从接触西方文化后，他就像发现了一个新大陆。他说："当今之世，非行西法无以致富强。"向西方学习，这就是近代中国的忧国忧民之士多方探索得到的救国妙方。郑观应是这个主张的最早提倡者之一。在19世纪七八十年代，敢于提出这个看法的人真是凤毛麟角。他以"西学中源"的理论来照顾国人的感受，在《盛世危言》的首章《道器》中，他认为中国"自伏羲、神农、黄帝、尧、舜、禹、汤、文、武以来列圣相传之大道"是很优越的，值得继承的。但是夏、商、周三代以后，这些中国本源的文化逐渐衰落，同时他发现，中国在三代以后逐渐丢失的优秀文化在西方得到保存、创新和发展。他说，中国自秦以后，古人名物象数之学，流徙而入于泰西，"试观英、德、法、美诸邦，崛起近世，深得三代之遗风"。怎么办呢？唯一的办法就是"礼失而求诸野"，从西方把中国丢失的优秀文化和制度找回来。所以，他大胆地提出："仿泰西，复三代之法。"他特别强调说，西方的议院制度颇与中国三代之法度相符，学习它就是把中国原有的东西还之中国而已。这样，学习西方的议院制度就不是"以夷变夏"了。

其二，设议院。最早对西方政治制度进行介绍的是鸦片战争时期的林则徐、魏源、梁廷柟等，但他们认为西方制度虽好，中国却学不来。洋务运动时期，再度对西方政治制度进行探索的人是王韬，他说："泰西之立国有三：一曰君主之国，一曰民主之国，一曰君民共主之国。"君主之国非有尧、舜般的君主不能搞好，民主之国则法制多纷更、心志难统一，唯有君民共主之国，君民共同治理国家，是最好的制度。郑观应非常赞同，不但进一步论证了这个观点，而且强烈要求付诸实践。他痛切地说，设立议院、实行君民共主的政治制度，关系到国家前途、民族命运。"英国行之于前，明效大验；日本步趋于后，勃然而兴。"为此，郑观应认为应该积极创造条件尽快进行，并提出一系列的相关改革主张，提出要有公开政务和发表舆论的阵地，要建立官吏公选制度、精简机构改革吏治等。

其三，习商战。"以商战为本，以兵战为末"，"商战重于兵战"。郑观应大声疾呼，为商业正名，为商人请命，成为新兴的资产阶级的代言人。

其四，兴学校。国家的盛衰，系乎人才，而人才之出，在于教养。晚清国势衰颓，人才缺乏，是人才的培养出了问题。郑观应比较敏感地意识到这个问题，是在兴办企业的过程之中。办工厂急需技术人才，开头从

外国引进，然后是自己培养。他总是把培养科学技术人才放在首位，还设计了一套培养人才的制度和方法。在实践中他发现，培养科技人才当然得学习西方自然科学，但培养通才、全才则不光要学自然科学，还要学社会政治学说。他极力主张"废八股之科，兴格致之学，多设学校，广植人才"。他提出的具体办法是，仿照西方的做法，将现有的各处学宫和书院稍微变通，设立大、中、小三等学校。各州县设立小学，各府、省设立中学，京师设立大学。文科分为六科：文学、政事、言语、格致、艺学、杂学。武科分为二科：陆军、海军。除此之外，各乡亦分设家塾、公塾，无论贫富皆可读书习艺。

《盛世危言》出版之时，正值戊戌维新运动发生和发展的高潮，郑观应以其广博的西方知识、深刻而敏锐的见解、全面而系统的改革主张、实事求是的精神、直言无隐的勇气，在读者中引起强烈震撼，社会反响强烈，以至于洛阳纸贵。坊间书贾为了适应读者对变法思想和理论的渴求，大量翻刻，结果就有了《盛世危言》的多种版本。目前可以看到的该书的版本就有20多种，而100多年来，因为各种原因流散失存的其他版本到底是多少则是一个谜，所以《盛世危言》可以说是中国近代出版史上版本最多的著作，是当时难得一见的一部畅销书。

| 故事2 |

实业题材入诗第一人

忧愤出诗人。郑观应还是一位多产的诗人，他一生写了700多首诗，收入《罗浮偫鹤山人诗草》中的400多首诗是其代表作。在这部诗集中，时事与经济是两大突出的主题，而贯穿其中的则是诗人反帝御侮和富强救国的拳拳之心。郑诗与他的名著《盛世危言》在内容和思想上是如此一致，所以人们认为，郑观应的诗就是韵文版的《盛世危言》。

与其同时代的其他爱国诗人一样，郑观应写作了大量记录当下、忧虑时局的诗作。他以一腔热血、三寸毛锥，声讨西方资本主义列强对中国的野蛮侵略。鸦片战争、中法战争、甲午中日战争、八国联军侵华战争……他目睹了每一次侵略战争给中国造成的巨创，他真实地记录了中华民族的屈辱和灾难，表达了对时局的关切和对民生国运的担忧。在《庚申己未两岁秋感》的第35首诗中，他写下了第二次鸦片战争两广总督叶名琛迷信扶乩和汉奸通敌而致败的惨痛教训：

> 乩手诳人世鲜知，昔年粤督事尤奇。
> 神仙垂示毋庸战，英舰传闻有退期。
> 沙面船中忽放炮，观音山上竖降旗。
> 通番得贿应天谴，底事逍遥任所之。

在《闻大东沟战事感作》一诗中，他歌颂了中日海战中壮烈殉国的海军官兵：

> 东沟海战天如墨，炮震烟迷船掀侧。
> 致远鼓楫冲重围，万火丛中呼杀贼。
> 勇哉壮节首捐躯，无愧同袍夸胆识。
> 梁宏立志果不虚，生当封侯死庙食。

在《拳匪》一诗中，他愤怒地指斥八国联军令人发指的暴行：

> 俄德兵最凶，杀人如犬豕。
> 淫奸复枪毙，妇孺全惨死。
> 京津遭毒炮，屋宇成棘枳。
> 玉石谁为分，兰艾同时毁。

作为一位向西方寻求救国救民真理的维新志士，郑观应的诗与传统诗歌中的忠君爱国、反对异族侵略的旧式爱国思想有很大的不同，诗中充

满了改革精神，具有鲜明的近代爱国主义色彩。比如《上孙燮臣师相、邓小赤师帅论时事》一诗，规谏当道莫再因循苟且，应急起维新变法："此时沧海正横流，蚕食何堪竞效尤。莫再因循须奋愤，维新国事共绸缪。"《大舞台曲》一诗则认为立宪法、开议院是救国之道："世界竞争大舞台，以优胜劣霸图恢。殖民捷效如英德，上下同心议院开。"

郑观应诗歌的另外一个突出特色，是以实业入诗。经济振兴是郑观应一生的追求，兴办实业是他一生中最浓墨重彩的部分，他将大量有关实业的新名词、新事物写入诗作中，如《铁厂歌》《开矿谣》《商务叹》《路矿歌》等，给人耳目一新的新鲜之感：

路矿歌

路矿之利普而丰，裕民裕国财政隆。

泰西富强半由此，独惜支那聩且聋。

铁厂歌

先觅煤源树根本，继开铁矿招丁夫。

高管插天云雾涌，洪炉泻液雷霆驱。

此外，还有"飞机"、"潜水艇"、"氢气球"、"赛珍会"（即博览会）、"电线"、"工艺院"（指进行职业教育的机构）等新名词，琳琅满目。以实业入诗，以大量的新名词、新事物入诗，大大拓宽了中国传统诗歌的表现题材，是具有开创性的。可以肯定地说，即使在提倡"诗界革命"的新派诗作品中，以如此之多的新名词入诗，亦属罕见。就此而言，说郑观应是"以实业入诗的第一人"确乎不为过。

郑观应本人对诗集的出版是非常重视的，他除了自己两次作序（一为戊戌年本而作，一为己酉年本而作）外，还请了许多名人雅士为之写序题词。阅读当时名人雅士为郑观应诗集所作的序，人们对他的诗普遍有较高的评价。朝廷大员邓华熙的序，概括郑诗的特点是："盖山人忧世深，故其为文也剀切而中理；处己澹，故其为诗也平易而近情。"洋务大员盛宣怀的序，将郑氏与著名诗人黄遵宪、潘飞声并列，称他为"岭南近世诗界中新巨子"，并对郑诗的思想内容和艺术特色作了点评："陶斋诗不立崖岸，不尚修饰，随事隶词，称情而言。其于中西政教道艺，同光以来时事得失，人才消长之故，一篇之中三致意焉。"晚清著名学者、诗人文廷式评价郑诗："辞和而不流，直而不激，尤合于道。"著名诗人潘飞声对郑诗的评价是："观察复好吟咏……平日所论时务，纵横精确，壹发千诗，余目之为诗中陈同甫……《兵备叹》《中日变法感言》诸长篇，皆直抒己见，喝起沉酣，不愧经济一家言也。"

如果说当时为诗集作序题词的人对郑观应都有些偏爱过誉的话，那么，今天的人则以历史的眼光作出了这样的评价：

"以振兴实业的题材入诗，前无古人。同时代或有实业家兼诗人者，惜无甚实业题材入诗；或有诗人而非实业家者，更难有以实业题材入诗。大量将实业题材入诗的，郑观应是第一人。"（邓景滨《郑观应诗选》）

"郑氏虽然没有像梁启超、黄遵宪那样提倡过'诗界革命'的口号，但是如果按照梁启超的标准来衡量，郑氏的许多诗歌无疑可列入'诗界革命'之中而无愧。梁启超谓：诗界'革命者当革其精神，非革其形式'，'能以旧风格入新意境，斯可以举革命之实矣'。郑观应的诗歌创作实践，正好和梁氏'诗界革命'的主张暗合。"（方志钦《郑观应诗歌的爱国情怀》）

"《罗浮偫鹤山人诗草》是'诗界革命'的实践的产物。"（马卫中《郑观应诗歌及其诗歌研究的价值》）

郑诗的价值得到越来越多人的肯定。诗是人的心声，是志向的言说，是情感的流露。郑观应本来无意做诗人，但他胸中郁积了太多的悲愤无处宣泄，便发而为诗。他自述写诗的缘起：

余本不能文，何敢言诗？惟于国家之事伤心惨目，有闻自外人论我国利弊关系大局，往往梦寐不安，为之行愁坐叹。虽已上书当道，

而人微言轻，置若罔闻，未由展布。故自忘鄙俚，复随手写录，寓意规谏，大声疾呼，以期上下一心，重见唐虞盛世。

在亡国之痛的刺激下，郑观应行愁坐叹、寝食不安，他耗费半生精力，写成《盛世危言》，虽已"进呈御览"，但并无实际效果。其策不能行，一腔热血，报国无门！他写诗是想以另一种形式规谏当道，唤醒国人，推动社会变革。所以，他的诗都是有感而发，而非无病呻吟；他的诗多咏匡时济世，而非吟风弄月。他的诗为国家而写，他的泪为人民而流。"诗界革命"强调诗歌的通俗易懂，走向大众。正所谓"救世诗宜浅，相期雅俗知"，郑诗的质朴无文，与其所要表达的内容是相吻合的，是形式和内容的统一。因此，质朴无文是郑诗的特质，更是郑观应的真性情。

二

政治人物篇

❮❮ 题记 ❯❯

岭南成为充满血性、张扬民族精神之地，是在宋明以后。尤其是南宋末年，少帝昺南逃广东，抗元的主战场随之转移至岭南广东一带。其时，文天祥率部在梅州、潮州、惠州、河源、海丰、江门各地辗转抗元两年多，当地民众纷纷奋起抗元，涌现了无数可歌可泣的英勇事迹。梅州客家先民举族参加义军，辗转闽粤赣经年，最后退守海丰，血战崖山，死者十八九，井邑皆空。当时梅州客家人口总数不过万人，追随文天祥从军的男女就有8000人之多，仅松口卓姓一族即有800人，战后仅1人生还也已重残。黄遵宪赞曰："男执干戈女甲裳，八千子弟走勤王。崖山舟覆沙虫尽，重戴天来再破荒。"崖山一战，君臣同蹈于海以死，一时同赴海者十余万众。生死与共的患难经历，极大地唤起岭南人作为中华儿女的共同命运之感和国家意识、故乡情怀！

近代中国，亡国灭种的边缘，离不开岭南革命家的勇于担当和开拓。康有为讲学于万木草堂，"如大海潮，如狮子吼"；梁启超"冒九死一生，首先发难，勇往直前地冲锋"；孙中山自幼激励于太平天国、激励于刘永福黑旗军的故事，"于圣贤六经之旨，国家治乱之源，生民根本之计，则无时不往复于胸中"……以及更多的志士仁人，他们以不畏强权的斗志、奋发自立的精神、强烈的社会责任感和主体担当意识，加入维新、加入革命、加入北伐、加入抗战，推动岭南走在近代史的前列。

文天祥

文天祥（1236—1283），字宋瑞，又字履善，号文山、浮休道人，南宋吉州吉水（今江西省吉安市青原区富田镇）人。南宋政治家、文学家、爱国诗人、民族英雄，与陆秀夫、张世杰并称为"宋末三杰"。文天祥生活于宋元之际政局剧烈动荡的时期，其强烈的爱国思想、崇高的道德品质和震撼人心的文学作品，已成为中华优秀文化传统的宝贵财富千古流芳。文天祥在广东的事迹格外显彰，其绝句"人生自古谁无死，留取丹心照汗青"就写在广东。

文天祥少年时就有报效国家的尽忠志向，最爱读忠臣烈士的传记。17岁时，他前往庐陵参加乡校考试，看到庐陵学官里供奉着同乡先辈欧阳修、杨邦义、胡铨等名人的画像，这些人的谥号中都有"忠"字，便仰慕地说："死后要是不能和他们并列，就不算是大丈夫！"21岁时，他考上进士，在集英殿考策论直抒政见，被皇帝钦定为状元。考官王应麟上奏说："文天祥这份卷子精通古义，恰似明镜，可见他忠君爱国之心坚如铁石，臣祝贺陛下选得人才。"

刚登上政治舞台的文天祥，面临着元兵大肆入侵南宋的严峻局面，宦官董宋臣劝宋理宗迁都，文天祥闻之十分愤怒。他以"干犯天诛"的勇气上书皇帝，提出"乞斩董宋臣以一人心，以安社稷"的主张，并提出4条切实可行的建议，但他的意见根本得不到朝廷的理睬。由于他正直不阿，仕途曲折，十几年中时而出仕，时而罢官，除了在朝廷供职，还出任过瑞州（今江西省高安市）知府江西提刑、安徽宁国知府、湖南提刑等职。

南宋德祐元年（1275），元军大举南下，建康（今南京市）失陷，长江防守告急。朝廷下诏书，号召天下勤王，几乎无人响应。文天祥捧着专

门发给他的诏旨痛哭流涕，立刻招兵买马，尽以家资为军费，集中了1万人的部队。朋友劝他说："元兵分三路行进，已经攻破京城郊区，进逼内地。你这万余人的乌合之众前往迎敌，无异赶着群羊去斗虎！"文天祥说："我也知道力量悬殊，但国家有危急，征召天下部队，却没有一人一骑响应，我对此深感痛恨，所以不自量力，准备以身殉国，希望天下的忠臣义士闻风而动。正义在我，谋无不立，人多势众，自能成功。只有这样，才能保住江山。"

德祐二年（1276）正月，朝廷任命文天祥为右丞相兼枢密使，出使元营谈判，与元朝将领伯颜抗论皋亭山，当面痛斥降将吕文焕，表明"我欲借剑斩佞臣"的坚定态度。被扣押北上时，文天祥寻机在京口脱险，以"臣心一片磁针石，不指南方不肯休"的顽强毅力，辗转南下，不计嫌疑，九死一生，重举义旗。

南宋景炎二年（1277）正月，元军大举进攻汀州（今福建省龙岩市），文天祥移驻福建漳州龙岩县。三月，移驻梅州（今广东省梅县）。

景炎三年（1278）二月，文天祥进兵海丰。三月，文天祥进驻海丰南边的丽浦，派遣其弟文璧收复了惠州。潮州、梅州、循州反元归宋，广州也被收复。四月，端宗赵昰病逝于广州湾的硇洲。张世杰、陆秀夫拥立8岁的卫王（即原广王）赵昺登帝位。五月初，改元祥兴。陆秀夫为丞相，文天祥为枢密使，张世杰为枢密副使。文天祥与行朝取得联系后，报告了数月来的战斗经过，得到嘉奖。六月，行朝迁至厓山（今广东新会境内）。八月，朝廷加封文天祥为少保、信国公。十一月，文天祥兵进驻广东潮阳县。此时，元朝任命张弘范为元帅，兵分两路，水路进攻厓山行朝，陆路攻击潮阳文天祥部队。十二月，文天祥在海丰五坡岭兵败被俘，想自尽殉国，但未成功。

元至元十六年（1279），文天祥被押北行到达南安军（今江西省大余县），改水路东下。文天祥被锁在船舱内，他想"首丘庐陵"，开始绝食，但绝食8日未能遂愿。十月，抵达大都后，在狱中被关押了三年多，元朝统治者用尽了利诱、威逼、酷刑都不能使他屈服。文天祥始终拒绝投降，先是拒绝了以南宋状元宰相身份投降元朝的留梦炎的劝降，接着拒绝了投降元朝的德祐皇帝赵显的劝降，拒绝了平章阿合马的威逼、元帅张弘范的劝降，又拒绝了元朝丞相博罗的劝降。

在狱中，文天祥将爱国激情凝于笔端，写出了不少气贯长虹的诗篇，传诵最广的是长诗《正气歌》："天地有正气，杂然赋流行。……当其贯日月，生死安足论！"浩然之气，跃然纸上。

至元十八年（1281）正月，文天祥写信给继子文陛，表示"吾以位备将相，义不得不殉国"，告诫文陛要专攻六经中的《春秋》，作为立身处世的根本，信中写道："识圣人之志，则能继吾志矣。"

至元十九年（1282）十二月，忽必烈对文天祥作了最后一次诱降。忽必烈召文天祥进殿，文天祥长揖不拜，左右强之跪拜，文天祥坚立不动。忽必烈向文天祥传话说："汝在此久，如能改心易虑，以事亡者事我，当令汝在中书省一处坐者（意即令当丞相）。"文天祥回答说："天祥受宋朝三帝厚恩，号称状元宰相，今事二姓，非所愿也。"忽必烈又派人问："汝何所愿？"文天祥坚定回答："愿与一死足矣！"元世祖终于下令将他处斩。文天祥就义时，向南方再拜，说："臣报国至此矣！"文天祥慷慨就义，终年47岁。

文天祥既是伟大的民族英雄，又是杰出的爱国诗人，他的诗歌充满爱国主义精神，是诗歌咏史的典范。文天祥从起兵勤王到从容就义，撰写了《指南录》四卷、《指南后录》三卷、《吟啸集》一卷等诗集，编写了《集杜诗》200首，这些光辉诗篇集中体现了文天祥崇文尚德的品格。《四库全书总目》提要称赞："天祥平生大节照耀今古，而著作亦极雄赡，如长江大河，浩瀚无际。"

文天祥精神是中华民族精神的重要组成部分，他不仅为保卫国家政权、延续国家命脉作出了重要贡献，而且700多年来一直是激励爱国志士投身救国、救民崇高事业的精神动力，具有永恒的时代价值。

| 故事1 |

蒙难五坡岭

元至元十五年（1278）八月，文天祥引兵进驻潮州（今广东潮阳）。当时潮州有几条"地头蛇"盘踞着，为首叫陈懿，另一个叫刘兴。陈懿有四兄弟，横行霸道乡里，被人称作"陈氏五虎"。当文天祥着手收复潮州时，陈懿派人来说，愿意服从领导，请文天祥以潮州为根据地，于是文天祥保奏，封陈懿为左骁卫将军、潮州知府兼管内安抚使。文天祥率军驻在船澳时，军中瘟疫流行，士兵死了几百人，文天祥的母亲和长子道生也染上瘟疫而死。当时，陈懿兄弟和刘兴在潮州为害甚烈，文天祥写信劝导，被置之不理。文天祥不得已在居丧期间，上报朝廷，并出兵攻打陈懿、刘兴。刘兴被捉，当天就在潮州城斩首示众。陈懿逃跑后，投降到元兵张弘范部队里，并答应做向导，进攻潮州。文天祥报告朝廷，请张世杰防备，同时转移阵地到海丰，打算沿着南岭筑一道防御工事，作为根据地。距海丰北门外4里（1里=500米）路的地方，有个通入南岭的大路口叫五坡岭。此时，元军张弘范也到了海丰，和五坡岭隔一湾海港。陈懿带着从各地掳来的一些船只，打听文天祥的踪迹。

十二月二十日一早，文天祥的部属由江西带了几千名乡兵，来到五坡岭，文天祥很高兴，把新来的乡兵安顿好。中午正和部将商谈防御和练兵的计划，兵士则在吃午饭。元军的骑兵竟如潮水般冲了下来，整个五坡岭都已陷入敌军。宋兵措手不及，而且刚来的乡兵没有经过战阵，纷纷往南岭路上溃散。文天祥跨上战马左右冲杀，战到身疲力竭，眼病又发作，眼前什么也看不见，从马上跌落乱草丛中。元军张弘正清肃战场时，下令沿山搜索文天祥，最后在一个山谷里找到。那时文天祥眼睛睁不开，当骑兵搜到他时，他便把准备好的毒药冰片（俗名"脑子"），从怀里掏出一大口吞下去，吞下冰片再喝水，片刻会毒发而亡，所以文天祥一路上喊着口渴。山路上找不到泉水，只好在田间马蹄涡里，掬了几口浊水让文天祥喝下去。走了一段路，药性发作，文天祥浑身发冷，肚痛如绞，倒在地上打滚,不久便昏死过去。这样昏迷了几天,大泻几次,不但没有死,连久病的眼疾也好了。文天祥有《行府之败》二首记载五坡岭蒙难的情况。其一:"送兵五千人,散足尽两靡。留滞一老翁,盖棺事则已。"其二:"翠盖蒙尘飞,仗钺奋忠烈。千秋沧海南,事与云水白。"

广东人民对这位民族英雄十分怀念与尊敬,明代就在海丰五坡龄建起了表忠祠,祠后有方饭亭,亭内立有2米高的文天祥碑刻画像。画像上有《衣带赞》,文曰:"孔曰成仁,孟曰取义,惟其义尽,所以仁至。读圣贤书,所学何事?而今而后,庶几无愧!"画像的两旁有一副对联,联曰:"热血腔中只有宋,孤忠岭外更何人。"

明嘉靖状元潮州林大钦有《五坡怀古》诗:

> 江山有色长灵秀,草木无知也感伤。
> 百十年前双眼孔,几人生死为纲常。

| 故事2 |

过零丁洋

文天祥被俘后,被押往潮州见元军首领张弘范,其虽然手被绑着,依然气势昂首挺立,凛然拒不跪拜张弘范,并大骂张弘范是元朝伯颜跟前的一条狗。元至元十六年(1279)正月六日,文天祥被元军押送离潮州,过零丁洋,至厓山。张弘范要文天祥写信给厓山守将张世杰招降。文天祥回答说:"我自救父母不得,乃教人背父母可乎?"遂写了一首《过零丁洋》诗:

> 辛苦遭逢起一经,干戈寥落四周星。
> 山河破碎风抛絮,身世飘摇雨打萍。
> 惶恐滩头说惶恐,零丁洋里叹零丁。
> 人生自古谁无死,留取丹心照汗青。

张弘范见了此诗，也不由得叹服："好人！好诗！"

文天祥在南海上度过元夕，有诗一首，以述其忠烈之志："南海观元夕，兹游古未曾。人间大竞渡，水上小烧灯。世事争强弱，人情尚废兴。孤臣腔血满，死不愧庐陵。"

至元十六年二月六日，元军统帅张弘范集中兵力向厓山发起总攻，最终南宋王朝灭亡，9岁的小皇帝由陆秀夫背着跳入大海中。文天祥在元军船中，目睹战事惨烈，想投海自杀而不能。他在《集杜诗·南海》序里说："厓山之败，亲所目击，痛苦酷烈，无以胜堪。时日夕谋蹈海，而防闲不可出矣！"文天祥只能坐在元军船中，向南恸哭，为之诗曰："长平一坑四十万，秦人欢欣赵人怨。大风扬沙水不流，为楚者乐为汉愁。兵家胜负常不一，纷纷干戈何时毕！必有天吏将明威，不嗜杀人能一之。我生之初尚无疚，我生之后遭阳九。厥角稽首并二州，正气扫地山河羞。身为大臣义当死，城下师盟愧牛耳……"（文天祥《二月六日海上大战国事不济孤臣天祥坐北舟中》）

张弘范让文天祥亲与战事，意在劝降，谁料文天祥心如铁石。战事结束后，只好把他随师押送广州。到达广州的第一天，张弘范在军中置酒大会。他举杯对文天祥说："宋朝已经灭亡，丞相孝也尽到了。如果你能将事宋的精神改事当朝，还可以担任宰相。"文天祥流着泪答："国亡不能救，身为大臣死有余罪，岂敢贪生怕死背叛祖国！"

张弘范敬佩他的忠义，不再劝降，将劝降的情形禀报给元朝皇帝忽必烈。忽必烈接到张弘范的奏书，对文天祥的气节既欣赏又感慨，下令使臣带着圣旨南下，命令护送文天祥回京，并特别嘱咐："谁家没有忠臣，千万不可以怠慢他。"

袁崇焕

袁崇焕（1584—1630），字元素，号自如，别称袁督师，广东东莞石碣镇人。明朝末年名将、军事家。

明万历四十七年（1619），袁崇焕考中进士，被任命为福建邵武知县。明天启元年（1621），努尔哈赤率领八旗军侵入明朝辽河流域的核心地带，势如破竹，而明军节节败退，情势异常危急。也就是在这样的背景下，39岁的袁崇焕临危受命，从福建邵武知县任上破格任用。天启二年（1622），袁崇焕往京城觐见明熹宗朱由校，御史侯恂破格提拔袁崇焕在兵部任职。后又破格拔为兵备佥事，守卫山海关及辽东。他购买了当时最新式的西洋"红夷大炮"，制定了巧妙的战略战术，在他的指挥下，此后几年明军连续取得宁锦、宁远、京师大捷，并构建了清军难以逾越的"关宁锦防线"。但正如袁崇焕自己诗句所言"功到雄奇即罪名"，他的威名和耿直引起了朝廷阉党的嫉恨。天启七年（1627），袁崇焕取得宁锦大捷后，受到阉党排斥而告病回乡，回到东莞石碣水南闲居。此后再获任用，连获宁远、京师大捷。明崇祯二年（1629），皇太极实施反间计，明帝崇祯中计，把刚刚解了京城之围的袁崇焕下狱，最终将清军从未有过的劲敌，以通敌谋逆的罪名凌迟处死。家人被流徙3000里（1里=500米），并抄没家产。袁崇焕无子，家亦无余赀，天下冤之。南明永历帝率先为其平反。袁崇焕身故150多年后，乾隆皇帝审阅《明史》，为袁崇焕"平反"，并叹息："袁崇焕督师蓟辽，虽与我朝为难，但尚能忠于所事，彼时主暗政昏，不能罄其忱悃，以致身罹重辟，深可悯恻。"

袁崇焕研究专家阎崇年认为袁崇焕的性格，凸显了一个"敢"字——敢走险路，敢担责任，敢犯上司，敢违圣颜。袁崇焕的精神，主要是爱国、勇敢、求新、清廉。金庸则在其《袁崇焕评传》中如此评价袁崇焕：
"（他）真像是一个古希腊的悲剧英雄，他有巨大的勇气，和敌人作战的
勇气，道德上的勇气。他冲天的干劲，执拗的蛮劲，刚烈的狠劲，在当时
猥琐萎靡的明末朝廷中，加倍的显得突出。"

| 故事1 |

袁崇焕饯别乡友

袁崇焕于明天启七年（1627）七月乞休，回到广东休假。八月二十二
日，天启皇帝驾崩，天启帝的弟弟朱由检（即崇祯皇帝）继位。崇祯帝即
位不久，就诛杀了魏忠贤，清理了阉党势力，东林党人得以复位。朝廷官
员争相奏请皇帝召回袁崇焕镇守东北。天启七年十一月，崇祯帝升袁崇焕
为右都御史，掌管兵部添注左侍郎事务。此时的袁崇焕仍逗留在广东家
乡，享受着难得的清闲。明崇祯元年（1628）四月，皇帝又任命他为兵部

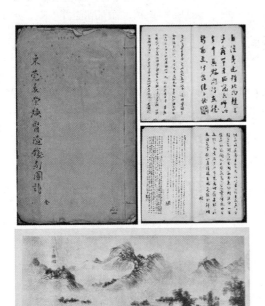

《东莞袁崇焕督辽饯别图诗》原件
当时应为袁崇焕珍藏。但不久，袁崇焕
被崇祯帝冤杀，原件辗转流传。初王佑
瑕所有，之后又分别为王鹏运、江瀚、
伦明递藏。1921年，江瀚亲携原件至天
津请罗振玉鉴定，视为真迹，并作跋。
1935年，东莞籍学者伦明、张仲锐、容庚
三人"鸠资影印五十本，分送各大图书
馆保存"。原件现为港澳某富商所藏，
"1958年香港举行广东历代名家书画展览
会时，曾陈列此卷于会中"。

尚书兼右副都御史，督师蓟辽，兼督登、莱、天津军务，也就是守卫边疆的最高首领，同时还催促地方官敦促袁崇焕赶快进京朝见。显然，希望有所作为的年轻皇帝，非常期盼见到这位不断创造奇迹的抗金英雄，同时边疆隐藏的危机也极其需要这位有作为、有魄力的将领。

袁崇焕当时正在广州，消息传来，聚居于广州的粤籍名士欢呼雀跃，他们决定在广州城内的名刹——光孝寺为二品大员、辽东督师袁崇焕饯行。

这无疑是广东的一次文化盛典。

席间，赵焞夫作画，诸子题诗，于是就有了《东莞袁崇焕督辽饯别图诗》这一历史文化古卷的产生、留存与流传。

《东莞袁崇焕督辽饯别图诗》卷首为袁崇焕自题的"肤公雅奏"四字，然后是广东书画名家赵焞夫所绘送别图，再接下去就是广东19位名人雅士给袁崇焕的饯别题咏诗，其中绝大部分都是当时广东诗坛的名人。这些文化名流的欢聚，一定程度上反映了明代广东文化发展的状况，反映了晚明广东士绅的价值取向。

赵焞夫，明末广东著名书画家，被清初的屈大均称赞为画花卉的高手。他不仅作画，也攻诗词，是明末广东南园诗社十二子之一。著有《草亭集》。清朝建立全国统治政权后，他以明遗民自居，拒绝承认清王朝。

《东莞袁崇焕督辽饯别图诗》中，位列第一的饯别诗作者是陈子壮，他与袁崇焕是同榜进士，当年的探花，文化成就非常高，是明代广东诗社运动的活跃分子，重建了广东明朝初年所建立的南园诗社，后来官至礼部尚书，天启年间曾弹劾势力极盛的魏忠贤，导致与其父一并被削官回家。崇祯末年李自成起兵时，他建议崇祯帝下"罪己诏"以激发忠义之士为国效劳。最后他在反清复明的战斗中英勇牺牲。他是明末清初政治运动中的弄潮儿，《明史》有他的传记，记载了他在国家社稷安危时刻所起的举足轻重的作用，是明清之交广东历史上一位杰出的思想家、勇士、政治家和诗人。另一位在官场中有很高声誉的是梁国栋。他虽然没有陈子壮那么高的官职，只是彭泽县一县令，但是为官一方，造福一方，铁面无私，声名

远播。明末的将领左良玉本是一个"所经州县无不残掠"的将领，但他经过彭泽时，却叮嘱部下，说在这里你们不可骚扰，因为这里是梁侯的辖境。可见，当时梁国栋声誉之隆。

赋诗的人中绝大多数是当时诗坛的佼佼者。黎密，与其子黎遂球皆有诗名，屈大均评价黎遂球的诗为"五古最佳"；欧必元，曾任广东巡抚，其诗自成一家；区怀年，继承了其父区海目的诗歌韵律，其父是"明三百年，岭南诗最美者，海目为最"；邝瑞露，富有传奇色彩的洒脱诗人，被称为"粤中屈原"。可见，当时广东诗坛精英荟萃，几乎会聚一起了。

值得一提的是，当时光孝寺的三位高僧也参与了题诗。释通岸、释超逸、释通炯，三人都是晚明四大僧人之一的憨山大师的弟子和忠实信徒。憨山大师的理念是积极参与世俗事务。因此，当时的光孝寺成为晚明广东士子和名士吟唱、议论军国大事的重要场所，也造就了当时抗清失败的广东士子多避世入佛的背景。

还有傅于亮、陶标、吴邦佐、韩暖、戴柱、吕非熊等雅士，以及袁崇焕的两位幕客邓桢、梁稷。场面恢弘，热闹非凡，他们庆贺的是袁崇焕的复任，也是庆贺恢复边疆的希望，更是庆贺广东人在保家卫国中的中流砥柱作用。后人陈伯陶在总结粤人抗清的历史时说："明季吾粤风俗，以殉死为荣，附降为耻，国亡之后，遂相率而不仕不试，以全其大节。""故贰臣传中，吾粤士大夫乃无一人。"殉国守节，从未入过奸臣传内，这可说也是一种极高的评价。

这一群名人雅士，或者活跃于政坛，其影响远远超出了岭南地域，而跻身明朝政治的核心；或者出身望族，身带功名，期待来日被国家重用，一展宏图；或者一生以诗为伴，到国破家亡的乱世关头，却能投笔从戎，严守气节，甚至成为战场上的英魂。这一切都反映了广东士绅崇高的气节，以及对中原正统的深刻认同。

这些人的饯别诗，大都是称赞袁崇焕的抗金伟业，并且希望他北上继续建功立业，如陈子壮"此去中兴麟阁待，燕然新勒更何辞"，傅于亮"圮上有书留报汉，胸中操算立降胡"，欧必元"书从泚水征安石，碑树淮西表晋公"。从这些诗中，我们更可以看到袁崇焕谈笑自如的爽朗性格，因为他们的诗中称许其高谈、笑谈、谈锋之说甚多，如陈子壮云："曾闻绥带高谈日，黄石兵筹在握奇。""笑倚戎车克壮猷，关前氛祲仗谁收？""秉钺纷纷论制胜，笑谈君殂似君无？""供帐夜悬南海月，谈锋春落大江湖。"其中尤为值得注意的是，有很多名士在诗中是奉劝袁崇焕要功成身退，图诗中有6个人共11次提到黄石公、赤松子、素书等表示隐退的词语，虽然其中不乏以此表达袁崇焕正是事业高峰来临，未到退隐时机之境，但也反映出他们看到了朝政的昏暗，提醒袁崇焕要注意官场险恶。邝瑞露的诗最具代表性，他说："行矣莫忘黄石语，麒麟回首即江湖。"但是，袁崇焕却是功未成而身先死，正如后人金庸所说的，他不是明哲保身的"智士"，而是奋不顾身的"烈士"。

岭南一直被认为是蛮夷之地，是化外之地，可是到了明朝却涌现出了大批文人雅士，涌现出了大批拥护正统的爱国志士，他们在国破家亡的紧要关头，挺身而出捍卫疆土，誓死严守气节。袁崇焕正是其中的佼佼者。饯别师友，袁崇焕随即上京，继续活跃于守疆抗金的前线。临行之前，他写了一首《到家未百日即为崇祯元年诏督师蓟辽拜命入都》：

> 耳边金鼓梦犹惊，又荷丹书圣主情。
> 草野喜逢新雨露，河山重忆旧功名。
> 痛心老母牵衣泣，挥手全家忍泪行。
> 只为君恩辞不得，未曾百日事躬耕。

这首诗充满着袁崇焕被重新启用的欣喜之情，忠君爱国和孝亲恋家之心跃然纸上。正是带着这种欣喜与爱国之情，袁崇焕再次投身于抗金前线。

| 故事2 |

毛泽东批示保护袁崇焕祠墓

在中央档案馆的档案珍品展中有一件颇为引人注目的展品，那是叶恭绰、柳亚子、李济深、章士钊4位先生联名写给毛泽东请求保护袁崇焕祠墓的信及毛泽东的批示。这是毛泽东保护文物古迹、关心文化遗产事业的一个典型事例。

1952年北京市内规划建设，大规模组织迁坟出城，当时，位于北京市崇文区东花市斜街的袁崇焕祠墓也被纳入迁坟范围。叶恭绰等4位先生闻讯联名上书毛泽东，请求保护袁崇焕祠墓。袁崇焕祠墓得以保留。

袁崇焕当年殉难后，有部下佘姓义士冒死偷出其头颅，掩埋在自家后院，自此，佘家世代为袁崇焕守墓。这块墓地位于北京市崇文区广渠门内，人称"广东义园"。

叶恭绰等4位先生给毛泽东的信，全文只用了不到200字，言简意赅，不但把事情的缘由、重要性说得一清二楚，而且还联系了当时的形势："兹当提倡民族气节和爱国主义之际"；时逢抗美援朝战争，突出了保留袁崇焕祠墓的政治意义。这封信共有4页，原文现珍藏在中央档案馆。信是通过邮政传递的，邮票上邮戳的日期是5月14日。信的内容如下：

> 主席赐鉴，兹有陈者北京市府因计划关系将城内各义冢饬迁出城，其中广东新旧两义园有前明蓟辽督师袁崇焕遗墓和祠宇，历见载籍，数百年来祭扫不绝，明末满洲久为边患，能捍御者以袁崇焕为最……兹当提倡民族气节和爱国主义之际，拟乞饬所司于该两处袁崇焕祠墓特予保全，并加崇饰，以资观感，不胜企幸，谨致崇礼。

毛泽东接到信后，当即指示时任北京市市长彭真同志"查明处理"。1952年5月16日，毛泽东在信纸的左上角空白处批示："请彭真同志查明处理。我意如无大碍，袁崇焕祠墓应予保存。"经毛泽东主席批示，此信很快由中共中央办公厅秘书室转送给彭真同志处理。中共中央办公厅秘书室的公文："彭真同志：转上主席批示请您处理的信一件，请收阅。"

1952年5月25日，毛泽东又复信叶恭绰：

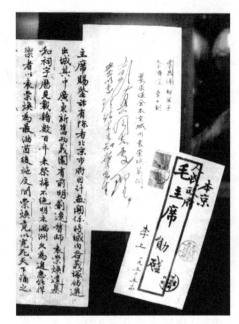

叶恭绰等4人的信和毛泽东的批示

誉虎先生：

数月前接读惠书，并附萨镇冰先生所作诗一首，不久又接读大作二首，均极感谢。萨先生现已作古，其所作诗已成纪念品，兹付还，请予保存。近日又接到先生等四人来信，说明末爱国领袖人物袁崇焕祠庙事，已告彭真市长，如无大碍，应予保存。此事嗣后请与彭市长接洽为荷。顺致敬意。

袁崇焕祠墓在毛泽东主席和彭真同志关怀下，很快便修复了，每逢清明时节，前去祭扫的人络绎不绝，其中有很多知名人士，周恩来总理也曾亲临吊唁。因此，在当时北京城内大规模迁坟的背景下，这处遗墓非但没有迁走，还得到了政府的修缮。为了弘扬爱国主义精神，1992年清明期间，北京市政协邀请各界人士凭吊袁崇焕，此后每年清明时节都有中小学生和海外华人前来祭祀。现在，袁崇焕祠及墓冢是全国重点文物保护单位，也是青少年爱国主义教育基地。

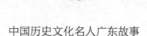

林则徐

林则徐（1785—1850），字元抚，又字少穆、石麟，福建侯官县人。晚清政治家、诗人。

林则徐出生在一个下层封建知识分子家庭，自幼生性聪颖，4岁时便由父亲"怀之入塾，抱之膝上"，口授四书五经。清嘉庆三年（1798），14岁的林则徐中秀才，入读鳌峰书院。嘉庆九年（1804）中举，任厦门海防同知书记，入福建巡抚张师诚幕府。嘉庆十六年（1811）进士，选为庶吉士。嘉庆十九年（1814）授编修。此后历任国史馆协修、撰文官、翻书房行走、清秘堂办事、江西乡试副考官、云南乡试正考官等职。嘉庆二十五年（1820），任江南道监察御史转浙江杭嘉湖道道台，任上修海塘，兴水利，发展农业，颇有政声。此后，历任江南淮海道道台、江苏按察使、陕西按察使、江宁布政使、湖北布政使、江苏巡抚等职。

清道光十八年（1838）十二月，林则徐受命钦差大臣赴广东禁烟。他雷厉风行，严禁鸦片，在虎门公开销毁没收的鸦片烟达237万余斤（1斤=500克），取得禁烟运动的胜利，名振中外，史学界称其为近代中国的"第一人臣"。道光三十年（1850），清廷再任命林则徐为钦差大臣，督理广西军务。赴任途中，林则徐病逝于潮州普宁县行馆，终年66岁。死后清廷晋赠其太子太傅，谥文忠。

林则徐对于西方文化、科技和贸易持开放态度，主张学其优而用之。他亲自主持并组织翻译班子，翻译外国书刊，把外国人讲述中国的言论翻译成《华事夷言》，供官吏学习参考之用。林则徐带头了解世界、研究西方，他学习外国先进科学技术和文化的主张及做法，受到人们高度赞扬，被称为近代中国"睁眼看世界的第一人"。

林则徐禁烟、销烟的做法，被后世所称颂，人们以各种方式纪念。1858年，马克思在所著鸦片贸易专论中就肯定了林则徐的这一禁烟壮举。林则徐禁烟、销烟还成为世界反毒、禁毒的象征和旗帜，在英国蜡像馆里曾长期放着林则徐的蜡像；在美国的纽约市有"林则徐广场"和"林则徐街"，在广场的中央竖立了高5米的林则徐铜像。国际联盟把虎门销烟开始的6月3日定为"国际禁烟日"（5月31日则是世界卫生组织发起的"世界无烟日"）。1987年12月，联合国第42届大会又把虎门销烟完成的翌日6月26日定为每年的"国际禁毒日"。国际天文学联合会将北京天文台1996年6月7日发现的小行星（国际永久编号7145）命名为"林则徐星"。

| 故事1 |

林则徐与"虎门销烟"

晚清时期，朝廷纲纪松弛、腐败无能，英国等西方资本主义列强利用鸦片这种毒品来侵略中国，以压制中国的发展，掠夺中国的财富。据不完全统计，清道光十年至道光十四年（1830—1834），外国各类鸦片输入中国，平均每年约20331箱；道光十五年至道光十八年（1835—1838），则增至每年平均35445箱。鸦片的大量输入，在全国酿成烟祸，给中国国计民生造成极大的危害。

道光十八年十一月十五日（1838年12月31日），林则徐奉命为钦差大臣赴广东禁烟，二十三日（1839年1月8日）离京赴粤。经过大量的实地调研，林则徐明白了外国鸦片贩子是中国烟毒的祸源。因此，林则徐坚决主张禁烟，并首先斩断鸦片贸易的源头，堵塞和根除祸源。

道光十九年一月二十五日（1839年3月10日），林则徐开始采取严厉措施，通过缴烟和销烟两个阶段的工作，开展雷厉风行的禁烟运动。

第一阶段是缴烟的工作，主要通过四项措施来落实：

其一，进行调查研究和发布告示。调查研究是林则徐的一贯作风，他一到广州就深入民间搞调查研究，摸清鸦片流毒情况。与此同时，他组

织人员，翻译外文书报等，了解夷情。在基本掌握鸦片贸易和流毒的情况后，他下令发布了《晓谕粤省士商军民人等速戒鸦片告示稿》，先将矛头主要对准国内吸毒和贩毒者，勒限他们两个月内交出烟土、烟具等。接下来，又于道光十九年二月四日（1839年3月18日）发布了《谕各国商人呈缴烟土稿》，要求英、美等外国鸦片贩子缴交烟土，并严厉宣示这次禁烟的方针政策和禁烟决心。林则徐严正指出"此物蛊惑华民，已历数十年，所得不义之财，不可胜计，此人心所共愤，亦天理所难容"。他要求外国鸦片贩子在三日内缴交所有鸦片，并写出保证书，声明"嗣后来船永不敢夹带鸦片，如有带来，一经查出，货尽没官，人即正法"。林则徐针对外商心存侥幸，明确表示："此次本大臣自京面承圣谕，法在必行，且既带此关防，得以便宜行事，非寻常查办他务可比。若鸦片一日未绝，本大臣一日不回，誓与此事相始终，绝无中止之理。"这篇告示还将外国人区分为"惯贩鸦片之奸夷"和"不卖鸦片之良夷"，对他们采用不同政策。此文件的主要精神就是要求外国商人遵守中国法律，停止不道德的鸦片贸易。

其二，斩断国内鸦片贸易的后台支柱。林则徐与两广总督邓廷桢、广东巡抚怡良等共同向暗中帮助外商走私鸦片、走漏白银的十三行行商开刀。这些行商或暗中帮助外商贩卖鸦片、走漏白银，或勾结幕佐、刺探消息，或知情不报、匿不举报。林则徐责令行商头目伍绍荣（伍浩官）迅速向英、美等外商传达他的谕令：外商将所有鸦片尽数缴出，并写"嗣后来船，永不敢夹带鸦片"等内容的书面保证。

其三，饬令捉拿大烟贩颠地。颠地是英国商人，在广州经营20多年，设鸦片行、颠地公司等，"趸船所贮鸦片，多半系其经营"，是当时广州最大烟贩。林则徐的禁烟令发布后，他仍不遵令缴烟，企图少量上缴，蒙混过关，因此林则徐果断决定，传讯"首恶"颠地。随后下令查拿颠地，迫其如数交出鸦片。

其四，逐步升级措施，迫使外国烟贩交出所有鸦片。在外国烟贩拒不缴烟的情况下，下令封舱、封馆、停止贸易，迫使他们交出所有鸦片。

英国驻华商务监督义律到达广州进驻商馆后，企图掩护奸夷颠地脱逃。对此，林则徐于二月九日（3月23日）谕令封舱，停其贸易。次日封锁商馆，切断内外联系。二月十二日（3月26日），林则徐再次要求义律"晓谕各夷人遵谕将趸船烟土迅速全缴。不但人船买办一切照常……从此各夷人均作正经买卖，乐利无穷"。随后，林则徐又多次对义律进行劝谕。林则徐采用的这些措施，可以说是做到仁至义尽，有理、有利、有节。义律已经看到若不交出鸦片，继续抗拒下去，不会有好结果。于是，二月十三日（3月27日）早晨六时，他不得不向商人宣布："本总监督，以不列颠女王陛下政府的名义并代表政府，责令在广州的所有女王陛下的臣民，为了效忠女王政府，将他们各自掌管的鸦片即行缴出，以便转交中国政府，并将从事鸦片贸易的英国船只置于本人指挥之下；再速将各自手中英国人所有的鸦片开具清单，签章呈阅。"义律向林则徐递上了禀帖，同意交出趸船上的鸦片20283箱。林则徐勒令收缴外国烟贩鸦片的同时，又于大佛寺增设收缴烟枪烟土总局，收缴粤省各地鸦片。

二月十九日（4月2日），林则徐宣布虎门外的龙穴洋面的龙穴岛为收缴鸦片地点。二月二十九日（4月12日），林则徐亲自从广州乘船到虎门调度收缴趸船烟土。这时外商趸船（22艘）已陆续驶至虎门呈缴鸦片，林则徐考虑到"如龙穴风浪较大，准其驶至沙角停泊，以期稳速"，这样就有利于收缴鸦片。在收缴趸船鸦片时，"林则徐自当常驻海口，会同提督臣关天培详细验收，经理一切"。

经过两个多月的努力，收缴鸦片工作"截至四月初六日（1839年5月18日）收清，合计前后所收夷人鸦片共一万九千一百八十七箱，又二千一百一十九袋，核之义律原禀应缴二万二百八十三箱之数，更溢收一千袋有零"，扣除箱袋包装，总计为2376254斤。

接下来是禁烟的第二阶段，即销烟。

林则徐为了处理收缴的这批数量庞大的烟土，制订了多种方案，最后，经道光帝批准，选择了在虎门海边挖池浸化销毁，以达到"不任涓滴留余"的目的。林则徐下令在虎门海滩的高处，挖两个大池，长宽各15丈

（1丈≈3.33米），池底铺上石板，周围建有栅栏；池前开有涵洞通入大海，被浸化成渣的鸦片可以通过涵洞排入海中；池后面挖一水沟，用来引清水入池。销烟准备工作就绪之后，林则徐于四月二十日（6月1日）早晨祭告海神。四月二十二日（6月3日）午后二时许，林则徐主持的虎门销烟正式开始。

参加虎门销烟的官吏，除了钦差大臣林则徐外，还有两广总督邓廷桢、广东水师提督关天培、广东巡抚怡良、南雄直隶州知州余保纯、广东布政使熊常墩、广东按察使乔用迁、运司陈嘉树、粮道王笃、广州将军德克金布、都统奕湘和英隆等。因为销烟是公开的，"沿海居民观者如堵"，同时，根据道光帝关于"准令在粤夷人共见共闻，咸知震慑"的谕旨，也允准外国人（包括商人）观看。

销烟开始后，随着一声令下，民工们把鸦片箱、石灰和海盐搬到池子边，然后把海盐和被切碎的鸦片先后倒入池内，待鸦片被盐卤浸透后，再抛下石灰，顷刻间，池子里就沸腾起来，黑色的鸦片上下翻滚作响，烟土随之焚化。不久，池子里便停止了沸腾，烟消声静。民工打开涵洞，池子里被销毁的鸦片渣沫涌入大海。然后冲洗池底，再投一批，如此往复。这就是令国人扬眉吐气的虎门销烟场面。第一天就销毁了170箱鸦片。这次销烟一直到五月十五日（6月25日）才结束，整个过程历时22天，除留存4种烟土8箱外，共化烟土19179箱又2119袋，实共2376254斤（含留存作样品的8箱烟土的重量）。虎门销烟取得伟大胜利，历史也在这里翻开了新的一页。

| 故事2 |

中国近代"睁眼看世界的第一人"

在中国近现代史上，林则徐是一位得到众多赞誉的政治家。其谥号"文忠"，是清朝皇帝表彰其维护朝廷长远利益的辛劳所赐，维新派则称颂其开学习西方"长技"之先河。著名历史学家范文澜的评价最贴切，那就是——中国近代"睁眼看世界的第一人"！

林则徐禁烟前，中国封建王朝仍以"天朝君临万国"的妄自尊大心态紧闭国门，国人对外部世界茫然无知，许多以讹传讹的说法误导着人们对西方人的理解。比如认为英国人吃的是牛羊肉磨成的粉，食之不化，离开中国的茶叶、大黄就会"大便不通而死"。清朝官员也称英国人膝盖不能打弯，所以拜见中国"万岁"就不能下跪。林则徐刚到广州时，也称茶叶、大黄是"制夷之大权"，相信夷人膝盖伸展不便，认为"彼万不敢以侵凌他国之术，窥伺中华"。因此，他对英国发动战争的估计也是不足的。

不过，林则徐和那些顽固、愚昧的封建官僚的区别在于，他一旦接触到外部世界，便逐步发现和承认西方有许多长处值得中国学习借鉴。他虽然不懂外语，却注意"采访夷情"，派人专门收集澳门出版的外国人办的报纸书刊，并把出身低下却懂英文的人招入钦差行辕，将英商主办的《广州周报》译成《澳门新闻报》，进行被当时顽固派认为是大逆不道的翻译工作。与此同时，林则徐夜夜仔细阅读、研究译文资料，并把《澳门新闻报》的内容编辑为《论中国》《论茶叶》《论禁烟》《论用兵》《论各国夷情》5辑。为了解西方的地理、历史、政治，较为系统地介绍世界各国的情况，他组织翻译了1836年伦敦出版、英国人慕瑞所著的《世界地理大全》，命名为《四洲志》，成为近代中国第一部系统介绍世界自然地理、社会历史状况的译著。为了适应当时对外交涉的需要，他组织翻译了瑞士法学家瓦特尔的《国际法》等一系列著作，成为中国国际法学史上一个划时代的事件，标志着中国近代国际法学研究的开端。他还孕育了"师夷之长技以制夷"的主张，提出为改变军事技术的落后状态应该制炮造船的意见。

1841年，林则徐被流放途经扬州时，遇到了学识渊博的友人魏源，便把《四洲志》等有关资料交给魏源。魏源随后编出《海国图志》，书中概括的"师夷长技以制夷"的著名思想，正是源自林则徐学习西方先进技术以求富强、抵抗西方侵略以求独立的爱国主义主张。

　　鸦片战争中英国的坚船利炮，一时使国人感到很大威胁。然而林则徐在率先进行抗英后，又最早预见到北方俄国的威胁更为严重。1849年10月，林则徐因病势加重辞去云贵总督之职回闽治病养老。途经长沙时，经人推荐在舟中接见了左宗棠。鸦片战争时，20多岁的左宗棠就对这位老人无比钦慕，见面后便拜师求教，两人彻夜畅饮，阔论天下形势。林则徐此前在新疆办理过屯垦和水利，深感西北边防须未雨绸缪，并把自己收集的资料送给了正在研究地理和兵法的左宗棠。当左宗棠请他畅谈对英国等海上强敌的制敌方略时，林则徐却说："终为中国患者，其俄罗斯乎！吾老矣，君等当见之。"

　　林则徐注意到沙俄隐患决非偶然，他早在广东抗英时就了解到俄国不但可以通过水路，也可从旱路运走中国的茶叶。后来，他充军到伊犁时，受当地官员多方优待并委以治边之任，于是又对国境附近的形势进行了三年实地研究。尽管当时边境基本相安，他却目睹守备松弛的状况，并了解到俄军实力强大，预感到这一可任骑兵驰骋的陆地边患将最为严重。由于清廷将守备力量多移往沿海，又以主力对付国内起义，林则徐死后仅十几年，沙皇俄国果然乘北方空虚，兵不血刃地侵吞了150万平方公里的中国土地，不祥的预言变成了灾难性的事实。

　　更糟糕的是，当时新疆也一度沦于外人之手。幸亏弟子左宗棠后来始终记住"林文忠公"的嘱托，于19世纪70年代经营西北，力排众议率军远征收复了新疆，并以武力为后盾"探已投虎口之食"，向沙俄索回伊犁，在中国近代受尽屈辱的历史上总算写下令人欣慰的一页。

洪秀全／洪仁玕

洪秀全（1814—1864），乳名火秀，依家族班辈取名仁坤，后来自己改名秀全，广东花县（今广州市花都区）人。洪秀全是中国近代杰出的农民阶级革命家、思想家。洪秀全领导的太平天国运动是中国乃至世界史上最大规模的农民起义之一。毛泽东称赞洪秀全代表了在中国共产党出世以前向西方寻求真理的一派人物，是最早向西方寻求真理的先进的中国人之一。

洪秀全7岁进村塾，勤奋好学，非常聪颖，不仅熟读四书五经等儒家典籍，还博览群书，读了不少"有误正业"的史书和当时被看成是离经叛道的"奇异书籍"，这使他学识丰富广博，但并不泥古不化。1828年洪秀全14岁时，抱着初试锋芒的心情，第一次到广州去参加秀才府试，结果失意而归。此后，接连四次科举考试都以失败告终，自此洪秀全从沉溺于科举仕途的梦幻中苏醒过来，对科举功名不再有任何幻想。他与表弟冯云山、族弟洪仁玕一起，砸毁了村里的孔子牌位，自行受洗，创立了"拜上帝会"。由于在家乡的传教活动遇到很大的阻力，洪秀全、冯云山于1844年春离开花县，到珠江三角洲、广西一带传播教义。

经过数年的努力，拜上帝会迅速发展。1851年初，拜上帝会在广西桂平金田村揭竿而起，组织太平军，建立太平天国。到1853年，太平军占领了长江流域的大片领域，并定都南京，将之改名为"天京"。定都天京后，洪秀全及其同僚便开始养尊处优，专务于声乐，浮封滥赏，用人唯亲，宗教迷信越陷越深。

1864年5月间，天京被围，情势危急。因粮食不足，洪秀全带头食"甜露"（野草饭团）而致病。患病之后，他既不治疗也不服药，以致身体健康状况日趋恶化。临终前，洪秀全颁布最后一道诏旨说："大众安心：朕即上天堂，向天父天兄领到天兵，保固天京。"1864年6月1日，洪秀全因病逝世，时年50岁。

洪仁玕（1822—1864），广东花县官禄布村人，洪秀全族弟。他是鸦片战争后中国第一位以西方现代国家制度为参照，系统提出变法维新思想的改革家。

洪仁玕自小天资聪颖，学习又很勤奋刻苦，深得父母和兄长的宠爱，所以在家里并不富裕的情况下，仍送他去读书，熟读经史子集、天文历数。但后来先后三次参加科举考试失败，遂不再科考，以教村塾为生。

1851年洪秀全在广西桂平金田村发动金田起义后，洪仁玕投奔无果，后转至香港。在香港，洪仁玕认识了巴色会教士瑞典人韩山明。在这里，他写了《洪秀全来历》一文，并把太平天国革命初期的事迹介绍给了韩山明。韩山明以英语写成《太平天国起义记》一书，成为这场轰轰烈烈的农民革命初期活动的重要史料。1859年4月辗转到达天京，被洪秀全封为"干王"，作为洪秀全的"军师"，总理太平天国朝政，开始了他一生中最辉煌的时期。

当时的太平天国，正是经历了巨大挫折之后的低迷期，前期的大好局面正趋逆转，"人心改变，政事不一，各有一心"。洪仁玕到天京后，立即被洪秀全封为福爵。半月之后，又封义爵加主将。5月11日，再封洪仁玕为"开国精忠军师顶天扶朝纲干王"，并"降诏天下，要人悉归其制"。洪仁玕受印之后，对众发表了公开演说，特别强调要恢复东王生前各项有效的制度措施。洪仁玕的就职演说，使文武百官甚为钦佩。他大刀阔斧地推行制度化建设，在经济、政治、军事、文化等方面提出了创新主张。

他结合太平天国的实际情况，写下了"治国必先立政，而为政必有取资"的《资政新篇》，作为实行政治、社会改革的总方案，上奏天王洪秀全，很快受到批准，于1859年付刻颁行，成为太平天国后期的重要政治纲领。《资政新篇》的内容基本上包涵各种发展资本主义制度的要素，在某种程度上比日后清廷的洋务运动及维新运动更为全面、彻底。1864年10月

9日，洪仁玕在江西石城被俘。11月23日（天历十月十一日），洪仁玕在南昌受磔刑而死。受刑之前，他写下了四句绝命诗：

临终有一语，言之心欣慰。

天国虽倾灭，他日必复生。

| 故事1 |

金田起义

1850年6月，洪秀全派人带了亲笔信到广东花县，把他的母亲、妻子、儿女和兄长，以及亲戚族人接到广西。这是洪秀全准备发动武装起义而采取的第一个步骤。1850年夏秋间，洪秀全发布总动员令，派人紧急通知各县的拜上帝会教徒迅速集中，并且全部带队到金田"团营"。因为洪秀全深深认识到，遍布广西、广东、湖南三省的天地会反清起义，虽然坚持斗争长达200年之久，可是天地会山堂分立，力量不集中，行动不一致，纪律松弛，有如一盘散沙，容易为清军各个击破，成不了大事。因此，洪秀全毅然发布团营令，要各地的拜上帝会教徒整队到金田会集。团营是为了起义，通过金田团营，洪秀全终于把分散各地的力量集结起来。金田团营后，洪秀全等拜上帝会首领即着手制定一系列的制度、政策、措施，依照《周礼》编组太平军，颁布《太平条规》严明军纪，其制度之严整、政策之严肃、纪律之严明，均为中国农民战争史上所罕见，对太平天国革命运动的发展起着重要作用。

洪秀全还严格规定，参加团营的教徒们必须将一切所有缴纳于公库，全体衣食俱由公库开支，一律平等。洪秀全从金田团营起，便实行人无私财、缴纳归公、公有共享、平均分配的圣库制度。它反映了受剥削受压迫的农民群众朴素的平等平均要求，是洪秀全主张"天下一家，共享太平"的具体表现。尽管以绝对平均主义为思想基础的圣库制度不可能长期贯彻执行下去，但是它对当时动员广大贫苦农民起来参加推翻清王朝的战争，则是具有强大的号召力和吸引力的。受尽剥削压迫、无衣无食的劳苦大众，看到拜上帝会教徒们抄没附近富绅大户的家财，"专与财主佬作对"，既宣传"除妖灭魔""天下太平"的理想社会，又实行"有食同食，有衣同衣"，大家一律平等平均的美好制度，因而对太平军热烈拥护。当时流传的太平天国歌谣唱道：

> 换个朝来立个王，带兵最好数洪杨，
> 吃饭官兵同张桌，睡觉官兵共个房。
> 洪杨带头打天下，那个穷人不跟来？
> 生死紧跟洪杨走，那个反心不是人！

据统计，参加金田团营的总人数约2万人。各地教徒都抱着破釜沉舟的决心，或将田产房屋变卖，或将田产房屋送人，甚至抛弃烧毁而毫不足惜。成千上万的劳动群众手执大刀、肩扛长矛，男女老少成群结队，络绎不绝地奔向金田团营。大路被堵塞了，房屋住满了。群众踊跃投奔太平军的生动场面，有如熊熊燃烧的壮丽火海。这种气势磅礴的革命热情，其原动力之一正是平均主义。正如洪仁玕后来所说的："因有此均产制度，人数越为加增。"

在团营的过程中，拜上帝会教徒杀逐财主，抄家没产，打神庙，烧当铺，闹了个天翻地覆。广大受尽剥削压迫的贫苦农民出冤气，报大仇，扬眉吐气。地主官吏丧魂落魄，抱头鼠窜，惶惶不可终日。清朝政府意识到事态发展的严重性，急忙起用林则徐为钦差大臣，强令风烛残年、体弱多病的林则徐立即"星驰就道"，从福建赶到广西去"剿办"，但是林则徐病死在赴广西的途中。1851年元旦，清朝贵州总兵周凤歧、清江协副将伊克坦布带领数千兵勇，气势汹汹地扑向金田。他们在途中没有遇到什么抵抗。当伊克坦布率领清军得意洋洋地来到田新圩附近时，突然间杀声四起，洪秀全、冯云山等带领伏兵从四面八方冲杀过来，杨秀清等率领伏兵截断了清军的退路。伊克坦布被吓破了胆，他欲进不得、欲退无路，左冲右突也无法出重围。于是只好抛弃队伍，只身拍马逃命，结果跌落并被砍杀在蔡村江桥下。周凤歧在后队闻讯，拼死前来救援，也陷入了重围，冲杀不出。后来夜幕降临，周凤歧才侥幸带领残兵在黑夜里狼狈逃窜。

1851年1月11日，这一天是洪秀全37岁的生日，拜上帝会教徒在蔡村江打了大胜仗后，兴高采烈地为洪秀全祝寿。在金田村韦氏宗祠门前的广场上，洪秀全健步登上高台，在祝捷、祝寿的欢呼声中，庄严地正式宣告起义，定国号为"太平天国"。与此同时，洪秀全颁布了《五大纪律诏》：一、遵条命（遵守天条命令）。二、别男行女行（男女分营）。三、秋毫莫犯（爱护百姓）。四、公心和摊，各遵头自约束（不私藏财物，团结和睦，服从指挥守纪律）。五、同心合力，不得临阵退缩。

正因为起义领袖们早期保持着艰苦朴素的阶级本色，能与群众同甘苦、共患难，官兵一致，上下齐心，使得拜上帝会教徒"党众心齐""固结甚坚"，具有很强的战斗力。接着，洪秀全下达了向桂平县城的进军令。咸丰帝得到报告，命令广西提督向荣率部1万余人围剿堵截，但是起义军得到各地百姓的支持响应，如鱼得水，半年下来，不仅没有被镇压下去，反而更加壮大，攻下了重镇永安州(今广西蒙山)。在永安州，洪秀全自立为"天王"，封杨秀清、萧朝贵、冯云山、韦昌辉、石达开为东、西、南、北、翼"五王"，形成了太平天国农民政权的领导核心。休整了几个月后，太平军挥师北上，挺进湖南、湖北，然后沿着长江东下。这期间，每天都有上千名的百姓加入起义队伍，他们一路势如破竹，锐不可当。

1853年3月，在洪秀全、杨秀清率领下，50万太平军分水陆二路，直抵南京城下。起义军攻占了南京，这座六朝古都被改名为"天京"，成了太平天国的首都。

| 故事2 |

《资政新篇》：中国最早的资本主义改革系统化方案

1859年4月，洪仁玕从香港辗转到达太平天国的首都天京，5月被封为

"干王"，总理朝政。一日之间，从一个普通知识分子到总理朝政，这对于一个从来没有从事过政务管理的人来说，怎么看都像是一场梦。但洪仁玕似乎天生具有管理才能，在"总理"的职位上，他很快就驾轻就熟，将自己的特长发挥出来。

洪仁玕居住香港期间，曾经在外国传教士那里用心地学习研究过西方的科学文化，熟悉地理，略识机器工程，对欧美各国的政治经济制度和科学技术发展的水平有较深入的了解。他认为西方发达国家的治理方式代表了世界发展的潮流，因此，治国富强的秘方就在于发展西方发达国家的那种政治制度和经济制度。为此，他向天王洪秀全提出了改革内政建设国家的全新方案——《资政新篇》，从经济、行政、社会文化等方面提出了一整套改革措施。

经济方面，洪仁玕提出要兴商业、办银行、建设铁路、开矿、办邮政。主张发展交通，造火车、轮船；筑省、郡、县、市镇、乡村大道，"先于二十一省通二十一条大路，以为全国之脉络"，"通省者阔三丈，通郡者二丈五尺，通县、市镇者阔二丈，通乡村者阔丈余"。主张办理邮政，由国家设立邮亭，"以通朝廷文书"，准"富民于每隔二十里立一书信馆"，"以通各省郡县市镇公文"和"各式家信"。主张开采矿藏，奖励开采金、银、铜、铁、锡、煤、琥珀、琉璃、美石等矿和制盐、采蚝壳等事业；准"总领招民探取，总领获十分之二，国库获十分之二，采者获十分之六"，"又当视所出如何，随时增减"；"小则准乡，大则准县，尤大者准省及省外之人来采"等等。主张奖励制造，"有能造惊奇利便"的"器皿技艺"者，准予专利，"器小者赏五年，大者赏十年，益民多者年数加多"；能造火车轮船者也准予专利若干年，"限制他人仿做"；禁造"无益之物"。主张开办银行和保险事业，准"富民"设立银行，发行"银币"，"此举大利于商贾士民"，"凡屋宇、人命、货物、船等有防于水火者，先与保人议定每年纳银若干，有失则保人赔其所值，无失则赢其所奉，若失命则父母妻子有赖，失物则已不致尽亏"。

行政建设方面，洪仁玕主张加强中央政府领导权，普设乡官乡兵，乡官由"公义者司其任,以理一乡民情曲直吉凶等事,乡兵听其铺调";乡兵"大村多设,小村少设。日间管理各户洒扫街渠并拿打架攘窃及在旁证见之人到乡官处议决,夜于该管之地有失,惟守者是问。若力不足而呼救不及,不干守者之事"。主张设新闻官,于各省设立地位独立的新闻官,专收中外报派呈缴中央,以备天王阅览。新闻官"有职无权,品性诚实不阿者,官职不受众官节制,亦不节制众官,即赏罚亦不准众官褒贬"。主张建立公库和税务机关,"兴省、郡、县钱谷库,以司文武官员奉值公费,立官司理,每月报销";"兴市镇公司,……以司工商水陆关税,每礼拜呈缴省、郡、县库存贮,或市镇公务(注:即税务机关)支用"。提出要严禁贪污:"既得俸值,何可贪赃""有妄取民贿一文者议法""有为己私抽者议法";禁止卖官售爵:"禁私门请谒,以杜卖官授爵之弊"。提出要创立"罪人不孥"、刑止一身的制度。主张重视群众意见,欲使"上下情通,中无壅塞闭者,莫善于准卖新闻篇或暗柜(注:即意见箱、举报箱等)","朝廷考察,若探未实者,注明有某人来说,未知是否,俟后报明字样,则不得责之也"。

社会建设方面,洪仁玕主张发展文化事业,设立"士民公会",办理教育,奖励人民开办"学馆",劝令人民将用于演戏、修斋建醮等费用捐助学馆。主张奖励开办"新闻馆,以报时事常变,物价低昂,只需实写,勿着一字浮文……伪造新闻者,轻则罚,重则罪",提出"设新闻馆以收民心公议……上览之得以资治术,士览之得以识变通,商农览之得通有无,昭法律,励廉耻,表忠孝,皆借此以兴起教也"。主张兴办卫生事业,奖励人民开设医院,收庙宇寺观财产为医院经费,劝令人民将用于演戏、修斋建醮等费用捐助医院;"各户洒扫街渠,以免秽毒伤人"。奖励慈善事业,"设士民公会……拯困扶危。……至施舍一则,不得白白妄施……宜令作工以受所值,惟废疾无所归者准白白受施"。主张禁革传统迷信,"禁庙宇寺观,既成者还其俗焚其书,改其室为礼拜堂"。禁止游手好闲,"除九流惰民不务正业,专以异端诬民,伤风败俗,莫逾于此。准其归于正业"。提出要禁止饮酒及"一切生熟黄烟鸦片";"先要禁为官者，渐次严禁在下，绝其栽植之源，遏其航来之路，或于外洋入口之烟不准过关，走私者杀无赦"。提出要禁止溺婴、买卖人口和使用奴婢。提出屋宇应"坚固高广……方正"，"不得雕镂刻巧，并类王宫朝殿……勿得执信风水"。

《资政新篇》是鸦片战争后中国社会学习西方的重要成果，是明确提出要发展资本主义、改变贫穷落后面貌的第一个纲领。其突出的特点是主张实行西方发达国家的现代政治经济制度和科技手段，以确保社会稳定和生产的大发展，这无疑是富有远见卓识的。可以说，洪仁玕通过在"洋社会"的生活与学习，通过与西方传教士的密切交往，洞见了世界时势之"先机"。"春江水暖鸭先知"，他所预见到的一切，要到数十年后，方才能为国人所普遍地、切身地感受到。

邓世昌

邓世昌（1849—1894），原名永昌，字正卿，广东番禺龙导尾乡（今属广州市海珠区）人。清末北洋水师将领，中日甲午战争时任致远号巡洋舰管带（即舰长）。1894年9月17日在黄海海战中壮烈牺牲。《甲午风云》《英雄邓世昌》《甲午大海战》等多部文学、影视、戏曲作品都歌颂过他的英雄事迹。

邓世昌殉国后，后人在广州沙河天平架石鼓岭的邓氏家族墓地修有邓世昌衣冠冢。该冢于"文革"期间被毁，1984年由邓氏后人修复。1994年9月，邓世昌墓地迁到今天的天河公园。广州市海珠区邓氏宗祠内现有邓世昌纪念馆，占地4700平方米，馆内常年设有"邓世昌与甲午海战"专题陈列，是海珠区爱国主义教育基地。

| 故事1 |

壮志豪情，心怀天下

邓世昌从小生活在曾经作为鸦片战争主战场的广州，他的父亲邓焕庄（号秋浦）是一位爱国茶商。邓世昌从懂事起，就在父亲膝下聆听民族英雄林则徐在虎门销烟的壮举，读过描写鸦片战争中英国侵略者在广州沿海地区制造苦难的文字。稍长，他又耳闻目睹了国家贫弱的现实：广州城内，洋人横行霸道、为非作歹，而软弱的清政府只知道一味退让。加上开放师夷、竞争图强的思想影响，年幼的邓世昌心里种下了一颗痛恨侵略者、想要奋发图强的种子。他青年时期曾写诗：

南楼高耸入云霞，四面江山壮观吟。

傍晚一城空寥阔，炊烟浓处几家人？

从对家乡荒凉破败、人烟稀少的感叹中，能看出邓世昌对人民命运的关心，对帝国主义步步紧逼侵略的痛恨，可见他从小就有爱国爱民、心系天下的豪情壮志。

邓世昌十几岁时，邓焕庄在上海经营茶叶生意，他觉得无论将来让儿子继承自己的事业还是从事别的事业，都必须学习洋文，进而学习外国先进科学知识。于是他把邓世昌带到了上海，让他在洋人开办的教会学校学习英语、算术。邓世昌资质聪颖，勤奋好学，进步极快，很短时间内就能看阅英美原版书籍。当时的上海十里洋场，沿江一幢幢鳞次栉比的都是西式楼房，英、俄、美、法等国的领事馆、教堂和各式各样的洋行都集中在这一带。黄浦江边，有挂着各种旗帜的外国军舰，它们在中国海口、内江任意进出，横冲直撞，畅通无阻。少年邓世昌看到此情此景，不禁叹息说："中西互市久远，人曰驭风涛，稔知我国厄塞。若我国不以西法练海军，一旦强邻肇衅，何以御之？"因而他立志投入海军，为国效力。

清同治六年（1867），林则徐的女婿沈葆桢接任福建船政大臣，创办福州船政学堂培养海军人才，同时开办前学堂制造班和后学堂驾驶管轮班。1868年，闽浙总督左宗棠创办船政局，在福州马尾效仿西方建立造船厂。福州船政学堂除主要在福建地区招生外，也招收了广东籍通晓英文的学生共10人，邓世昌便是其中之一。由于他学习目的明确，且又聪颖过人，入学后的各门课程考核皆列优等，"凡风涛、沙线、天文、地理、测量、电算、行阵诸法，暨中外交涉例文，靡不研究精通"，深得沈葆桢青睐器重。1873年，邓世昌和其他同学一起登上"建威"练船，先后到达厦门、香港、新加坡、槟榔屿，历时四个月。邓世昌在练船实习中，表现出色，顺利通过考核。

同治十三年（1874），邓世昌任"琛航"运输舰大副。清光绪元年（1875），调任"东云"舰管带。此后，又调任装备五尊前后膛炮的"振威"炮舰管带，代理"扬武"快船管带，奉命扼守澎湖、基隆等要塞。

1880年夏，李鸿章将邓世昌调至北洋海军，任"镇南"炮舰管带。同年12月，随丁汝昌赴英国接收"超勇""扬威"两舰。1881年8月17日，"超勇""扬威"从英国纽卡斯尔港起航，开始了由英国到中国的漫长航行，其中"扬威"由邓世昌操纵。这是中国海军首次驾驶军舰航行北大西洋—地中海—苏伊士运河—印度洋—西太平洋航线，经过的沿途各国才知道中国也有海军，均鸣礼炮致敬。一路航程漫长，气候多变，遇到过很多艰险，但都被他们一一化解。此次出洋，邓世昌不仅扩大了眼界，还潜心钻研增长了学识。在英国接舰期间，邓世昌游历了英国海军的主要基地、港口；学习研究了英国皇家海军的规章制度和练兵之法，以及英国海军的发展历史；还参观了英国皇家海军学院。他认真考察西方海军情况，悉心学习外国先进的军事技术和经验，并将这些军事装备和训练方法细心地加以研究，取其长，为己所用，"益详练海战术"，进步很大。11月22日，"超勇""扬威"驶抵天津大沽口。邓世昌因驾舰有功被清廷授予"勃勇巴图鲁"勇名，赏戴花翎，并被任命为"扬威"舰管带。

1882年，朝鲜政局发生动乱，日本想趁机发动战争侵略朝鲜。清政府应朝鲜之请，派丁汝昌率兵舰3艘，带领广东水师提督吴长庆部下六营赴朝鲜，邓世昌驾"扬威"护送。他船速极快，"鼓轮疾驶，迅速异常，径赴仁川口，较日本兵舰先到一日"，"日兵后至，争门不得入而罢"，日本侵略朝鲜的阴谋受挫。

光绪十年甲申（1884）中法战争时，法国侵略军攻陷了中国台湾基隆炮台，35岁的邓世昌接到命令，慷慨挥师随舰出发，御敌海上。期间恰逢其祖父和父亲相继去世，但他以卫国为重，没有请假回家守孝，而是在反侵略战争中为国奋战。几年后他回家探亲，哭昏在父亲灵前，醒后挥泪写祭文，将未能见父亲一面称为"终身大戚"。

在北洋水师期间，邓世昌深知国家处在危亡之时，为了中国海军建设，他倾注了自己全部心血。当时很多海军高官都在陆上居住，而邓世昌却忠于职守，很少离开舰船上岸。他不但和士兵同甘共苦一起锻炼，还经常对官兵们进行爱国主义教育，经常用前贤烈士的事迹鼓励军士，讲到慷慨激昂之时，自己也哽咽失声。他常与身边的人说："人谁不死，但愿死得其所耳！袵席波涛，不避艰险。"又说，以身许国是军人志愿，只要对国家有好处，个人生命算不了什么。

| 故事2 |

壮烈殉国，青史留名

清光绪十三年（1887）春，邓世昌率队赴英、德两国接收"致远""靖远""经远""来远"4艘巡洋舰。归途中，邓世昌因劳累过度，发了寒热。但他对自己要求很严格。他认为，作为管带，任何情况下都要对全舰的安全负全部责任，必须坚守自己的岗位。于是他"扶病监视行船"。过印度洋的时候，有一段航道非常危险，"南北潮头汇集之处，北从印度洋奔腾，东南从七州洋汹涌而西，至此相遇，潮头激撞，有高至数十丈者"。邓世昌撑着虚弱的身体，坚持指挥航行，从而使军舰顺利通过险区。

邓世昌认为，接舰实际上是不可多得的最好的远航训练，他还带领全舰官兵在沿途进行不间断的各种操练，"终日变阵必数次"。操练的内容和科目，都是实战可能发生的，符合战斗的需要，并且要求正规化，"时或操火险，时或操水险，时或作备攻状，时或作攻敌计，皆悬旗传令"。有一次军舰航行到西班牙水域时，邓世昌和部下乘小船离开军舰进行战术操练，在返回时忽遇特大风浪。当时操纵如果稍有不慎，就有葬身大海的危险。但邓世昌临危不惧，亲自把舵，终于战胜惊涛骇浪，使大家安全返回。

光绪十四年（1888）八月，北洋舰队正式成军，分左、右、中、后四军，邓世昌授中军中营副将，充"致远"管带。从此，他的名字就和这艘军舰正式连接在了一起，直到生命的终结。

1894年，朝鲜爆发东学党起义，清政府派淮军增援镇压，日军也借口保护使馆与侨民派兵进驻汉城。日方对战争蓄谋已久，不断增兵，也向清政府抛出要求共同改革朝鲜方案，侵略意图十分明显。清政府令李鸿章备战。而李鸿章仍不主张添兵赴朝，并希冀中日能共同撤兵。当年7月底，日军偷袭并击沉了北洋水师的运兵船队，导致1000多名清军遇难。消息传来，清军官兵极为愤慨，邓世昌主张主动出击，誓与日本舰队决一死战。但是，李鸿章采取"避战自保"的做法，不允许还击。邓世昌悲愤万分，多次向他的士兵表达决心，"若有不测之事，发誓与日舰共沉"。

1894年9月17日，北洋水师包括"致远"在内的十几艘军舰，由丁汝昌率领，护送4000余名援军入朝，返航时在大东沟遭遇日军偷袭。当时日军舰队挂着美国旗帜向北洋水师等驶来，开到射程之后，突然改挂上了日军军旗，并向北洋水师发起猛烈的袭击。日军以"吉野"等4艘快舰组成的第一游击队为先锋，以旗舰"松岛"和"桥立"等6艘舰艇组成的本队在后，形成一字竖阵，凶恶地向北洋舰队扑来。北洋水师仓促应战，黄海海战爆发。

在旗舰"定远"上指挥的丁汝昌命令将舰队由双纵阵改为横阵，由于向两翼展开需要时间，不待队形完备，旗舰"定远"的管带刘步蟾便擅自下令发动攻击。此时，距离敌阵还有5300米，北洋舰队仅形成了较为散乱的人字形阵型，完全未处于有效的对阵状态。日方舰艇具有快速的优势，很快形成太极阵，裹住北洋水师的人字阵，将"致远""经远""济远"3艘军舰隔绝于阵外。

在激烈的炮火中，日军将"定远"望台打坏，在望台上督战的丁汝昌也受重伤，大旗被击落，给士气带来极大的损伤，进一步加剧了北洋水师的混乱状态。邓世昌见状，不顾生死，立刻下令在"致远"上升起帅字旗帜，吸引敌舰，稳定军心。他抱着必死的决心，驾驶"致远"独自向前，冲锋直进，开放船首船尾英国制造的12吨大炮，并施放机器格林炮，先后共百余次主动出击。

为了保护旗舰"定远"，"致远"开足马力，抢到"定远"前面迎敌，但此时其他舰艇已在一片混乱之中，没有一艘军舰能够协助"致

远"，导致"致远"孤军深入，无复后继。日舰一看有机可乘，4艘战舰围攻"致远"，"致远"多处中弹，船身倾斜，邓世昌本人左腿受伤。这时日舰"吉野"迎面驶来，邓世昌认为此时唯有背水一战，撞沉"吉野"，才能为其他舰艇博得一线生机，于是激励将士说："吾辈从军卫国，早置生死于度外，今日之事，有死而已！""倭舰专恃'吉野'，苟沉是船，则我军可以集事。"又说："虽然我们牺牲了，但国家的海军的声威却不至于堕落，这也是我们报效国家的所在。"

全舰官兵受到邓世昌爱国气节的振奋，大声喊："撞沉'吉野号'！撞沉'吉野号'！"在舰上炮弹用尽的情况下，官兵们纷纷用步枪向敌舰还击。"致远"以最快的速度向"吉野"冲去。敌人发现邓世昌的意图后大为震惊，纷纷跳入海中自救，并连连发射鱼雷。就在"致远"即将撞上"吉野"时，不幸的事情发生了——"致远"不幸被鱼雷击中，锅炉爆炸，舰体破裂而沉没。邓世昌坠入海中，仍然不停地高喊奋勇杀敌的口号。

邓世昌的随从刘忠找来浮木试图救援，但邓世昌为了实践自己誓与舰艇共存亡的决心，坚决不接，愤然告诉随从："我从小立志报国杀敌，今日事已如此，誓不独生！"他的爱犬"太阳"游到他旁边，衔住他的手臂不放，被他推开。"太阳"又衔紧他的头发，不使他下沉，于是邓世昌按犬头入水，一起淹没在汹涌的波涛中，当天恰好是他的45岁生日。全舰250多名官兵，除了27名获救之外，其他的也随邓世昌一起永沉大海，壮烈殉国，为中华民族抗击侵略史上谱写了一段惊天地、泣鬼神的战斗篇章。

邓世昌的牺牲精神极大地感染和鼓舞了北洋舰队全体将士。他们在4艘战舰被击毁击沉、2舰无耻逃跑的不利形势下，仍顽强地坚持战斗，重创多艘敌军战舰。日军旗舰"松岛"被打得完全丧失了战斗力和指挥能力，"吉野"舰舱面上的军事设备尽毁，日军死伤100多名，最终不得不撤退，使得日本先前想要将北洋水师聚歼于黄海的计划未能得逞。

甲午海战是中日间有史以来最激烈、规模最大的海上主力决战，意义重大。北洋海军的失败，使中华民族陷入了更为沉重的灾难深渊。然而邓世昌的英雄经历，是他满怀救国理想的最后搏击，用鲜血震撼了沉睡的巨龙。清代诗人郑观应在其诗歌《闻大东沟战事感作》中热情讴歌了英雄的事迹：

> 东沟海战天如墨，炮震烟迷船掀侧。
> 致远鼓楫冲重围，万火丛中呼杀敌。

邓世昌牺牲的消息传来，光绪帝垂泪为邓世昌撰联"此日漫挥天下泪，有公足壮海军威"，并赐予邓世昌"壮节公"谥号，追封"太子少保"，入祀京师昭忠祠，御笔亲撰祭文、碑文各一篇。还赐给邓母一块用1.5公斤黄金制成的"教子有方"大匾，拨给邓家白银十万两以示抚恤。邓家用此款在原籍广东番禺为邓世昌修了衣冠冢，建起邓氏宗祠。宗祠里有一副对联："龙跃云津凤鸣朝日，桂生高岭莲出绿波。"据传是邓世昌青年时代的手笔，反映了他崇高的情操和远大的抱负。

1899年，威海卫百姓在成山上为邓世昌塑像建祠，敬仰祭祀。1996年12月28日，中国人民解放军海军命名新式远洋综合训练舰为"世昌"舰，以示纪念。2015年9月，之前两年发现的沉船"丹东1号"被证实就是121年前甲午海战中北洋水师标志性的舰只"致远"舰。从沉没到重见天日，"致远"舰在水下整整待了120年，再出水已是日月换新天，英烈有灵，当含笑九泉。

康有为

康有为（1858—1927），原名祖诒，字广厦，号长素，又号明夷、更甡、西樵山人、游存叟、天游化人，又称康南海，广东南海县（今佛山市南海区）银塘乡人。

康有为少年聪慧，受家族浓厚家学氛围影响，4岁时就已开启知识，接受严格的封建正统教育，攻读经史。清光绪五年（1879），康有为开始接触西方文化，从此吸取了西方传来的进化论和政治观点，初步形成了维新变法的思想体系。

光绪十七年（1891），康有为在广州长兴里万木草堂讲学，并先后写作《新学伪经考》和《孔子改制考》两部著作，为变法运动进行理论上的造势。光绪二十年（1894），康有为开始编《人类公理》一书，这本书经多次修补，后来定名为《大同书》发表。此后，康有为开始积极地投入到变法实践中。

光绪二十一年（1895），甲午战败，清廷与日本签订丧权辱国的《马关条约》，民族危亡愈加迫在眉睫。康有为趁入京应试的机会，联合各省应试举人1300余人联名请愿，发动"公车上书"，请求拒和、迁都、练兵、变法。这是自光绪十四年（1888）第一次上书光绪帝之后的第二次上书，也是改良派正式登上政治舞台的第一幕。

不久榜发，康有为得中进士，授工部主事。康有为又于同年五月六日呈送《上清帝第三书》，提出了富民、养民、教士、练兵变法四策。这次上书由都察院代呈，光绪帝第一次读到他的上书。康有为在不断上书光绪帝，以争取进行自上而下的政治改革的同时，又创办《万国公报》，成立"强学会"。光绪二十三年（1897），德国强占胶州湾，康有为再次上书请求变法。光绪二十四年（1898）六月十六日，光绪帝在颐和园勤政殿召见康有为，任命他为总理衙门章京，准其专折奏事，筹备变法事宜，史称"戊戌变法"。同年八月七日凌晨，慈禧太后宣布"临朝听政"，光绪帝被软禁，戊戌变法失败。

变法失败后，康有为出走日本，此后又远走加拿大、美国等地，一去就是15年，直到辛亥革命后，康有为于民国2年（1913）以母丧归。去国时是一个进步的维新运动领袖，回国时却是一个保守的人了。从1912年起，他先后倡议创设"孔教会"，主张在宪法中定孔教为国教，反对废除以拜跪礼祀孔，到处发表演说鼓吹尊孔读经。1916年，康有为在曲阜举行的祭孔典礼上，被各地代表公推为孔教会会长。次年又与张勋一道，担任"各省公民尊孔联合会"的名誉会长，为复辟做思想文化上的准备。五四运动前后，面对新文化的冲击，康有为继续逆潮流而行，坚持尊孔的立场不变，并且为配合张勋再次复辟的政治目的，尊孔的活动更加活跃，表现出与近代思想解放的思潮格格不入的态度。20世纪20年代之后，康有为坚决反对孙中山领导的国民革命，反对"赤化"、反对北伐。就在这种卫旧抗新、无益亦无功的操劳之中，康有为度过了自己的垂暮之年。1927年3月31日，康有为猝然长逝于青岛福山路寓所。

| 故事1 |

康有为的西学启悟

少年时代的康有为，主要在祖父的影响下学习儒家经典，为考取功名而努力。但随着时间的推移，他对八股文越来越心生厌恶，不愿意为学习八股文而耗费时间，读书的兴趣渐渐集中在"杂书"上。其起因在于，康有为有一位叔祖康国器爱好藏书，康国器在家乡新筑了园林叫"七桧园"，其中建有两座藏书楼，分别名为"澹如楼"和"二万卷书楼"，收藏了说部、集部、杂史、经说、史学、考据书等各种书籍，藏书总数达数万卷之多。在这里，康有为第一次读到清代著名经学家、文学家毛奇龄的

文集《西河合集》，还第一次读到像魏源一样最早将世界史地知识介绍到中国的徐继畬的名著《瀛环志略》及《地球图》，由此得知万国之故、地球之理。

1879年初，康有为出游香港，这是他第一次近距离了解西方先进文明。从香港回来后，他重新找来《海国图志》《瀛环志略》《地球图》等书，并有意识地收集有关西学的书籍，勤加阅读。三年后，康有为路过上海，再次目睹了西人治理之下的繁盛，感触进一步加深，回家的路上更是一路留意大购西书，回家后便埋头钻研，"始尽释故见"。此后，西学成了康有为学习的必修课。

在康有为的西学书单中，既有历史人文方面的著作，也有自然科学、环球地理等方面的著作。他如饥似渴地攻读，还打算编辑《万国文献通考》，为系统深入研究西学做准备。他对算学尤感兴趣，曾在两年时间里连续高强度钻研，以至于头部突然剧痛，大病一场，此后再不敢"强攻"算学。但算学中欧几里得所建构的几何学理论模式显然给康有为留下了很深的印象，他在写作《人类公理》这部与算学毫无关系的综论人类社会之理的著作时，便在基本格式上"依几何为之"，形成了一部在中国近代思想文化史上十分奇特的作品。他还对天文学下过很大工夫，对比中外历学，重定天然历法，提出了将"年"改为"周"，"以地绕日一周之故，宜以三百六十五日名为周，十年为十周，百年为百周"等独特新颖的设想，可见哥白尼"日心说"对他的影响。

随着钻研的深入，康有为越发感到国内对西学书籍译介的严重不足，尤其是缺乏介绍西方政治、社会学说方面的书籍。当时张之洞任两广总督，康有为对这位积极举办洋务新政的重臣颇有好感，于1886年春托张鼎华向张之洞建言：中国西书太少，英国传教士傅兰雅等人所翻译的西书都限于军事、医药等并非急需的知识，中国更需要的还是政书。西学中有很多中国所没有的新理，应当设立专门机构翻译西书，这是目前最重要的事情。张之洞对康有为的建议非常认可，并委托他和翰林院编修文廷式共同来操办开翻译局之事。但后来由于官方支持不力，并未见到成效。康有为又建议借用商人的财力来办成此事，最终还是没有成功。

在西学的启示之下，康有为的想象力被前所未有地激活。他由显微镜能将物体放大成千上万倍，视虱如轮、见蚁如象，而悟出大小齐同、大小无定而无尽之道理。他指出，天是至大者，蚁是至小者，但由显微之理推之，"不知天之为一蚁乎，蚁亦为一天乎"？由此亦可推知至大之外，尚有大者；至小之内，尚包小者。他由电机光线一秒能行数十万里，而悟出久速齐同、长短久暂之无定而无尽之道理。他指出："吾所谓万亿年者，真顷刻也，而吾之顷刻，乃他物以为万亿年者也。"他还由这些自然科学领域的"物理"，进一步推论人类社会之理：既然大小齐同、无定无尽，那么，也就没有什么神圣之规，应该消除人类社会现存的一切隔阂和界限，走向人类社会的平等和一统；既然久速齐同、无定无尽，那么，也就没有什么永恒之界，应该不断改变人类社会的现状，走向未来的发展和进步……由此而推理，"奉天合地，以合国合种合教一统地球"就成为康有为对人类未来的终极途径。他推想，实现一统之后的地球，人类的语言文字、饮食衣服宫制应如何变革，用什么方法实现男女的平等和人民的互通大同公益，以使所有人都进入极乐世界；还更深入地推想五百年乃至千年之后，世界如何变化，人的灵魂、体貌会有什么变异，月球与诸星应怎样交通，诸星、诸天、气质、物类、人民、政教、礼乐、文章、饮食等会呈现何种不同的面貌……总之是"奥远窅冥，不可思议"，思绪进入了一个无穷无尽、浩渺玄深的世界。

西学与儒学、佛学，本来是相隔甚远、差别很大的知识观念体系，康有为通过感悟，也找到了它们之间的共同点，并用新的一统之道将其融会贯通起来，设想"其道以元为体，以阴阳为用，理皆有阴阳，则气之有冷热，力之有拒吸，质之有凝流，形之有方圆，光之有黑白，声之有清浊，体之有雌雄，神之有魂魄，以此八统物理焉；以诸天界、诸星界、地界、身界、魂界、血轮界，统世界焉。以勇、礼、义、智、仁五运论世宙……而务以仁为主"。冷热之气（如蒸汽机的发明应用和热胀冷缩的原理）、拒吸之理（如万有引力、作用力与反作用力）等是西学的自然科学知识，

元、阴阳、仁等属于儒学固有的思想观念，诸天界、诸星界等通常为佛教用语，统统被康有为以新的体系结合到了一起。它们互相启发、互相印证、互相渗透，形成了一个既源于西学、儒学、佛学，又综合三者之长、超出三者之外的带有浓重的康有为个人思辨色彩的集合体。

总体来看，虽然康有为的感悟推导并不严谨、科学，其中有些甚至是堪称怪异的观点，但这些都不能掩盖住其焕发出的理性光彩。正是这种在深厚的知识学养基础之上所作的无拘无束的自由思考，使康有为最终突破了中国传统思想文化体系的束缚，接受了作为近代新思想核心的进化论、平等论、人道主义论，实现了从传统士人向维新思想家的超越。1885—1887年三年间，自认为已找到"安身立命"之所，颇有"六通四辟，浩然自得"之感的康有为埋头于著书立说，先后写成了《人类公理》《康子内外篇》《教学通义》《民功篇》4部著作，标志着他十年寻道已结出了丰硕的思想成果。

| 故事2 |

康有为独辟蹊径育新人

在越秀区中山四路长兴里3号，一座青砖灰瓦的老宅院，隐藏在四周林立的高楼和喧哗闹市中，这就是在中国近代史上曾经大名鼎鼎的万木草堂。宅院前后共三进，门楼上书有"邱氏书室"四个大字。128年前，清光绪十七年（1891），33岁的康有为租下了这幢邱氏书室，创立"长兴学舍"，设馆授徒，宣传变法救国思想，培养维新变法人才。此后，他与梁启超、麦孟华、徐勤等弟子出发北上，在北京掀起了一场轰轰烈烈的戊戌变法运动，为后世留下一段历史传奇。

康有为开馆教学时，身份只是一名监生（即京师最高学府国子监名义上的学生）。一般来说，当时设馆教学之人，不是举人就是进士、翰林，不然就是在学术上名气甚大之人，而这些条件康有为显然都不具备。但康有为充分发挥自己新思想、新方法所拥有的巨大影响力，取得了斐然成就。

开馆伊始，康有为便制定了学规，名为《长兴学记》，就为学的宗旨、要求等作了提纲挈领式的论述和规定。其最基本的内容为"志于道、据于德、依于仁、游于艺"四条学纲：

志于道，即立志追求仁义之道。要立此大志，需要做到四点：一是格物，排除一切外物的干扰诱惑，对"高科美官、货贿什器"等当视之如毒蛇猛虎、大火怨贼，坚决芟除洗伐；二是厉节，像后汉、晚明的儒者一样以气节自厉，劲挺刚毅，去掉卑污柔懦之气；三是辨惑，大力破除积习流俗，认清大道之传；四是慎独，注重克己，随时清除邪念。

据于德，即培养高尚完善的品德。要达此目的，亦需要从四个方面努力：一是主静出倪，于静修之中与天地万物化为一体，以达"浩浩万化，卷舒自在"的境界；二是养心不动，将一切死生患难、毁誉谤讪等皆置之度外，唯行吾心之安；三是变化气质，不断纠正偏颇，达到"纯和"的程度；四是检摄威仪，注意养成良好的行为举止。

依于仁，即遵照仁的准则行事。其内涵有四：一是敦行孝悌，如果薄于亲情，是谓悖逆，其本已谬，没有资格与人共学；二是崇尚任恤，对朋友乡亲有难能相救相济，这样的人必能忠于其君、惠于其国；三是广宣教惠，能与人相群，广泛传播推行仁道；四是同体饥溺，对所有人的苦难抱有深切的同情之心。

游于艺，即掌握一切必要的学问。主要的学问可分为四种：一是义理之学，分别相当于关于社会和关于自然的理论性学问。二是经世之学，指与现实国计民生密切相关的应用性学问。三是考据之学，其大者为经学、史学、掌故之学，侧重于学术性。四是辞章之学，包括散文、骈体文、铭赞、诗赋等。对此"四学"中的经世之学，康有为特意以"六艺之学"作了具体补充，认为对"切于人事、便于经世"来说，周朝的六艺之学最美，但六艺中的射、御于今无用，宜改为图、枪。今讲堂中应学习的六艺为：一曰礼，有朝廷之礼、祭祀之礼、宾客之礼等；二曰乐，拟先购多种乐器学习演奏，以宣血气而导和平，以求不失古人以乐为教之意；三曰

书，即文字书法；四曰数，即数学；五曰图，即图谱之学；六曰枪，即取代弓矢的枪械，当以春秋佳日，择地学习枪法。除"四学"之外，康有为还列举了科举之学，分为经义、策问、诗赋、楷法四目，作为谋求职事、维持生计的权宜之学，但告诫"若以之丧志，则卑鄙可羞"。

此外，康有为还对读书、习礼、考试、日课的具体内容和方法作了规定，并提出耻无志、耻徇俗、耻鄙吝、耻懦弱之"四耻"作为日常品行要求。综观整个学规，鲜明体现了康有为的新式教育思想，这就是要培养与科举制下旧式书院、私塾、讲堂学生完全不同的人才。这种新式人才有远大的理想志向，有高尚完善的品格气质，有注重亲情、救世济民的博大情怀，有系统全面、切于实用的知识学问，以德为主，德智兼育，而被时人视为身家性命的科举仕途只当作不得已而为之的末业。

具体教学上，康有为无疑是一位极富感染力和煽动力的演讲者，他将自己丰富的学识、长时间的理性思考和激情演绎完美地结合在一起，从而让学生深刻地感受到醍醐灌顶的快意和启悟。当时作为学海堂优等生的梁启超就记述了在接触康有为授课后的思想震动："时余以少年科第，且于时流所推重之训诂词章颇有所知，辄沾沾自喜。先生乃以大海潮音，作狮子吼，取其所挟持之数百年无用旧学，更端驳诘，悉举而推陷廓清之。自辰入见，乃戌始退，冷水浇背，当头一棒，一旦尽失其故垒，惘惘然不知所从事。且惊且喜，且怨且艾，与通甫连床，竟夕不能寐。明日再谒，请为学方针，先生乃教以陆王心学，而并及史学西学之梗概。自是决然舍去旧学，自退出学海堂，而间日请业南海之门。生平知有学自兹始。"

自接触康有为后，梁启超毅然从学海堂退学，投身康门。此后十余年间，梁启超一直笼罩在康有为的巨大影响之下，同时又以其极为出色的才华对宣传、发挥康有为的思想学说作出了独特的贡献，以至人们以"康梁"并称。

除了思想的深刻和内容的新鲜独特，康有为在教学的态度、方法、风格上也是别具特色，极富感染力。梁启超对康有为的教学作过这样的追忆和评价："其品行方峻，其威仪严整。其授业也，循循善诱，至诚恳恳，殆孔子所谓'诲人不倦'者焉。其讲演也，如大海潮，如狮子吼，善能振荡学者之脑气，使之悚息感动，终身不能忘。又常反复说明，使听者涣然冰释，怡然理顺，心悦而诚服……每语及国事杌陧，民生憔悴，外侮凭陵，辄慷慨唏嘘，或至流涕。吾侪受其教，则振荡怵惕，凛然于匹夫之责，而不敢自放弃自暇逸。"

康有为以其新思想、新知识，以及极富个性的教学，吸引了一大批求学者的加入，学堂规模迅速扩大。1891年春，康有为在长兴里开坛讲学时约有学生20人。第二年便因为招生规模扩大而迁至卫边街邝氏祠堂。再过一年，又迁至广府学宫仰高祠，正式定名为"万木草堂"，此时学生已增至50人左右。据记载，到万木草堂"从游"者岁增，最终达到数百人的规模。从1891年开办长兴学舍，到1898年戊戌政变后，万木草堂被清政府下令封禁，康有为在广州办学前后历时八年，为那个时代培养了一大批具有新思想的社会精英，造成了极大的社会影响，如此成就，不能不说是相当成功的。

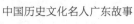

梁启超

梁启超（1873—1929），字卓如，号任公，又号饮冰室主人、中国之新民等，广东新会人。在中国近代史上，梁启超是公认的多面手，在多个领域引领风气之先，对后世产生了深远的影响。

梁启超一生的活动与思想大体可以分为六个时期：1895年以前的早年求学与探索；1895—1898年作为与康有为齐名的维新主将，他积极投身变法运动；1899—1903年作为"言论界之骄子"，他进行了最出色的思想启蒙宣传；1904—1911年作为"立宪运动的灵魂"，他努力探索中国的宪政之路；1912—1917年作为政党领袖，为实现民主政治的理想而活跃于民初政坛；1918年至逝世作为学界宗师，他潜心于学术文化与教育事业，为构建中国现代文化作出了杰出贡献。

梁启超是著名的维新派领袖，为改革维新而奔忙，形成了巨大的社会影响力。16岁时中举，次年赴京会试，没中。同年结识康有为，投其门下，就读于万木草堂，接受康有为的思想学说并由此走上改革维新的道路，时人合称"康梁"。1895年春再次赴京会试，协助康有为，发动在京应试举人联名的"公车上书"。

维新运动期间，梁启超表现活跃。曾先后为北京《万国公报》（后改名《中外纪闻》）、上海《时务报》、澳门《知新报》主笔，大量发表政论，在社会上产生了很大影响。1897年，赴长沙任时务学堂总教习，在湖南宣传变法思想。1898年，赴京参加"百日维新"，受光绪帝召见，奉命进呈所著《变法通议》，赏六品衔，负责办理京师大学堂译书局事务。同年9月，因变法失败而逃亡日本，期间大量介绍西方社会政治学说，在当时的知识分子中形成很大影响。

民国初年支持袁世凯，并承袁意，将民主党与共和党统一合并，改建进步党，与孙中山领导的国民党争夺政治权力。1913年，进步党"人才内阁"成立，梁启超出任司法总长。1915年底，袁世凯称帝之心日益暴露，梁启超反对袁氏称帝，与蔡锷策划武力反袁。袁世凯死后，梁启超出任段祺瑞北洋政府财政总长兼盐务总署督办。1917年11月，段祺瑞内阁下台，梁启超也随之辞职，从此退出政坛。

梁启超还是一位学术"达人"。他一生著述宏富，各种著述达1400多万字，在政治活动占去大量时间的情况下，他每年平均写作达39万字之多。其学术研究所涉猎的学科领域广泛，曾倡导文体改良的"诗界革命"和"小说界革命"，在哲学、文学、史学、经学、法学、伦理学、宗教学等领域均有建树，以史学研究最著。

1918年底，梁启超远赴欧洲游学，此后他将主要精力投入到文化教育和学术研究活动，研究重点为先秦诸子、清代学术、史学和佛学。1922年起在清华学校兼课，1925年应聘任清华国学研究院导师，课程涉及"诸子""中国佛学史""宋元明学术史""清代学术史""中国文学""中国哲学史""中国史""史学研究法""儒家哲学""东西交流史"等。

梁启超在文学上亦多有成就。他倡导引进西方文化及文学新观念，首倡"诗界革命""小说界革命""文界革命"，并身体力行，在散文、诗歌、小说、戏曲及翻译文学方面均有作品行世，以散文影响最大。梁启超的文章风格，世称"新文体"。这种带有"策士文学"风格的"新文体"，成为五四运动以前最受欢迎、模仿者最多的文体。

1928年春，梁启超疾病缠身，遂辞去清华国学研究院的教学工作，于天津安居。1929年初逝于北京，终年56岁。

| 故事1 |

因作序而成的代表作

梁启超天资聪颖，博闻强记，随着学术积累的不断加持，其学术创造

也经常有如井喷。《清代学术概论》的成书，就是梁启超过人才气的一个例证，成为他作为学术"达人"的一段佳话。

话说梁启超自1918年去国，与爱好文艺的著名军事家蒋方震一起结伴赴欧洲游学考察。他们从法国巴黎开始，先后游历了比利时、荷兰、瑞士、意大利、德国等欧洲主要国家和城市。

1920年春，梁启超和蒋方震一行回国，并以此次游历为背景写了《欧游心影录》。此时正值国内在五四爱国运动之后，新文化运动风起云涌，向纵深发展。梁启超有感于欧洲文艺复兴对欧洲文明发展的影响，也下了最大决心退出现实政治，全力从事文化学术。梁启超的动向获得包括蒋方震在内的一批友人的支持。

也是在这样的背景下，蒋方震将欧洲考察成果写成了一本《欧洲文艺复兴史》，系统向国人介绍意大利、法国和北欧的文艺复兴、宗教改革等，企图从欧洲的历史文明进程中寻找中国文化复兴的借鉴。书稿完成后，蒋方震请梁启超为自己的新书写序，梁启超自然是欣然答应。但不承想梁启超阅后却是文思泉涌，加上觉得写序之事不能马虎了事，"泛泛为一序，无以益其善美，计不如取吾史中类似之时代相印证焉，庶可以校彼我之短长而自淬厉也"。于是拿清代学术思想与欧洲文艺复兴相比拟，不承想却是"下笔不能自休，遂成数万言"，为5万多字的《欧洲文艺复兴史》一书一口气洋洋洒洒地写了一个近6万字的序。写序写成比人家的书稿还要长，梁启超觉得很不好意思，于是又另外写了一个短序，而把自己写的长序作为一部著作《清代学术概论》于1921年单独出版，并反过来请蒋方震为其作序。梁启超作序由此成为学术界的一段佳话。

那么，《清代学术概论》是一部怎样的著作？作为学术界第一部阐述清代学术思潮源头及其流变的经典著作，它系统评述了清代200多年来学术思想发展的概况，对有清一代的哲学、经学、史学、考古学、地理学、金石学、文献学、佛学、美术、诗歌、历法、数学、水利等进行了全面的论述。在《清代学术概论》中，梁启超将清代学术从时代思潮的角度划分为四个时期，并对每个时期作了简要而中肯的评介，精辟分析了各个时期及其代表人物的成就与不足。

《清代学术概论》把中国近300年比拟为中国的文艺复兴时代，力图从中梳理出中国文化迈向近代的历史进程。在《清代学术概论》开篇，梁启超即言："凡文化发展之国，其国民于一时期中，因环境之变迁，与夫心理之感召，不期而思想之进路，同趋于一方向，于是相与呼应汹涌，如潮然。始焉其势甚微，几莫之觉，浸假而涨——涨——涨，而达于满度；过时焉则落，以渐至于衰熄。凡'思'非皆能成'潮'，能成'潮'者，则其'思'必有相当之价值，而又适合于其时代之要求者也。凡'时代'非皆有'思潮'；有思潮之时代，必文化昂进之时代也。"他认为只有从时代思潮入手，才能真正把握住一个时代学术思想的本质内容、流变规律和真实价值。这样一种崭新的学术史研究视野，使《清代学术概论》超越了以往的学术史著述，令人耳目一新。

《清代学术概论》仅是纲要式的论著，很多问题没有展开，可补充的东西不少，但它精炼而高度概括，简明而线条明快，读者一眼就可以触摸到有清一代的学术主潮和基本特征。与此同时，梁启超以现代思想文化为指导研究传统学术史，在研究方法和理念上颇有创新。尤其是他将中国近300年学术视为中国的文艺复兴，这一点对于当时及后世影响很大。后来的研究者普遍承认，梁启超等人的这个看法意义深远，不仅从学术发展脉络上为清代学术定位，而且为新文化运动发掘了一个非常重要的思想学术资源，为现代中国的思想启蒙和新文化运动健康发展提供了一个学术上的凭借。与此相较，他于1924年将自己在清华大学等校讲义的基础上整理出版的《中国近三百年学术史》同样以梳理清末民初近300年中国学术思想发展线索为内容，更加侧重于"史"的爬梳，内容更为充实，与《清代学术概论》形成了互为补充的关系，成为梁启超学术研究中两部极富代表性的著作。

《清代学术概论》一经问世，即受到学术研究界的追捧，并成为一代又一代的青年学子了解清代学术文化史的入门必读书。后世研究者评价其为"五四运动所促成的中国资产阶级启蒙意识进一步觉醒的思想表现和学

术成果""近代学术史上的一件珍品"。

故事2

新文体的身体力行者

梁启超的启蒙宣传之所以产生巨大影响，在很大程度上得益于他所倡导并亲自创造的一种通俗流畅而又热情奔放的"新文体"。

这种让人耳目一新的文体，尤其为新兴青年知识分子所喜爱。其才华横溢、激情四射的《少年中国说》就是这种新文体最典型的杰作。在这篇写于1900年2月的文章中，他对祖国的命运表示了深切的期望，对民族的前途充满了必胜的信心。文章最后一段写道：

> 故今日之责任，不在他人，而全在我少年。少年智则国智，少年富则国富，少年强则国强，少年独立则国独立，少年自由则国自由，少年进步则国进步，少年胜于欧洲，则国胜于欧洲，少年雄于地球，则国雄于地球。红日初升，其道大光。河出伏流，一泻汪洋。潜龙腾渊，鳞爪飞扬。乳虎啸谷，百兽震惶。鹰隼试翼，风尘吸张。奇花初胎，矞矞皇皇。干将发硎，有作其芒。天戴其苍，地履其黄。纵有千古，横有八荒。前途似海，来日方长。美哉，我少年中国，与天不老！壮哉，我中国少年，与国无疆！

1899—1903年，是梁启超启蒙宣传激情迸发的时期。他的创作，不仅对当时思想界产生了广泛的影响，而且在许多方面成为五四新文化运动的先声，影响了无数中国知识分子，他也因此成了20世纪初当之无愧的"言论界之骄子"。梁启超的好友黄遵宪评价说："《清议报》胜《时务报》远矣，今之《新民丛报》又胜《清议报》百倍矣。惊心动魄，一字千金。人人笔下所无，却为人人意中所有，虽铁石人亦应感动。从古至今文字之力之大，无过于此者矣。"青年时喜读梁启超的文章并深受其影响的胡适，在《四十自述》中也指出："梁先生的文章，明白晓畅之中，带有浓挚的热情，使读的人不能不跟着他走，不能不跟着他想。"

梁启超作为中国近代文学革命的首倡者，最先倡导"诗界革命""小说界革命""文界革命"。早在1899年12月25日发表的《汗漫录》（又名《夏威夷游记》）中，梁启超就第一次提出了"诗界革命"和口号，指明了"诗界革命"要具备"三长"，即新意境、新语句、古风格。1902—1907年，他在《新民丛报》上连载《饮冰室诗话》，进一步阐发、总结"诗界革命"的理论和实践。当时他首倡"诗界革命"主要还是为了配合中国的政治社会变革。

1902年，梁启超创办了《新小说》月刊，提倡"小说界革命"。该刊以发表小说为主，也刊载文论、戏曲、诗歌、笔记等，是中国近代第一本有影响的文学杂志。梁启超在该刊第1期发表的《论小说与群治的关系》一文中，将小说的社会作用提到很高的地位。他说："欲新一国之民，不可不先新一国之小说，故欲新道德必新小说，欲新宗教必新小说，欲新政治必新小说，欲新风俗必新小说，欲新学艺必新小说，乃至欲新人心，欲新人格，必新小说，何以故？小说有不可思议之力支配人道故。"这里所谓的小说，是指用白话写的通俗文学，这种历代被士大夫视为不能登大雅之堂的文学作品，因通俗易懂，在当时的民间拥有较多的读者，也具有较大的社会影响，而在此之前还无人将小说看得如此重要。梁启超提出"小说界革命"的主张并视之为政治革新的前提。他说："今日欲改良群治，必自小说界革命始，欲新民，必自新小说始。"所以该刊发表的小说，大多立足于社会现实，具有鲜明的政治倾向。即借用小说来"发起国民政治思想，激励其爱国精神"。梁启超还第一次在中国提出了"政治小说"的概念，他说："政治小说者，著者欲借以吐露所怀抱之政治思想也。"他在该刊上发表了政治小说《新中国未来记》，来宣传他的政治主张。《新小说》创刊对促进中国近代小说的繁荣产生了重要影响。《新小说》和以后相继创刊的《绣像小说》（1903年）、《月月小说》（1906年）、《小说林》（1907年），被称为"晚清四大小说杂志"。正如吴趼人在《月月

小说·序》中所说，自梁启超提倡改良小说后，"不数年而吾国之新著新译之小说，几于汗万牛、充万栋，犹复日出不已未有穷期也"。

梁启超作为文学革命的首倡者，对五四新文学运动产生了直接而广泛的影响。五四新文化运动的领袖陈独秀，于1916年10月1日在《新青年》上发表的《驳康有为致总统总理书》一文中就指出："吾辈少时，读八股、讲旧学，每疾视士大夫习欧文谈新学者，以为皆洋奴，名教所不容也；前读康先生及其徒梁任公之文章，始恍然于域外之政教学术、粲然可观，茅塞顿开，觉昨非而今是。吾辈今日得稍有世界知识，其源泉乃康、梁二先生之赐。是二先生维新觉世之功，吾国近代文明史所应大书特书者矣。厥后任公先生且学且教，贡献于国人者不少，而康先生则无闻焉。"这是陈独秀在批驳康有为的文章中所言，可见确实是他的真切感受。另一位五四新文学运动的倡导者钱玄同，于1917年2月25日致函陈独秀，则明确称梁启超为"创造新文学之一人"。他说："梁任公实为创造新文学之一人，虽其政论诸作，因时变迁，不能得国人全体之赞同，即其文章，亦未能尽脱帖括蹊径，然输入日本新体文学，以新名词及俗语入文，视戏曲小说与论记之文平等（梁君之作《新民说》《新罗马传奇》《新中国未来记》，皆用全力为之，未尝分轻重于其间也）。此皆其识力过人处。鄙意论现代文学之革新，必数梁君。"五四时期作家周作人在《中国新文学的源流》一书中也说，他年轻时受到梁启超文章"非常大的影响"，并指出梁启超的文章"以改革政治改革社会为目的，而影响所及，也给予文学革命以很大的助力"。这表明，五四时期提倡文学革命的人，大多受到过梁启超思想文字的洗礼。

孙中山

孙中山（1866—1925），名文，字载之，号日新，又号逸仙，广东香山县（今中山市）翠亨村人。他是中国近代民主主义革命的开拓者，中国民主革命伟大先行者，中华民国和中国国民党的缔造者，三民主义的倡导者。

孙中山出生于一个农民家庭，幼时家境十分贫困，年纪稍长便协助父亲下田操作。困苦的生活在童稚的心灵上留下了深深的烙印，使他"早知稼穑之艰难"，他后来倡导民生主义显然与"受幼时境遇之刺激"有关。

香山当时作为侨乡，居民多有前往澳门、香港、海外谋生的传统。1879年，13岁的孙中山随母赴檀香山（即美国夏威夷），长兄孙眉资助他先后在檀香山、广州、香港等地比较系统地接受西方式的近代教育。1892年毕业于香港西医书院，随后在澳门、广州等地一面行医，一面结纳反清秘密会社，筹备创立革命团体。先后组织成立兴中会、中国同盟会等革命团体。

孙中山是近代中国资产阶级民主革命的杰出领袖。他创建了统一的、全国性的资产阶级革命政党——中国同盟会。1905年8月，孙中山与黄兴等人，以兴中会、华兴会等革命团体为基础，在日本东京创建中国同盟会，孙中山被推举为总理。中国同盟会的成立，有力地促进了全国革命运动的发展。孙中山派人到国内外各地发展组织、宣传革命。他自己也在1905—1906年间赴东南亚各地向华侨宣传和募集革命经费，在一些地方创立同盟会的支部。他广泛传播资产阶级民主共和思想，使更多的人投身于反清革命。

孙中山是近代中国民主革命的理论先驱，他在当时的历史条件下，所

倡导的三民主义是具有先进性的中国问题解决方案。中国同盟会成立时，他所提出的"驱除鞑虏，恢复中华，创立民国，平均地权"的革命宗旨被采纳为同盟会纲领。在同盟会机关报《民报》发刊词中，孙中山首次提出民族、民权、民生三大主义。辛亥革命，乃至整个旧民主主义革命运动因为获得了三民主义的指导，才得以跨越鸦片战争以来长达半个世纪的"准备阶段"，进入具有现代意义的资产阶级民主革命。

孙中山是革命民主派反清武装斗争的开拓者、倡导者。他把反清武装斗争作为当时民主革命的主要手段，始终重视革命暴力的作用，既摈弃了维新派的上书、请愿方式，又超越了囿于皇权主义的农民战争。孙中山关于武装斗争的理论和实践有着重大的意义，反映了近代中国民主革命的主要特点之一——武装的革命反对武装的反革命。为了推翻封建王朝和建立共和国，不得不诉诸革命的暴力。摧毁了清帝国的辛亥革命，实质上是一场全国范围的武装斗争。

孙中山是共和国的主要缔造者和捍卫者。他在武昌起义后全国半数以上省份独立的时刻返回祖国，此时建立共和国成为迫在眉睫的主要任务。他当即被推选为中华民国的首任临时大总统，组建和主持了设在南京的临时政府。在短暂而又困难的三个月里，他力求对巩固共和制度有所建树。当辛亥革命的成果被袁世凯及其后继者攫夺后，他又举起了旨在捍卫共和国的二次革命、中华革命党反袁斗争和护法运动的旗帜。在这种意义上，革命元勋孙中山的活动是与辛亥革命的全过程相始终的。

1925年3月12日，孙中山因患肝癌在北京逝世。逝世前夕签署的遗嘱，包括《国事遗嘱》《家事遗嘱》《致苏俄遗书》三个文件。在国事遗嘱中，他总结了40年的革命经验，得出结论说："必须唤起民众，及联合世界上以平等待我之民族，共同奋斗。"发出了"革命尚未成功，同志仍须努力"的号召。遗嘱指出，要按他"所著《建国方略》《建国大纲》《三民主义》及《第一次全国代表大会宣言》，继续努力，以求贯彻"。

| 故事1 |

黄埔军校开启军事政治并重教育先河

自辛亥革命成功后，孙中山几度出任"大元帅"，但最终却都是"好景不长"，很快就遭受"功亏一篑"的痛楚。究其原因，没有紧握"枪杆子"，没有自己的军队，处处要依靠军阀势力，是其中的重要原因。1921年12月，共产国际代表马林在广西桂林会见孙中山时提出要有自己的军队，建议"要有革命的武装核心，要办军官学校"。孙中山对此高度赞同，欣然接受了马林的建议。此后不久，孙中山在会见苏俄政府代表达林时，更为详细地询问了苏联红军的规模、组织和政治教育等问题。1923年初，孙中山在上海同苏联代表越飞会谈，建立革命武装是主要议题之一。是年8月，孙中山派遣"孙逸仙博士代表团"赴苏考察了军事及政治。

1924年1月，在中国国民党第一次全国代表大会上，正式决定建立"中国国民党陆军军官军校"。孙中山指定以黄埔长洲岛的原清代水师学堂和陆军小学为军校校址，黄埔军校筹备处设于广州南堤，负责筹建的具体工作。

孙中山将黄埔军校校长人选锁定为蒋介石。孙中山甚至说："新办的军校，如果不让介石来当校长，宁可不办。"孙中山为什么对蒋介石如此器重？这渊源还得追溯到"六一六兵变"。1922年6月16日，粤军总司令陈炯明发动兵变，命令部下包围并炮轰孙中山在广州办公地总统府和居住地越秀楼。孙中山化装成西医大夫携夫人宋庆龄逃脱，在"永丰舰"（后来的"中山舰"）舰长冯肇宪的掩护下登上舰艇化险为夷。孙中山急电在上海的蒋介石来粤，蒋介石星夜兼程奔赴广州，在"永丰舰"上与孙中山风雨同舟。从1922年6月17日至8月9日，共55天时间里，"永丰舰"全体官兵在孙中山与冯肇宪的率领指挥下，多次与岸上的陈逆叛军对峙激战。蒋介石也在抵穗登舰后的40多天时间里，奋不顾身地保卫孙中山夫妇并照料他们的饮食起居，从而深得孙中山信任与赏识，一举奠定了他在国民党内的地位。

　　黄埔军校于1924年5月5日正式成立，并把开学日期选在6月16日，正是两年前陈炯明叛变的日子，显然别有意义。孙中山亲自为黄埔军校拟定的办学宗旨是"创造革命军，挽救中国的危亡"。这所军校仿效苏联的军校建制，原则是以党治军，实行军事政治并重的方针："对于学生除授以下级干部必需的军事学识之外，复授以政治教育，使明了社会经济、政治、历史及主义、党纲、政策等。即不仅知道枪是怎样放法，而且知道枪要向什么人放。"政治教育的根本目的，就是要使学员的思想革命化。如此可见，黄埔军校与先前存在的保定军官学校、讲武堂等是有着根本的区别的。孙中山亲任军校总理，校部直属中国国民党中央执行委员会管辖。蒋介石和廖仲恺分任校长和党代表，下设教授部、教练部和政治部等。10月，增设校军教导团队（共两个团）。这种体制大体延续到1926年3月，其间没有重大的变化。

　　黄埔军校创办之初，一穷二白，为了筹措办校经费，学生张治中回忆当时廖仲恺经常"跑到他厌恶的军阀家，和在大烟榻上抽大烟的军阀谈笑"，借此来筹款。当时苏联政府援助了8000支枪，大家兴奋地去码头上当"小工"，把这些枪械搬回学校。苏联的军事理论和技术也在军校创办时起了重要作用。蒋介石为了不负孙中山的托付，也励精图治，他无论大小事均亲自顾问，经常和学生共同进餐，还题了"亲爱精诚"的校训。孙中山的苦心、苏联的帮助、共产党员的努力、蒋介石的认真工作，使一个完全不同于过去旧军队的新的军事学校生机勃勃地成长起来了。这些军校学员也成为未来许多年内影响中国的巨大力量。

　　黄埔军校创建时，正逢国共两党第一次合作期间。当时由孙中山任军校总理（一年后孙中山因病逝世），蒋介石任校长，李济深任副校长，廖仲恺为党代表，奉党内命令从欧洲回国的周恩来任政治部主任。恽代英、萧楚女、叶剑英、聂荣臻、熊雄等先后任政治教官。

　　黄埔前四期，堪称国共合作的典范。当时的蒋介石也频频邀请国民党中央委员、各部部长及来穗的各省省党部书记到黄埔参观讲演。因正处于第一次国共合作期间，身为共产党人的毛泽东此时代理国民党中央宣传部部长，也受邀到黄埔军校讲演。除此之外，据史料记载，1924年3月，以个人身份加入国民党的毛泽东来到上海，主持黄埔军校第一期上海考区的招生。当时的"招生总部"就设在今天上海南昌路的一处新式里弄公寓内。由于当时军阀割据，控制严密，上海考区是考生比较集中的一个秘密考点，负责招收、接送北方和长江流域的各省人。当时湖南也秘密选送了18名考生进沪赶考，毛泽东得知后嘱咐他们"以温习功课为重"。后来，这批湖南考生中有8人通过初试。

黄埔军校自1924年成立后，在广州共办了四期，学生总计近5000人。他们大都成了创建和壮大国民革命军的中坚力量，有的后来成为中国共产党的革命军队领导人。在1955年被授予军衔的解放军将帅中，有不少出身于黄埔军校，其中元帅2人、大将3人、上将7人、中将9人，包括徐向前、林彪、陈赓、徐光达、罗瑞卿、陈明仁、陈奇涵、杨至成等。

黄埔军校从第五期随北伐军迁至武汉。1927年，蒋介石发动"四一二"反革命政变后，黄埔军校开始大肆"清党"，许多共产党人被驱赶、逮捕、屠杀。国共合作的黄埔军校到此终结。1928年3月，黄埔军校迁至南京，改名为"中央陆军军官学校"。

| 故事2 |

孙中山构想"建国方略"

1918年5月，孙中山领导的护法运动因为西南军阀的背叛而失败，被迫离开广州转移到上海，居住在法租界内。在推动党务建设的同时，孙中山得以进一步深入思考中国革命的症结之所在，为革命设定未来蓝图。1922年，上海民智书局出版了由他三篇文章《孙文学说》《实业计划》《民权初步》编制而成的《建国方略》，呈现了他对国家现代化的总体设想。

《孙文学说》原拟包括卷一"行易知难"、卷二"三民主义"和卷三"五权宪法"，但后两卷未能完成，仅卷一部分于1919年春夏间出版，后编为《建国方略之一：心理建设》。知行学说是中国古老的哲学命题之一，《建国方略》为何要从"心理建设"、论证"知""行"问题开始呢？原因在于，孙中山由切身经历认识到，一个国家要自强，首先要解决的是国人的观念认知问题。与传统"知易行难"之说相对，孙中山提出了"知难行易"的观点。他从哲学的高度来认识民国以来，"人心涣散""不图进取""国事日非"的根源，即国人存在着传统的"知之非艰，行之惟艰"的心理障碍。在这一点上，孙中山不赞成简单理解和实行王阳明"知行合一"的格言，也明确反对"知之非艰，行之惟艰"的古训。他特别批评国人的保守心理："盖中国之孤立自大，由来已久，而向未知国际互助之益，故不能取人之长，以补己之短。中国所不知所不能者，则以为必无由以致之也。虽闭关自守之局为外力所打破者已六七十年，而思想则犹是闭关时代荒岛孤人之思想，故尚不能利用外资、利用外才以图中国之富强也。"与此同时，为了使自己的学说通俗易懂，他援引生活中饮食、用钱、作文、建屋、造船、筑城、开河的实例和《孟子·尽心》的说法，论证了"知难行易"，"实为宇宙间之真理，施之于事功，施之于人心，莫不皆然也"。

需要特别指出的是，孙中山积极主张"知难行易"说，本意并非要在知行关系的哲理探讨方面有所作为。实际上，他的有关论述并不严密周全，从学术意义上分析，也并无特别之处。重要的是孙中山想通过鼓吹"知难行易"说，从解放思想入手，动员广大民众，积极行动起来。他强调，勇于探索、敢于冒险，是推进国家现代化所必需的心理准备。

《实业计划》是用英文写成的，原名"The International Development of China"，发表于1919年6月号《远东时报》，后由朱执信、廖仲恺、马君武、林云陔等译成中文，编为《建国方略之二：物质建设》。这部洋洋洒洒10万余言的著作，集中体现了孙中山对中国工农业、交通等实现现代化的宏大设想，无疑是一份全面发展中国经济的宏伟纲领。

《实业计划》由六大计划共33个部分组成。在这个庞大的总体构思中，他对国民经济发展提出方方面面的设想，其中发展交通通信是孙中山关注的一大重点，其主要目标是在10年到20年内，修建相当于纽约港那样具有世界水平的三大海港（北方大港、东方大港和南方大港）及许多商埠。他对三大港口的选址尤其是不惜笔墨，指出其中南方大港可选定在广州，东方大港可选杭州湾或改造上海黄浦江港，北方大港选址在天津塘沽以东滦河口附近；修建长达10万英里（1英里≈1.61千米）的五大铁路系统，把沿海、腹地和边疆连成一片，并修建全国公路网，来促进商业繁荣，开导和整修运河和各地内河航道。另外，由于"无矿业则机器无从成立，如无机器则近代工业……亦无发达"，因此，全面开采煤、铁、石油、有色金属等矿藏，生产钢铁、石油、机械制造、水泥等各种"工业之粮"也成为当时之急。孙中山对钢铁工业尤为重视，他指出"今日之钢铁世界，欲立国于地球之上，非讲求制造不可"，在全国钢铁储量较丰富的海南、四川、云南等省开办工厂，对于已建厂的河北、山西、湖北、辽宁等地钢铁工业加大投资。对于农业，《实业计划》提出要广泛采用各种现代农业技术，实现农业机械化，移民垦荒，建设边疆。在此基础上，发展轻工业，使粮、棉、油、纺织、日用品、印刷、蚕丝、茶等的加工制造业，做到在自给有余的基础上外销出口。

此外，孙中山居然还在《实业计划》中提出"三峡建坝"的设想："当以水闸堰其水，使舟得以逆流而行，而又可资其水力。"据考证，这是中国人首次提出三峡水力开发的设想。当时连孙中山先生自己也被这个宏伟的梦想感动了。他写道："其所以益人民者何等巨大，而其鼓舞商业何等有力耶！"

当然，孙中山也并不是想扮演实业规划师的角色。在《实业计划》自序中，他就开宗明义地指出："此书为实业计划之大方针，为国家经济之大政策而已，至于实施之详细计划，必当再经一度专门名家之调查，科学实验之审定，乃可从事。"他主张计划的落实需要经过专业人士的调研，不能囿于自己的权威而盲目执行。因此，尽管《实业计划》所设想的事项存在种种不切实际的情况，但作为中国近代史上最早的一份完整、系统的经济现代化计划，它的价值仍然为人们所重视和怀念，尤其是在精神方面

给予国人的启示和激励。

《民权初步》原名《会议通则》，完成于1917年，在《建国方略》中编为《建国方略之三：社会建设》。从严格意义上说，此书并非孙中山的理论创作，而是他根据中国国情实际需要，参照西方有关同类书籍编撰而成的。

《民权初步》主要论述民权问题，旨在纠正中国社会"人心涣散、民力不凝结"的弊病。孙中山认为，这正是"至大至优"的中华民族"据此至广至富之土地，会此世运进化之时，人文发达之际，犹未能先我东邻而改造一富强国家"的根本原因。为此，孙中山不遗余力地倡导民权，以期激发国民的主人翁精神，最终实现"民之所有，民之所治，民之所享"的民主政治。孙中山认为，所谓民权就是"民有选举官吏之权，民有罢免官吏之权，民有创制法案之权，民有复决法案之权，此之谓四大民权也"。他认为，从中国的实际出发，四大民权的实现必须从最基本的技术操作层面入手，将民主政治具体化为集会、结社、议事方式的训练，即"民权初步"。在这部著作中，孙中山不厌其烦地详论集会、结社、议事、动议、讨论、选举、表决、计票、维持会议秩序、制定社团章程、明确个人权利义务等琐碎的操作细则。孙中山希望家族、学校、农团、工党、商会、公司、国会、省会、县会"皆当以此为法则"，由此养成国民的民权意识，"倘此第一步能行，行之能稳，则逐步前进，民权之发达必有登峰造极之一日"。

《民权初步》的历史意义，还在于它是改造国民性的初步尝试。显然，孙中山所论"民权初步"，只是涉及民主社会建设的纯粹技术性环节，看起来似乎意旨平淡，未及"大道"。但是，程序民主是实体民主的前提与基础。特别是在人口众多且平均文化程度不高、民主意识淡漠的旧中国，对民众进行这方面的启蒙教育，正是建设民主社会必需的基础性工作，意义不可小觑。可以说，孙中山在《建国方略之三：社会建设》中提出的思路，不愧为先行者的光辉思想，予后人以深刻的启迪。

廖仲恺/何香凝

廖仲恺（1877—1925），原名恩煦，又名夷白，字仲恺，广东归善县陈江镇鸭仔埗乡窑前村（今惠州市仲恺高新区陈江街道幸福村）人，祖居广东梅县程江镇。中国国民党左派领袖、中国民主主义革命先驱，中国共产党的挚友。擅长诗词、书法，著作编为《廖仲恺集》、《双清文集》上卷。

廖仲恺出生于美国旧金山，早年留学日本，先后毕业于日本早稻田大学及中央大学政治经济科。1905年加入中国同盟会。孙中山去世前，他深得信任，曾被选为国民党中央执行委员、常务委员、政治委员会委员和军事委员会委员。在政府中，他还先后担任财政部部长、军需总监、广东省省长、省财政厅厅长等要职。孙中山去世后，他继承孙中山的革命遗志，积极支持工农运动，在消灭陈炯明反动势力，平定杨刘叛乱，统一广东全省政权、军权和财政的斗争中发挥了重要作用。

何香凝（1878—1972），名原谏，又名瑞谏，自号棉村居士，又号双清楼主，广东南海人。近代著名的女权活动家、社会革命家、画家，廖仲恺妻子。

何香凝于1897年与廖仲恺结婚。1903年赴日本学绘画。1905年加入中国同盟会，是最早的女会员。1916年随孙中山、廖仲恺回国，在粤沪奔走革命。1924年参加改组国民党的第一次全国代表大会，会后任国民党中央妇女部部长。翌年，孙中山逝世，何香凝为其遗嘱见证人。1925年，廖仲恺遇刺身亡后，何香凝继承了他的遗志，作为左派领袖积极主张"联俄、联共、扶助农工"三大政策。1948年初，何香凝在香港参加组建中国国民党革命委员会（简称"民革"）。1949年赴北京参加新政协，后历任全国

政协副主席、民革中央主席、全国人大常委会副委员长、中国美术家协会主席、全国妇联名誉主席等职。1972年去世后，毛泽东曾高度赞誉她"为中华民族树立模范"。

| 故事1 |

革命先驱，遇刺身亡

廖仲恺出生在美国旧金山，直至父亲廖竹宾因病去世后才和母亲回到老家广东，投奔叔父廖志岗。在叔父的撮合下，廖仲恺娶了香港富商之女何香凝。1903年，廖仲恺、何香凝夫妇双双赴日学习。9月，廖仲恺与何香凝在日本东京结识了孙中山，被他伟大的气魄和坚定的革命信念深深打动，向孙中山表示"想参加革命工作，愿效微力"。此后，二人便追随孙中山，踏上了艰辛的民主革命之路。

1905年，廖仲恺、何香凝夫妇协助孙中山建立了中国同盟会，并先后入会。廖仲恺担任同盟会总部的副会计长和外务部干事、外务部副部长。而作为同盟会的首位女会员，何香凝担负起革命党人的联络和勤务工作。夫妇二人在早稻田大学附近租住一套公寓，并命名为"觉庐"，这里也成为孙中山等革命党人的联络站和聚会场所。

1909年，廖仲恺在日本中央大学毕业后回国，武昌起义后在广州就任广东军政府财政部副部长。1911年辛亥革命后，先后任广东都督总参议、总统府财政部部长兼广东省财政厅厅长等职。1913年8月，二次革命失败后，廖仲恺与孙中山等流亡日本。1914年，协助孙中山组织中华革命党。1915年任中华革命党财政部副部长，参加护法运动，致力于反袁斗争。1917年9月，任中华民国军政府财政部次长、代理总长。

辛亥革命后，袁世凯窃取了胜利果实，孙中山遭到各地军阀的排挤，接着是二次革命、护国运动、护法运动等一系列革命的失败，使得孙中山发出了"武人把持政柄，法律不能生效，民权无从保障，政治无由进化，权利争竞，扰攘不已"的感慨。于是廖仲恺和孙中山开始将目光转向了共产党，初步萌发了联合中国共产党，学习苏联革命经验的想法。1918年6月，廖仲恺随孙中山到上海后，与朱执信、胡汉民等在上海创办《建设》杂志，发表《三大民权》《〈全民政治论〉译序》等文章，宣传和研究革命理论。1919年10月，廖仲恺称赞十月社会主义革命是"空前之举，震慑全球，前途曙光，必能出人群于黑暗"。

1922年，孙中山决定北伐。而陈炯明却反对北伐，背叛革命。3月21日，他先暗杀了留守广州、坚决拥戴孙中山的粤军第一师师长邓铿；6月14日，又诱禁廖仲恺于广州西郊石井兵工厂。囚禁期间，廖仲恺受尽折磨，写下两首诀别诗，托付妻子"后事凭君独任劳，莫教辜负女中豪"。后经何香凝等营救脱险，当即乘船赴港转沪，与孙中山重新会合，协助孙中山制定"联俄、联共、扶助农工"三大政策。

1923年3月，廖仲恺任陆海军大元帅大本营财政部部长，5月任广东省省长，10月以后被孙中山委派为国民党改组委员、临时中央执行委员，积极参与领导改组国民党的工作。1924年1月20日，中国国民党第一次全国代表大会在广州开幕，廖仲恺被孙中山指派为主席团成员。在会议中坚持国共合作和反帝反封建的原则，促成了大会的成功。同年，孙中山创立黄埔军校，它是国共合作的产物，由廖仲恺和叶剑英负责筹办。廖仲恺充分发挥国共两党合作的有利条件，延聘优秀军事人才。

据说最初胡宗南报考黄埔军校时，因身高不足1.60米要被淘汰，胡宗南急了，大嗓门地闹："孙中山先生的个子也就1.68米，廖仲恺先生就更矮了。凭什么不让我考？"廖仲恺知道了，批准胡宗南参加考试，并给他写了一张纸条："国民革命，急需大批人才。只要成绩好，身体健康，个子矮一点也是应该录取的。"凭着这张纸条，胡宗南顺利参加了各门考试，成绩优良，最终成为一位名将。

1925年3月12日，孙中山逝世。廖仲恺遵从孙中山遗训，坚定不移地贯彻执行三大政策，在平定商团叛乱、平定杨刘叛乱、东征、北伐等战争中起到重要作用，为巩固广东革命政权作出了巨大贡献。也正因此，各种反动势力都视他为眼中钉，欲置之于死地。当时右派反动势力将组织刺杀

廖仲恺的消息在大街小巷传得沸沸扬扬，何香凝劝他多加两个卫士防备一下，他不以为然地回答："增加卫兵，只好捉拿刺客，并不能阻挡他们行凶。我是天天到工会、农会、学生会等团体去开会或演说的，而且一天到晚要跑几个地方，他们要想谋杀我，很可以假扮工人、农民或学生模样，混入群众中间下手的。我生平为人作事凭良心，自问没有对不起党、对不起国家，总之，生死由他去，革命我总是不能松懈一步的。"

8月18日，在一次国民政府会议上，坐在廖仲恺身旁的汪精卫私下告诉他，有人将对他不利，他当即表示："为党为国而牺牲，是革命家的夙愿，何事顾忌！"8月19日，又有人向他告知右派阴谋，廖仲恺慨然道："际此党国多难之秋，个人生死早置之度外，所终日不能忘怀者，为罢工运动及统一广东运动两问题尚未解决！"当天，他又为给黄埔军校等筹集经费工作到深夜，很晚才回到家中。

8月20日上午8时，廖仲恺偕同何香凝驱车去国民党中央党部参加中央执行委员会第106次会议。当汽车开到中央党部（惠州会馆，广州市越秀南路89号中华全国总工会旧址）门前，廖仲恺和何香凝刚下车往前没走几步时，突然从党部门前石柱的后面窜出六七个暴徒，举枪向他们射击。廖仲恺身中四枪，均是要害部位，何香凝见此情景，大呼救人，捉拿凶手，可是平时警卫森严的党部门前这时却不见一个警卫人员。何香凝只得偕同随身卫士把廖仲恺架上汽车，送往东门外百子路公立医院治疗，途中廖仲恺就因为伤重流血过多与世长辞。

廖仲恺的被刺身亡震动了广东，也震动了革命阵营，各界群众纷纷集会，要求缉拿凶手，严厉惩办。时任黄埔军校政治部主任的周恩来对廖仲恺的逝世表示深切哀悼，中共中央也发去唁电，指出国民党右派一伙"刺死廖仲恺先生的目的，决不单是要刺死他一个人而已，而是要推翻国民政府，颠覆为民族民众利益而奋斗的政府"，强烈要求彻底查明案情，予右派反动分子以严厉制裁。

1925年9月，广州国民政府为廖仲恺举行了隆重的安葬仪式，广州黄埔军校师生、工人、农民、市民等参加送殡的有20多万人。队伍由写着

"精神不死"四个大字的白布横幅作前导，黄埔军校的学生沿途护送。廖仲恺被安葬于广州驷马岗，1935年9月1日，迁葬于南京紫金山中山陵侧，常伴孙中山先生身旁。

| 故事2 |

女权先驱，革命志士

何香凝从小就具有反抗精神。7岁的时候，家里按当时的规矩给她缠小脚，她每天晚上都用剪刀将裹脚布剪掉。没过多久，母亲发现并把剪刀搜走。何香凝就拿出自己平时积攒下来的钱，再买一把剪刀藏了起来。几十个回合下来，父母只好放弃。于是，何香凝便拥有了一双"大脚"。为了教育家里的男孩，何香凝的父亲请了私塾先生在家里设馆教书。但是，父亲认为"女子无才便是德"，甚至相信把女孩送进私塾就会夺走男孩的聪明，所以不允许何香凝上学读书。何香凝听到兄弟们的读书声，非常羡慕，就买了书本自学，遇到不懂的字就请教哥哥，或叫女仆拿到先生那里去问。

拥有一双"大脚"还读书识字的何香凝，在当时的香港被视为异类，没人敢问津她的婚事。巧的是，归侨子弟廖仲恺正"敲锣打鼓似的宣扬要讨一个没有裹过小脚的人做媳妇"。何香凝的父亲马上托媒人说合，两人于1897年成婚，婚后夫妻恩爱，琴瑟和谐。何香凝曾题下"愿年年此夜，人月双清"的句子，他们的小屋因而取名"双清楼"，两人的诗画集也取名《双清诗画》。

戊戌变法失败后，很多青年出国留学，希望学成救国。廖仲恺也有去日本留学的愿望。为了支持丈夫实现自己的理想，虽然遭到娘家人和廖仲恺嫂嫂的坚决反对，但何香凝毅然把陪嫁的珠宝首饰和所有的细软及家具卖掉，资助廖仲恺赴日留学，之后自己也相随而去。当时漂洋过海赴日留学的中国女青年总数不足10人，何香凝就是其中之一，可见其先瞻性的革命眼光。

在日本，何香凝跟随日本名画家田中赖璋学习绘画。1903年结识孙中山后，她和廖仲恺开始为革命工作。他们夫妇的家成了革命者的联络站，孙中山、黄兴等人经常在此找人开会、谈话，何香凝除了看门、做饭外，还要将众人的衣物、鞋子藏好，以免引起日本警察和清廷密探的注意。孙中山和中国同盟会的一些重要信函和文件由何香凝保管，来往的同盟会会员也由她负责接待。孙中山和同志们亲切地称呼她是同盟会的好管家、"御婆样"（日语管家婆的意思）。

1924年1月，中国国民党第一次全国代表大会召开，何香凝当选为国民党中央执行委员会妇女部部长，兼管广东省的妇女工作。她领导出版了《妇女之声》旬刊，举办妇女运动讲习所，设立女工学校，开展妇女运动，为妇女的解放而斗争。何香凝认为中国妇女处于男女间的不平等和法律上的不平等地位，于是在广州召开的中国国民党第一次全国代表大会上提出了"妇女在法律上、经济上、教育上一律平等"的提案，获大会通过，促使《中国国民党第一次全国代表大会宣言》的政纲中明确规定："于法律上、经济上、教育上、社会上确认男女平等之原则，助进女权之发展。"确立了妇女在社会各方面平等合法地位的原则。

1924年2月下旬，在国民党中央妇女部干部会议上，何香凝提议在广州举行庆祝三八国际妇女节大会。3月8日上午，中国第一个公开纪念三八国际妇女节活动在广州举行，广州各界妇女2000多人参加。以此为契机，广东妇女运动逐渐开展起来，越来越多的妇女投身到妇女解放和国民革命的洪流中。

1925年8月，廖仲恺遇刺身亡后，何香凝继承了他的遗志，为继续推行孙中山的三大政策奔走呼号。她与宋庆龄、邓演达等国民党左派领袖及共产党人站在一起，促使国民党第二次全国代表大会通过了《接受总理遗嘱决议》《弹劾西山会议决议案》，沉重打击了国民党右派势力。

1926年3月，蒋介石制造了中山舰事件，逮捕共产党人。何香凝闻讯，不顾街上戒严，立即去找蒋介石，愤怒指责："孙先生和仲恺的尸骨未寒，北伐也正在开始，大敌当前，你们便在革命队伍里闹分裂，何以对孙先生，何以对仲恺？"

1927年4月，蒋介石发动"四一二"反革命政变，疯狂地屠杀共产党员和革命人民。何香凝极为愤慨，坚定地站在工农大众一边。4月13日，她在武汉发表《蒋介石是反革命派》的演说，要求打倒蒋介石反革命派。4月22日，又同国民党左派、共产党人联名发表《讨蒋通电》，号召"去此总理之叛徒，本党之败类，民众之蟊贼"。

为纪念廖仲恺一生爱护农工的意志，何香凝在广州参与发起创办仲恺农工学校，培养工农子弟，亲任校长达15年之久。为解决仲恺农工学校的经费问题，也为了表示与国民党反动派决裂，何香凝于1928年底辞去国民党中央执行委员职务，1929年秋下南洋卖画筹款，后到达法国，寓居于巴黎郊区。在法国，黄埔学生韩涵带去蒋介石请她回南京的口讯，何香凝把她写的七言长诗《出国途中感怀》拿出让他转交蒋介石，诗中有"三民主义今非昔，污吏贪官民怨极""可怜十室九家空，民穷财尽饥寒迫"等句，表露了对蒋介石背叛三民主义、背弃人民的厌恶之情。

1931年，何香凝听闻日本发动侵华战争，她心急如焚，满怀救国救民的心愿返回上海。一回国，便写文斥责蒋介石的不抵抗政策，组织中国画家举行义卖，为抗日救亡运动筹集经费。

1932年，"一·二八"事变爆发后，何香凝在自己的家门口贴了一张告白："在此接受热心的援助"。她把人们送来的钱物分装几辆汽车，又组织"慰劳队""抢救队"奔赴前线，慰问前线将士。她还亲自前往南京，找蒋介石为抗日战士要求物资援助。蒋介石表面热情地设宴招待，还不停地给她夹菜，却对援助之事闭口不谈。何香凝非常气愤，连筷子也没碰便离去。随后她将自己的一条裙子寄予蒋介石，并附上一首《为中日战争赠蒋介石及中国军人的女服有感而咏》诗，表示对其辛辣的讽刺：

枉自称男儿，甘受倭奴气。不战送山河，万世同羞耻。
吾侪妇女们，愿往沙场死。将我巾帼裳，换你征衣去。

1934年4月，何香凝与宋庆龄等1779人签名公布了《中华人民对日作战基本纲领》，提出"立刻停止屠杀中国同胞的战争""一切海陆空军立即开赴前线对日作战"的主张，要求发动抗日救国的民族自卫战争。这一号召得到全国广大群众和海外华侨的热烈响应，公开签名赞成者达10万人。1935年秋，何香凝与宋庆龄、柳亚子、于右任、孙科等10多人签名响应中国共产党"八一宣言"，呼吁停止内战，团结抗日。1936年1月，何香凝参与发起成立上海各界救国联合会，5月成立全国各界救国联合会，为实现国共合作、团结救亡而日夜奔波。

1937年2月，何香凝在上海同宋庆龄、冯玉祥等13人联名向国民党五届三中全会提出恢复孙中山的"联俄、联共、扶助农工"三大政策的建议，认为"只有忠实执行他（孙中山）的三大政策，才可以救中国"，力促国民党改变立场、团结抗日。11月，上海沦陷，何香凝为避日寇之迫害迁居香港。日寇占领香港后，她经海丰登陆，转赴韶关，后迁居桂林、平乐。每到一地她都积极宣传抗日，为将士们筹募医药、衣物和款项，自己却靠卖画维持清贫的生活。蒋介石曾派人到桂林给她送去100万元的支票并请她去重庆，她却在信封上写到"闲来写画营生活，不用人间造孽钱"，原款退回。

在协助丈夫和孙中山奔走革命20多年间，何香凝在家中也做到了贤妻良母的本分。她与廖仲恺结婚后感情甚笃，对丈夫照顾得无微不至。廖仲恺被叛军上镣囚入黑牢时，她拼命闯去探监并为之送饭换衣。何香凝也十分关爱自己的一双儿女，支持儿子廖承志和女儿廖梦醒投身共产党领导的革命队伍。廖承志在上海遭国民党逮捕后，何香凝闯进警备司令部，表示要陪子坐牢，加上宋庆龄出面营救，终使廖承志获释。儿子刚回家，又说要去偏远且凶险难测的川陕苏区找红军，何香凝虽舍不得，仍支持儿子的志愿。分别四年后，她才第一次接到廖承志的音讯，便马上回电鼓励"须努力奋斗"。为使儿子专心革命，她在抗战的辗转流离中还带着孙辈。

1948年，何香凝和其他反对蒋介石领导的国民党成员共同成立了中国国民党革命委员会，并发表声明，响应中共中央关于召开新政治协商会议的号召和接受中国共产党的领导。新中国成立后，何香凝先后担任中央人民政府委员、中央人民政府华侨事务委员会主任、中华人民共和国华侨事务委员会主任、全国妇联名誉主席、第二和第三届全国政协副主席、第二和第三届全国人大常委会副委员长、中国国民党革命委员会主席等职。在工作之余，何香凝仍经常泼墨作画、笔耕不辍。她说："在抗日战争期间，我绘画多是为了拿去义卖，救护伤兵，救护难民。如今，我看到祖国飞跃前进的景象，禁不住要画它几笔，在美妙的境界中，觉得心情格外舒畅。"其画作通常以雄伟的气势、多层次的构图表达对祖国山河的赞美与讴歌。

何香凝十分关心祖国的统一大业，认为中国国民党革命委员会应帮助共产党多做一些工作，努力实现祖国的和平统一。她也常常撰写文章或发表演讲，呼吁台湾当局和国民党的军政人员站到爱国主义的旗帜下，爱国不分先后，"爱国人人是一家"，并写诗云：

> 遥望台湾感慨忧，追怀往事念同游。
> 数十年来如一日，国运繁荣渡白头。

1972年9月1日，何香凝在北京病逝，周恩来、朱德、宋庆龄等党和国家领导人及首都各界代表500多人出席了她的追悼会。

黄 兴

黄兴（1874—1916），原名轸，改名兴，字克强，一字廑午，号庆午、竞武，湖南长沙府善化县高塘乡（今长沙县黄兴镇凉塘）人。中华民国开国元勋。辛亥革命时期，以字黄克强闻名当时，与孙中山常被时人以"孙黄"并称。

1893年，黄兴入读长沙城南书院，22岁时考中秀才。1898年调长沙湘水校经堂，复选调武昌两湖书院深造。1901年毕业于武昌两湖书院，次年春被湖广总督张之洞选派去日本留学，入东京弘文学院师范科学习。黄兴到日本后，很快就被留学生界蓬勃兴起的资产阶级民主革命思潮所吸引。同年12月，他与杨笃生、樊锥、蔡锷等创办了《游学译编》杂志，以翻译为主，介绍西方资产阶级的社会、政治学说和革命历史，宣传民主革命和民族独立。黄兴为扩大影响，在年底又与蔡锷、张孝准、杨笃生等发起组织"湖南编译社"，大量从事译述，介绍西方资产阶级科学文化。

1903年，黄兴回国，邀陈天华、张继、刘揆一、宋教仁、章士钊等人秘密集会，商定创立华兴会，被公推为会长。随后联络会党，议定于次年秋乘慈禧过70岁生日时在长沙起义。后因事泄，黄兴逃亡日本。在日本结识孙中山，大力支持孙筹组革命组织中国同盟会，任同盟会庶务（相当于协理），成为会中仅次于孙的领袖。

随后，黄兴将主要精力放在发展革命分子、组织武装起义上。先后参与或指挥了钦州、防城起义，镇南关起义，钦州、廉州、上思起义，云南河口起义，都遭失败。1909年秋，受孙中山委托，在香港成立同盟会南方支部，策划在广州新军中发动起义。次年春，起义再次失败。此后，于1911年4月再次在广州发动起义（即黄花岗起义），亲自率敢死队百余人，攻入两广总督衙门，发现总督张鸣歧已逃跑，出衙门后同清军遭遇，展开激战，多人牺牲，黄持双枪左右射击，毙清军多人后，右手负伤，断两指，化装逃至香港治伤。此役又告失败。事后收殓殉难者遗体，有72具，史称"黄花岗七十二烈士"。同年，武昌起义爆发。黄兴由上海到汉口，就任战时总司令，亲赴前线指挥保卫汉阳、反攻汉口的战斗。在阳夏之役中，与清军激战相持一月，备极艰辛，功绩卓著，为各省独立赢得了宝贵时间。汉阳失陷后，黄兴辞职赴沪，策划北伐，为保卫革命胜利作出了重大贡献。

1912年1月，南京临时政府成立，黄兴任陆军总长。后旅居美国，1916年7月回到上海，同年10月病逝于上海。1917年4月，受民国元老尊以国葬葬于湖南长沙岳麓山。著作有《黄克强先生全集》《黄兴集》《黄兴未刊电稿》《黄克强先生书翰墨绩》刊行。

| 故事1 |

黄兴与徐宗汉的患难姻缘

1874年，黄兴出生于湖南省善化县一个书香世家。因为自小接受良好的教育，至十四五岁时已经成为远近闻名的才子。1891年，黄兴娶了同县乡绅廖星舫之女廖淡如为妻。两人新婚宴尔，情深意笃，相敬如宾。

1911年的黄花岗起义，是黄兴领导的10多次起义中最英勇、悲壮和震撼人心的一次，也是黄兴艰苦卓绝的革命军事生涯中最具代表性的一次。正是在这场"碧血横飞，惊天地、泣鬼神"的战斗中，黄兴迎来了他的第二次婚姻，遇见他人生中的第二个伴侣——徐宗汉。

徐宗汉，原名佩萱，广东香山拱北北岭村（今属珠海市香洲区）人，1876年出生于上海。1893年，她嫁给广东惠州海丰县巨富李庆春之子李晋一。但结婚仅五年，李晋一病逝。1907年，徐宗汉赴南洋参与兴办华侨学校。当时，槟榔屿（位于今马来西亚）是同盟会的一个重要基地。徐经常和革命党人接触，深受影响，加入中国同盟会。1908年秋，徐回国开展革命活动，并在黄花岗起义中结识了黄兴。

黄花岗起义失败后，手伤两指、腿负枪伤的黄兴独自摸黑寻至溪峡机关。徐宗汉回机关后，见状大惊，急忙为黄兴包裹指伤。起义当天晚，赵声率领香港200余革命党人乘夜轮于次日晨到达广州，上岸后方知起义已败。此时城门紧闭，便又分头返回香港。赵声遇到替黄兴买药的庄六如，庄把他带到黄住处，二人相见，抱头痛哭。黄悲伤过度，流血过多，昏迷过去，众人急忙抢救，却又苦于无药。慌乱中，有人急中生智，用葡萄酒救醒黄兴。黄苏醒后挣扎着起床，拿起手枪，要去与清军拼命，赵声和徐宗汉苦苦相劝，才使黄兴情绪稍为稳定。

黄花岗起义失败后，黄兴正经历着他一生最艰难、最痛苦的时期。幸运的是，徐宗汉此时来到他身边。此时，广州气氛极为紧张，清军四处盘查，溪峡也不安全。1911年4月29日，徐宗汉为黄兴做了一番改装。夜晚她与女医师张竹君一起护送黄兴，乘哈德安轮船转移至香港。当时，从广州赴香港逃难的人很多，轮船爆满。出广时间紧迫，社会关系广泛的徐宗汉和张竹君也未能弄到客舱票。徐将黄兴安置在厅中的椅子上，示意他假装熟睡，自己用身体挡住黄兴，装作若无其事的样子。

到香港后，黄兴以左手执笔，书写广州起义报告。但因疼痛加剧，徐宗汉和张竹君送黄兴至雅丽氏医院治疗。当时黄兴受伤的两指，一指全断，一指将断未断，需要做切割手术。按医院规定，这种手术需要亲属签字。徐宗汉和张竹君虽为新潮女性，但毕竟都是深受中国传统文化熏陶的大家闺秀，对此也颇感为难。在张竹君的劝说下，徐宗汉最后勇敢地以黄兴妻子的名义签字同意做手术。手术后，徐宗汉一直在病榻旁悉心照料黄兴，不知不觉中，爱的源泉泊泊流淌在两人的心田。出院后，他俩结为连理。婚后，徐宗汉一直陪伴着黄兴，从黄花岗起义失败到阳夏战役、二次革命、护国运动等几个关键时期，都照顾黄兴的身体，支持他的事业。这对假夫妻成为真夫妻的事迹，成为千古美谈。

1911年10月17日，黄兴偕徐宗汉离开香港赴上海。当晚，由徐宗汉到民立报社约宋教仁晤谈，商定由柏文蔚等往南京策动新军反正；黄兴、宋教仁去武昌主持整个战局。当时，武昌已经发难，急需黄兴赴武汉指挥战斗，但上海和沿江口岸仍在清军手中，盘查很严，难以通行。徐宗汉的挚友张竹君在沪开设医院，徐请求协助，于是张竹君发起组织中外人士参加红十字救护队，赴武汉战地服务，黄兴扮作医疗人员，混入救护队，徐宗汉与护士同行，顺利到达武汉。

1913年7月，二次革命期间，黄兴于南京组织讨袁军，刚刚生下黄一美两个月的徐宗汉要求赴南京与黄兴并肩作战。黄兴极为感动并致函道："我极心感！……吾责至大、至危、至暂，汝责至细、至久、至难，则汝之责任艰巨于吾乎！"感激与爱怜之情溢于字里行间。1916年，黄兴组织反袁的护国运动，徐宗汉时刻陪伴着他，为躲避袁世凯的暗杀，从广州到香港，从香港到上海、武汉，再从武汉到上海、南京，又从南京、上海到日本、美国，最后又从美国经日本回上海，徐宗汉陪伴其走完生命的最后之旅。

1916年，黄兴辞世后，徐宗汉寓居上海，积极从事贫儿救济工作。五四运动时期，她参与发起成立上海中华女界联合会，出任会长，并代表团体参加全国各界联合会。1921年，上海成立俄灾贩济会，徐宗汉任该会演讲部主任，到各处演讲，呼吁捐款救济苏俄难民。她支持共产党人李达等创办第一份妇女刊物《妇女声》，以上海中华女界联合会机关刊物名义出版。1922年，徐宗汉资助中国共产党开办的第一所妇女干部学校——平民女学。抗日战争爆发后，徐宗汉不顾年事已高，又患心脏病，带领部分贫儿出国，流亡到逻罗（今泰国），一面为贫儿募捐，一面宣传抗日救国，到处演讲，呼吁侨胞支援祖国的抗日战争，回国后仍从事贫儿教养工作。1944年3月抗战胜利前一年，徐宗汉病逝于重庆，享年68岁。

| 故事2 |

黄兴与孙中山的战友情谊

中国近代民主革命家孙中山与黄兴都是辛亥革命的领袖，当时世人曾

以"孙黄"并称。1905年，孙中山与黄兴一见面即开始携手合作，为实现中国革命力量的大联合、共同组建中国同盟会作出决定性贡献，使得中国资产阶级革命派有了一个全国性的革命组织，反清革命进入新阶段。

1905年8月20日，中国同盟会召开成立大会。鉴于孙中山组织兴中会已逾十年，在革命党中具有很高的声望，黄兴提议："公推孙中山先生为本会总理，不必经选举手续。"与会代表均举手赞成。随后，孙中山指定华兴会领袖黄兴为同盟会执行部庶务，居协理地位，在总理缺席时，可以全权主持会务。此后，许多华兴会成员随黄兴一起成为同盟会的骨干。

在孙中山的心目中，黄兴是一个不可或缺的实干家。反清革命的突破口从哪里打开？这是中国同盟会成立后面临的具体问题。孙中山主张先在广东发难，再将南方各省连成一片，与清廷对抗；黄兴则主张在长江中下游一带开始行动，在清廷腹地切开一个口子。经过多次争论，黄兴服从了孙中山的意见，随后直接策划指挥了10次反清武装起义。1911年4月，中国同盟会第10次武装起义（即黄花岗起义）失败后，黄兴一度致力于暗杀行动，决心以一死相拼，以谢海外筹款侨胞，维护革命党人的信誉。孙中山闻讯忧心忡忡，极力劝阻。孙中山对黄兴的评价甚高："盖黄君一身为同志之所望，亦革命成败之关键也。"

在黄兴的心目中，孙中山是一个当之无愧的领袖。1907年7月，同盟会内部章太炎等人就潮州、惠州等地起义失败和孙中山分配赠款一事发起攻击，要求罢免孙中山的同盟会总理职务，改选黄兴为总理。黄兴决然表示："革命为党众生死问题，而非个人名位问题。孙总理德高望重，诸君如求革命得有成功，乞勿误会，而倾心拥护，且免陷兴于不义。"

黄兴曾对友人明白坦露自己的心迹，他说："我革命的动机，是在少时阅读太平天国杂史而起。……看到太平天国自金田起义后，起初他们的弟兄颇知共济，故能席卷湖广，开基金陵。不幸得很，后来因为他们弟兄有了私心，互争权势，自相残杀，以使功败垂成。我读史至此，不觉气愤腾胸，为之顿足三叹。因此我决心革命的当时，就留意于此。"

武昌起义爆发后，全国各省相继独立响应，组织统一的临时政府已是刻不容缓。1911年12月4日，独立各省代表在上海开会，当时孙中山尚在国外，代表们选举黄兴为"假定大元帅"，负责组织临时政府。黄兴坚辞不就，表示愿领兵北伐，直捣黄龙。经代表们反复劝说，黄兴只好表示"暂时勉任"。就在他准备启程上任前一天的晚上，忽然接到孙中山已从国外启程回国的电报，他立即决定不去南京上任了，表示："孙先生是同盟会的总理。他未回国时我可代表同盟会，现在他已在回国途中，我若不等他到沪，抢先一步到南京就职，将使他感到不快，并使党内同志发生猜疑。太平天国起初节节胜利，发展很快，但因几个领袖互争权利，终至失败，我们要引为鉴戒。"

1911年12月25日，一直在海外为革命奔波筹饷的孙中山抵达上海。当时，国内革命党人对孙中山期望很高，传言他将带着从海外筹来的巨款和10艘军舰回国。孙中山对欢迎的人群说："余不名一文也，所带回者革命之精神耳！"有人为此讥讽孙中山为"孙大炮"。黄兴解释说："欧美政客们要借款给中国，首先考虑的是在借款条件上能否在中国攫取特殊的利益，目的并不是帮助中国进步党派，促使中国走上进步道路，孙先生当然不会拿我们国家主权去换取外国借款的。"经过黄兴的一番解释，人们对孙中山的责难才渐渐平息。12月29日，各省代表选举孙中山为中华民国临时大总统。

1912年1月1日，南京临时政府成立，孙中山任命黄兴为陆军部总长兼参谋总长。黄兴在起义军中具有极高的威信，早在日本组织中国同盟会时，他即在会员中选择了一批坚贞可靠的军人同学组成"丈夫团"，以"富贵不能淫，贫贱不能移，威武不能屈"作为团员应具备的品德。武昌起义爆发后，各地纷起响应的军官多属当年"丈夫团"的同志，都是黄兴所熟知的人。当时各省起义军队互不隶属，军令松散，有黄兴担任陆军部总长，着实助了孙中山一臂之力。

1913年3月20日，袁世凯悍然派人暗杀了国民党代理理事长宋教仁，彻底暴露了独裁专制的真面目。孙中山断然发动二次革命，黄兴担任江苏讨袁军总司令。因起事仓促，二次革命终归失败，孙中山与黄兴被迫流亡

日本。

1914年4月，孙中山与黄兴在日本东京分析二次革命失败的原因，两人意见发生了很大的分歧。孙中山认为国民党组织涣散，党员不听话，要将国民党改组为中华革命党，实行党魁制，党员必须无条件服从领袖，黄兴对此则表示不赞成。在讨袁方略上，孙中山主张以武力讨袁，黄兴则认为革命党人在新败之余，精神涣散，应着意培植新生力量，以图将来。这次分歧，黄兴没有听从孙中山的意见，但也没有公开宣扬自己的主张，无怨气、无恶言，他决定暂时离日赴美，将一切交给时间去检验。孙中山理解这位生死与共的战友，表示尊重他的选择。

1914年6月27日，黄兴宴请孙中山以辞行。席间，孙中山集古句为联，亲笔书赠黄兴："安危他日终须仗，甘苦来时要共尝。"字短情长，两位革命家的战友情谊尽在其中。

三

社科学术篇

❖ 题记 ❖

传统意义的岭南学术，"北人南传"是其基本的形态。一般而言，历代由来自中原的羁臣谪宦将中原正统学术带到岭南来，在相对封闭环境中亦步亦趋地随中原正统文化演进，由此而形成中原正统学术的一个分支。明代陈献章创立白沙学派，在岭南开风气之先，由此而开创了岭南学术本土化的先河。此后，自明代中叶至清代后期的数百年间，白沙学派一直占据着岭南学术的主导地位。1821年，考据大师阮元主政广东，创办学海堂，并以朴学相号召，近代岭南学术主流由讲求身心性命之学转向考据训诂之学，岭南学术重归中原正统学术。

著名学者桑兵教授曾把广东学术的发展历程归纳为三次高峰期，即学海堂时期、抗日战争前的国民政府时期（尤其20世纪20—30年代之交）、新中国成立前后，并指出，自清代以来，因缘来粤为官人幕的浙人较多，岭南学术文化历来与浙学关系匪浅。后薛侃引王学入粤，浙宗与粤宗相互激荡，盛衰消长。全祖望讲学于端溪书院，欲融合粤、浙两宗，复倡王学。嘉道时阮元引朴学入粤，江浙学人陆续南来。岭南学术凭借两大儒陈澧、朱次琦声望日隆，其门生弟子（包括再传弟子）广布各地和张之洞等大员的推重而日益大张声势。20年代后期和新中国成立前后，广东再度适逢北人南下（包括原来北上的广东籍学人）和广东学术氛围宽松的良机，学术地位迅速崛起。不过遗憾的是，从持续时间来看，都是昙花一现。从根本上说，这似乎与岭南文化中过于注重实利和眼前收益的价值观念不无干系。

杨 孚

杨孚，生卒年待考，字孝元，一作孝先，东汉时番禺县下渡头村（今广州市海珠区赤岗街道下渡村）人。他是汉代颇为人推崇的一位清正高官，也是广东最早著书立说的学者和第一位有诗歌传世的诗人。

杨孚早年致力于攻读经史，钻研颇深，其学问和人品在当时已闻名遐迩。汉章帝建初年间（76—83），杨孚举贤良，对策上第，拜议郎。议郎是皇帝近臣，职掌顾问应对，参与议政，指陈得失，是影响施政的显要之职。

汉和帝永元十二年（100），大旱饥荒，按封建时代的说法，这是天意对人间施政有所警戒之兆，朝廷征求百官意见，议政令得失。杨孚上疏，指出："郡邑侵渔，不知纪极，货贿通于上下，治道衰矣。"因此，主张整顿吏治，考核和选拔官吏要以"廉"为标准。

此外，针对西汉短丧的做法，他还向汉和帝提议奖励有孝行的臣民，救济孤寡贫老者："汉制郡国之士，诵肄《孝经》；察其志行，选举孝廉。故帝谥必称孝者，躬行化率也，王莽不服母丧，天下诛之。今时公卿罹父母忧，不得去位。而黎萌孝悌力田，反得爵级，非所以为民丧仪也。……宜诏中外臣民，均行三年通丧。"在他的大力提倡下，汉安帝元初三年（116）有诏，"大臣得行三年丧，服阕还职"。此后，服丧三年成为时尚，并推向民间。这对以后长期绵延的封建礼制中的丧制有着长远影响，服丧的确立和时间的延长，即在这一社会氛围中产生，并形成强劲的社会风气。虽然久丧的习惯并不适合快节奏的现代社会，但其代表的孝道是中华传统文化不可或缺的一部分，其精神核心是尊老精神，仍值得现代人继承以及发扬。

杨孚还反对向匈奴无端用兵，提出"创造用武，守业尚文"，"绳美祖宗（遵循祖上定下的优良准则），毋轻用武"，并以"帝王创业须从武，太平盛世须修文，才能以德服人、化及四夷"的道理，劝谏君王。

杨孚的故乡南海郡是著名的商品集散地，聚集着不少异域珍宝，加之岭南地区物产丰富，在外来人眼里又是尚未开化的蛮荒之地，因此很多在此供职的官员回京时携带大量的当地特产，到京城分送各部官员，当作加官晋爵的敲门砖。杨孚看到这种情况，甚为不满。为了让内地人对岭南地区的特产、风俗有所认识，剥离这些特产身上的神秘感，杜绝朝内人士送礼的歪风邪气，杨孚撰写了《南裔异物志》一书（又称《异物志》）。尽管此书在宋代以后就失传了，但从后人转相引用仍可散见于一些史籍中，此书仍具有极其重要的作用。

《南裔异物志》是第一部出自南粤人的学术著作，也是中国第一部地区性物产专志，专记汉代岭南社会风物风情，开创了史学新门类，有"世服孚高识，不徒博雅"之誉。清朝时南海人曾钊评说："粤人著作见于史志，以议郎为始"，"盖《异物志》创自议郎，惟议郎得以专其名"。在此之后，以"异物志"为书名的地志不断涌现，成为记述各地风土人情的佳作。

| 故事1 |

漱珠岗梦雪

漱珠岗位于广州纯阳观，又叫万松岗。纯阳观由漱珠岗、葫芦岗、凤岗三座小岗组成。漱珠岗所在的小山岗为古火山岩，经长年风化剥蚀，岩石多为圆润光滑的"石珠"，因此得名"漱珠岗"。相传漱珠岗曾经是一个小岛屿，岛上奇石叠起，老树参天，后来陆地变迁，这里又变成了一个小山岗，岗上苍松滴翠，岗下碧水环流，好像玉盘上一颗明珠。杨孚告老还乡后，因喜欢岛上的清幽美景，就在上面搭建草庐，吟诗著作。

杨孚还在朝廷做官的时候，清正廉明，体察民情，深得百姓敬爱。

当时衙门里有一个叫张宝的差人，因家贫无钱葬母，非常伤心。杨孚知道后，派人给张宝送去了十两银子。张宝知道杨孚是一个清官，自己也没有多少钱，说什么也不肯收。后来杨孚对张宝说，这十两银子权且借给他应急，张宝才收下了。

不久，杨孚年事已高，准备告老还乡。这可把张宝急坏了，他想尽一切办法，希望能及时还杨孚这笔钱，但因为家境窘迫，一时间实在无能为力。为此，张宝内心愧疚，连给杨孚送行的勇气都没有。

想不到杨孚却上门辞行来了，亲切地对他说："张宝，你在我衙门效力这么多年，现在我要回乡了，将来大家天各一方，我今天是来感谢你这么多年忠心耿耿为我工作的。"

张宝一听，连忙回答："老爷说哪里话，我张宝欠您的实在太多，您看，上次您借给我的银子，我现在都不知该如何是好。"

杨孚说："你为官府当差，无钱葬母，其实我也有责任。那点银子就算我送给你了。"

张宝说："这怎么行，老爷为官一向清廉，现在不当官了，肯定更需要钱用，当时说是借的，现在怎么可以不还呢！"

张宝举目四望，希望能拿点家中值钱的东西送给杨孚作补偿，可就是找不出来。突然间，他看到院子里两棵长得葱绿葱绿的五须松非常可爱。他灵机一动，就对杨孚说："老爷对我恩重如山，这两棵五须松虽然算不上什么值钱的东西，但它四季常青，您如不嫌弃的话，就带回广东作个纪念吧。"

杨孚想了想，点头同意。

于是，两棵五须松一直跟着杨孚回到广州。

当时，杨孚居住在珠江南岸下渡村，因广州天气潮湿，松树长得非常旺盛，到了冬天，已有丈余高。岭南向来温暖，偏巧有一年气候反常，那年冬天广州特别冷，一天早晨杨孚起床后，忽然发现院子里的五须松上挂着一层白雪。他吃了一惊，急急走出来察看，这时左右邻居也都看到白花花的松树，全都大叫："广州下雪了。"有知情者便说这是杨孚在北方为

官清廉，感动天地，连洁白的雪花都跟他到了故乡。

后人为此作诗："能将北雪为南雪，为有苍苍自洛来。"从此，珠江南岸便被称为"河南"，而"河南飞雪"的故事就这样传了开来。杨孚也因此获得了"杨南雪"的雅称。唐朝时诗人许浑出使南海郡，在广州写下《登越王台》一诗，有"河畔雪飞杨子宅"句，就是说的这个典故。清人以"南雪"为书斋名的不少，著名诗人叶衍兰就以"南雪"为号，可见岭南学人对杨孚之推崇向往。

多年之后，张宝的家境慢慢转好，他一直很想来广州再谢杨孚，无奈年老无法成行。后来张宝一病不起，在弥留之际，嘱咐儿子张琼去广州代其探望杨孚，以偿夙愿。张琼安葬了父亲后，就带着金银礼物出发。谁知来到广州后才发现杨孚早已过世多年，杨孚在下渡头村间的房屋也早就破败不堪，门前两棵松树无人看管，早就被人斩去，触目之处一片颓败景象。

张琼又去杨孚下葬之地祭奠，发现坟地非常荒芜。张琼从村民口中得知杨孚生前对那两棵松树爱惜有加，于是灵机一动，花钱在杨孚墓周围遍种青松，还修起一座杨孚祠来纪念他。后来这里松林如海，人们称为"万松山"，这也是如今的漱珠岗又名万松岗的由来。

由于杨孚在广州名声甚大，后人为他建了一座南雪祠。有一个叫潘有为的文人，慕名前来重建后的南雪祠参拜，他当晚借宿祠中，竟然梦见杨孚坐在挂满白雪的松树前开卷，而自己仿如置身其中，伸手还可以抓到飘雪。后来事情传开，不少人慕名而来借宿，也声称自己做了同样的梦，使得这里一度成为梦雪圣地。

目前，杨孚生活过的下渡村尚存"杨孚井"一口，属广州市文物保护单位。该井相传原是杨宅后花园的水井，本来是原生红砂岩层中的一个天然凹穴，井底有4个泉眼涌泉水。未有自来水之前，全村饮水皆赖此井。与其他一些被列为文物的古井不同，村民至今仍在使用杨孚井的水。由于城市的发展，村民现在不再饮用杨孚井的水，但依然用井水浇花养鱼，用井水发的芽菜、养的水仙都长得特别好。冬天的早上，井口还会冒烟；而夏天，井水就特别清凉，可以用来冷藏汽水、西瓜。

| 故事2 |

《南裔异物志》

《异物志》是中国一种特殊的典籍，专记各地"殊异之物""殊异之俗"。其主要记载当地或者周边的物产风俗、社会状况、历史传说、礼仪文化等方面的内容，兴起于汉朝，繁荣于魏晋，衰落于唐朝，到宋朝后逐渐消失。

《异物志》的起源便是东汉时杨孚所著《南裔异物志》。这种典籍既不是官修史书，也不载闾巷旧闻，是介于两者之间的新门类，多由个体书写，带有鲜明的个人特色，很多记载可以补正史之缺。

在中国古代，岭南地区素有"化外"之称，中原地区对岭南缺乏了解。秦汉在岭南设置郡县后，随着中央王朝对岭南统治的拓展，以及中原与岭南经济文化交流的加强，中原人士对岭南的物产风物等开始了解。当时岭南设交趾部，朝廷派出交趾部刺史，夏天巡视岭南各郡，考核官吏，了解民情；冬天回京表奏巡查情况，举刺不法。岭南物产丰富奇特，尤其在商品集散地的都会——番禺，更有不少舶来珍宝，引发了中原人士对岭南的较大兴趣。很多奇闻轶事、道听途说充斥一时，在这种情况下，杨孚编写了《南裔异物志》，使当时的人对岭南有了更真实的了解。

按照清代学者曾钊从古书中的搜集整理，《南裔异物志》共96则，分为8类：人物、鸟类、兽类、鱼类、鳞甲、玉石、树木和草本，每类多少不一，每则叙一物。

多数类则写作的是岭南物产的种类和开发利用的情况，比如岭南地区的植物、动物和矿物，有水产，也有陆产，种类繁多。陆产主要有粮食作物、果树植物、辛香作物、林木作物等；水产有贝类、鱼类、虾类、龟类等。比如，书中将植物分为草、木，动物分为虫、鱼、鸟、兽加以细析，体现了中国古老的生物学分类法。其首次记述了岭南各种动植物的种类、形态及其经济价值，揭示了古南越居民的食物来源、社会结构及其经济的多样性，不但在当时起到了向中原推介岭南风土物产的作用，更为后人提

供了汉代岭南动物、植物和矿物的第一手材料。

书中还记载了当时岭南地区的手工业技术，尤其是动植物在经济开发方面的应用。杨孚特别提到了甘蔗的栽种情况：由于岭南温暖多雨，甘蔗生长特别茂盛，"围数寸，长丈余"，"斩而食之既甘，榨取汁如饴饧，名之曰糖"，证实岭南最迟在东汉时期已经制糖。还有岭南独特的以芭蕉丝织布的工艺："叶大如筵席，其茎如芋，取镬煮之为丝，可纺织。女工以为绤纷，今交趾葛也。"

书中也有岭南独特的风土民情记述，诸如雕题（在额头上纹身）、儋耳、黑齿、穿胸、鼻饮、巢居（在树上筑巢而居）等，是具有科学性、真实性的珍贵史料。此外，书中还记载了岭南古代海运外贸的发达和对外往来的频繁，对研究东南亚古代史、中西交通史和汉代海外交通贸易史均有重要的史料价值。

可以说，从异域人物到奇花异木、怪兽珍禽，均可杂而记之，载诸史册，以备稽考。受杨孚影响，三国吴万震著《南州异物志》，晋嵇含著《南方草木状》，给后人留下了有关古代岭南的宝贵资料。且自杨孚以来，兴起了一股写作"异物志"的风潮，如三国谯周著《巴蜀异物志》，魏晋南北朝曹叔雅著《庐陵异物志》等，一直延续到了宋朝。这种写史叙事的新门类是记述地方风土人情的佳作，成为中国古代较为常用的一类文化典籍。

《南裔异物志》一般由三部分组成，开头是志作序以导入，中间是正文以专记，后面是韵语作赞以结尾。其以文叙事、以诗咏物，在岭南文学史上有着独特的价值，被人称为"创广东诗歌之始"。

杨孚在创作《南裔异物志》时多用四言韵句，辞藻华美，很有诗歌的美感。汉代南粤语音与中原差距较大，对岭南人来说，创作以中原音韵为准的古诗成为难事。杨孚是已知的首位以中原音作诗且有成就的岭南人。著名学者冼玉清考证，《南裔异物志》赞句悉用古语，证之《左传》《诗经》，与中原古诗相同。《南裔异物志》语言生动，极富文采。书中的"赞"采用四言体，韵语藻雅，寓意蕴藉，有"国风"遗响，完全可以看作是优雅的古诗。比如说：

杨孚写榕树，初生的时候不过如葛如藤，长大了却茂盛葱郁、气象不凡：

> 榕树栖栖，长与少殊。
> 高出林表，广荫原丘。
> 孰知初生，葛藟之俦。

杨孚写桂树，作为岭南常见的植物，最突出的特点就是四季常青：

> 桂之灌生，必粹其族。
> 柯叶不渝，冬夏常绿。

杨孚写鹧鸪，形状像鸡，只生活在南方，如同人不离故土一般：

> 鸟象雌雄，自鸣鹧鸪。
> 其志怀南，不思北徂。

这些片段遣词优美、寄意深远，可以看出，《南裔异物志》为岭南诗歌以后的发展开创了一个良好的开端。

丘 濬

丘濬（1421—1495），字仲深，号深庵，广东琼州府琼山县府城镇西厢下田村（今海南省琼山市府城镇金花村）人。相传金花村村名便来自丘濬"有人问我家居处，朱橘金花满下田"的诗句，他被尊称为琼台先生或琼山先生。

丘濬是明中叶著名理学家、政治家、经济学家和历史学家。身历景泰（朱祁钰）、天顺（复辟的朱祁镇）、成化（朱见深）、弘治（朱祐樘，弘治中兴缔造者）四朝，历官至礼部尚书、文渊阁大学士、户部尚书兼武英殿大学士。明代史家称他是"中兴贤辅，当代通儒"。在《明名臣录》中称其"颖悟绝伦，无书不读……本朝大臣律己之严，理之博，著述之丰，无有出其右者"。其死后被追赠为太傅左柱国，谥"文庄"，被史学界誉为"有明一代文臣之宗"。

丘濬一生秉承经国济世的宗旨。明成化十七年（1481），丘濬著成《世史正纲》，该书集中表现了他坚持儒学思想指导下的汉族王朝正统的观念。成化二十二年（1486），在英国公张懋（1441—1515）的要求下，丘濬著述《平定交南录》——有关明朝军队在永乐四年至十四年（1406—1416）的十年间，帮助越南王室平定部下叛乱的军事活动。这是对明朝这次对外用兵的详尽记录。他的"诗出乎天趣自然"的主张，开一代诗风，是中国诗界供奉的诗歌创作最高境界。他还多次参与组织各级科举考试，为国家选拔人才，并告诫青年学子端正学习态度，不要把读书视为做官的敲门砖，虽经史子集已了熟于胸，更要将经书的教诲作为行为举止的依据。

但丘濬的主要影响是在经济理论方面。他以60岁高龄，花费近十年时间编纂了《大学衍义补》，提出了多种经济理念，其中劳动决定价值的观点比英国古典经济学派创始人威廉·配第于17世纪60年代提出的"劳动价值论"还要早170多年，被现代经济理论界称为"15世纪卓越的经济思想家"。

丘濬故居位于金花村金花路三巷9号，大门匾额由古建筑大师罗哲文题写，1996年被列为全国重点文物保护单位。虽规模不大，但造型古朴简约，气派浑然凝重，堪称海南明代早期民居中的木结构建筑精品。

| 故事1 |

少年神童灵气逼人

丘濬的先祖是从福建晋江迁琼的移民，由于战乱，家道中落，人丁不旺。他的父亲丘传33岁病逝，丘濬时年7岁，唯一的兄长丘源也仅9岁。丘家孤儿寡母，生活的艰辛可想而知。但艰苦的生活并没有影响丘濬的求学求知之路，相反，他从幼年就表现得很不平凡：读书识字，过目不忘；作文赋诗，出口成章。亲友邻里为之惊叹，称其神童。

据说丘濬6岁那年，他就以家乡五指山的风景作了一系列诗篇，深受当时及后来士人学者的推崇。《五指山》诗云：

> 五峰如指翠相连，撑起炎荒半壁天。
> 夜盥银河摘星斗，朝探碧落弄云烟。
> 雨余玉笋空中现，月出明珠掌上悬。
> 岂是巨灵伸一臂，遥从海外数中原。

这首诗意境宽阔，想象奇伟，一气呵成，描绘了五指山高峻、秀丽的景色，点出了宝岛海南与大陆的血肉联系，是祖国大陆不可分割的重要组成部分。同时，借景喻志，隐含着作者对仕途的向往、远大的抱负和崇高豪迈的政治理想。这在当时被誉为冠绝一时的佳作，至今仍为琼山父老津津乐道。

这首《五指山》曾收入《琼台八景》之内。传说丘濬20多年后偶然记起小时写这首诗的事，觉得尾联那句"遥从海外数中原"的"原"字失韵（不押韵），想再修改润色一次，但他经过反复推敲，认为难以下笔，结果只得作罢，所以民间又流传"丘濬六岁吟《五指山》诗，铁笔难改过第二次"的说法。

《琼台诗话》载："七八岁时从大父往乡间，过道旁学馆。适教者以鸲鹆为题，命学子作诗。因属丘濬作，丘濬即口占以答。其中一联云：应以凤凰为近侍，敢与鹦鹉斗聪明。"鸲鹆又叫八哥，羽毛美丽，能模仿人说话，将它与凤凰、鹦鹉相比，可谓贴切，足见丘濬早慧。难怪教者惊曰："是儿年少如此，而能作此诗，他日所就其可量乎。"

少年丘濬才华超卓，至今当地民间还广泛流传着不少他机智聪明的故事。

有个秀才听说丘濬才思敏捷，就提了两个桶圈上门，让丘濬猜自己姓什么。丘濬随口就说他姓吕，令围观者惊呼不已。

一次丘濬出门没带伞，半路遭雨淋。私塾先生与其擦肩而过，吟了句"细雨肩头滴"，他当即对以"青云足下生"，应对巧妙，气魄雄阔。先生颔首称赞，称其日后必大有可为。

一次丘濬到城外散步，路上遇见一个砍柴归来的樵夫，要考他文才，便出上联："此木为柴山山出。"丘浚听罢，举目眺望远处农舍，夕阳落山，炊烟缭绕，家家户户忙于做晚饭，于是他见景生情，由情成对，对出下联："因火咸烟夕夕多。"樵夫听罢大加称赞。

一次丘濬带着一把装在竹竿上的镰刀，准备到野外割竹笋。半路上遇到几位村姑在田里拔秧并用稻草捆绑秧苗。她们嘀咕了一阵子，便上前拦住丘濬，提出要同他对对子，倘若对不出就不许他从这条路经过。一位村姑先出上联："稻草捆秧母抱子。"丘濬听罢，看看眼前的景物，他便将长柄割笋镰刀高高一扬，对出下联："竹篮盛笋公携孙。"

一天，有个秀才写了"一串无鳞鱼，鳝长鳅短鳗有耳"的上联，抓耳挠腮怎么也对不出下联，四处征集，不果。丘濬知晓后，当即以"三筐有壳物，龟圆鳖扁蟹无头"对之，让人大为叹服。

又一天，丘濬路过一个结满西红柿（海南人也称"茄"）的菜园，想摘几个尝尝。淘气的他找来一根顶端带丫的树枝伸进篱笆去钩茄子，不巧被守园的老人看见了。老人抓住树枝，逗他说："我出一句上联，你能对上，茄子随你吃，对不上，可别怪我不客气。"丘濬爽快地答应了。老伯说："猴孙子，拿棍子，伸进篱子钩茄子。"

"猴孙子"是海南人责怪小孩的习语。寥寥13字，便把小丘濬的行为全部概括了出来，且每个名词都用一个"子"字结尾，别具一格。小丘濬稍加思索，下联便顺口而出，竟与上联风格一致，相映成趣："伯爹头，扛锄头，走到田头挖树头。"

还有一次，丘濬与几个玩伴在县衙后边放风筝，线断后风筝飘入县衙，被县令妻拾得。孩子们都不敢入内，独丘濬进。县令得知他就是丘濬，便有意试探他的才智，对他说："如果你能对出下联，便还你风筝。"县令的上联是："众童子莫如你悍。"丘濬随口对道："两夫人不似公……"说到"公"字，丘濬有意停住。县令问他为何不对完，丘濬笑答："如果夫人诚意归还风筝，我便续'廉'字，如果不还，我便续'贪'字。"县令听后，笑令妻子交还了风筝。

10岁时，丘濬又写了一篇名为《浊海歌》的七言诗，再一次抒发自己的情怀和抱负。原诗如下：

> 天下百川皆清漪，一流入海便成淄。
> 茫茫谁复辨泾渭，混混孰与论渑淄。
> 洪涛巨浪轰轰怒，不觉己身如秒瓠。
> 看来何似山下泉，清香凛冽为人慕。
> 我向潮头三叹息，志欲澄清势不及。
> 愿言上帝橄天吴，一夜黑波变成碧。

一直到丘濬二十几岁的时候，他还保持有这种源自少年的灵气。当时，他与朋友冯元吉在浙江杭州一带游玩，他们游览南宋的都城临安（今浙江省杭州市）灵隐寺的时候，接待他们的是一位叫释珊的和尚。和尚见他们身份低微，便爱理不理地敷衍了数句。稍后，有一位将军的公子入寺，和尚赶紧出寺迎接，十分殷勤周到。

丘濬冷眼旁观，异常气愤，耐着性子等将军公子走后，便责问和尚道："你对我们为何如此傲慢，可为什么对将军公子，却又格外谦恭有礼呢？"和尚滑头地说："你呀，不知道我的脾气，凡是我恭敬的就是不恭敬，不恭敬的才是真恭敬。"丘濬闻言，气得脸都变紫了，举起拐杖朝着和尚的秃头猛敲了几下，说："和尚你不要见怪，你不知道我的脾气，打你就是没打你，没打你才是真打你！"

此事虽然是趣闻，但小事反映大节，此事相当透彻地表达出丘濬处变不惊、受辱不屈的性格。

| 故事2 |

《大学衍义补》

明朝航海事业发达，海南拥有众多天然良港，可以作为各条航线的停泊场所和补给站。郑和下西洋后，海口和附近的三墩岛，成了海上丝绸之路的中转站，促进了海南的商品生产和对外贸易的发展。经济贸易的繁华带来了社会观念的变化，对生于斯、长于斯的丘濬产生了不可低估的影响，以至日后丘濬在明朝政治潜伏着重重危机之时，还能提出颇有见地、切实可行的发展社会经济的主张。

在中国古代，"经济"并不仅仅是当代经济学所指的社会物质生产和再生产的活动，而是"经国理财，济世活民"的思想。《宋史》评述王安石"以文章节行高经济世，而尤以道德经济为己任"就是这种意思。丘濬的《大学衍义补》就是资政经济方面不可多得的读本。

《大学衍义补》始纂于明成化十五年（1479），成于成化二十三年

（1487），最初开始写作时丘濬已经59岁高龄，完成时已经将近古稀之
年。全书以《诚意正心之要》作为《大学衍义补》的卷首，然后以《治国
平天下之要》为总题，分为正朝廷、固邦本、制国用等12个部分，每个目
下又分节，共存子目119个，全书共160卷。涵盖了上自朝廷下至百姓和政
治、经济、文化、社会、民族、边防等各个方面的问题，全面、集中反映
丘濬的治国思想与经世致用思想观念，被认为是一部供帝王治理天下的参
考书。

《大学衍义补》问世后，因其内容博大精深，被视为古代总结性的
治国百科全书而影响深远。清顺治年间（1644—1661），政府颁布敕令：
"全国各地的学校，在出题会试时须以此为准。"该书成了全国各地生员
考科举的必读参考书。不仅如此，许多地方官员也以《大学衍义补》作为
施政纲领。

作为一位经国济民的经济学家，丘濬的《大学衍义补》中最为当世和
后世称道的，无疑是一系列经济思想。他提出一套系统的发展国家经济的
主张，包含富民思想、田利思想、工商业思想和理财思想，最突出的核心
则在于"固邦本"和"制国用"。

"固邦本"是藏富于民，重农也重商。"民生以蕃，户口必增，而国
家之本以固，元气以壮。"明朝是资本主义萌芽出现的时期，商业城市兴
起，商人、手工业工人也随之增加，形成了市民阶层。面对这种新情况，
丘濬一改"重农抑商"的传统观念，提出"所谓财者，谷与货而已。谷，
所以资民食；货，所以资民用"，把"谷"和"货"相提并论，显然认定
"农""商"并重的对策。他认为："以民为本，民安则君安，民富则君
富。"他提出许多解决当时社会矛盾、有利于国计民生的措施，如"配丁
田法"，就有利于抵制豪强的土地兼并。同时，在书中，围绕着以民为本
这个中心，他还论述了民生、民产、民事、民力、民穷、民患等课题。

丘濬鼓励海外贸易，反对海禁政策。他认为，中国物产丰富，为外夷
所必需，海外贸易即可牟利致富，如此高额利润，虽严刑峻法也不能止，
何不让商人从事海外贸易，那样于民于国都有利。丘濬还从历史的角度，

论证了开展海外贸易活动的可行性，指出从汉代以来中国就已经长期同东南亚国家进行着友好的商业贸易活动。这种大力发展海外贸易的思想，与16世纪德国重商主义的代表约翰·约阿欣·贝歇尔的"把货物卖给别人，总比进口别人的商品好"的观点，同出一辙，且早了近100年，这在当时是十分难能可贵的，即使是对于我们今天发展对外贸易，仍然具有一定的指导意义。

丘濬的自由贸易思想在当时的中国是相当先进的，体现了他对社会经济深刻的洞察力和敏感性，反映了当时中国社会经济日益商品化发展的变化，是资本主义萌芽的需要，符合社会经济发展的客观规律。这同时也是岭南文化特质中的重商性在其思想上的折射和反映。

"制国用"的中心就是理财。"生之有道，取之有度，用之有节"是丘濬"制国用"的大纲。他鼓励农民发展棉花、茶叶等经济作物，鼓励农民将农产品投入市场。他提倡培育市场，反对垄断市场，主张官府应设官专管市场，保证公平交易。

丘濬的《大学衍义补》中关于货币的理论，内容十分丰富和精辟。他在阐述货币的起源以及作为交换媒介作用的基础上，着重强调了商品的价值必须与货币的币制相当，才能维持它的信誉。他说"必物与币两相当值而无轻重悬绝之偏，然后可以久行而无弊"，实际上指出了货币所具有的价值尺度问题。此外，他通过考察当时和历代王朝货币流通情况和货币制度，设计了一个以白银为本位，白银、铜钱和纸钞三币并用的货币改革方案。他还注意到货币的作用、价格的调节作用，重视财政要做预算。

丘濬在《大学衍义补》中指出："世间之物虽生于天地，然皆必资以人力后能成其用，其体有大小，精粗，其功力有深浅，其价有多少，直而至于千钱，其体非大则精，必非一日之功所能成也……"后世学者认为，这是"以相当明确的形式提出了劳动决定价值的论点"。英国古典经济学派创始人威廉·配第于17世纪60年代提出"劳动价值论"，也就是价值量与劳动时间成正比，与劳动生产率成反比，奠定了英国古典经济学的基础。而丘濬提出的观点比配第还要早170多年。

黄 佐

黄佐（1490—1566），字才伯，别号希斋、太霞子，晚年自号泰泉居士，祖籍江西，明初定居广东香山县（今中山市）。其祖父黄瑜，世称双槐先生，父亲黄畿，世称粤洲先生，都以品学知名。

黄佐是明代著名学者、教育家。他聪慧好学，幼承家风，3岁读《孝经》，8岁钻研诗、词以及天文、历算之书。明正德五年（1510），年仅20岁的他中解元，正德十六年（1521）考中进士。嘉靖初，由庶吉士授编修。

黄佐历任江西佥事、广西学政、南京国子祭酒等职，后因被其荐举的候选人牵连罢官。淡泊功名的黄佐自此绝意仕途。他回到广州，改白云山景泰寺为泰泉书院，广收弟子，后来又重建其父的粤洲草堂。明代岭南诗坛著名的"南园后五子"（欧大任、梁有誉、黎民表、吴旦、李时行）均出其门下。明嘉靖四十五年（1566），黄佐病逝，诏赠礼部左侍郎，谥文裕。

讲学之余，黄佐潜心著述，在经学、地方文献、诗词等方面均有较大建树。他博通经典，在经学上持理气一体说，认为"理即气也，气之有条不可离者谓之理，理之全体不可离者谓之道。盖通天地、亘今古，无非一气而已"，在明代学坛独树一帜，曾与王阳明数相辩难。史志曾有这样的记载：当黄佐在庶吉士三年满考后回家省亲时，途中顺便拜访了王阳明，同他一起讨论"知行合一"观点，两人展开了激烈的争辩。黄佐认为"知"就像眼睛，而"行"犹如双脚，人走路虽是眼睛和双脚一齐行动，但毕竟是眼睛先已看好方位，双脚才到那里，所以，应该是"知先行后"。而王阳明则认为当人看到好色而产生爱慕心理，或是闻到恶臭时产

生厌恶感，这本身既是知，也是行，"一念发动处便即是行"，知行是合一的，认为黄佐过于笃信宋儒。黄佐又援孔子讲过的"知之未尝复行也"，说明"知先行后"的观点是孔圣人时便有，使王阳明不得不歉意地说："直谅多闻，吾益友也。"

黄佐著作颇丰，其经类著述有《诗经通解》21卷、《礼典》40卷、《乐典》36卷、《乡礼》7卷、《续春秋明经》12卷、《小学古训》1卷、《姆训》1卷。黄佐诗文出众，著有诗文集《两都赋》2卷、《泰泉集》60卷。

黄佐在地方文献方面贡献卓著，明正德年间（1506—1521）编纂《广州人物传》24卷，分门别类记载广东历代先贤近200人。嘉靖六年（1527）纂成《广州府志》，共70卷50余万字。此书有作有述，从秦到元的历史大事，都采录自史书；明洪武至嘉靖史事，则据所见所闻而编纂。嘉靖三十六年（1557）主纂《广东通志》，历时三载，成书70卷。此书体例严谨，文字简雅，资料充实。还有《罗浮山志》、《志雍志》24卷、《广西通志》60卷、《香山县志》8卷等。此外，尚有史类著述《通历》36卷、《革除遗事》6卷、《翰林记》20卷等。

| 故事1 |

史官直笔：《广东通志》

黄佐是明代中期岭南最重要的学者之一，其学术成就历来为研究者所重视。黄佐在后世以其诗文和理学而知名，但在同时代人的眼中，他在史学上的成就或更为突出。

黄佐一生共参与编纂了多部方志，如《罗浮山志》《志雍志》《广西通志》《广东通志》《广州府志》《广州人物传》等。黄佐认为，方志的功用不仅仅在于汇集文献，而且能变民风学风，使之遵从孔孟正道。其方志编纂为岭南文献之编纂整理提供了不可多得的经验和借鉴，并在一定程度上丰富了岭南方志的学术文化内涵，为中国传统方志学的发展作出了重要贡献。

明嘉靖三年（1524），黄佐翰林修学期满归乡时主持纂修的《广州府志》是他的第一部地方志，可惜很早就已残佚。嘉靖九年（1530），黄佐主持纂修的《广西通志》是唯一一部黄佐身兼官员和学者双重身份主持纂修的方志，也是现存的黄佐所修方志中最早的一部。

嘉靖三十六年（1557），67岁高龄的黄佐重修《广东通志》。黄佐先是派人问求耆老、访索经籍，然后集合纂修人员，开始制订凡例、删繁就简、辑佚补遗、编排材料等工作。仅费数月时间，70卷通志已大体成形。黄佐又费时近两年审稿，直到嘉靖三十八年（1559）方才成书。嘉靖三十九年（1560），黄佐为此志作序。

此志分图经、事纪、表、志、列传、外志六大类，类下有子目，部分子目下还有细目。全书搜集了广东历代文献，上自天文，下至地理，中及社会人文，其中特别关注广东社会变革以及岭南文化的发展。黄佐"昔为史官，素称直笔"，在记叙上务求翔实，是我们深入研究广东政区沿革史、社会经济与岭南文化发展史宝贵的资料，具有很高的文献价值。

黄佐于嘉靖四十五年（1566）去世，这部《广东通志》是其人生中所纂的最后一部方志，也是最能体现黄佐方志学思想和成就的杰作。

在目前保存完好的《广东通志·凡例》中，黄佐开宗明义地指出："通志犹列国之史。孟子曰：'诸侯之宝三，土地、人民、政事。'程子曰：'治天下以正风俗、得贤才为本。'此修志之大要也。"黄佐认为地方志就像列国的史书一样，其内容应包括土地、人民和一方之政事，且须以正风俗、得贤才为宗旨，以便史修而国治。

黄佐在《广东通志》自序中首先指出方志在汇集整理地方文献上的作用，并针对通志这一特殊志体，指出广东"记志图经迭出于晋唐之间，文献非不足也，然不会而通之则统之无宗"。这说明他已经清醒意识到方志尤其是一省的通志，不但要能保存整理以往文献，而且要能起到统率指引的作用。

然后黄佐追述了岭南以往的历史，指出岭南民风因前代"天竺之教"

而"中华道污"，又因"妖气召之……达摩驻广"而佛教之风兴盛，宋代王安石、苏辙等"喜其自见本性出乎六籍之外"，"吾人染焉，自是尧舜周孔之道驯而不纯矣"。黄佐认为既然岭南在民风上有重禅离儒的倾向，修志时更要注意通过方志教化"愚民"，使士风学风重归于孔孟正道。因此，方志不仅有史书载史传道的功用，甚至在教化改变民风士风上的作用比一般史书更直接、更明显。因此，黄佐在《广东通志》序末感慨："天下之志，苟润泽而时措之，岂但备一方文献而已哉！"

黄佐所编纂的方志均是岭南方志，而岭南远离中央，许多史料文献为正史所不录。虽然黄佐认为方志的作用远不只是汇集一方文献，但其志书在辑录、整理、传存岭南文献上的作用依然最为明显。比如，《广西通志》中记录了明代广西农村普遍种植芝麻、棉花等经济作物，以及明代广西土司的建置、沿革、分布。再如，《广东通志》根据岭南沿海的地理位置，特别收录海外与中国通商通航的"夷情"以及"市舶司纪事"等船业外贸的发展情况。这些数据和材料不为国史或他志所收录，因而是研究明代岭南政治经济文化所亟须的珍稀史料。另外，如《南海图经》《南海县志》这样早已佚失的前代典籍，也幸得黄佐在所修方志中收录其名称、时代、作者甚至序跋，才使后世可略知其内容体例。

更重要的是，黄佐还为岭南文献编纂提供了如何汇集整理文献、如何合理编排文献、如何考辨辑佚文献等方法论方面的经验和借鉴。在编纂《广东通志》时，黄佐"采撷颇繁"，"凡三历寒暑而后成，盖事事不敢苟且也"。他在主持编志之前先要求收罗府县旧志和各种档案，同时也尽量访求地方耆老，力求人言与文献两者皆具。在考辨史料时，黄佐则提出要"据历代史书及本朝实录为主，然后采及他省均郡县诸志、诸家文集"；"谱牒附会者"，因为往往错漏颇多，所以不予收录。这些文献编纂的方式方法，比较正确且行之有效，在一定程度上推进了对岭南文献的收集和保存，也保证了方志内容的丰富和真实。

黄佐在其他领域的学术专长也对其修志事业有积极的影响，其所纂修的方志突显自身的个性和特色。比如黄佐精于理学，其学追崇孔孟，主体上护卫程朱，这种理学倾向即体现在其所纂修的方志中。如《广东通志》的凡例首条就称："孟程二子所言者，关系最大，必大书之。"他以孔孟程朱之论为正统，而对于明中叶盛行的王学理论却稀见引用。再如黄佐长于诗词文学，在著录艺文时也重视收录前人诗词文学方面的内容。

| 故事2 |

教书育人，功震南粤

黄佐不但才名出众，"岭南自明初南园五子后，风雅中坠，至佐力为提倡，广中文学复盛"，还一生致力于著书立说、教书育人。他在广西任学政期间，便积极参与重建宣成书院、湘山书院、桂林武学等，后辞官回广州，则创办泰泉书院，重修粤洲草堂。同时，黄佐编撰了多本教育著作，如《庸言》《小学古训》《理学本源》等。他在教育思想方面的主要特点是重视童蒙和女性教育、重视礼乐教育等。

古代的儿童教育，也叫"蒙学"，承担蒙学的教育机构一般是私塾。到了宋元时期，官方也开始注重启蒙教育，在各乡镇设立了"社学"这一机构。到了明代，童蒙教育主要是由社学来承担，黄佐对社学教育非常重视，他认为童蒙阶段的教育将影响到人的一生。因此，从社学的建设规划，到教师选择，再到教材编纂，黄佐都投入了相当大的精力。

明朝部分地区对儿童入学会采取强制性措施，如规定："民间子弟八岁不就学者，罚其父兄。"这就来自黄佐的《泰泉乡礼》。该书卷三"乡校"，对社学教育作了详尽的安排。其中提到："子弟年八岁至十有四者，皆入学。约正、约副书为一籍。父兄纵容不肯送学者有罚。"黄佐还提出："无故而逃学，一次罚诵书二百遍；二次，加扑挞（鞭打），罚纸十张；三次，挞罚如前，仍罚其父兄。"这就用连坐制度保证了小学生家属对教育的支持。

为保证教学质量，黄佐对任课教师的选拔也有严格的要求，"众共推择学行兼备而端重有威者，送有司考选，以为教读"，"教读任一乡风

化，与约正等公选于众，推年高有德者"，同时也有相应制度保障教读的地位和待遇。

最关键的是黄佐还亲自编纂小学教材《小学古训》。小学教育与其他教育不同，属于基础教育，它对教育内容有着更高、更严格的要求。明代虽然重视小学教育，但在黄佐之前却没有合适的小学教材。黄佐的《小学古训》20条涉及日常生活方方面面的礼节礼仪，因为黄佐认为居处、执事、饮食、衣服之宜与洒扫、应对、进退之节，是以立教敬身的根本。学好这些，才能学习实践"入孝、出悌、谨行、信言、泛爱、亲仁"之六行，行有余力，然后再学文，以及学习"礼、乐、射、御、书、数"之六艺。

《小学古训》在编辑上采取直接书写如何去做的方式，文句较浅白易懂，符合小学阶段学生的特质，后人对其评价极高。

此外，黄佐还重视女性教育，亲自编纂《姆训》。虽然他的出发点是作为封建学者、理学先生，对女性为女、为妻、为母的行为作规范，从《姆训·序》可以看出其大致内容仍然是对女性相夫教子的要求以及言行举止的规范，但客观上仍然体现了对女性教育的重视，填补了中国教育史上的空白。

黄佐于1548年归广州后，一直住在白云山下，他还写有《白云山赋》，歌颂白云山：

> ……
>
> 其巅可摩星，下瞰归龙之洞；中悬飞薄，高垂喷玉之泉。北厂崇台高馆之胜，左参月溪景泰之禅。水石皆异，姿态如仙。睹鹤舒而拟探仙迹，因虎跑而获悟水源。远眺泰霞之洞，近临小隐之轩。溯祖龙访至人而不得，慨宋帝留御墨而空传。
>
> ……

流连美景之余，黄佐修葺白云山景泰寺为泰泉书院，后因泰泉书院比较偏僻，交通不便，又修复其父亲黄畿生前所建设的粤洲草堂。他常于草堂之中讲学，并制定了规章制度，规定了每月讲学的时间、讲授内容、注意事项等。直到1566年辞世前，黄佐一直教书育人、著书写文。他的门生弟子不乏才俊之士，为岭南培养了一批优秀人才，比如结成"粤山诗社"的"南园后五子"——欧大任、梁有誉、黎民表、吴旦、李时行。

在教育思想方面，黄佐坚守儒家思想，把自己对儒家学说的理解用平常的语言阐述，以此来教育学生，并将这一思想贯彻到教育实践中去。在《粤洲草堂讲学条约》中，他要求学生要做到"博约""慎独""言行相顾""知礼习艺"等。他严谨的治学态度促使其弟子打下扎实的基本功，史载："游其门者，衣冠必肃，气度雍容，不问而知泰泉先生弟子也。"可见对黄佐教育成果的肯定。

梁廷枏

梁廷枏（nán）（1796—1861），广东顺德伦滘人。岭南著名学者，近代中国开眼看世界的代表人物，曾作为林则徐禁烟的助手和抗英的谋士，亲身参加鸦片战争，是抵抗派的重要人物。

梁廷枏一生生活在广东，对西方殖民者走私鸦片和侵略中国的种种不法行为恨之入骨。作为岭南地区具有开放意识的爱国知识分子，梁廷枏坚决主张抵抗侵略，属于当时的抵抗派。他主持编纂《广东海防汇览》《粤海关志》《夷氛闻记》等著作38种，约300卷。林则徐任两广总督时，应邀入幕，对禁烟抗英，多所规划。清道光二十九年（1849），在广州人民抗英斗争中，曾参与倡议和制定章程。

梁廷枏出生于书香世家，从十几岁开始致力于科举考试，但科运乖蹇，屡试不第，转而醉心于戏曲，作有《江梅梦》《圆香梦》《昙花梦》《断缘梦》4部杂剧，合称"小四梦"。戏曲理论著作有《藤花亭曲话》5卷。

| 故事1 |

粤海关前，抗英志士

18世纪末期，清政府实行广州一口对外通商的政策，使广东沿海成为中外冲突多发之地，西方殖民者频频叩关。1834年，梁廷枏中副榜贡生的这一年，甚至发生了英国军舰擅自闯进黄埔，炮击珠江沿岸炮台的严重事件。为维护天朝大国的尊严，清政府一方面整顿广东海防，同时也开始编撰志书来总结历史经验，引以为鉴。

1835年，梁廷枏因博学多才，受卢坤延请入海防书局，参加《广东海防汇览》的编撰，并任总纂。1836年4月，《广东海防汇览》书稿100卷完成，记载从清顺治十二年（1655）开始至清道光时期（1821—1850）的中外交往的主要事件。当时正值鸦片战争前夕，书中大量海防文献为林则徐等人布置广东珠江海防提供了历史的经验和借鉴，成为当时抵抗西方侵略最为应时的地方经世文献。

《广东海防汇览》刚刚完成不久，梁廷枏又参与编撰《粤海关志》，并任总修。当时，广州由于"一口通商"之故，商船云集。随着新航路的开辟、西方资本主义的发展，来中国沿海的西方国家船队越来越多，沿海商民为了从事海上贸易、海关官员为了处理中外事务，都需要了解和认识这些"从古未通中国"的国家，而中国史籍的记载又多不详细。《粤海关志》30卷则填补了这个空白，是中国第一部地方海关志书，记述鸦片战争前粤海关的沿革、行政制度和通商情况。其中比较具体地反映了鸦片战争前清政府的对外贸易政策，中外贸易的规模、税则、规则，以及外商在华贸易活动的情况。

《粤海关志》全书30卷，分列14门，其中包括：《口岸》2卷，以地势为图，记载各关口征税及巡查情况；《禁令》3卷，记载官吏徇玩苛勒、商贩漏匿逗留，以及入口船料、军器、米、茶、棉花等阑入阑出之物的禁令，因鸦片烟查禁尤严，梁廷枏有意记载了新的禁烟条令；《兵卫》1卷，记从内洋到黄埔，凡是外国商船经过之处并且必须加以防范的地方，详细记载营员、界址、所城、舟舰、兵额、炮台，并附有各营季报，这表明梁廷枏编辑《粤海关志》是带有明显的抵抗外国侵略的目的的；《贡舶》3卷，记载西方至中国入贡的国家，分荷兰、意达里亚（意大利）、英吉利等国；《市舶》1卷，记专为贸易而来中国的国家，分吕宋、小吕宋、瑞国、英国、越南国等数十个国家；《行商》1卷，记载专门办理外国商船货物税及为外国商人代购货物的行商；《夷商》4卷，记载外国商人的来源、与他们交涉的情况及清政府制定的各种限制条例。

在《粤海关志》中，梁廷枏还申明了"严立规条""除恶务尽"的禁

烟主张。他认为，粤海关的首要任务就是禁止鸦片的输入，而且禁烟应该严刑峻法。

1838年底，林则徐因旗帜鲜明的禁烟态度和行之有效的禁烟措施，被道光帝委以钦差大臣的重任，前往广州查禁鸦片。他主动拜访了时任书院监院的梁廷枏，向他咨询筹划广东海防和抵抗侵略的事情。互相敬服已久的两位有识之士因为共同的反侵略立场和政治抱负而紧紧地连在了一起，他们一见如故，从广东海防到禁烟大计，从九州之内至六合之外，无不话及而"谈极畅"。从此，梁廷枏又成为林则徐等人禁烟和抗英的谋士。

采纳梁廷枏的建议，林则徐于当年12月，准备了数十封照会，请回国时经过伦敦的外国商船转交。这些正式发给英王的照会，申明中国严厉禁烟的立场，希望英国政府能禁止鸦片的种植与生产。梁廷枏的这一拔本之计，是颇有见地的，它不仅从根本上断绝鸦片的来源，而且是以禁止鸦片生产和制造这一国际上都认同的立场来呼吁国际社会共同禁烟。

虎门销烟之后，随着九龙之战、穿鼻之战和官涌山六次接仗的连续爆发，中英之间的鸦片贸易冲突在英国鸦片贩子的叫嚣和鼓动下，逐渐演变成军事冲突。1840年1月，林则徐任两广总督后，由于梁廷枏在禁烟过程中表现出来的精明能干和对夷务的通晓，林则徐又将梁廷枏纳为常伴左右的抗英谋士。梁廷枏更是热心帮助林则徐整饬广东海防，为林则徐"规划形势，绘海防图以进"。林则徐遇事也多与梁廷枏商讨，将其视为左膀右臂。

鸦片战争失败后，梁廷枏因亲身经历了鸦片战争的全过程，亲眼看见英国殖民者在中国尤其是东南沿海的种种不法行为，所以致力于总结战争的经验和教训，探索国家盛衰的道理，因而完成了《夷氛闻记》。

《夷氛闻记》全书5卷，卷1记述了从清雍正十二年（1734）中英贸易开始，到清道光十九年（1839）的林则徐禁烟止，即1734—1839年百余年的中英交往和贸易，揭露了英国殖民者无耻向中国输入鸦片、毒害中国人民、试图用武力打开中国大门和图谋侵占中国领土的殖民者本性，揭示出英国殖民者侵略中国绝非偶然；卷2主要记载了从虎门销烟后英国资产阶级叫嚣战争和战争爆发，到1841年1月《穿鼻条约》签订数年间的中英冲突，梁廷枏热情歌颂林则徐的爱国和抗英斗争，揭露琦善等人的卖国行为和杨芳的无知；卷3记载了1841年2—9月广州和宁波的主要战事，详细描写三元里人民抗英的壮观场面，刻画了奕山出卖广州城和余保纯奴颜婢膝媚外的嘴脸；卷4记载了从1841年10月奕经赴浙江办理军务，到《南京条约》签订后1843年英军南撤，主要记述了鸦片战争的浙江战事，歌颂郑国鸿等人的英勇抗英，以极大的愤恨揭露了奕经、余步云等人的望风而逃，而以赞赏的口吻记述了臧纡青的"伏勇散战法"，又对奕经等人不采用臧纡青的"伏勇散战法"表示了遗憾；卷5记载了从1843年广州重开贸易，到1849年广州人民的反入城斗争数年间的中英矛盾和冲突，详细记述了广州人民火烧夷馆、官民同心取得反入城斗争胜利的经过，刻画了中国人民不畏强暴、反抗侵略的英雄气概。

梁廷枏以亲闻亲见的第一手资料，运用忠于事实的史笔，记下了导致中国历史发生重大转折的这一系列历史事件。揭示了鸦片战争爆发的真正原因，揭露了英国殖民者在经济利益的驱使下侵略中国的野心。《夷氛闻记》是一部堪称鸦片战争第一手资料的史书。

| 故事2 |

藤花梦里，曲词悠扬

梁廷枏的家庭学术研究气氛浓厚，父亲不仅精通金石文字，还精通音律，伯父也喜曲善画，这对少年时代的梁廷枏影响很大。父亲也并没有按科举之途要求他，而是让他随兴之所至，熏染于金石文字之中，陶冶于音律词曲之中。在这样的环境中，梁廷枏对戏曲发生了浓厚的兴趣，以读曲为乐，认为戏曲消愁解闷，远胜过小说。梁廷枏对戏曲的爱好不仅在于读，还在于写作和研究，他相继完成了《昙花梦》《圆香梦》《江梅梦》《断缘梦》4部杂剧（即"小四梦"）和曲学专论《藤花亭曲话》5卷。

早在少年时代，梁廷枏的戏曲成就就已闻名于世，"小四梦"中的前

3部《昙花梦》《江梅梦》《圆香梦》都是在少年时代完成的。

《江梅梦》杂剧是梁廷枏根据新旧《唐书》的"梅妃传"改写，专门记叙唐代梅妃江采萍的故事，以补《长恨歌》《长生殿》只记杨贵妃的缺憾。剧中叙述梅妃初入宫时受宠，而杨贵妃入宫之后，梅妃遂遭弃置，于是作赋一篇，进呈御览，希望夺回宠爱。唐明皇读赋有感，赐梅妃珍珠一斛，梅妃不受，唐明皇偷幸梅妃于翠华西阁。后安禄山起兵谋反，意图得到杨贵妃，不料杨贵妃西狩，而梅妃恰好冷守孤宫，安禄山贪其美貌，想得到她，梅妃不从而被杀。唐明皇回宫后眷恋梅妃，梦神引领唐明皇与梅妃梦中相会，梅妃诉说被安禄山葬于温泉旁的梅林，意图改葬，唐明皇于是命令高力士改葬了梅妃。

《昙花梦》杂剧是为毛西河先生的小妾曼殊而作。曼殊随父来燕，16岁嫁给毛西河先生。一日，曼殊梦到梦神召她回家，以为将要分离，不能和毛西河再见面，醒后非常伤心，就将梦中的故事告诉了毛西河，并请求为她作画留念。毛西河的夫人来京后，毛西河担心家中从此多事，于是让曼殊搬到坟园居住，毛西河的老师担心曼殊受委屈，劝她改嫁，曼殊不从，痛哭气绝。曼殊死后，毛西河在家中聚集好友，作诗词悼念曼殊。梁廷枏依据毛西河记曼殊的葬铭、别志、书砖、回生记等资料，完成了这部杂剧。

《圆香梦》杂剧是叙述士子庄达在平康游玩时，与珠江名妓李含烟相恋，而庄达要赴京应试，李含烟也要返回家中，分别时，二人誓言永不相负。庄达离去后，一日梦中见李含烟已玉殒香消，求其作传，并以连环香坠相赠。庄达归来后，闻知李含烟果然已不在人世，就请和尚设坛为李含烟追祭，李含烟得以超生。

梁廷枏"小四梦"的最后一梦是《断缘梦》，刻于1832年，剧中叙述岭南书生高仰生梦中与珠江名妓陶四眉相遇并相恋。高仰生一月数梦，难忍相思之苦，遂前往拜访，相见后，二人皆有天长地久永相厮守的想法。但一别之后，高仰生杳无音信，陶四眉于是乘舟前往探访，不料，高仰生也正好前往陶四眉家，二人途中错过，未能相见。陶四眉得知后，嘱托其闺中密友若高仰生再来，则代为款留。梦王知道高仰生与陶四眉梦中相觅的故事后，遂点醒他们，二人于是警悟。

梁廷枏的4部杂剧，都是以梦的形式反映作者对现实社会的思考和感悟，情节离奇，引人入胜，在表现梦幻情节时有意揶揄和嘲讽社会，抒发人生愤慨。尤其《断缘梦》杂剧中，当土地公有相好被小鬼知道后，威胁小鬼"你若透露风声出去，把你罚去人间做个秀才"，一句不经意的话，道出了人间秀才地位是何等的低下，其命运又是何等的辛酸和无奈，这恐怕既是梁廷枏的切身感受，也是当时沦落不遇的读书人普遍的人生感愤。这些剧作具有深刻的思想性，又以冷热交替的方式注意提高舞台演出的效果，因而"小四梦"不论从思想的深刻性还是从戏剧艺术的审美上来看，都可谓是明清以来岭南杂剧中不可多得的精品。

1824年秋，梁廷枏游鼎湖，遇风滞留肇庆，孤篷悄坐，无所事事，就记忆所及，随手记录，形成了《藤花亭曲话》。

《藤花亭曲话》是梁廷枏的曲学专论，以随笔的形式评论元明清的戏曲成就。卷1列举元明杂剧、传奇名目；卷2论戏曲的作法，间有考据；卷3为元明清戏曲的批评与欣赏，梁廷枏除按传统方法评论曲词道白中的警句用语等之外，更从剧情结构布局、关目排场、角色搭配、插科打诨以至曲坛掌故、社会习俗等方面评论各曲的得失，卷4侧重论述乐律、宫调、曲谱，卷5重点评论金圣叹对《西厢记》的点评和修改。

梁廷枏论曲将戏曲的总体构思放在第一位，非常注重主题思想的道德美，主张应将戏曲的情节、曲文、宾白作为整体来考虑，重创新而忌雷同，认为戏曲的结构应严谨而忌游离松散。在《藤花亭曲话》中，梁廷枏运用比较的方法，从实际出发对历代曲家的作品进行具体的分析和研究。他不虚美、不隐恶，批评戏曲的雷同化，倡扬艺术的独创性，既不迷信名家，又不党同而伐异，努力做到心平气和、客观公允。

"小四梦"和《藤花亭曲话》的完成奠定了梁廷枏在清代戏曲史上的地位。

陈 澧

陈澧（lǐ）（1810—1882），字兰甫，号东塾，广东番禺县（今广州市）人。清代广东著名学者、思想家、教育家和校勘家，在小学、音韵、地理、乐律及诗词方面有卓越的成就，被誉为"南交第一儒林""东南大儒""当代通儒"等。

陈醴9岁能诗文，17岁中秀才，清道光十二年（1832）中恩科举人，之后入京会试，13年间考了5次，皆名落孙山，从而使他最终放弃考取进士做一个好官的初衷，而专心于学术，广涉经学、史学、音韵学、文字学、声律、音乐、地理学、数学、书法及诗词学等众多领域，成就卓越，成为晚清岭南学术最具影响的杰出人物之一。

自清中叶以后，广东的教育、学术、文化与陈澧的名字是紧紧联系在一起的。在清末，学术界流行着一种说法，叫"远师亭林，近法兰甫"。亭林就是清初著名学者顾炎武，将陈澧与顾炎武相提并论，隐然有顾炎武为清学开山、陈澧为清学集大成之意。

陈澧一生著作颇丰，有《东塾读书记》《声律通考》《切韵考》《汉书地理志水道图说》《东塾集》等，又善作诗文，有《忆江南馆词》。

《切韵考》是研究隋唐声韵的重要著作。陈澧创造了一种新的研究方法，即反切系联法，用以考证《切韵》的声类、韵类。他用这种方法通过《广韵》考定出《切韵》有40声类、311韵类。陈澧的《东塾集》卷一中载有《广州音说》，用历史比较方法，以《切韵》《广韵》的音系和当时的广州音比较，是19世纪研究粤语的一篇重要论文。

《东塾读书记》，原名《学思录》，全书整理汇编了陈澧几十年的读书心得，内容广涉清代汉学、朱学之争，以及文字学、音韵学、地理学、历算、乐律等。其考证经史、阐发义理，是清代学术笔记体著作的杰出代表，展示了陈澧这位岭南大儒广博的学识、独特的思想和经世致用的治学态度。

| 故事1 |

世代善人家

陈澧的祖父陈善生前主要做一些文案管账、催款押运之类的事务，往来于两广、湖南之间，聊以糊口，"旅食商人埠，混迹鱼盐中"，备尝艰难困苦，郁郁不得志，穷愁以终。但陈善为人性格恬淡寡欲，不慕荣利，又慷慨好施，喜周人之急，数十年乐此不疲，广东曲江、乐昌一带受到他恩惠资助的人最多，对其感激不尽，称为"陈菩萨"。陈澧曾在札记中写道："澧少时，尝见先祖遗墨云：'近年不着棋，不打牌，因有损人利己之心也。'先祖之存心如此，澧与子孙得有饭吃者，赖此也。"

陈澧的父亲陈大经是陈善长子，陈大经为人忠厚善良，秉承其父遗风，乐施好善，常常是损己益人，周恤亲朋故友不知其数，家里有所积蓄，大半也因此散去。有一次，一个小偷入屋盗窃，被家里奴仆捉住了。陈大经问他："何苦要偷东西呢？"小偷说："家有老母，无力供养。"陈大经听后，就将小偷释放了。这件小事反映了陈大经心地仁厚、通达人情的一面。清咸丰二年（1852），陈澧会试不中，出京师南归，同乡好友梁同新来送行，梁同新安慰陈澧说："尊公仁厚积德，君当不终穷也。"仁厚积德，应是对陈大经为人最好的描述概括。

陈大经娶有一妻一妾。妻刘氏，浙江会稽人。她事舅姑以诚孝，对下人婢女慈惠，如有过错仅仅指责，从不打骂笞挞，所以奴仆都很爱戴她，称她为"佛母"。陈澧则为副室王氏所生，系庶出。然嫡母刘氏慈爱，丧父丧兄后，陈澧全靠嫡母抚养成人，因此陈澧在嫡母过世时曾说："澧以庶子，蒙宜人慈爱，无异所生。"表达了其对嫡母深深的感激。

成长在这个门风纯善的家庭，陈澧受到潜移默化的影响。他的人生只有两件事——读书和考试。学成应考，考试失败再读书，虽没有高官厚禄，抚恤一方，但也能体会人间冷暖，及时对需要的人伸出援手。在广东舆图局担负绘图定稿任务时，助手赵齐婴壮年身故，家里贫穷无钱安葬，陈澧特地将此事告诉巡抚郭嵩焘，请求帮助。郭嵩焘听了之后十分同情，予以赵家优厚抚恤。事情完毕之后，陈澧又特地给郭嵩焘写信，代表赵齐婴的寡妻和年仅5岁的儿子表示感谢。陈澧平日清高矜持，"禀性狷介"，不愿意求人，尤其不愿意求官，然而为了赵齐婴不得已破例，可见他的仁善。

陈澧在《东塾读书记》卷三《孟子》中提出："孟子所谓性善者，谓人人之性皆有善也，非谓人人之性，皆纯乎善也"，"常人之性，纯乎善；恶人之性，仍有善而不纯乎恶"。他认为，孟子并不否认人性有恶，性善论只是论证了人性有善，但到底选择哪一条道路，蕴含着个人的追求。

钱穆先生对陈澧的观点非常认同，称："陈氏之说，甚为明晰。孟子之意，仅主人间之善皆由人性来，非谓人之天性一切尽是善。"

钱穆先生认为，陈澧的思想最宝贵的地方就在于孟子的性善之旨，在于启迪人、教育人、鞭策人，让人向上向善不断努力，这才是人类得以发展壮大的力量之源，是陈家世代向善的门风家风之源。

| 故事2 |

《东塾读书记》

陈澧早年受以学海堂为代表的广东朴学风气和学术氛围的影响，热衷于训诂名物、考订校雠，乐此不疲，《东塾类稿》《说文声统》《切韵考》《汉书地理志水道图说》《声律通考》等著述都是这方面的代表。中年之后，为了彻底弄清汉学、宋学两者之间的关系，将汉宋调和学说建立在更加牢固、更加坚实的理论基础上，陈澧决心回顾经学历史，追源溯流，撰著《学思录》一书。"乃寻求微言大义，经学源流正变得失所在。""微言"，指精深微妙的言辞；"大义"，指经书的主旨要义。

《学思录》，顾名思义，取自《论语》的"学而不思则罔，思而不学则殆"。大约在清同治十年（1872），陈澧决定将《学思录》正式更名为《东塾读书记》。据陈澧自己的说法，更名主要是为了强调读书的重要性。他写道："南宋以后之人不读书，故明儒极荒陋。本朝人读书，近三四十年又歇矣。余之作此，所以名曰《读书记》也。"这里陈澧大力提倡、标榜读书，用意非常清楚。

《东塾读书记》计划写25卷，全书实际上分为上、下两篇：上篇为"经学"，下篇为"经学史"。全书精心设计，匠心独运。如书中"经学"篇以《孝经》为首，《论语》《孟子》次之，就明显与传统十三经的排列次序不同。目的是要表明，《孝经》"为道之根源，六艺之总会"，合以《论语》，表明"而立身治国之道，尽在其中"的态度，蕴含了陈澧本人的思考。

陈澧生前，《东塾读书记》已有部分定稿刻印，多属论"经学"的上篇。但上篇并非十三经原典的诠释，或作新注新疏，而是关于十三经的读书心得体会，带有一种融会贯通式的综合概括、重点阐释、全面评论性质。陈澧去世后，门人廖廷相将他的文稿整理后又出版了一部分。目前的《东塾读书记》共有15卷，每卷都是笔记体形式，将陈澧一生对于学问的总结与心得体会，以笔记体的形式一一记录下来，内容涉及目录学、考据学、校勘学、训诂学、版本学等多方面的知识，同时也有政治、经济、文化等时事内容。著此书就是为了完成陈澧"通论古今学术"，"乃寻求微言大义，经学源流正变得失所在"的心愿。

由于陈澧在《东塾读书记》中通论了古今学术，发表了对经学源流正变得失所在的系统见解，他也于无意之中编撰完成了一部自西汉至清代的经学史。其中每个重要朝代、每个重要时期经学发展演变的大体过程、基本脉络、主要人物、主要著作、重要事件及是非评价等，他都给予了关注，是一部体大思精、内容宏富、涉及广泛的经学史。

该书刻梓问世后，当即受到学界重视，获得好评。长沙学者叶德辉写过，在清光绪十五年至十六年（1889—1890），他寓居北京期间，"当时陈东塾先生遗书，尤其为士大夫所推重，我也购买了回来阅读，觉得实在不错，这才知道盛名之下，公道在人，众口交推，实在不是溢美虚誉"。这段记载真实反映了陈澧著作学说在当时文化中心——京师受到欢迎和流行的情况。

光绪二十年（1894）朝考，曾经有考生在试卷中将《东塾读书记》作为经典加以引用，有人对此表示异议，主考官翁同龢说："光绪帝也将《东塾读书记》放在书桌上，经常阅读批览。"反对者至此无话可说。这可以说是对陈澧著作的极大认可。

| 故事3 |

菊坡精舍与东塾学派

陈澧年少时即积极热心参加当时广东唯一的学术文化中心——学海堂的考课，崭露头角，"时澧方弱冠，即以经术文章名于时，诸学长见所为文，皆叹赏之"。清道光十四年（1834），陈澧成为学海堂第一届的专课肄业生。道光二十年（1840）冬十月，他被推荐补选为学海堂学长。

清同治六年（1867）秋，陈澧受任菊坡精舍院长。菊坡精舍在办学宗旨上是承传了学海堂的实学宗旨的。他大力推行实学，摒弃当时以科举为主导的教学方式，这使得菊坡精舍声名远播，慕名前来求学、听讲和参加考课的人数日益增多，一跃而成为当时全国为数不多的著名新型书院之一。

菊坡精舍位置地势较高，每次上山讲课，登山道爬台阶，对于年岁已高、身体虚弱有病的陈澧来说，是一件很困难很吃力的事情，陈澧写道："每值课期，循山磴而上，再三停顿，乃能至讲堂。"但是他每次都克服困难，毫不松懈，尽力而为，其中一个重要原因是"惟诸生颇有好古学者，并有外间人来听讲"。对陈澧来说，这可说是最大的鼓舞和宽慰，也是最好的回报。

陈澧在菊坡精舍的教育思想，主要有提倡自由讲学和标举"博学于文，行己有耻"两方面。

提倡自由讲学不仅在广东是首创，在全国也是开风气之先。正因为如此，所以陈澧门人谭宗浚在《陈兰甫夫子七十寿序》中特别说道："盖自道咸而后，讲学渐稀，惟夫子振厥宗风，蔚为时望。"就是说，自道光、咸丰以后，讲学活动日渐稀少，唯有老师您重新振作讲学的风气，因而为学界所尊崇仰望。这段话绝非恭维溢美，而是实事求是地指出了陈澧在晚清教育界首开风气的地位及意义。

陈澧不但大力倡导恢复古代聚徒教授、自由讲学的优良传统，而且重视道德品质修养，将人品与学问、道德与文章有机结合起来，认为二者缺一不可。这就是"博学于文，行己有耻"。陈澧在菊坡精舍悬挂这八个字作为校训，在当时学风、文风和社会风气十分颓废败坏的背景下，这种坚持尤其可贵。

陈澧升堂讲学时，每次听讲者达数十人，既有针对命题的内容，又连带及读书之法。这样，陈澧便能够通过讲学，详细而系统地将自己的读书方法、治学途径、经验教训等传授给学生。这些学生有一样的师承，学术既高，影响广泛，相互之间的联系又密切，便形成了独树一帜的"东塾学派"。

可以说，菊坡精舍为陈澧提供了一个长期、固定、公开的讲坛，通过这个讲坛，陈澧与考课诸生之间的师生关系空前牢固密切。菊坡精舍的创建，还大大增加了陈澧门人弟子的数量，这对东塾学派的形成和维系有直接的促进和巩固作用。菊坡精舍的创建标志着东塾学派的正式形成。

菊坡精舍仿照学海堂，将历年优秀考试课卷保存下来，汇辑刊刻出版为《菊坡精舍集》。其集中所选文章，大都是陈澧生前亲手所定。陈澧在晚年因操劳过度，已是体弱多病，但仍坚持讲学，亲自阅改课卷。1897年，由廖廷相编刻的《菊坡精舍集》20卷，共选文171篇、诗186首，作者有102人。这部《菊坡精舍集》为后人研究菊坡精舍学术宗旨、考试题目、学术水平以及东塾学派的门人弟子情况，提供了绝好的资料。

陈澧去世后，坚守在省内活动的东塾弟子主要依靠张之洞创建的广雅书院、广雅书局为新的阵地，加上此前存在的学海堂、菊坡精舍，东塾学派的活动舞台显得更为宽广、声势更为强大。此期东塾学派的成就主要体现在教育和刻书两方面。教育方面，气局宏敞的广雅书院，外国人称之为"地球上书院之冠"。广雅书院设四分校，分门讲授，已蕴含有新式学堂的萌芽。而规模巨大的广雅书局，创建虽然较晚，却后来居上，刻书数量居全国各官书局之首，其中尤以《广雅史学丛书》蜚声海内外。而当时各书院、书局、学堂、精舍等的院长、总校、学长、分校等，无一例外绝大部分由东塾弟子担任，展现了东塾学派的辉煌声势与巨大影响。

活跃于外省的东塾弟子也格外引人注目，如冯焌光入曾国藩幕府，在上海从事洋务军工；文廷式被光绪帝擢升为翰林院侍讲学士兼日讲起居注官，在甲午战争与维新运动初期有突出表现；于式枚长期为李鸿章北洋幕僚，在天津负责起草章奏文牍，更成为晚清立宪运动的焦点人物；梁鼎芬入武昌张之洞幕府，积极参与学堂改革练兵新政，等等。他们与光绪帝、翁同龢、曾国藩、李鸿章、张之洞等中国近代政治舞台上的风云人物交往密切、关系深厚，是中国近代史上诸重大事件的直接参与者或核心人物。

朱次琦

朱次琦（1807—1882），字效虔，一作浩虔，又字子襄，号稚圭，人称九江先生，有"千秋新学开南海，百世名儒仰九江"的美誉，广东南海人。他是清代著名学者、教育家、诗人，也是著名的清官，被公认是那个时代为人、为师、为官的典范。

朱次琦一生著述颇丰，主要有《国朝名臣言行录》《国朝逸民传》《性学源流》《五史实征录》《晋乘》《蒙古见闻》等，诗集有《是汝师斋遗诗》。然而令人遗憾的是，在去世前夕，他焚毁了自己的全部书稿。朱次琦书法雄厚苍秀，但不爱挥洒笔墨，世所流传多属尺牍、稿本、日记等。

朱次琦曾在山西短暂任职，因政绩卓著被清国史馆收入《循吏传》。之后回到家乡讲学授徒20余年，培养出康有为、简朝亮等一大批优秀人才，成为岭南一代宗师，被《清史稿》收入《儒林传》。他的学生及再传弟子们活跃在清末和民国政坛、报界、学界各领域，其中不乏大学者、教育家、政论家、大诗人、优秀报人和书法家。他们师承下来并展现出的某种总体风貌被后人称为"九江学风"，概括起来大致有三：

其一，勇担道义。朱次琦注重名节，讲求修德致用。朱门弟子均恪守"惇行孝悌，崇尚名节，变化气质，检摄威仪"的规条，大都持身正、律己严。

其二，博学贯通。朱次琦重视读书，注重学术源流，讲求知识的融会贯通，因此他门下多饱学之士。简朝亮笃守师说，潜心研究经史。康有为、梁启超等人则不仅所学贯穿古今，更能学习西学、探究新知。

其三，崇尚古学。朱次琦最推崇孔子，喜爱周秦时期文化。九江弟子

对古学都有很深的感情，得益于古学的滋养。

九江学风对岭南学界有很大影响，尤其是其中勇担道义与博学贯通的风范，足以跨越时光而长久地影响一代代学人的品格。

| 故事1 |

仁德坦诚，勇担道义

据说，朱次琦5岁时的一个冬夜，雨雪交加，非常寒冷，母亲在炉火前将棉被烘暖后为其铺床。朱次琦忽叹道，很多穷人没有棉被真可怜啊！

少年时，朱次琦在越华书院读书期间深得山长陈继昌的赏识。端午节时，陈继昌宴请众学生，席间他命众人以院子里新植的小松为题赋诗，朱次琦作的七律诗中有"栋材未必千人见，但听风声便不同"一句，陈站起来走到朱身边，拍着他的背说："何处得此公辅之言！"陈继昌认为这句诗具有担当天下大任的气度，为之吟诵良久。

从这些小故事能看出朱次琦自小就有慈悯待人、胸怀天下的性格特点。长大后，朱次琦也非常关心乡里的公益事业。九江乡有一位武举人，公然在乡里开设赌局渔利，对当地民风造成恶劣影响。朱次琦第一个出来检举这名武举人，最终将这名武举人绳之以法。

清道光十九年（1839）夏，连续大雨，九江一些河堤开始溃决。朱次琦与乡里几位年富力强的士绅冯汝棠、明伦、陈观涛等人在堤坝指挥抢险。他们率众竖木桩、夯泥土来堵截洪水。乡里健壮者负责挑泥运土，老弱者送茶送饭。因为堤围附近有不少坟墓，人们取土时颇有顾忌，朱次琦拍着墓碑对众人说，一旦堤围溃决，这些坟冢全将淹掉，如果坟里的鬼魂不能谅解他们取土，那就请鬼魂们听清楚，只报复他一个人行了。朱次琦带头在坟上取土，于是众人纷纷动手。在朱次琦等人的指挥运筹下，四天后河堤完全修复。

乡里有一个朋友早逝，朱次琦帮助抚养遗孤，那孩子长大后去越南做生意，赚了钱回乡，馈赠朱次琦很多东西，朱次琦只收下其中一小包茶叶，其余全部退回。朱次琦不仅尽力周济亲族朋友，也帮助不相识的人。比如乡里穷人无力办丧葬，朱次琦只要知道，无论认识与否，必解囊相助。

1847年，朱次琦科考中第，参加殿试。考试只考一天，考的是策论，当天下午日落前，监考官催促交卷，许多人都没做完，请求延时，有的甚至拱手乞求。朱次琦也未答完，但他按时交卷。当时的监考官中有广东南海籍官员，一直欣赏他的才华，发现朱次琦未答完，深感惋惜，悄悄在后面追赶，想把他喊回来把考卷做完。朱次琦装作没听见，头也不回地走了，他要保持读书人应有的操守。由于殿试试卷未完成，朱次琦仅入第三甲，列第114名，赐"同进士出身"，以知县即用，签发山西。

清咸丰二年（1852）七月至咸丰三年（1853）农历二月，朱次琦在山西襄陵县担任知县。他心中一直有一个理念：为政就应该像历史上的名相名臣一样，效忠国家、造福百姓、清廉不贪、刚正不阿。因此，他刚上任就擒盗除狼、均水治渠。其后，他又拒役禁敛、劝学积粟、肃正风俗、保境安民，做出了不俗的成绩。

朱次琦处理官司，总是以德感人、以理服人。曾有一对兄弟因分财产，屡屡上诉，朱次琦晓之以理、动之以情，最终使这对兄弟和好如初，撤诉回家。襄陵的百姓对他无不折服，甚至包括死囚在内。一个叫刘长辐的杀人犯就刑前说："我死是罪有应得，我只恨朱爷来得太迟，他要早来，我可能就不会杀人了。"

190天后，朱次琦代职期满，准备离任。襄陵百姓得知，又惊又忧，纷纷上书山西巡抚，乞求留任朱次琦。全县士绅联合献给朱次琦一副楹联，写道："在所损乎，在所益乎，三思而后行，必以告新令尹；非其义也，非其道也，一介不以取，此之谓大丈夫。"生动概括了朱次琦为官的特点：凡事从严要求自己，一切为百姓着想。

朱次琦离开襄陵的那一天，农夫放下耕作，商铺全部关门，成千上万的襄陵人为他们的好县令送行。人们里三层、外三层簇拥着朱次琦的马车，车子几乎无法前行。由于人太多，走到城门时，城门竟被挤坏；过汾河时，大桥几乎被压断。沿途到处都是送行的乡民，一些老者手持酒壶、酒杯跪伏道旁，为朱次琦饯行；一些乡野村妇背负幼儿远道赶来，匍匐在地，乞求朱次琦给幼儿摸头顶，认为这样对小孩吉利。从襄陵县到平阳府不过30里（1里=500米）的路程，朱次琦走了整整两天两夜。襄陵县学和平阳府学襄陵籍的学生约100多名，穿戴齐整，始终紧紧跟随朱次琦的马车，其间，途经一座年久失修、有些塌陷的桥梁，学生们一起动手把车子抬了起来，朱次琦推谢，学生们说，这是弟子们应尽的职分，硬是把车子抬过了大桥。

朱次琦一生藏书多，收藏字画也不少。一次，朱次琦见有人出售北宋名画家王诜的《烟江叠嶂图》，看到上面一则跋文曰：告我后人，永藏斯图，虽千金不易也。署名是南海关凌云。朱次琦明白其中有变故，将该画买下收起来。其后他查访关凌云的后代，最终将这幅名画无偿还给其后代中比较通情明理的人。

还有一次，朱次琦高价买下一篇诏书，是明嘉靖皇帝对山东右布政使、顺德龙江乡人刘士奇予以褒奖的诏书，书写者是明代著名书画家文徵明。有人请求朱次琦转让该文，朱次琦没有答应。他私下对人说："诏书在我手里，我会物归原主，别人就未必了。"后来刘士奇的一位后人来礼山草堂就学，朱次琦就把诏书无偿还给了这个学生。这位刘氏后人多次询问诏书的价格，朱次琦始终不说，也谢绝刘家馈赠的人参。朱次琦这种慷慨助人、不求回报的品格在当时很让人敬重。

| 故事2 |

博学贯通，桃李成蹊

朱次琦从山西回家乡后，先在广州南海县学尊经阁授徒。清咸丰六年（1856），他回到家乡九江，由于家里祖屋地方有限，朱次琦自己又盖起一间草房作书斋，存放万卷藏书，每年只将书斋屋顶的葵草更新一次。朱次琦将这间书斋命名为"简书堂"。

一直追随朱次琦的众生徒恳求老师寻一处大的馆舍继续授课，于是从咸丰八年（1858）开始，朱次琦在九江乡南方忠良山下的陈氏祖祠讲学，直至去世。忠良山原名礼山，山上乱石嶙峋，中峰高耸入云，山后古木丛生，士人习惯称陈氏祖祠为"礼山草堂"。

朱次琦讲学礼山20余年，硕德高风，声名极著，远近从学者甚众。每上堂讲课，厨役必天不亮就准备早餐，饭熟后众人齐起，盥洗毕用饭，后朱次琦便点灯烛登堂开讲。朱次琦授课，先示标题，然后条分缕析，旁征博引，最后点明论点。朱次琦讲课常常一气呵成，中间不作休息，有时竟至午后。他也从不看讲义和参考书。由于他博闻强识，讲述过程中征引群书，总能只字不差，假如学生能完整地记录下来，就是一本较完备的著作。每讲到名节大义或时政利弊之处，朱次琦总是慷慨激昂、声震四壁，有时还用扇子敲击书案，听者无不为之震撼。

广西平南县一个叫朱方辉的少年，因仰慕朱次琦而只身远道前来求学，却名额已满，于是他在学舍近旁租屋住下，等了三年仍未能入学，只好每天找机会与朱次琦的学生们交流，从旁领略九江先生的言论和风采。而这朱次琦自己并不知道。一天傍晚，朱次琦路经朱方辉的小屋，听到里面琅琅的读书声，就站住听了一会儿，有些惊讶，回到学堂就问学生邻舍的读书人是谁，这样朱次琦才知道朱方辉的情况。他把朱方辉叫来，与他长谈，最后决定破例给朱方辉一个名额。几年后，20岁的朱方辉高中乡试第二名，日后又成进士。人们都说朱次琦善于审察和识别人才。

朱次琦讲学礼山，从学者甚众，其中最著名的有简朝亮、梁耀枢、康有为等人。

简朝亮（1851—1933），字季纪，号竹居，广东顺德简岸乡人。简朝亮24岁始跟随朱次琦学习，39岁后遂绝意科举，专力读书和讲学。先后在广州、顺德、阳山等地讲学，皆以朱次琦修身读书的教学要旨为本，被认为是最能继承朱次琦学说的人。

梁耀枢（1832—1888），号斗南，晚号叔简，广东顺德人。梁耀枢是广东最后一位状元，也是朱次琦的学生中科名最显著的。历任翰林院修撰、侍读学士、詹事府少詹事、湖北学政、山东学政等职。

康有为（1858—1927），原名祖诒，字广厦，号长素，又号更甡，广东南海人，人称"康南海"，清光绪二十一年（1895）进士。康有为是中国近代维新派领袖，后为保皇会首领，乃中国近代学术思想界重要的标志性人物，他是朱次琦学生中名气和影响力最大的一位。

康有为19岁到礼山草堂后，深感找到了真正的导师，像疲惫的旅人找到了落脚点，"乃洗心绝欲，一意归依"。在朱次琦的指点下，康有为对几千年中国学术文化史的脉络初步融释；在老师独立思考的精神影响下，康有为试图以自己的眼光重新审视各家学说；在老师以天下为己任的励志下，康有为以"当代圣贤"自居，一心一意经营天下，构筑大同蓝图，掀起席卷全国的维新思潮。

朱次琦一直反对门户之见，生前也未曾想过创立学派，但依然有"九江留学派，南海盛衣冠""九江学派沃醇素，浪识荡尽根性明"等美谈。朱门弟子，包括嫡传和再传弟子，活跃在清末民初的政坛、报界和学界各领域，不乏大学者、大教育家、大政论家、大诗人、优秀报人和书法家。他们面貌不一，思想主张不尽相同，但皆秉承了朱次琦的为人为学风范：勇担道义，注重名节，讲求修德致用；博学贯通，高瞻远瞩，追求新知创见；崇尚古学，保存国粹，具有深厚的自信与达观。

朱次琦不仅教授学生，其身教也在不断教化周围的人，进而潜移默化地影响着九江的社会风气。清末广东几乎无乡无赌馆，但唯独九江幸免；小童出去买东西，绝不会受欺。"当时无盗贼之男、淫佚之妇，诚非为过"。九江社会风气之淳朴，粤中成最。大家公认这主要得益于九江先生朱次琦的教化。

朱次琦自青年时代起即以书法闻名远近，经常有人向他求字，但朱次琦平生不喜欢应酬之作，轻易不为人书写。

《粤故求野记》中记载了这样一件事：朱次琦住处附近有一间肉铺，肉铺的掌柜久慕朱次琦的书法，再三求字，朱次琦坚决不答应。这个掌柜不死心，他想出一个花招，对朱次琦说："先生派人买肉既然全都在我这里，每次用银钱找零太麻烦，不如先生写个字条来，我就根据先生的要求奉上，到年终一起结清，大家都省事。"朱次琦同意了。到了年底，肉铺掌柜把朱次琦写的一叠取肉字条整理好，再向朱次琦求字，朱次琦仍不答应。掌柜说，先生若不为小人写，小人就将先生平日写的这些取肉字条装裱起来，挂在店里。朱次琦被他缠得没办法，只好破例给他写了一幅字。

由于朱次琦不轻易为人写字，加上临终焚尽书稿，因此他留存下来的手迹甚少，其中除少许楹联和扇面外，多为撰述手稿、书札、笔记、课卷评语及便条等。朱次琦去世后，人们对他的片纸只字都非常珍视，如获至宝，争相收藏，这除了书法的因素外，也缘于他的名望。

广东省博物馆藏有朱次琦的一副七字联："幽士高怀云出岭，骚人秋思水周堂。"字迹浑厚，大气磅礴，被誉为"达到了力能扛鼎、雄深苍劲的境界"。

邹伯奇

　　邹伯奇（1819—1869），广东南海县大沥镇泌冲村（今佛山市南海区大沥镇泌冲村）人，幼名汝昌，字一鹗，又字特夫、征君。他是中国清朝后期一个博通"经史子集"诸学，且"能荟萃中西之说而融会贯通"的百科全书式的学者。他既对中国古代文化诗书、礼乐和术数之学有所研究，也精于数学、光学、天文学、力学、声学、测绘学等学科的研究，在地图绘测和各种天文、光学、力学、器械制造方面颇有成就，堪称中国19世纪科学技术与人文研究相结合的先驱。

　　邹伯奇在科学技术上有多方面的成就。在物理学方面，他著有《磬求重心术》《求重心说》《格术补》等，分别论述力学和光学问题。在数学方面，他著有《乘方捷术》三卷，第一卷讲乘方和开方，第二卷讲对数，第三卷为乘方、开方、对数之应用。在天文学方面，他绘制过《赤道南恒星图》《赤道北恒星图》，制作过"天球仪""太阳系表演仪"。在邹伯奇的时代，中国学术界对哥白尼的太阳中心说还有争议，邹伯奇制作的仪器，以太阳为中心，显示出进步的天文学思想。他还用天文学理论，考证了中国古籍中关于天文学现象论述的正误，写了《夏少正南门星考》等论文十几篇，有很高的学术价值。在仪器制作方面，他研制了"浑圆水准仪"、"水银溢流式水准器"、"风雨针"（气压计兼测高仪）等。他研究的不少内容还在当今理工科高等数学中讲述，例如对数函数的幂级数展开、二项式展开、曲线积分、正弦定理、余弦定理等。

　　广州市博物馆收藏有他拍摄制作的《自摄像》玻璃底片、七政仪、天球仪、望远镜、地图，以及《邹征君遗书》《邹征君存稿》等手稿。

　　邹伯奇的家乡广东南海县大沥镇泌冲村的伯奇纪念公园大门的廊柱

上，挂有一副红木雕刻的楷书楹联：

纵横百家，才大于海。

安坐一室，意古于天。

这是对邹伯奇一生最生动的写照和概括。

| 故事1 |

热爱算数的邹伯奇

邹伯奇出生于教育世家，父亲邹迪元是承继祖业的私塾教书先生，对子弟严教有方，在浔峰一带颇有声望。邹伯奇的外祖父招健升早年曾在号称"岭南第一儒林"的广府学宫［建于北宋庆历年间（1041—1048）］就学，爱好中国古代算学并深有研究。

邹伯奇自小就在父亲邹迪元的指导下学习数学，认识到数学的无穷妙趣。大约10岁时，外祖父招健升就将聪颖过人、颇有才智的外孙接到自己的家中，教导他学习《周易》《九章算术》《周髀算经》等书，为他以后的发展奠定了扎实的数学基础。

随着年龄的增长，无论是父亲还是外祖父，已经难以满足邹伯奇的求知欲了，年方11岁的邹伯奇开始师从梁序镛。梁序镛藏书颇丰，其中仅算书就有《三统术》《弧角设如》《弧三角举如》等当时难得一见的古籍珍本。少年邹伯奇在梁序镛门下前后学习了四个年头，在光学、算学、测绘学等方面取得了突破性成果。

邹伯奇自幼学习算学，在他以后的治学中，无论是"经史子集"等人文学科，还是自然科学和技术学科，无不洞达，且都能学而有所作为。这与他有良好的数学——这一诸学之"母"作为基础是分不开的。

比如清道光十九年（1839），年方20岁的邹伯奇研制出"比例规"。第二年，他又研制出一种叫作"指南尺"的测量器。当时中国绘制地图用

"方格地图绘制法"，经纬线皆为直线。邹伯奇认为："用半度切线法，内密外疏，与实数不符。"他研究出用曲线表示经纬线的画法，因为地球是圆形的，"以圆绘圆，其形乃肖也"。他用这种科学方法，改绘了最具权威的《皇舆全图》（总图1幅，分图66幅），于道光二十四年（1844）完成，使中国落后的地图绘制技术有了很大提高。同年，他研制成"摄影器"，后又在这基础上制造出中国第一架照相机。他还写了《度算版释例》，说明"度算版"的原理和使用方法。而他发明"度算版"则在此论文之前。"度算版"是用比例相似法进行测量的仪器。若A、B、C三个点构成一个三角形，已知AB长度，则可借"度算版"量出AC或BC的长度。它的构造简单，使用方便，不用三角知识即能求解。

清咸丰三年（1853），邹伯奇设计制造了"对数尺"。该尺有多种功能，除一般的计算之外，还能作节气、天文、体积等计算。约在咸丰四年（1854），邹伯奇设计制造了一批日晷（计时器），有"竖晷""地平式日晷""日夜晷"等。在此之前，中国自制的日晷以及外国传教士进贡的日晷都没有考虑日晷使用地点的磁偏角问题。邹伯奇设计的日晷把使用地点的磁偏角在日晷中纠正了，使晷针真正直指北极。如广州市文物局珍藏的邹伯奇亲手制造的两台"地平式日晷"，一台日晷晷针倾斜度为23度，适用于广州；另一台晷针倾斜度小于40度，适用于北京。如此精确的日晷，已达到当时的先进水平。

清同治四年（1865），广东巡抚郭嵩焘聘请邹伯奇主持测绘《广东沿海地图》。邹伯奇把自己创立的"以圆绘圆法"改进为椭圆画法。他认为，地球两极半径比赤道半径小，是椭圆形的，在测算时，应"以椭圆曲率算之"，使绘图技术趋于准确。

邹伯奇在《学计一得·自序》中说："余自童年，《九数》之学即秉承庭训；稍长，读诸经义疏，见其于算术未能简要又往往舛误。"意思是说，他童年就从父亲那里接受数学方面的教导，奠定了这方面的基础；年龄稍大一些后，读经史子集时，就发现古人因不懂数学，使得他们对于古典的解释不得要领，且还往往错误百出。这更使他认识到数学作为科学之

"母"，是诸科学借以确立的基础，不仅对于自然科学和技术的研究有着重大的影响，对于人文社会科学的研究也极为重要。

| 故事2 |

邹伯奇制作望远镜

晚清时期，一些"先觉者们"往往根据西洋传入的科学原理，仿制一些科学仪器。邹伯奇就是这方面的先行者。据有关资料，邹伯奇曾与丁拱辰（1800—1875，机械工程专家）一起，系统考察过西方火器的使用和构造，研制出了中国火器。他们还在中国首先进行了蒸汽机、机车和轮船的模型制造，撰写出中国第一部有关蒸汽机、机车和轮船的著作，为创建中国近代机械工程作出过贡献。他们还合作研究改造过燧发枪，对燧发枪枪管的膛线进行加工以增加枪的射程和命中率。

此外，邹伯奇还制造过望远镜、显微镜、照相机、浑球仪和七政仪等仪器，还研制了"浑圆水准仪"、"水银溢流式水准器"、"风雨针"（气压计兼测高仪）和各种"计测仪"等。现在广州市文物局还收藏有他制作的七政仪、望远镜以及各种地图和手稿。这些仪器的制作和绘图是邹伯奇科学技术研究的重要组成部分。

尽管早在17世纪20年代，汤若望就携望远镜实物到中国，但在其后的200多年时间里，由于国人对光学研究的欠缺，对望远镜的光学原理缺乏科学的分析研究，知其然而不知其所以然。直到邹伯奇的光学著述《格术补》问世，书中所论述的光学原理，才为解析望远镜的制造原理奠定了基础。

《格术补》虽然只有文字的叙述，但只需对文字作透彻的理解，就完全可以画出"光路图"。邹伯奇在对各种"西洋镜"解析的基础上，透彻地分析了透镜成像原理、透镜成像公式、透镜组的焦距、眼睛和视觉的光学原理，对各种望远镜和显微镜的结构原理进行解析，更讨论了望远镜的视场、场镜的作用及出射光瞳和渐晕等现象，并成功制造出望远镜、观象仪等仪器。

邹伯奇除了介绍简单的由两枚透镜构成的伽利略式望远镜外，还介绍了由3枚、4枚、5枚透镜组成的望远镜——开普勒望远镜、格雷戈里望远镜、卡塞格伦望远镜等的原理和结构。此外，《格术补》中还详细地描述了放大镜和三种显微镜的结构和原理。

制造望远镜最重要的是提高望远镜的放大倍率，使其能看得更远、更清楚；对于显微镜，则是使观测的物体更清晰、放大的倍数更大。这就涉及对消除"色差"（颜色所包含的色调、饱和度和亮度三者之间的综合差异）问题的处理。伽利略式望远镜的物镜是凸透镜，较浅；目镜是凹透镜，较深。当目镜与物镜之间的焦距之差——目镜的第二焦平面和物镜的第二焦平面重合时，远方的物体经物镜造像后，成一倒立缩小之实像，再经目镜造像成为正立放大之虚像。它只是简单地用一凸透镜和一凹透镜配合制作，这种望远镜的放大倍率不高，看得不远，视物也不会太清楚，实际价值不大。"游览可用，而测量舍旃"。要增加望远镜的放大倍率，就会产生色差而导致被观察对象模糊不清，影响观测效果。

邹伯奇经过反复研究后发现，若增加透镜的数量，用3枚、4枚或5枚凸透镜分别组成透镜组，远较2枚凸透镜的效果要好。他说："二凸者，若外凸狭，惟物中'点光'（即焦点）盛，余则渐微。"若用多个焦距不等的凸镜组成透镜组就完全可以避免上述不良效果。尤其是"一浅凸，内四深凸"所组成的望远镜，能做到"光色皆等"，完全消除了色差效应，被赞誉为"尽善之法"。

尽管邹伯奇通过自己的研究实践摸索、总结出来的这个理论，较之国外关于消除色差的发现已经差不多晚了一个世纪——1729年霍尔（Chest Moor Hall）最早发现了这个理论，但该研究仍然填补了中国光学研究的空白。

邹伯奇发明的观象仪，实际上也是一种望远镜。这是邹伯奇对望远镜做出的另外一种大改进：一是加上了一个直角折射装置，原理是将一平面镜侧置（与光线成45度）于"望眼"一端，这样光线按直角折射，再在上面安一垂直于望远镜镜筒的小筒，装一曲率较大的凸透镜，就成目镜了，它能以"侧接回光之法",方便观测者的观察。二是将它置于一个三角支架上,使望远镜能灵活地转动方向,"上下四方,转侧咸宜",以方便观测者观测。三是观象仪也是一种望远镜,既可观测地面上的远处物体,也可观测天空的星象。观象仪使用起来非常方便,观测者观测天空的星象、地面上的景物,只需像看书一样俯首于小目镜上观测,姿态很舒适,观察效果也极佳。

邹伯奇创制的这架观象仪至今还完好地保存在广州市文物局。整个观象仪都是铜制的,全长74厘米;内装透镜,回转灵活,观测的景物仍很清晰。这是中国19世纪保存至今为数不多的科学仪器,十分珍贵。泌冲的邹伯奇纪念馆还保存有邹伯奇使用过的一架能自由伸缩的望远镜,用它观测地面景物仍很清楚。

| 故事3 |

照相机的诞生

清道光十五年(1835),16岁的邹伯奇因读《梦溪笔谈》中关于塔倒影与阳燧倒影同理的内容,开始对透镜成像的研究产生兴趣。1839年,法国的达盖尔制成了第一台实用的银版照相机,它由两个木箱组成,把一个木箱插入另一个木箱中进行调焦,用镜头盖作为快门来控制长达30分钟的曝光时间,能拍摄出清晰的图像。1840年,鸦片战争爆发,通过传教、经商、办医、军事侵略等多种途径,西方摄影技术很快传入中国,在香港、广州、杭州和上海等沿海发达城市开有多家照相馆。

道光二十四年(1844),25岁的邹伯奇在对光学的研究之中撰写了《摄影之器记》。这是中国最早的一部关于摄影的著述,由光学原理谈到摄影机的结构、摄影过程以及显影和定影药水的配方等,也是世界最早的摄影文献之一。

《摄影之器记》详细记载了邹伯奇实践"验之室中之云影,飞鸟之往来,而通其故。与阳燧倒影实为一理","变而更之以木为箱,中张白纸或白色玻璃，前面开孔安简，简口安镜而退进之，后面开窥孔，随意转移而观之，名曰摄影之器"的过程。受沈括的光学原理启发，邹伯奇根据"前壁开孔，影承后壁"的道理，反复思索做了一个木箱，箱后覆以白纸或白色玻璃，箱前开孔，其上安装透镜，名曰"摄影之器"，用之"以显迹象，复引至图画极之测量，通之仪器，岂不快哉"。他制造此器，既受前人启迪，又有个人创见，主要用于显像、描图和测绘。这台邹伯奇摄影器已具备了照相机的构造和摄影功能，是一台简易的照相机。

不久，邹伯奇又在研制各种感光材料的基础上，将"取景器"改制成了中国第一台照相机，即把暗箱中的白色玻璃换成感光底片（以受光作用之一种药料涂于其表面的玻璃片），再在暗箱上装置光圈（校其收光）和快门（凸鉴口弹簧活动），这样整个摄影程序就完备了。邹伯奇改制的这种"取景器"可以调节清晰度，"前后动其玻璃则像可鲜明"，开创了世界先河。

此外，邹伯奇还创制了其他照相工具，介绍照相、洗相技术，乃至就地取材配制感光剂、显影剂和定影剂，更以他自制的照相机和感光化合物拍了一些照片。摄影术虽是法国人于1839年发明的，但邹伯奇没有见过照相机，他能仅根据有限的文字资料，独自研制出照相机，主要得益于他的光学知识。他所用的洗相、印相药物，除西方照相用药之外，还用了一些广东的药品，如桃皮胶、阳起石等。显而易见，他对摄影技术的研究有相当的独创性。

20世纪50年代，邹伯奇的后人还保留有邹伯奇亲自研制拍成的5张玻璃底片。据见过此底片实物的原华南工学院（今华南理工大学）教授梁恒心介绍："其中有一张是邹伯奇的小像，背景是祠堂的石级，他本人身穿白长衫，坐在椅子上，手执白团扇。玻璃边不整齐，不是外国的商品。以石级为背景，也不是照相馆的布景，可能是邹伯奇自己叫人代按快门拍的。"另外还有3张玻璃底片，有的是他与学生弟子一起照的，有的是与乡里人的合影，都以祠堂为背景。可惜的是这些玻璃底片后来都不知下落了。唯一的一块邹伯奇自拍像的玻璃底版，迄今尚珍藏在广州市博物馆。

丘逢甲

丘逢甲（1864—1912），又名仲阏、秉渊，字仙根，号蛰仙，晚年更名仓海，别署海东遗民、南武山人。祖籍为广东镇平县文福乡淡定村（今蕉岭县文福镇逢甲村）。他出生于台湾苗栗县，后移居彰化县，是中国著名爱国诗人、教育家、抗日保台英雄，被誉为"民族复兴斗士"。

丘逢甲生性聪颖，14岁考取秀才，25岁中举人，26岁中进士，授工部主事，因不愿做官，于是离职返台，开始教学生涯。

1895年，在甲午战争中战败的清政府与日本签订丧权辱国的《马关条约》，把台湾和澎湖列岛等割让给日本。丘逢甲愤然召集台湾乡绅咬指写血书，联合电奏清政府抗争，表明"万民誓不服倭"。他先后上疏4次、血书5次以示愤慨和决心，要求废约抗战、保卫国土。

为反对日本侵略，维护民族尊严和祖国统一、领土完整，他倾尽家资，组织和率领数万抗日护台义军，与日寇浴血奋战，并向国内外发表讨日檄文，宣言："愿人人战死而失台，决不愿拱手而让台。"尽显誓死不做亡国奴的崇高爱国情操和英雄气节。

台湾人民经过艰苦卓绝的激烈斗争，打了大小100多场仗，使日军死伤3.2万多人，其中侵台日军头目、近卫师团师团长、陆军中将北白川宫能久亲王和第二旅团长、陆军少将山根信诚等在战争中毙命。但由于敌我力量对比悬殊，抗日护台军孤立无援、弹尽粮绝、死伤严重，气壮山河的保台抗争终告失败。经部将劝说，丘逢甲返回祖籍地广东镇平县文福乡淡定村。

返回大陆后，丘逢甲投身教育，先后在潮州韩山书院、潮阳东山书院、澄海景韩书院任主讲，1901年春在汕头正式创办岭东同文学堂，为广东历史上较早的一所新式学校。他致力办新学取得显著成绩，成为广东省

乃至全国有声望的教育家。他曾被两广总督聘为学务处视学，被教育界同人公推为广东省总教育会会长。

在大力推行教育的同时，丘逢甲也积极从事变法维新和民主革命活动，曾任中华民国广东省军政府教育部部长，赴南京参加筹建临时中央政府，并当选为参议院议员。

丘逢甲在文学上也颇有造诣，诗集主要有《柏庄诗草》和《岭云海日楼诗抄》，前为内渡前作品，后为内渡后所作。雄迈激越、悲壮酣畅为其艺术风格。尤其是《岭云海日楼诗抄》收录的诗作，忧时济世，体现了丘逢甲"重开诗史作雄谈"的创作特点。这些诗或抒发渴望收复台湾、实现祖国统一的豪情壮志，或针砭时弊、探究社会病根，或呼吁革新自救、励精图治，等等。

丘逢甲一直念念不忘故土台湾，谋求祖国统一。他临终弥留之际，嘱咐家人："葬须南向，吾不忘台湾也！"

丘逢甲病逝后，家乡和南北各界人士都为之痛悼，送葬时"执绋而哭者数千人"。在广州等地居住的台湾同胞尤为悲痛，他们联名送上一副挽联，写道：

忆当年，祸水滔天，空拼九死余生，只手难支新建国；

痛今日，大星坠地，只剩二三遗老，北面同哭故将军。

至今，在台湾台中市丰原区的纪念公园里，还建有"丘逢甲先生抗日誓师碑"；在台北市新公园内，也建有纪念丘逢甲的"仓海亭"，与纪念郑成功的"大木亭"相互辉映。另外，在台湾还有多处以丘逢甲的名字命名的大中学校、道路桥梁等。

蕉岭县文福镇逢甲村的丘逢甲故居是全国重点文物保护单位，于2006年9月正式挂牌。该故居建于1896年，共计55间2堂，面积1800平方米，是一幢坐西朝东两堂四行的客家围屋，故居内陈列有珍贵的照片及其手稿、文献等。

| 故事1 |

教育救国，推行新学

丘逢甲少时即痛感民族、国家祸患重重和清政府腐败无能，26岁考中进士后弃官归台，认为"专意养士讲学，或为民间仗义兴笔，反有意义"。于是他走上教育道路，任台中衡文书院主讲，同时在新竹县五峰乡创山庄书院，继而任台南府罗山书院、嘉义府崇文书院主讲。抗日保台失败后，他更是切身体会到"中国危机日迫，非开民智养人才，莫能挽救国难"。从此，他一生矢志不渝地追求开办教育，主张改革旧的教育制度，大力推行新学，"专以新思潮及有用之学课士"，培养"兴国有用之才"。

1897年春，丘逢甲担任韩山书院主讲。这所书院坐落于潮州城东祀奉唐代文学家韩愈的韩文公祠旁，是粤东地区历史悠久、富有名望的一所学校。丘逢甲到校后，参照自己在台湾从教的心得，积极进行教学改革，注意"以实学训士"，"课文外兼讲科学"，引导学生关心时事、学习西方科学知识，以求达到经世致用的目的。此后两年间，丘逢甲先后到潮阳东山书院和澄海景韩书院担任主讲，每到一处，他都坚持其教学改革的宗旨，受到青年学生的欢迎。

丘逢甲在潮州一带讲学过程中，越来越认识到中国旧式教育，包括传统的书院已很难适应社会发展的需要，无论是教学的目的、教学内容以至教学的方法，都严重脱离实际，急需吸取西学来加以改变，更需要新式教育的师资。1901年春，他在汕头正式创办岭东同文学堂，为广东历史上较早的一所新式学校。1904年，丘逢甲在镇平着手创办了一所专门培养小学师资的学校，取名为"镇平初级师范传习所"。他还根据中国农村聚族而居的特点，积极通过创办"族学"来发展教育。他通过自办、鼓励别人办、派出得力弟子到各地活动等形式，"劝办学校以百数"。

丘逢甲致力办新学取得显著成绩，成为广东省乃至全国有声望的教育家。他曾被两广总督聘为学务处视学，被教育界同仁公推为广东省总教育会会长。"在其兴学十余年中，培植人才至多。广东革命志士，多半出其门下"。后来辛亥革命时的广东北伐军总司令姚雨平、广东军政府总参议朱执信、中山大学校长邹鲁等均受教于丘逢甲创办的学校，皆成为革命的中坚力量。丘逢甲推行新学有力地促进了广东乃至全国教育的发展。

丘逢甲还认为"女子为教育之根本"，发展新式教育不仅不能像中国的旧式教育那样，将女子排斥于受教育者行列之外，而且应当充分重视女子在家庭和学校教育中的作用，因此他大力提倡兴办女学。担任广东省谘议局副议长后，他积极支持当时正担任谘议局议员的陈炯明提出《振兴女子小学议案》，并使之得以顺利通过。该议案要求全省"凡府及直隶州均设女子师范一所，并附设初等女子小学，其州县不能设立师范者，亦必先设立女子小学以为倡。至已设女子小学一时教员难得者，不必拘定女师，即暂延男师者亦可"，从而推动了广东女子教育的发展。

丘逢甲极其重视教学内容的革新，他主张"中学为体，西学为用；中学为纲，西学为目"。如1909年，身为两广方言学堂监督的丘逢甲，聘请革命党人朱执信任学监并且负责主讲西洋史课程，还聘请中国同盟会会员邹鲁担任国际公法、经济学和财政学课程的主讲工作。学校面貌为之焕然一新。丘逢甲一方面重视学生学好"国学"，以继承和弘扬中华民族固有的光辉灿烂文化；另一方面，他积极提倡学习"西方国家有用之学"。这正如他自己所写："诗无古今真为贵，学有中西乃贯通。"显然，只有把中西文化结合在一起，切实做到"洋为中用，古为今用"，才能广见闻、开才智、长能力，更好地服务于振兴中华的大业。

丘逢甲十分重视送学生往国外留学，他在总结富国强民的经验中发现，无视外国的先进科技文化，乃是造成中国长期落后和挨打的重要原因之一。为此，他大力鼓励青年学生出国留学。据1903年统计，经他鼓励和支持往日本留学的岭东学生"达数十人"。同时，他很重视外语的教学，认为西文乃学习外国科技知识的工具，绝非可学可不学，而是非学好不可的。

| 故事2 |

奇才少年，爱国诗人

清光绪三年（1877）二月的一天，台湾府城（今台南市）的学政衙署考场内坐满了前来应试的考生，他们一个个屏气凝神，正在参加选拔秀才的童子试。只见一名年方10多岁的少年考生从容不迫地写完了考试所要求的一赋、一诗、一词，早早交卷，准备离场。

考官谢怡吾见状颇感诧异，有意要测试一下这名少年的真实才学，乃以《试场即景》为题，要他用"殊"字韵再作五言六韵诗一首。少年领命后，不一会儿就把诗作交了上来。谢怡吾细观其诗，不仅写得工整贴切，而且出语甚是不凡，不由得心中欢喜，提笔在少年的考卷上写下"童奇必发，此见其端"的评语。

少年的此番表现，也惊动了前来巡视的主考官、福建巡抚兼学政丁日昌。丁日昌是当时朝廷中有名的洋务派官员，是十分留心于人才培养和选拔的有识之士，他命人将少年带至面前，亲自测试。

丁日昌先出了一个对子的上联"甲年逢甲子"，要少年来对。少年稍加思索，即对出一个下联"丁岁遇丁公"。这一年正是中国干支纪年的丁丑年，面前的主考官也姓丁，所以此对作得很是巧妙。

丁日昌见少年才思敏捷，大为欢喜，又欲测试一下其对时务的了解与认识，于是要少年即席撰写一篇以《全台利弊论》为题的文章。这是一个范围甚广、难度很高的题目，必须平日里留心国事、知识丰富、有头脑有识见者方能写得好。令人意想不到的是，这名少年竟然毫无惧色，胸有成竹地"疾书二千余字，文不加点"。未等文章写完，丁日昌已凑至少年身边观看，并连声赞道："奇童！奇童！"

当日考试结束后，丁日昌亲录该少年为是科童子考试的第一名，并赠予"东宁才子"印章一枚，以资鼓励。"东宁"是当时台湾的别称，"东宁才子"也就是台湾才子。受此美誉的少年就是丘逢甲，这一年他只有14虚岁（13周岁还未满）。

现存丘逢甲的诗作中，有他9岁时（虚岁）所写的两首诗：

学堂即景

三落书房菊蕊开，玲珑秀色满园堆。

儿童扫径尘埃地，灌者观花影上来。

万寿菊

采见南山岁几重，古香古色艳秋容。

爱花合为渊明寿，酒浸黄英晋万钟。

这两首诗或写景、或咏菊，虽然显得稚气未脱，但音韵合拍、富有情趣，出自一名9岁少年之手，确为不易，表现出少年丘逢甲的过人才华。

丘逢甲是清末民初"诗界革命"的主将之一，其诗集主要有《柏庄诗草》和《岭云海日楼诗抄》。

《岭云海日楼诗抄》收诗共1858首，为丘逢甲内渡后所作，风格雄迈激越、悲壮酣畅。其主要基调是思台之心和复台之志，或抒发失台之痛和"夜夜梦台湾"的思念之情，或表达"卷土重来"、收复台湾故土的殷切期盼，无不体现出作者对家乡台湾的热爱、对侵占台湾领土的日本帝国主义的痛恨和维护祖国统一与领土完整的豪情壮志。这些诗篇直到今天仍然具有强烈的感染力，对于凝聚海峡两岸同胞的民族感情、促进祖国统一大业的实现，都有现实的意义和作用，因此经常为人们所吟咏传唱。

清末民初以来，许多有影响的学者、诗人都曾对《岭云海日楼诗抄》里的作品给予很高的评价。如梁启超推许丘逢甲是"诗界革命一巨子"，乃"天下健者"；著名诗人柳亚子将丘诗与黄遵宪的诗相匹比，写诗赞曰"时流竞说黄公度，英气终输仓海君。战血台澎心未死，寒笳残角海东云"，认为丘诗在某些方面甚至超过黄遵宪的诗。

1895年9月，丘逢甲回到自己的祖籍地广东镇平县文福乡淡定村后，不能忘怀被日寇野蛮侵占的台湾岛，也不能忘怀正处于深重灾难中的整个中华民族，便写下了《天涯》，表现对台湾故土和昔日保台战友魂牵梦萦的思念情绪：

> 天涯断雁少书还，梦入虚无缥缈间。
> 兵火余生心易碎，愁人未老鬓先斑。
> 没蕃亲故沦沧海，归汉郎官遁故山。
> 已分生离与死别，不堪挥泪说台湾！

1896年4月，即《马关条约》签订一年后的日子，丘逢甲又写下了《春愁》：

> 春愁难遣强看山，往事惊心泪欲潸。
> 四百万人同一哭，去年今日割台湾！

当然，丘逢甲在他的诗歌中所抒发的，并不仅仅是失去台湾的痛苦，同时还充满着不甘失败、时刻准备收复台湾以洗雪国耻的雄心壮志。如《送颂臣之台湾》8首，是他送别好友、昔日义军部属谢道隆重返台湾时所写的诗歌，其中殷殷寄语台湾亲友：家乡虽已沦入日本侵略者之手，但这并非定局，自己心犹未死，总有一天要卷土重来、收复故土，实现祖国的统一：

> 亲友如相问，吾庐榜念台。
> 全输非定局，已溺有燃灰。
> 弃地原非策，呼天倘见哀。
> 十年如未死，卷土定重来！

> 王气中原在，英雄识所归。
> 为言乡父老，须记汉官仪。

> 故国空禾黍，残山少蕨薇。
> 渡江论俊物，终属旧乌衣。

辛亥武昌起义成功后，丘逢甲深受鼓舞，写下了"中国睡狮今已醒，一吼当为五洲主"等激情洋溢的诗篇。他多次劝说两广总督张鸣岐、水师提督李准等文武官员顺时退隐，促成了广东的独立。广东军政府成立后，丘逢甲被推为军政府教育部部长。

1911年末，宣布独立的17个省份决定在南京组织中央政府，丘逢甲被推选为广东代表赴南京。该次会议选举孙中山为临时大总统，丘逢甲被选为参议院参议员。他随孙中山谒明孝陵时，游览了莫愁湖、扫叶楼等名胜古迹。他面对江山美景和革命的大好形势，心情十分振奋，挥笔写下诗歌：

> 郁郁钟山紫气腾，中华民族此重兴。
> 江山一统都新定，大纛鸣笳谒孝陵。

这首诗热情讴歌了辛亥革命所取得的推翻帝制、建立共和的巨大胜利，对战斗在革命前线的祖国英雄儿女表达了崇高的敬意，对国家和民族的辉煌前景充满着信心。

陈 垣

陈垣（1880—1971），字援庵，又字圆庵，广东新会棠下镇石头村人。青年时代居住在广州，曾经用笔名钱、钱罂、谦益、谦、艳、蔚、宗、益、大我等发表文章，曾任国立北京大学、北平师范大学、辅仁大学的教授、导师。他是中国著名的历史学家、宗教史学家、教育家。

陈垣7岁入学，最初接受的是传统的国学教育。少年时，受"学而优则仕"的儒家思想影响，曾参加科举考试，虽然文章写得很精彩，但因为不合八股形式，落榜而归。青年时期学医，在医学杂志上发表大量文章，宣传现代医学卫生知识及医学史。他也以笔名谦益、钱罂在《时事画报》《震旦日报》等刊物上发表大量抨击时政的作品，宣传民族主义，反对清朝封建统治和帝国主义的压迫。

1912年，中华民国成立后，陈垣当选众议院议员，于1913年至北京定居。他对从政不感兴趣，转而从事学术研究和教育事业。其第一篇史学论文《元也里可温教考》，论证了元朝的也里可温（蒙古语，对基督教的一种通称），受到中、日学术界重视。《记大同武州山石窟寺》是他研究佛教的第一篇论文。《开封一赐乐业教考》一文则考证了犹太教在华传布和犹太人来华的历史。

民国11年（1922），陈垣任北京大学研究所国学门导师，撰《火祆教入中国考》和《摩尼教入中国考》两文，对两种宗教在华的传播作了系统论述。民国13年（1924）11月，清廷逊帝溥仪被逐出北京故宫，陈垣是"清室善后委员会"委员，值此接触到深藏宫廷中的古书。同年完成《敦煌劫余录》初稿，编成《道家金石略》。

民国14年（1925），完成《二十史朔闰表》和《中西回史日历》。民

国16年（1927），发表《回回教入中国史略》，并任燕京大学教授、燕京大学国学研究所所长。第二年撰《史讳举例》，对历代避讳制度加以总结。其后，任国民政府"中央研究院历史语言研究所"特约研究员。民国18年（1929），任辅仁大学校长及北平师范大学历史系主任、教授。民国20年（1931），完成《元典章校补》及《元典章校补释例》（后改名《校勘学释例》）。

民国27年（1938），完成《释氏疑年录》，考证从晋朝到清初2800多位僧人的生卒年份。民国29年（1940），撰《明季滇黔佛教考》。翌年，撰《清初僧诤记》，借以抨击仕敌为荣的汉奸；又撰《南宋初河北新道教考》，表彰金国初年河北抗节不仕的遗民。民国31年（1942），完成《中国佛教史籍概论》，是诠释佛教典籍的参考书。民国33年（1944）2月，开始撰写《通鉴胡注表微》，抗日战争胜利后完稿并陆续发表于《辅仁学志》，这也是陈垣最后一部专著。

1949年1月，北平（北京）和平解放。陈垣写了《给胡适之先生一封公开信》，5月11日发表于《人民日报》，表示自己拥护中国共产党。9月，当选为中国人民政治协商会议第一届第一次会议特邀代表、第一届北平各界代表会议代表。1952年，高等学校院系调整，辅仁大学并入北京师范大学，陈垣任校长。1954年，当选为第一届全国人民代表大会代表，兼任中国科学院历史研究所第二所所长。1959年，加入中国共产党。1961年，点校《旧五代史》《新五代史》，到1966年5月"文革"开始时，点校工作仍未完成。1971年6月21日，陈垣在北京病逝，享年91岁。

陈垣在宗教史、中外交通史、中国历史文献学、元史等领域的卓越成就饮誉海内外，与陈寅恪并称为"史学二陈"，"二陈"又与吕思勉、钱穆并称为"史学四大家"。他的许多著作成为史学领域的经典，有些被翻译为英文、日文，在美国、德国、日本出版。毛泽东曾称他为"我们国家的国宝"。

陈垣故居是广东省文物保护单位，位于江门市蓬江区棠下镇石头村坑塘里。清末，陈垣祖父始建陈宁远堂，后经多次扩建，有12间民居，还有书馆、太和堂、游泳池、自来水塔、花园、凉亭等建筑。目前，陈垣故居是陈宁远堂的三宅，为清代砖石木结构民居，单层平房，有一厅四房两廊，厅前有天井，建筑面积141.8平方米。

| 故事1 |

勤读不辍，受益终生

陈垣是家中长子，父亲陈维启是一位开明的商人。陈维启自己没有读多少书，把一切希望寄托在儿子身上，期望儿子将来有所作为。陈垣读书得到了父亲全力的支持和鼓励。

陈垣最喜欢博览群书，而并不是按照科举考试的要求去读书。在陈氏家族中，不少长辈认为，陈垣既不经商，又不好好准备科举考试，因此对其有不少指责。陈垣的父亲则不然，不惜资助重金，供陈垣买书，不加任何限制，要多少钱买书就给多少钱。

1941年，陈垣在家书中深情地回忆道："余少不喜八股，而好泛览。长者许之者夸为能读大书，而非之者诃为好读杂书，余不顾也。幸先君子（指父亲）不加督责，且购书无吝，故能纵其所欲。"陈垣16岁时开始购买大部头的书，花八两银子买《四库全书总目》，花七两银子买《十三经注疏》，花十三两银子买《皇清经解》，花一百多两银子买《二十四史》等等，他父亲从未对他花钱买书皱过眉头。

这种热爱读书的精神贯穿了陈垣的一生，在研究《四库全书》时期，陈垣的学生刘乃和在《学习陈援庵老师的刻苦治学精神》一文中记述了当时的情景：

> 当时他家住在北京城内西南角，贮存文津阁本《四库》的京师图书馆在城东北角。当时紫禁城前后的东西街道还是宫廷禁地，没有直达道路，必需绕道走，来回路程需要三个多小时，逢阴雨风雪，甚至要四个多小时。他每天清早，带着午饭，到图书馆看《四库》，图书

馆刚开馆就赶到，下午到馆员下班时才离开。就这样前后读了十年，把这部包括三千多种、三万多册的大丛书作了详尽地了解。

当然，陈垣读书自有方法。据说少年时的陈垣有一次偶然得到了清代官员张之洞写的《书目答问》一书。打开一看，发现这本书开列了历史上许多著名的典籍，并作了鉴别，为读者介绍了学习的门径。陈垣十分高兴，连忙按照书目购买了大量书籍。有人问他："你买了这么多书能念得完吗？"陈垣回答道："书并不都是要仔细念的。有的是供浏览翻阅的，有的是供参考备查的，有的是需要熟读记诵的。有的书要必求甚解，有的则可以不求甚解嘛！"

原来陈垣根据书的内容和用途，把要读的书分成了三类：一般浏览、仔细浏览和熟读记诵。有的一两天就翻过去了，有的要读上个把星期，有的则需翻来覆去地背诵。这种"三分类"法，使陈垣读书避免了"一刀切"、平均投入精力的毛病。他读的书比一般人多，精读的书比一般人深。直到老年，一些历代的名篇他仍然能够背诵出来，90岁时，还能把骆宾王的《讨武后檄》从头到尾背得一字不差。许多基本史料，他不用翻检原文即能引用，给治学和研究工作带来了很大的方便。

| 故事2 |

青年陈垣，革命斗士

年轻时的陈垣受到了维新思想的影响，在广州积极参加反帝、反封建的活动。

1905年，在孙中山领导的民主革命影响下，陈垣和革命画家潘达薇、高剑父、陈树人等青年志士在广州创办了《时事画报》，以文学、图画作武器进行反帝、反清斗争。陈垣主要负责文字工作，撰写了《释奴才》《老父识民权》《书水浒传后》等许多文章，宣传爱国思想，揭露清政府的黑暗统治。清政府对《时事画报》的革命宣传非常恐慌，下令缉捕办报人员。陈垣只好回家乡新会躲避。

废除科举之后，青年人的出路是上学堂学习技艺，当时流行的说法是"家有良田万顷，不如薄技在身"。陈垣思想较成熟，对此感受更深。他因家庭原因选择了学习西医。1907年，陈垣考入美国教会办的博济医院学习西医。因当时博济医院院长关约翰（John M.Swan）为人刚愎自用，管理不善，歧视中国员工和学生，所以1908年时，陈垣愤而退学，与"光华医社"陈子光等人，创办光华医学堂（后称光华医学院）。这是中国人自办的第一所私立西医学校，取"光我华夏"之义。陈垣不仅自己从博济医院退学，转入光华医学堂，还带领部分博济学生转学入光华医学堂。所以，陈垣是该校的第一届学生和毕业生，也是该校的创办人之一。陈垣回忆说：

> 光华医学院者，合全粤医师之力而成，谋学术自立之先锋队也。学术贵自立，不能恒赖于人。广州海滨，得风气最先。近代医学之入广州百年矣，然迄无一粤人自办医学教育机关，有之，自光华始。……光华之成，余忝为创办人之一，复而就学焉。

1908—1910年，陈垣在光华医学堂读书时，就参与创办和主编《医学卫生报》和《光华医事卫生杂志》，并在上面发表近百篇文章。此外，他还编了《奉天万国鼠疫研究会始末》一书。这些文章和著作，在中国医学史研究领域中具有开拓性意义，因为在此之前很少有人探讨医学史的问题。

这些文章和著作，主要有下列几方面的内容：关于医学史人物的记述与评论，如《张仲景像题辞》《王勋臣像题辞》《黄绰卿像题辞》《高嘉淇传》《古弗先生》《古弗先生之业绩》等；关于医学史的研究，如《牛痘入中国考略》《洗冤录略史》《中国解剖学史料》等；关于医事方面的研究，如《论江督考试医生》《释医院》《粤中医院之始祖》《日本德川季世之医事教育》《奉天万国鼠疫研究会始末》等。此外，陈垣还对日本

医史文献进行了搜集与研究，并结集成文。

由此可见，陈垣青年时期在广州所从事的医学和医学史的研究工作，为近代中国医学史的学科建设作出了开拓性的贡献。他反对因循守旧，主张变革进步的精神，推动了中国医学的发展。陈垣可以算是近代中国医学史研究的开拓者和奠基人。

1911年春，陈垣与康仲荦在广州共同创办《震旦日报》，担任该报主编，并兼副刊《鸡鸣录》主笔，更为猛烈地宣传反清。"鸡鸣录"之名取自《诗经》"风雨如晦，鸡鸣不已"之意，反映出这一刊物是为配合孙中山的民主革命而呐喊鼓劲的。

陈垣在这份报纸上发表了大量抨击时政的文章。这些文章的内容概括起来有下列几个方面：反对清政府的民族压迫政策和封建专制制度；反对美国的排华政策和对中国的侵略；激励革命党人活动；争取民权，主张民主；反对愚昧，推动解除妇女封建束缚，等等。

由于陈垣在长期的反清斗争中作出了重要贡献，在广东的报刊界享有很高的声望，因此他以"革命报人"的身份被推选为众议院议员，离开广州到北京参加众议院。

当时的《民谊杂志》第5号《耿庐漫笔》介绍陈垣说：

> 陈君垣，号援庵，新会人，淹通典籍。少好考掌故，稍长，勤攻经史，刻志苦励，为粤中有名人士。……社会上每有事故发生，君恒考据一二古今遗文轶史与现事相影响者，登诸报端，以饱人眼帘，其饱学可见一斑。至其在党内，尤具一片挚诚，为同人所钦仰。然生有傲骨，魄力雄厚，是非辨之甚严，非一般所能企及也。

| 故事3 |

古教四考，享誉中外

在陈垣的所有学术成就中，宗教史的研究成果比重最大，他撰写了专著7部、论文39篇、序跋50多篇。其内容包括对古代宗教、世界三大宗教（基督教、佛教、伊斯兰教）流传中国的历史以及中国土生土长的道教的研究。其中最为精湛的就是他的成名作《元也里可温教考》，以及与该文并称为"古教四考"的其他三篇论文：《开封一赐乐业教考》《火祆教入中国考》《摩尼教入中国考》。

《元也里可温教考》是陈垣第一篇史学论文，发表于1917年。元代以前并没有"也里可温"这一称谓，"也里可温"仅见诸元代著述。什么是"也里可温"呢？钱大昕的《元史·氏族表》载："不知所自出。"《元史·国语解》则载："蒙古语，应作伊鲁勒昆；伊鲁勒，福分也；昆，人名，部名。"直到清道光年间，刘文淇才指出，也里可温"即天主教也"。

陈垣准确地断定"也里可温"为基督教聂思脱里派，指出："观大兴国寺记及元典章，均有也里可温教之词，则也里可温之为教，而非部族，已可断定。复有麻儿也里牙（马利亚）及也里可温十字寺等之名，则也里可温之为基督教，而非他教，更无疑义。"并"确信也里可温者为蒙古人之音译阿剌比语，实即景教之阿罗诃也"。

《元也里可温教考》共分15章，脉络清晰紧凑，论证严谨，无懈可击，廓清了隐晦七八百年、无人知道的元代也里可温的称谓、本义、词源及相关的史学问题。还有对也里可温教东传之途径、宗教戒律、教徒人数、主要人物、教徒军籍、徭役、租税等方面的豁免权，官府的尊崇地位，也里可温教与异教的关系，其在元末明初的衰落，其金石碑刻的存佚等也一一澄清。该文共引用文献近50种，除正史外，还有大量文集、方志、碑刻等，囊括了全部涉及也里可温教的汉文文献资料，对元也里可温教历史问题作了彻底的解决。至今，《元也里可温教考》仍被认为是陈垣的成名之作。

《开封一赐乐业教考》发表于1920年。一赐乐业教，即犹太教。此文分12章，以碑拓图绘、匾额楹联以及有关著述记载的材料，考证了犹太教在中国传布兴衰的情况，同时也考查了犹太民族来华及定居的历史。

《火祆教入中国考》发表于1923年。此文分12章，对火祆教传入中国、发展和衰微的历史进行了全面研究，分析了唐代统治者尊崇火祆教的原因和前人多将火祆教与其他古教相混同的情况。

《摩尼教入中国考》发表于1923年，分16章。此文依据敦煌出土经卷等汉文材料及基督教史传中反对摩尼的有关言论，考察了摩尼教在中国流传、发展和衰落的过程。关于此文的贡献，刘铭恕在《书陈垣〈摩尼教入中国考〉后》中云："摩尼教输入中国一事，在中国宗教史上，占有重要的地位。""从事于此事之研究者颇不乏人。如蒋伯斧、伯希和、王国维与陈援庵等，皆著者也。""具体之解决者，只有陈援庵先生一人。陈氏著《摩尼教入中国考》一文，折衷旧说，附益新知，体大思精，得未曾有。"

陈垣所考这四种古教，都是外来宗教，均一度兴盛，后又逐渐衰微以至绝迹。研究的材料少而零散，陈垣付出了艰辛劳动，以科学的方法，复原了四种古教在中国兴衰的历史，开创了20世纪中国"古教研究"之绝学。

陈寅恪

陈寅恪（1890—1969），字鹤寿，江西修水人，生于湖南长沙。陈家书香门第，人才辈出。祖父陈宝箴，是力推维新变法的实权派封疆大吏。父亲陈三立，著名爱国诗人，"同光体"诗派代表人物，"维新四公子"（陈三立、谭嗣同、徐仁铸、陶菊存）之一。长兄陈衡恪，民国著名画家，曾任江西教育司司长。

陈寅恪曾先后在日本、瑞士、德国、法国、美国多所大学留学，他懂梵文、巴利文、波斯文、突厥文、西夏文、英文、法文、德文8种语言，尤以梵文和巴利文为精，被留德的中国学生称为"中国最有希望的读书种子"。陈寅恪国学基础深厚、国史精熟，又大量吸取西方文化，故其见解多为国内外学人所推重。他是中国现代集历史学家、古典文学研究家、语言学家、诗人于一身的百年难见的人物，与叶企孙、潘光旦、梅贻琦一起被列为清华大学百年历史上四大哲人，与吕思勉、陈垣、钱穆并称为"前辈史学四大家"。

陈寅恪先后任职任教于清华大学、国立西南联合大学、广西大学、燕京大学、中山大学等，并曾兼任国民政府"中央研究院"理事、历史语言研究所第一组组长、故宫博物院理事等职。1939年，英国牛津大学聘请他为汉学教授，并授予他英国皇家学会研究员职称，是该校第一位受聘的中国语汉学教授。

中华人民共和国成立前夕，陈寅恪拒绝了国民政府"中央研究院历史语言研究所"所长傅斯年要他去台湾、香港的邀聘。1949年，中华人民共和国成立后，他先后任中国科学院社会科学部委员、中国文史馆副馆长、第三届全国政协常务委员等职。

陈寅恪曾在所作的王国维纪念碑铭中首先提出以"独立之精神，自由之思想"为追求的学术精神与价值取向，著有《隋唐制度渊源略论稿》《唐代政治史述论稿》《元白诗笺证稿》《金明馆丛稿》《柳如是别传》《寒柳堂记梦》等。

陈寅恪故居位于广州市新港西路中山大学校区内东北区309号二楼。此楼楼高两层，坐北朝南，为美国麻金墨夫人于1911年所捐建。从20世纪50年代开始，陈寅恪一直居于此楼的二楼。《论再生缘》《柳如是别传》等著作就是在此写就。现里面陈设为陈寅恪居住时的摆设以及存放有其所使用的书籍等。

| 故事1 |

祖孙三代，各显风流

陈寅恪的祖父陈宝箴（1831—1900），是清末著名的政治家、思想家，也是光绪皇帝进行维新变法的坚定支持者、实施者。

陈宝箴1860年进京参加会试时，恰逢侵华的英法联军攻陷天津、北京。英法联军纵火焚烧圆明园之时，他望见圆明园的上空火光冲天，悲愤填膺，不禁捶桌悲号，伏案痛哭。

清光绪二十一年（1895）八月，陈宝箴奉诏出任湖南巡抚。在湖南，他认为新政是富国强兵的有效措施，于是大刀阔斧地推行新政，宣传开放思想，澄清吏治，裁汰冗多的官吏，罢免昏庸的官吏，兴办工商实业，开辟航运，引进机器制造，开办时务学堂、算学堂、湘报馆、南学会、武备学堂等教育文化事业，以开迪民智，改变陈旧的风俗。

陈寅恪的父亲陈三立（1853—1937），字伯严，号散原，是清末民初著名的爱国诗人。

作为清末"同光体"诗人的代表、"新江西派"的首领，陈三立从1900年在南京定居后，就把主要精力用在诗歌创作上。他的诗歌创作代表了"同光体"诗派的最高成就，奠定了他诗坛泰斗的地位，受到徐志摩、泰戈尔等中外诗人以及钱钟书等学者的高度评价。

1932年初，"一·二八"淞沪抗战期间，居江西庐山的陈三立老人关心战事，特地订阅了一份上海出版的航空报纸，每到必读。一天深夜，全家人均在熟睡中，忽然被一阵猛烈的呼叫声惊醒。原来是陈三立老人在梦中大呼"杀日本人"，由此可见老人赤诚的爱国之心。1937年7月7日卢沟桥事变后，日本侵略军占领了北平（北京），陈三立忧愤成病，绝食而死。

陈寅恪的长兄陈衡恪（1876—1923），字师曾，号槐堂，是民国早期的大画家，中国漫画的创始人。

陈衡恪多才多艺，诗、画、金石篆刻无一不精，堪称三绝，名满京师。艺术家丰子恺说："国人皆以为在我国，漫画是我创始的，其实不然，陈衡恪在《太平洋画报》上所发表的以毛笔作的简洁画，题意潇洒，笔力节劲，事实上才是我国最早创始的漫画。"国画大师傅抱石指出，陈衡恪"是一代中最伟大的画家"。陈衡恪还著有《槐堂诗钞》《铅笔习画帖》《染仓室印存》《陈师曾先生遗墨》《中国绘画史》《文人画之价值》等。

由此可见，陈家满门俊彦。陈寅恪在国学方面的造诣与家学渊源是分不开的。陈家不但重视子弟的国学根基，也注意在教学中融入西方科学文化的基本知识，更是把几个男孩都送出国门，取西方自然科学、人文科学之长，补中国传统文化之短。这不仅大大拓展了他们的视野，也让他们收获了一批至交好友。

陈寅恪在德国柏林交往的留学生中，有国画大师徐悲鸿、清华校长罗家伦、中国工农红军总司令朱德以及中华人民共和国国务院总理周恩来等。中华人民共和国成立后，出任总理的周恩来与知识分子关系良好，更没有忘记陈寅恪，称赞他为"爱国学者"。

陈寅恪在海外求学多年，潜心读书，志在求得真才实学，不在乎是否得到什么学位，他的侄子曾问道："您在国外留学十几年，为什么没有得个博士学位？"他回答："考博士并不难，但两三年内被一具专题束缚住，就没有时间学其他知识了。只要能学到知识，有无学位并不重要。"这个侄子后来向姑夫俞大维提起此事，俞大维说："陈寅恪的想法是对的，所以是大学问家。我在哈佛得了博士学位，但我的学问不如他。"

开阔的视野使得陈寅恪除了治学严谨、学识底蕴深厚之外，也有才思敏捷、风趣诙谐的一面。在清华大学任教期间，陈寅恪对学生幽默地说："我有副对联送给你们：南海圣人再传弟子，大清皇帝同学少年。"然后解释道：现任研究院导师梁启超是"南海圣人"康有为的学生，所以各位同学可谓是"南海圣人再传弟子"；王国维在清宫教过已退位的宣统皇帝溥仪，任过"南书房行走"的虚衔，所以大家又和大清皇帝是同学。在座的学生们一听都哄堂大笑起来，气氛非常活跃。

牛津大学1939年曾正式聘请陈寅恪担任该校汉学教授，并于此后数年一直虚席以待。因为他们认为，陈寅恪是当时"最优秀的中国学者"。在国际汉学界具有广泛影响的《剑桥中国史》在提到陈寅恪时，给予了异乎寻常的褒奖："解释这一时期政治和制度史的第二个大贡献是伟大的中国史学家陈寅恪作出的。他提出的关于唐代政治和制度的观点，远比以往发表的任何观点扎实、严谨和令人信服。"

| 故事2 |

岭南长居，传灯南国

1948年夏末，由于陈寅恪夫妇都有心脏病等多种病痛，需要安定的环境调养，医生建议他们宜居住于南方暖和之地，于是陈寅恪来到岭南大学任教。从此，陈寅恪进入了自己生命中的最后一个阶段——长达20年的广州时代。他执教岭南、传灯南国，再也没有离开过广州，直至1969年去世，岭南成为他一生执教时间最长的地方。

这20年可分为三个时期：前8年，已经饱受"乱离愁病"的陈寅恪，生活安静，教学与研究工作顺利；中间8年，由于学术上的不能苟合，他遭到文字上的批判，离开了讲台，但是继续"燃脂暝写费搜寻"，写出了

《柳如是别传》等传世巨著，生活也继续受到照顾；最后4年，受到"文革"狂风暴雨式的摧残，直至含恨逝世。

在1952年10月院系调整前，陈寅恪是岭南大学中文系、历史系合聘的教授，校长陈序经十分钦佩陈寅恪的学识和成就，对他的生活和工作自有一番特别的重视和礼遇：在岭南大学，他的寓所是最好的，薪金是最高的，校方还定期拨款津贴他的医药费，解决因物价飞涨而造成的生活困难。陈寅恪在岭南大学，为中文、历史两系学生讲授两晋南北朝史、唐史和唐代乐府等课程。

此后，新的中山大学成立，陈寅恪在康乐园仍然受到重视和礼遇：作为教授，陈寅恪是最高的一级。那时，全校只有三四部小汽车，校方在1956年初就决定，陈寅恪、姜立夫、岑仲勉三位教授可随时乘坐小汽车。20世纪50年代中期实行公职人员公费医疗制度，针对陈寅恪有些药物需要自己购买、开销大的问题，学校也尽力解决。

在新的中山大学里，陈寅恪任历史系专任教授，为中山大学历史系高年级学生讲授两晋南北朝史、隋唐史和元白诗证史等课程。对于这三门课程，他都有大量成果问世，讲课的内容应当是早已滚瓜烂熟，即使在课堂上随便讲述，也毫不费力并且绝对不会错。但是他仍一如既往，认真重新备课，不因自己双目失明、精力不济和讲过多遍而有所松懈。校方照顾陈寅恪行动不方便，便让学生上门候教。于是东南区1号的寓所楼上的走廊就成了简易的课室：一块小黑板悬挂在墙壁上，陈寅恪坐在黑板前讲授，学生就坐在他对面的椅子上听讲。有时来听课的学生多了，走廊上的椅子不够坐，就从家中拿椅子坐。

陈寅恪以古代书院的精神授课，师生之间以学问道义相期。后来成为陈寅恪助手的胡守为，清晰地记得这样一堂课：那天他是唯一的学生。当他来到陈宅时，陈寅恪正在工作。在他来后，先生挪步到楼上，下楼时，先生竟郑重地换了一身装束——长袍。后任中山大学教授的胡守为说："这件事对我的教育很深，这就是为人师表啊！"

广州时期，陈寅恪进入学术研究、教学的黄金时代，虽然目盲，但是

在助手的帮助下，陈寅恪的讲课技艺达到了炉火纯青的地步。比如，陈寅恪讲《时世妆》即"摩登之妆束"时，以自己1913年在法国巴黎观剧时，看见观众中一位女郎备受关注为例，原来她将秀发染成绿色，成了人丛中的"花魁"；再如，讲《立部伎》古代的"百戏"时，他说起1944年在成都观出土的唐砖上的"跳丸"刻像，友人数为六丸，他举白居易诗句为例，认为应为七丸，友人再数果然是七丸。陈寅恪独辟蹊径的治学方法，打开了学生的眼界，拓宽了他们的视野，活跃了他们的思维。

到了执教于康乐园时，陈寅恪已是著作等身、名满天下的硕儒，在众多学术领域建树良多。据说，陈寅恪在西南联合大学的同事刘文典曾经扬言："陈寅恪（月薪）值400大洋，我值40大洋，沈从文只值4块大洋。"中华人民共和国成立后，中山大学评教授，因陈寅恪被评为一级，而大家都公认其他人学问再高也无法与他比肩，结果均在二级以下。因而他上课时，慕名而来的名学者不少，如中文系教授詹安泰、董每戡、王起、冼玉清等人。他们均是知名文史专家、戏剧爱好者，都认真听过他的课。中山大学甚至于1953年专门组织历史系、中文系等文科教员，集体前往陈宅听课。

1954年，陈寅恪接受聘请担任首批中国科学院哲学社会科学学部委员（相当于中华人民共和国成立前的国民政府"中央研究院"院士），直至逝世。在此前后，他还担任卓有影响的学术刊物《历史研究》的编委、中央文史研究馆副馆长、中国科学院广州分院筹备委员会委员、第二届全国政协委员等职，以后又担任过第三、第四届全国政协委员。

除了中山大学校方外，鉴于陈寅恪的学术成就以及在中外学术界的名望与地位，新中国的一些高级干部也很尊重他，如时任中共中央中南局第一书记陶铸就因为陈寅恪是"岭南学界最具代表性的精英"而对他照顾有加。陶铸在参观中国出口商品交易会时，见展览中有一台收音、电唱两用机，想起陈寅恪喜爱听戏剧，就指示有关人员买下，送给陈寅恪；为便于陈寅恪散步，陶铸指示在陈宅门前专门铺设一条白色水泥道路；在全国人民都饿肚皮的1961年，由于陶铸的直接关照，中山大学重点照顾了陈寅恪的生活，使他"鸡鱼等肴馔甚丰"。

1962年6月10日，陈寅恪在洗澡时不慎跌了一跤，折断了右大腿与股间的接骨，住进了医院。留医半年多后，陈寅恪终因骨折处不能长合，所以右腿不能复原，于1963年出院回家。

陈寅恪的身体本来就差，身患多种疾病，吃得很少，但还必须采取到外面散步的方式来帮助消化。出院后又不能活动，陈寅恪回家后自己估计来日不多，因此他争分夺秒，希望能多整理出和多完成一些著作。他勤奋著述，"草间偷活欲何为，圣籍神皋寄所思"。为了将自己的家世、经历、思想记述下来交代给后人，他又不知疲倦地赶写"将来作为我的自撰年谱"的《寒柳堂记梦》，到1966年"文革"风暴掀起时，他已完成《弁言》和七章正文。

1963年3月28日，中山大学专门报告广东省有关部门，要求特殊照顾陈寅恪。从报告中所列的各项开支来看，每月需拨专款购买若干种进口药物。学校另派三个护士日夜护理他，并为他定做一部手推车，以便他能坐在车上到室外吸收新鲜空气。他想要的东西，学校也尽量帮他弄到。在知识分子被当作改造对象，待遇下降，全社会粮食、肉、食用植物油、食糖等农副食品等都要凭票定量供应的情况下，政府如此优待陈寅恪，难免有人心理不平衡，甚至于广东的某些高级干部也有微词，认为对陈寅恪的照顾过分了，配三个护士日夜护理太特殊了。当这些话传到陶铸耳朵里时，他对当时的中山大学党委副书记马肖云说：

> 你们学校有人讲，省三级干部会上有人讲，远在"新会会议"亦有人不满。陈先生，七十四岁，腿断了，眼瞎了，还在一天天著书，他自己失去了独立生活的能力，像个不能独立活动的婴儿一样，难道不需要人照顾吗？他虽然是资产阶级学者，但是他爱国，蒋介石用飞机接他，他不去。你若像陈老这个样子，眼睛看不见，腿又断了，又在著书立说，又有这样的水平，亦一定给你三个护士。
>
> 党外人士是帮助无产阶级做事情，刘备三顾茅庐才请到诸葛亮。

当时刘备除了关张以外没有什么人才。带着简雍、糜竺南下，希望不大，只有诸葛亮是有本事的。所以他与刘备吃小灶。我们要与一切党外人士合作，只有那毫无本事的坏人，我们才不要他。

陶铸的这番话在中山大学传达后，人们就不再议论陈寅恪所受到的照顾了。

在这种来自各方的照顾关心下，1964年，《柳如是别传》完成，陈寅恪通过柳如是这样一个人物，表彰"我民族独立之思想，自由之精神"，把明末清初这段波澜壮阔的历史，以百科全书式的视野展现了出来。

然而随着"文革"的深入，陈寅恪也不可避免地受到了冲击。1967年底的一天，红卫兵不顾陈寅恪心脏病恶化、身体极度虚弱，硬要用箩筐把他抬到大礼堂接受批斗，妻子唐篔前去阻止，竟被年轻力壮的红卫兵推倒在地。刘节见状，挺身而出，自愿代表老师进会场挨批斗。批斗会上，有人问刘节的感想，刘节大义凛然地回答："我能代表老师挨批斗，感到很光荣！"刘节在老师危难时刻挺身而出，显示出令人景仰的高风亮节，至今在中山大学仍传为美谈。

1969年10月7日凌晨5时半，瘦弱不堪的陈寅恪由于心力衰竭，兼之突发肠梗阻、肠麻痹，无法救治而凄然逝世。陈寅恪没有遗嘱，但他取得的学术成就却垂范着后世的中国。

陈序经

陈序经（1903—1967），字怀民，海南文昌县（今文昌市）清澜镇瑶岛村人。中国著名历史学家、社会学家、民族学家、教育家，20世纪中国教育史、文化史的标志性人物之一。陈序经是中国现代文化思想史上的大师，学贯中西，对历史学、政治学、社会文化学、经济学、教育学、法学、民族学都有精密的研究并多有独到的见解。陈序经曾任岭南大学最后一任校长。1948—1952年四年间，他把岭南大学建设成国内最完善的大学之一，一些院系（如医学院）达到国内一流水平。他在教育界的作为，奠定了今天岭南学派的格局。

陈序经10岁随父亲到新加坡，16岁回国，22岁大学毕业赴美国伊利诺斯大学留学，获得博士学位。后又携夫人赴德国柏林大学研究政治学、主权学和社会学。1927年，陈序经抱着把自己的知识献给祖国的强烈愿望返国，在广州任岭南大学教授。1931—1934年，他应聘赴德国柏林琪乐大学世界经济学院任研究员。1934年起，他先在中山大学、协和大学任教授，主要讲授政治学概论及社会学原理；后转在天津南开大学当教授，深得南开大学校长张伯苓的器重，由教授提为政治系主任、教务长。

抗战期间，北京大学、清华大学、南开大学三所著名大学迁往昆明，成立了国立西南联合大学，担任法学系主任兼校教务主任的陈序经代表南开大学参加西南联合大学的校务工作，后出任西南联合大学法商学院院长。在搬迁过程中，陈序经和广大师生一起，千里跋涉，翻山越岭，过江渡河，筹划建校，组织上课，等等。1947年，随校迁回天津。1948年8月1日，任岭南大学校长。1956年，任中山大学副校长。1962年，任暨南大学校长。1964年，调任天津南开大学副校长。1967年，在"文革"中被指控为"里通外国""特务间谍"，同年2月16日患心肌梗死在南开大学逝世。第二、第三届全国政协委员，广东省政协常委。

陈序经的一生经历充满传奇，真实地映照了中国文化变迁的轨迹。一位学贯中西的学者，投身教育事业多年，曾先后引发三次全国性大讨论（文化问题、乡村建设问题和教育问题），还有"抢救学人"、提倡教授治校等事迹。

陈序经学风正派，为人端厚，一生视名利为身外物，孜孜以求于教育和学术。他博厚精深、才识逸群，其著作等身，有四五百万字。论述东西方文化和交流方面更有建树，有《文化学概观》8部20本、《南洋与中国》、《大学教育论》，还有《中国古代政治哲学史》《现代主权论》《东西文化观》。这些著作大都撰成于20世纪三四十年代，但资料翔实，不乏独到的见解，至今还有很高的参考价值。中华人民共和国成立后，陈序经任中山大学副校长、暨南大学校长时，校务工作虽然十分繁忙，但仍坚持进行学术研究，著述不辍。在这期间，他主要集中精力于东南亚各国史的研究，连续撰写了200多万字的有关专著，其中包括《扶南史初探》《马来亚海史初述》《东南亚古代史初论》，还有《柬埔寨史》和《中西交通史》等。

陈序经故居位于中山大学东北区319号，是一栋红墙黑瓦的小洋楼。1949—1964年，陈序经在这里居住，并在此完成了著名的《陈序经东南亚古史研究合集》。

| 故事1 |

从懵懂少年到大师学者

陈序经的父亲陈继美小时因家境贫穷，没读过几天书，但通过后天的努力加上自己的勤奋，在东南亚把生意做得风生水起。而这位生意人虽所受的教育有限，但却特别注重孩子的教育。

1907年，4岁的陈序经被送入私塾读书。但是这位后来的大学者怎么也背不出"初开蒙，拜塾公，四书熟，五经通"这几句话，被先生打了手板。一年后，塾师失望地对他父亲说："你这孩子实在太笨，用斧头打开脑子装书进去怕也没有用。"

1912年，陈序经的母亲去世，由婶母三妈照顾，去致远学校读书。去新加坡后，又先后在育英、道南、养正、南洋华侨中学读书。陈序经之子陈其津回忆道："1919年秋，父亲离开新加坡回广州时，祖父嘱咐父亲三件事：一是照顾身体好好读书，不负逝去母亲的期望；二是切勿想在国内做官；三是切勿想回南洋做生意。"

1920年，陈序经从新加坡回广州，想入读岭南大学附属中学，但由于英语及数学太差，入不了附属中学，其父陈继美花大价钱请来老师为其补课（补课老师，每人每月150元港币），通过半年的努力，终于为陈序经打开了第一次与岭南接触的大门——入读岭南大学附属中学三年级。1922年夏，陈序经考入上海沪江大学，就读于生物系。

然而，沪江大学是教会学校，要想从这里毕业，就必须入教。陈序经不能容忍这样的束缚，于是1924年毅然转入复旦大学，读社会科学专业。于次年7月1日从复旦大学毕业，复旦大学社会科学院授予他学士学位。1925年8月5日，陈序经乘邮轮前往美国留学，就读于美国伊利诺斯大学。1928年6月13日，他拿到了博士学位。

陈序经曾引发文化问题、乡村建设问题和教育问题三次全国性大讨论，其中最引人注目的就是文化问题。1933年12月29日晚，在中山大学大礼堂，当时任岭南大学助理教授、年30岁的陈序经发表了题为《中国文化的出路》的演讲，主张全盘西化。他认为："文化乃人类的创造品，民族的精神固然可于文化中见之，然他的真谛，并不在于保存文化，而在于创造文化。过去的文化是过去人的创造品，时境变了，我们应当随着时境而创造新文化。"

两天后，该演讲内容在《广州民国日报》上刊载，引起一些学者的讨论。随后，当时的《文化建设》《独立评论》等杂志也发表大量文章，对演讲观点加以讨论。知名文化人如梁漱溟、胡适等均参与其中。

之后，陈序经又写了《中国西化观》等多种著作，认为：西方文化是世界文化发展的方向；中国已经走上了西化道路，不能不朝西化的方向继续迈进。"彻底的全盘西洋化"的办法是挽救中国民族危亡的唯一出路。

有趣的是，陈序经几乎是毫不保留地坚持全盘西化，而在他的身上却保留了浓郁的中国文化传统，他的生活方式与待人接物之道也一直都是中国式的。据他的儿子陈其津回忆，陈序经在生活中是一个非常简朴的人，他不打牌、不抽烟，家里没有电唱机、照相机，即使在他有能力的时候也没有想过添置。因为平时忙，他常常4点钟就起来开始写作。虽然他平时也喜欢穿西装，但是在家永远都是长袍马褂。

在20世纪50年代的中山大学曾流传着两则轶闻：一则是，有一次陈序经与著名史学教授陈寅恪乘车进城，恰逢走到一处司机要倒车才能绕行的路段，陈寅恪忽然和陈序经打趣说，快捷的小车有时也要倒车才能跑得快，陈校长的全盘西化恐怕也要倒倒车了。另一则是，有一天陈序经与陈寅恪同席吃饭，陈寅恪知道陈序经习惯用筷子，便笑打趣，陈校长的全盘西化是假，我的全盘西化才是真的。因为陈寅恪已养成吃牛油、面包、牛奶等的习惯，而陈序经则不然。

1952年，全国高等院校院系调整，岭南大学被取消，部分院系并入中山大学，陈序经成为中山大学一名普通教授。没有了行政上的繁杂事务，他一头扎进了书海里，专心科研和教学。凭借此前对古匈奴史、东南亚各国史、西南少数民族史等的学术积累，1953—1957年，陈序经撰写了约250万字的书稿，计有《东南亚古史初论》《匈奴史稿》《西双版纳历史释补》《越南史料初辑》《中西交通史稿》等。其中，《柬埔寨史》让该国的西哈努克亲王都叹为观止。近百万字的《匈奴史稿》是迄今为止有关匈奴史研究成果中分量最重、资料最多、涉及面最广、学术水平较高的一部著作，填补了中国匈奴史研究的空白。

| 故事2 |

另类的大学校长

陈序经本是一个淡泊名利、不失厚道与雅量的文人，他不热心政治，不想介入行政工作。在1934年蒋介石提倡"尊孔读经"，发起讲"礼义廉耻"的新生活运动中，有的学者受当局暗中指使，发表中国本位主义文化建设的"宣言"，学术研究因而偃旗息鼓。陈序经不畏强权，大义凛然地进行批评。抗战时期，有关当局明令各大学院长都要加入国民党，陈序经坚决不肯，铿锵地说："如果一定要我参加国民党，我就不做这个院长。"抗战胜利后，宋子文力邀陈序经担任驻泰国大使，1949年国民党有意让陈序经担任教育部次长，都被他拒绝。

1948年，有基督教背景的岭南大学校董事会，邀请这位不信教的陈序经担任校长之职。陈序经一开始也不太愿意，经过南开校长张伯苓的沟通，想起当时其家乡广东虽身为"全国风气之先"，却教育贫瘠、学术落后，心里便有了在家乡建设一所一流高校的想法，于是接受了这个重任。

当时的岭南大学确实也具备跻身一流的条件。它前身为1888年由美国基督教长老会创立的格致书院。1904年该校迁往康乐村，1927年收归中国人自办，改名岭南大学。从20世纪30年代起，岭南大学先后设立了文、理、工、农、商、医等学院，并与外国许多高等院校建立了交换生制度，和美国纽约大学互相承认学士学位。

1948年8月，是陈序经第三次来到岭南大学，第一次是读书，第二次是当教授，而这第三次是当校长。前后相差20年，20年的岁月，已经把陈序经铸成了一流的教育家。为了将岭南大学建设为学术一流的大学，他确立了"教授治校"的治学方针。陈序经有一句口头禅："我是为教授服务的。"在决策时，他常常和教授们当面商讨教务，甚至一一登门拜访，丝毫没有校长的架子。他对教授们充分信任，从来不去听教授们讲课，真正做到惜才、用才、器才。

正是这种过人的器量和待人诚挚的吸引力，让陈序经四处罗织人才，

拜会了很多学者和教授。被他聘请南下的著名学者教授有：学贯中西的史学家陈寅恪、负有盛名的语言学专家王力、中华人民共和国成立前的国民政府"中央研究院数学研究所"首任所长姜立夫、中国临床放射学创始人谢志光，以及著名医学专家司徒展、陈国祯等。还有伍锐麟、冯秉铨、容庚、陈永龄、陶葆楷、王德辉、张纯明、吴大业、梁方仲、陈耀真、毛文书、王正宪、潘孝瑞、林为干等各有专长的优秀专家与学者。

关于对人才的重视，陈序经还有一则脍炙人口的轶事：新中国成立前夕，国民政府教育部次长杭立武动员陈寅恪赴台湾没如愿后，曾多次派人要陈序经劝说陈寅恪去台湾，陈序经一直没有答允。在解放军的大炮已震撼南粤大地的一天，杭立武拉"战时内阁"的国民政府财政部部长徐堪赶到岭南大学，要陈序经一同前往劝说陈寅恪到香港去。他对陈序经说，如果陈寅恪答应去香港，杭立武马上给陈寅恪10万元港币。陈序经当即回答："你给10万，我给15万。"陈寅恪留在大陆，在岭南大学任教后，陈序经给他的工薪高于很多教授两三倍。

陈序经出任岭南大学校长刚刚两个月，就利用回天津办事的机会，数次赶赴北平（北京）拜访谢志光，恳切相邀。几次相谈后，谢志光欣然应允，并带来一批协和的名医，诸如秦光煜、陈国祯、陈耀真、毛文书、白恩施、许锦世、周寿恺、司徒展等教授。这批医学界名教授共同撑起了在中国医学界有相当名声的中山大学医学院的半边天。因此，才有了后来中山大学医学院有"八大一级教授"的说法。

陈序经从南洋归国时，他父亲就告诫他从此要为国家的教育事业尽心尽力，他也的确终身铭记父亲的嘱咐。为了明志，他给自己定下了"三不主义"：不经商、不做官、不入国民党。他一生都遵循这三条原则，但担任岭南大学校长期间，为保证老师们的收入和学校的正常运转，他不得不介入商业运作。比如为了保证岭南大学教师能在物价飞涨的情况下按时发工资，陈序经利用开学时收到的学费购入物资储存，需钱用时再卖出去保值增值。他一直认为校长应该干筹钱的事，让教师安心教学与学术研究。从这点上看，陈序经还是继承了他父亲善于经商的基因。

当年岭南大学的学生、后来成为中国科学院院士的卢永根先生，在一篇纪念陈序经的文章中写道："正当中国人民解放军解放北平后挥师南下的时候，不少名教授和学者对党的政策存在疑虑而纷纷南下，准备经香港转往台湾或外国。就在这个时候，陈校长毫不动摇地坚守岗位，以自身的行动和礼贤下士的风范，把一批来自北方的名教授罗致到岭南大学，说服他们留下来，使他们成为广州解放后的学科带头人。"

陈序经的学生、著名法学家端木正也在回忆录中提到："陈校长令人崇敬的原因很多。他自己勤奋治学，清廉自守，品德高尚……但他在教育界和学术界最被怀念的应是他善于团结高级知识分子……他自己是研究社会科学的，但他的好朋友遍及各个学科，理工农医，各方面的学者都把陈序经视为知己。"

1950年6月，朝鲜战争爆发，国内的反美浪潮愈演愈烈。岭南大学原先是个教会学校，有不少的外籍特别是美籍教师分批离开了中国。作为一所私立学校，岭南大学在新的环境下已经很难筹措到经费，也无法再从美国岭南大学基金会获得资助。即使如此，陈序经仍尽自己最大努力，在校内规划兴建新的教学大楼、宿舍和田径场。

从1948年8月1日陈序经出任岭南大学校长，到1952年夏岭南大学被取消，不到四年的时间，岭南大学成为国内最完善的大学（当时广东只有两所大学，另一所为中山大学），一些院系（如医学院）达到国内一流或最佳水平，拥有一批国内外著名的学者、教授和专家，而广州俨然成为当时中国的学术重镇。如果考虑到这几年中国的政治环境（先是解放战争，后是抗美援朝），那么，岭南大学的发展不能不说是一个奇迹了。

容　庚／容肇祖

容庚（1894—1983），原名肇庚，字希白，号容斋，后改颂斋，广东东莞县（今东莞市）人。中国著名的青铜器金文专家、考古学者。

容庚出身于前清官宦之家，曾祖父曾为翰林学士，祖父容鹤龄是清同治二年（1862）的进士，后来任东莞石龙龙溪书院和顺德凤山书院院长十几年，培养了大批人才。父亲容作恭，博闻强记，藏书万卷；族叔容祖椿，善画山水人物、花鸟虫鱼。

外祖父邓蓉镜同为进士出身。四舅邓尔雅是近代岭南著名的书法篆刻大师，更是容庚学术和艺术上的启蒙导师。当时东莞人称容庚、三弟容肇祖和两人的舅舅邓尔雅是"一门三杰"。容庚从小就跟随邓尔雅研读《说文解字》和《说文古籀补》，学习之余研习书法、篆刻。后来，容庚研究金石，二弟容肇新学刻印，三弟容肇祖学古文，三人都受邓尔雅教育很多。

容庚于1922年进入北京大学研究所国学部当研究生，1926年毕业后留校任教。次年转入燕京大学任襄教授、教授，并主编《燕京学报》。1927年起兼任北京古物陈列所鉴定委员。1934年任考古学社执行委员。抗日战争时期，致力爱国救亡。1946年任岭南大学教授兼中文系主任，并主编《岭南学报》。1952年院系调整，容庚进入中山大学任中文系教授，直到1983年逝世。

容庚在古文字学、考古学和篆刻学等方面均有很高造诣，先后出版专著30余种，发表论文70多篇，其中《金文编》摹写殷周秦汉的金文编撰而成，是继清代吴大澂《说文古籀补》之后的第一部金文大字典，也是容庚的成名之作。《商周彝器通考》是对中国青铜器作系统理论阐发和科学分类的划时代著作，被学术界誉为商周彝器研究的奠基之作。此外，容庚还编印有《宝蕴楼彝器图录》《秦汉金文录》《颂斋吉金图录》《武英殿彝器图录》等大量著名的青铜器图录，为中国青铜器研究作出了卓越贡献。

容肇祖（1897—1994），字元胎，容庚的三弟，广东东莞莞城人。中国当代著名哲学史家、史学家和民俗学家。他出生之时，正是其祖父去世之日，因而原名念祖，后来才改成了肇祖。

1913年春，容肇祖考入了东莞中学。1917年秋，因家庭困难，选择投考了不收学膳费的广东高等师范学校。1921年秋，容肇祖从广东高等师范学校毕业后，回到了母校东莞中学任教。东莞中学校长因实施"男女同受教育"被撤换，他和长兄容庚愤而辞去中学教席，共同北上求学，就读于北京大学哲学系。

容肇祖一生著作等身，最负盛名的当数《明代思想史》。这是一部拓荒性的断代学术思想史著作，被学界誉为"里程碑式著作，断代哲学史的典范"。容肇祖也被后人尊为"明代思想史的泰斗"。他的多部哲学研究著作，包括《明代思想史》《魏晋的自然主义》《韩非子考证》《李贽年谱》等，不但在国内出版，还被翻译成英文、德文、日文等，影响及于海外。

容肇祖还是中国民俗学研究最早的发起人之一，撰写了《迷信与传说》等多部重要论著。作为一个著名的民俗学家，早在1924年，容肇祖就与顾颉刚等人一道，对北京妙峰山的进香活动作了研究调查。其研究成果《妙峰山进香者的心理》一文，刊登在《京报副刊》的《妙峰山专号》上。

在神话和传说的研究上，容肇祖的《二郎神考》《天后》等文，是中国较早出现的替某一位"神"作系统考究的论文之一。这些文章的撰写和发表，为研究中国现代早期的神话研究领域起到较为积极的作用。在传说学的探索上，他先后写过《传说的分析》《德庆龙母传说的演变》《与魏应麟论临水奶》等一批有影响的文章。

容氏故居位于东莞市莞城区旨亭街8巷2、4、6号，为三进三间两廊式东莞清代民居。容庚及其弟容肇祖、妹容媛均出生于此。

故事1

容庚及其收藏

容庚先生雅好收藏，尤其是青铜器和书画，一生共有藏品1300多件（套）。

容庚对收藏的兴趣最初来自家庭氛围的熏陶，众亲友中，祖父容鹤龄和外祖父邓蓉镜、二舅邓沛霖、表兄邓懋勋均雅好收藏。容庚的藏品中有一部分就是从父祖那里继承而来，如王翚《仿李晞古山水图轴》等。另有一部分为亲友所赠，其中最为珍贵的当属刘体智赠送的林良《秋树聚禽图轴》。好友黄宾虹、启功、顾颉刚、蒋兆和、唐云、谢稚柳、商承祚、黎雄才、关山月、周怀民等人，都曾将自己的作品送给容庚。

但更多藏品还是容庚自己购置，如董其昌和冯起震合画的《枯木竹石图卷》，还有明人董其昌的《仿李成山水图卷》、明人文徵明的《草书诗卷》和《醉翁亭图记卷》、明初戴进的20余米长卷《山高水长图卷》、明人王世祯行书《西湖近稿诗卷》等。

早在容庚在北京大学读研究生时，就有时常逛琉璃厂的爱好，并写在自己的日记里。如1925年1月1日的日记："饭后与三弟游市场，购得旧抄本茅鹿门批本《韩文集选》残本一册，价铜元二十枚，罗复庵行书联一对，价四角。"同年1月26日又写道："逛琉璃厂，购《康南海戊戌遗笔》一册。"

1928年4月28日，容庚在日记中写道："余向不入古玩铺之门，以囊中羞涩，爱而不能得，徒系人思也。"正是这一天，他第一次购买了青铜器。从此，他的《金文编》由此得到充实，以及开始了编撰《商周彝器通考》的历程。

容庚收藏有自己的思路，他曾经说："人方以大家为贵，余乃取其冷僻者；人方以有名人题跋为贵，余乃取其无题跋者；人方以纸本为贵，余乃取其绫绢者；人方以立轴为贵，余乃取其卷册者，闲又估人以为伪作，而余独审其真，辄以精鉴自喜……"也就是说，在收藏上他不追时髦，别人追求名家书画，他则专门选择不那么热门的书画家的作品。容庚在燕京大学任教时还兼任北平古物陈列所鉴定委员，这让他有机会频繁接触大量珍贵文物，也让他练就了一双鉴别藏品的"火眼金睛"。别人不敢断定真假、不敢购买的作品，他能鉴别真伪，用较低的价格收入囊中。比如恽寿平的《山水册》，当时绝大部分人都认为是赝品，但容庚坚持是真品并最终以低价买到。

容庚最大的一次收藏入手是在1930年，当时山西有一大收藏家逝世，其后人拟把数百件古铜器整批出售，索价万余元。容庚闻讯，立刻赶到将5000元定金交到卖主手里，然后将这批青铜器运回北京。由于当时的容庚一点积蓄也没有，只好在途中卖掉了几件文物，还清了山西卖家的欠款。其中最负盛名的一件青铜器，就是春秋中期晋国大夫栾书所铸的"栾书缶"。书缶是最早期的错金工艺实物，错金铜器以兵器居多，而铭文字数较少。"栾书缶"不仅是铜器所书的上乘，而且缶之器铭盖铭中共有48字之多。1950年，容庚将其和其他藏品一并捐出，现在珍藏于中国国家博物馆。

关于容庚的收藏还有一件逸事：1931年秋，容庚将一把刻有"王戉"铭文的青铜剑理解为《史记·秦始皇本纪》中的"卿王戉"，于是和古文字学专家于省吾交换藏品。有一天，容庚在日本人所著的《周汉遗宝》一书中见到"戉王矛"，才明白此剑中的"王戉"二字应倒读为"戉王"，是把越王剑，顿觉非常可惜。1937年春，容庚机缘巧合购得师旗鼎，于省吾见到后就希望容庚割爱转让，容庚借此机会提出交换条件，以师旗鼎来换越王剑。于省吾再三权衡和考虑之后，终于答应将越王剑作为交换。于是容庚对失而复得的越王剑倍感珍惜。1956年，容庚将此剑捐赠给广州市博物馆，现已成为该博物馆的镇馆之宝。

容庚专注收藏，除却爱好之外，更是其拳拳爱国之情的体现。在那个国力不济的动荡年代，大量珍贵文物流入资力丰足的外国人手中，而导致

国宝流失海外。容庚对此十分痛心。他所购青铜器，即使不能保存长久，也力争印成图录，供同好研究，传播中华文化。容庚曾表示："我的工资收入并不高，但这十几年来，我倾尽我的所有收藏了这些字画器物。为的就是学术研究以及保护我国的珍贵文物，以免外流。"容庚弟子、中山大学教授曾宪通也讲过："容庚先生之所以要收藏和研究古青铜器，就是要为中国人争气。"包括其编著《商周彝器通考》，也是因为想凭借自己的努力，改变当时先秦铜器研究话语权由日本学者掌握的局面。

20世纪50年代，容庚将其收藏的古铜器"栾书缶"和150件青铜器珍品全部捐给国家。还向华南师范学院捐赠了一批青铜器，包括著名的十年陈侯午敦。1977年以后，容庚分三批将所藏青铜器及书画字帖交付广州市博物馆。后又几经波折，将1万多册珍贵书籍交付中山大学图书馆。直到容庚病逝，他的家人还遵照他的遗愿，将他手中最后一批著作手稿、名人信札、金石拓片、古籍图书等400多种、2000多件珍品捐予广东省立中山图书馆。广州艺术博物院至今所积累的上万件历代书画藏品之中，近十分之一为容庚所捐赠。

容庚的女儿容璞回忆起父亲时曾说："父亲曾言，取之于国，用之于国，把东西捐出去，能让大家都看到，这是他的情怀。父亲去世后，我们几个商量，也决定把剩下的藏品文物全部捐了，一封信札都不留。我们想，这也是父亲的心愿。他曾和我们说，你们不懂（这些东西），放在你们手上可惜了，捐出来可以让更多人看到，他是用实际行动在爱国。"

| 故事2 |

容肇祖和民俗学

1922年，容肇祖和长兄容庚同时进入北京大学学习，在北京大学期间，他受到了胡适的巨大影响。胡适主张研究一门学问、提出一种观点，要经过详细的考证，占有翔实的材料，依据可靠的材料，方可提出自己的观点、得出自己的论断，一定要做到"有几分证据，说几分话，有七分证据，不能说八分话"。这种治学思想成了贯穿容肇祖一生的学术准则。

1925年春，受北京大学风俗调查会之托，顾颉刚、容庚、容肇祖、庄尚严、孙伏园5人赴妙峰山调查，他们抄录碑偈，访问香客，求教耆老。这是中国民俗学第一次有组织、有计划、有目的的民俗调查。之后，容肇祖撰写了《妙峰山进香者的心理》一文，对香客朝拜的心理作了深刻的剖析。

1928年时，容肇祖在中山大学任职，同时担任《民俗》周刊的主编。他曾暗暗告诫自己："一定要尽力把《民俗》周刊办好，让民间文艺唱得更响些，更有力些。更为大众所重视。"并亲赴云南作西南民族的调查，回广州后，撰写和发表了《敦煌本明妃传残卷跋》《占卜的源流》《德庆龙母传说的演变》等9篇论文。在此基础上，次年出版了专著《迷信与传说》。在容肇祖和其他民俗学爱好者的共同努力下，中山大学民俗学会的工作出现了兴盛局面，并成为当时全国民俗学和民间文艺学研究的大本营。

1930年秋，容肇祖离开中山大学，受聘到岭南大学任国文副教授。他除登台授课以外，还继续从事民俗学和民间文艺学的研究，先后发表了《祝英台故事集序》《田章故事考补》《山海经研究的进展》《冢志跋》《冯梦龙生平及其著作》等10多篇文章。

1932年秋，容肇祖重新回到了中山大学。1933年1月，容肇祖再次担任中山大学民俗学会主席，并积极从事《民俗》周刊的复刊准备工作（1930年4月，《民俗》周刊因故停刊）。同年3月，《民俗》周刊复刊，容肇祖继续出任编辑，并为复刊号写了《卷头语》《民俗学参考书报介绍》等文。

1934年，容肇祖受聘到北京辅仁大学，兼任北京大学哲学系讲师。他先后修改出版了《中国文学史大纲》《魏晋的自然主义》《韩非子考证》《李卓吾评传》等多种学术论文专著。此外，还发表了《月令的来源考》《何心隐及其思想》《吕留良及其思想》《辅仁学德》等20余篇论文。1941年，其代表作《明代思想史》面世。

这些论文写作需要大量的资料考证，写作时受尽了寂寞和艰辛。比如《何心隐及其思想》。明末学者何心隐，因得罪权贵而被杖杀，临刑时，"其时武昌上下，人几数万，无一人识公者，无不知公之为冤也"（李贽《何心隐论》），其著作也在死后散落。容肇祖多方辗转查询，不但写出了《何心隐及其思想》，后来还编纂了《何心隐集》，是目前讨论何心隐思想最完整的作品集。

再如《吕留良及其思想》。明清之际学者吕留良，雍正期间卷入文字狱，不但自己被开棺辱尸、著作被销毁，而且祸及亲人、弟子，连其他人著作中涉及吕留良的名字都必须焚毁。查证他的生平，其艰难程度可想而知。若是没有一种甘于寂寞、勤于探索的态度，《吕留良及其思想》便不可能面世。

除上述著作外，容肇祖还著有：专著《李贽年谱》《先秦法家》《清代几个思想家》《容肇祖集》等；学术论文主要有《韩非的著作考》《三界神考》《二郎神考》《德庆龙母传说的演变》《山海经研究的进展》《明神名又为古官名的讨论》《目录学家著述的分途》《中国目录学引论》《冯梦龙的生平及其著作》《孔尚任年谱》《方以智和他的思想》《潘平格的思想》《焦竑及其思想》《王守仁的门人黄绾》《刘基的哲学思想及其社会政治观点》《复社的领袖张溥》《明朝的大臣海瑞》等涉及各个领域的学术论文130余篇；整理的古人著作有《资治通鉴》《续资治通鉴》《王安石老子注辑本》《吴廷翰集》《崇正辩》《斐然集》等。凡研读容肇祖著作的学者，无不敬佩其学问之渊博。

岑仲勉

岑仲勉（1886—1961），名汝懋，号铭恕，广东顺德县（今顺德区）桂州里村人。中国现代著名历史学家，毕生致力于历史研究，在隋唐史、先秦史、古代文献学、中外交通和民族关系、史地考证等方面均卓有建树，为国内外史学界所推重。

岑仲勉出生于一户开米店的普通商人家庭，3岁丧父，童年入私塾，诵读四书五经。后跟随堂伯父攻习金石刻辞。自幼对历史研究兴趣极大。清光绪二十九年（1903），岑仲勉考入两广大学堂，后又考入两广游学预备科（设在广州粤秀书院）。

1912年12月，岑仲勉毕业于北京高等专门税务学校。为了反对袁世凯称帝，他放弃了海关优厚待遇，返回广州，任两广都司令部财政科科长。利用工余之暇，他博览史学群书，积累了大量材料，写成了多本读书笔记。这段时间他也曾致力于中国植物名实考订和植物分类学研究，并撰写过植物分类学书稿。

民国19—23年（1930—1934），岑仲勉在主持圣心中学教务工作期间，撰写了有关史地学研究的《课余读书记》。民国23年任上海暨南大学文书及秘书课主任时，出版了《法显传考释》（即《佛游天竺记考释》），这篇文章也被视为岑仲勉的成名之作，引起了国内史学界的瞩目。随后在《辅仁学志》《金陵学报》《中山大学史学专刊》发表了一大批论文，如《陈子昂及其文集之事迹》《汉书西域传康居校释》《新唐书突厥传疑注》《跋突厥文厥特勒碑》《秦代初年南越考》等。

民国26年（1937），经陈垣等人推荐，岑仲勉进入国民政府"中央研究院历史语言研究所"任研究员，直到民国37年（1948）。其间，虽因战

乱，颠沛流离，但他锲而不舍，刻苦治学，发表了大量著述。如重新考订勘误了《全唐诗》《全唐文》《白氏长庆集》等典籍，尤其深入研究《白氏长庆集》，岑仲勉不仅精心考证各种版本源流，还以穷尽一切相关资料的手法详尽考订与其相关的各种人物的世系、行第、官职等问题，与陈寅恪以历史政治入手考订唐代社会风气的研究方向相互呼应，共同构成完整的白居易研究体系。他在这11年里还发表了70多篇独具分量的论文。不仅如此，他还收集了大量年谱碑传，潜心考订《元和姓纂》一书，撰成170多万字的史学名著《元和姓纂四校记》。

在唐史的研究方面，岑仲勉的碑证史成就突出，名篇有《郎官石柱题名新著录》《金石证史》《贞石证史》《续贞石证史》等。其中《郎官石柱题名新著录》是他对唐代传世名碑尚书省郎官题名的石柱进行实地考古、订正整理而成的。他治史十分注意史源，认为弄清史源对考据有重要意义。他的碑证史，开拓了隋唐史研究的史源。正因为如此，他在隋唐史的考据方面成果累累，除上述有关《白氏长庆集》的辨伪考证外，编年考证有《隋书州郡牧守编年表》诸文，地理考证有《括地志序略新诠》诸文，职官考证有《依唐代官制说明张曲江集附录诰命的错误》诸文，姓氏考证有《校贞观氏族志残卷》诸文，复原考证有《西京杂记卷三残卷复原研究》诸文。

1948年7月，岑仲勉回到阔别多年的家乡广东，在广州任中山大学文学院历史系教授，授隋唐史和培养研究生。

1953年，人民政府提出根治黄河的规划和措施。他对治理黄河极为关心，对河源问题、河道变迁问题，积累了丰富的资料并有精心研究，先后发表有关历代治理黄河的经验及其利弊的论文多篇，如《关于黄河迁徙的研究》等。1955年写成的《黄河变迁史》一书，于1957年出版，被学术界认为是中国黄河史的学术巨著。同年出版的《隋唐史》，则是他讲授"隋唐史"时由讲义演进而成的专著。在书中，他力图用历史唯物主义的观点解决中国古代史的问题。

此外，岑仲勉把中国史书、文集、杂著、笔记和碑志中的突厥资料编撰成《突厥史集》（上、下册）、《西突厥史料补阙及考证》，于1957年脱稿，翌年出版。他在隋唐史、校勘学、边疆史地与民族、中西交通史等领域作出了巨大贡献，专门著述达17种，学术论文近200篇，约1000多万字。

| 故事1 |

"平民学者"岑仲勉

岑仲勉在中国学术史上是一个独特的存在，他并非出身于学术世家，也没有读过名校，还没有名师指点，更谈不上出国深造。但他自幼喜爱史学，他曾说过："我也奇怪，或者由先父遗留下的书籍暗示，自处既不喜欢八卦，而爱看史地、掌故、政典之书。"通过多年如一日的孜孜不倦，刻苦努力，潜心史学研究，这位半路出家的"平民学者"最终成为一代学术大家，与陈寅恪先生并称为"康乐园二老"，为后生学人树立了一个正面的典型。

岑仲勉即使在已经取得辉煌成就后，仍然保持了其"平民"本色。中山大学教授蔡鸿生先生曾写道：家住广州市文明路的岑仲勉，一直婉拒学校派车接送，他宁愿挤公共汽车来学校。当时他总是身穿唐装，脚踏布鞋，左上口袋挂个旧式怀表，右下口袋放包"白金龙"牌的卷烟，每次都是提前来到课室，边抽烟边与学生闲聊。上课时谈笑风生，话题信手拈来，旁征博引，分丝拂缕。他粤语（口音）虽重，却一直讲普通话，但又担心听者难明，于是颤手板书，两节课下来黑板写满了各种人名、地名、官名。后来他带研究生，更在家中自设小黑板，以备学生提问。

因此，在学生心目中，岑仲勉这位地地道道的"平民学者"是一位值得尊敬的师长。这位师长在成长过程中，也不断遇到良师益友，与他在学术的道路上兼容并包、相互帮助。陈垣就是其中最突出的一位，他是岑仲勉学术道路初期最有力的支撑，岑仲勉能极快地从一个业余历史爱好者成长为专业研究者，陈垣可以说功不可没。

早在1933年，岑仲勉就不断将文章寄给素未谋面的陈垣，并谦称"浅学技痒，辄致喧奴"。陈垣读后大为赞赏，不但主动为自己主办的《辅仁学志》多次向岑仲勉邀稿，还不遗余力地向傅斯年、陈寅恪、顾颉刚等人推荐岑仲勉。经过陈垣等人的举荐，岑仲勉不断在《禹贡》《辅仁学志》等国家一流学术刊物上发表论文，逐渐引起国内学术主流的关注。1935年，上海商务印书馆出版了岑仲勉的第一部专著《佛游天竺记考释》。当时上海商务印书馆是国内影响最广泛且学术地位崇高的出版社。这部专著也被认为是岑仲勉的成名之作。1937年，在陈垣、傅斯年等人的帮助下，岑仲勉终于进入当时名家荟萃的国民政府"中央研究院历史语言研究所"。

陈垣不但对岑仲勉非常关心，还在学术上为他提供了很多帮助。没有进入历史语言研究所前，岑仲勉没有便捷的途径获取图书资料。当时，陈垣作为辅仁大学校长和文化界的中心人物，公事繁忙，自身也有学术研究工作，然而仍然尽心尽力照顾岑仲勉这一史学界"新秀"。1934—1937年间，岑仲勉共致函陈垣41封，信件内容主要包括搜集、借阅、赠送资料，以及商议学术论题、讨论治学方法等方面，其中18封都涉及陈垣为岑仲勉搜集资料的内容。

《元和姓纂》是岑仲勉学术生涯中浓墨重彩的一笔，是岑仲勉隋唐史研究的重要基石。在写作校对过程中，岑仲勉多达12次致函陈垣，针对《元和姓纂》版本、史源、金石史料等问题提出自己的研究心得、步骤、计划，向陈垣请求帮助。陈垣对此也都悉心回答，勉励岑仲勉，并对其勤学高效表示推崇。

1933年，经陈垣推荐，陈寅恪读了岑仲勉的文章，回信给陈垣说：岑君文读讫，极佩，便中乞代致景慕之意，此君想是粤人，中国将来恐只有南学，江淮无足言，更不论黄河流域矣。陈寅恪以史学大师的眼光准确判断出尚不为人知的岑仲勉将开启岭南史学新领域，可看出岑仲勉的文章在陈寅恪这位"教授中的教授"心中引起了巨大的震动。这个评价令岑仲勉

"奖誉备至，惭汗交并"。

| 故事2 |

岑仲勉在广东的历史成就

20世纪初可谓是中国史学现代化的起点，当时，传统史学受到外界的极大冲击，比如西方史学和思想方法的引入、新史料的陆续发现，以及新的史学思潮和新文化运动的推动，这些都促进了当时先进学者摆脱为帝王将相作传性质的传统史学模式，他们开始独立思考。

岑仲勉也不例外，他的历史贡献主要集中在隋唐史、西北史地和突厥史三个方面，这三方面都对当代史学工作者产生了巨大影响。他能剖析各家学说之短长、考证不同史料之异同，并鉴别其真伪，最后提出自己的学术意见。

岑仲勉1948年来到中山大学历史系担任教授，当时正值全国即将解放，新的人民政权使新中国的教育及科研工作孕育出了新的生机。在这种背景下，岑仲勉的研究工作亦发生了一定的变化，他更加关心时事，注意将自己的研究工作与国家的需要联系起来。在中山大学教书育人的同时，岑仲勉积极学习唯物主义历史观，用以指导考证、校对等工作，并用以指导自己的学术研究。他先后出版了《西周社会制度问题》《黄河变迁史》《隋唐史》《突厥集史》《西突厥史料补阙及考证》《墨子城守各篇简注》等学术著作。

1953年，政府提出根治黄河的规划和措施，作为一贯经世致用的学者，岑仲勉先后发表有关论文多篇，如《关于黄河迁徙的研究》一文，总结了历代治黄经验及利弊得失，受到有关方面的重视和好评。接着，他于1955年完成了《黄河变迁史》一书的撰述。该书多达60余万字，对元代以前黄河变迁的历史进行了概述，并阐述了历代治理黄河的名论及其实施。资料翔实、例证突出，为治理黄河水利提供了重要历史依据，成为中国研究黄河历史以及如何治理黄河的一部重要学术著作。

1950—1953年间，为了教学的需要，岑仲勉用浅显的文言文撰成《隋唐史》讲义，后又经整理，于1957年由高等教育出版社出版。该书是当时中国较早出版的极少数隋唐断代史著作。1982年由中华书局重新排印出版，1984年再版；2000年，河北教育出版社"二十世纪史学名著丛书"将这本书转换成简体字及重新排版后出版。《隋唐史》全书分上、下册，其中隋史部分19节，唐史部分68节，附录2节，配图13幅。

《隋唐史》是对唐人行第及文集的一次正式梳理，岑仲勉以考据见长，从而使得其能够在隋唐史的某些史事及重大问题的研究上有所超越。全书写作除采用《全唐诗》《全唐文》《两唐书》《太平广记》及唐人专集、唐人笔记等史料之外，还参考《唐文续拾》《唐文拾遗》，以及敦煌抄本和出土墓志等，对众多文献作一一考证。这不仅仅是对文献本身的考证，更是从历史的角度以"追求真实"为目标的一次文献整理，对唐代文学研究作出了巨大的贡献。

此外，岑仲勉对研究唐代政治制度史的重要组成部分，也就是姓氏谱牒、郎官、进士、翰林等，运用以碑证史的方法，通过石碑保存的史料，考订了之前书籍的疏漏及错误之处。他也善于利用前人未曾注意过的史料进行研究，对隋唐时期的历史研究工作进行了一次全面的校对、补正和考订。他能够在旁征博引中剖析众家之说，并在此基础上，借助于翔实的史料、精审的考辨，创辟出新见解。

《隋唐史》内容力求专门化，以事件为中心，按问题写成小节，搜集资料佐证，最后得出论断。因为最初是针对大学教学写作的教材，因此不重叙事，而重视考据、研究和学术批评。全书语言风格较为传统，由文言文写成，目的是为了锻炼学生的文言文阅读能力，其主要内容有经济、政治、文化、地理、民族、农民战争几个版块，同时吸收了当时流行的历史唯物主义，开创了新的断代史形式，健全了隋唐史的学科体系建设。

杜国庠

杜国庠（1889—1961），曾用杜守素、林伯修等笔名，广东澄海人。马克思主义哲学家、历史学家。

杜国庠早年留学日本，就读日本京都帝国大学政治经济科。在日本读书期间，他参加爱国文学社团"南社"。1919年7月，学成归国的杜国庠进入北京大学任教。教学期间，他继续研究马克思主义学说，并不断在实践上向马克思主义靠近。

1925年，杜国庠回到家乡澄海，先后任澄海县立中学、潮州金山中学校长。他实施民主办校，通过选举由教师、学生、工友代表组成的校务委员会来监督、管理学校行政。这些举措均在当时开创了广东教育的先河。

1928年，杜国庠正式加入中国共产党。他化名"林伯修"，积极参与到当时的文学论争中，并且很快成为中共中央文化工作委员会的五位委员之一，并积极参加筹组中国左翼作家联盟，发起成立中国社会科学家联盟、中国左翼文化总同盟等，成为中国共产党领导文艺发展、反文化"围剿"的前线战士。

这一期间，他先后出版了10多部译作，发表了多篇论文。其中涉及马克思主义理论的有《马克思之所谓意识形态经济》《无产阶级文学论》《艺术论》《辩证法的二唯物论入门》《唯物论与经验批判论》等。

1935年2月，由于上海共产党组织遭到破坏，杜国庠被捕入狱。1936年西安事变后，杜国庠出狱。此后，杜国庠主要研究中国思想史，尤其是中国古代思想和先秦诸子。

中华人民共和国成立后，杜国庠任中国科学院哲学社会科学部学部委员、中国科学院广州分院院长。

杜国庠学识渊博，学术研究涵盖哲学、古文献、佛学、逻辑学等方面。他与侯外庐等人合作编撰的《中国思想通史》共分5卷，是一部用马克思主义理论整理中国思想史的著作。第一卷属于古代部分，上自殷商，下至战国；第二、第三卷属于中世纪的前期，起自汉代，下至南北朝；第四卷属于中世纪的后期，起自隋、唐，下至明末；最后一卷属于近代部分，始于清初，下至19世纪40年代。该书系统梳理了中国上古至清代哲学思想、逻辑思想和社会思想的发展，可谓里程碑式的通史著作。

1961年，杜国庠因病逝世，归葬于老家澄海。其墓位于澄海市（今澄海区）凤翔街道东门外东港路东侧，1984年公布为澄海市文物保护单位，1995年列为广东省爱国主义教育基地。墓碑上刻"杜国庠同志之墓"，为书法家王鼎新手笔。背面为杜国庠夫人陈御仙撰写的杜国庠传略。墓碑前两侧各竖郭沫若、许涤新题诗石刻。

| 故事1 |

百年大计，教育为本

杜国庠不仅是中国著名的马克思主义哲学家、历史学家、革命活动家，而且也是一位著名的教育学家。

1907年，杜国庠东渡日本开始12年的留学生活。其最初的费用来自杜氏大宗祠和澄海县同善祠的资助。杜氏大宗祠是杜姓的祠堂，同善祠则是由当地各姓共同出资成立的公祠。祠堂通常都有一些田产，所入除了用于祭祀等公共活动的开支之外，有时也会资助贫困族人的生活和教育费用。对于像杜国庠这样家境贫寒的人来说，如果没有宗族的支持，费用昂贵的出国留学根本就是不敢想象的事情。作为宗族支持的受益者，杜国庠后来始终关心着这项善俗的完善和推行。

1919年，杜国庠从日本学成回国后，在北京大学任教，虽远离家乡，但仍十分关心家乡的教育情况。当了解到杜氏创办的崇德学校经费拮据，设备陈旧，绝大多数同宗农家子弟更因家境穷困不能入学时，他深感痛惜，于是联合众乡贤、士绅一起商讨制定了《杜氏子弟就学奖励办法》，建立杜氏"书田制"。从宗祠拥有的田地收入中划出一定数量的公田作为"书田"，将其收入用作族内教育资金。杜氏"书田制"实行后，影响很大，在当时得到毗邻各乡其他宗族的仿效，这对农村教育的普及起到很大的促进作用。

1925年7月前后，澄海县立中学校长辞职，校董会一致公推从北京大学辞职回乡奔母丧的杜国庠继任。上任伊始，杜国庠就做了几件让人耳目一新的事情：

一是废除旧俗，开男女同校新风。澄海县立中学自1915年创建以来，在封建礼教的支配下，向来只招男生、不招女生，一些有志于学习的女子深感社会不公平。于是，在杜国庠上任澄海县立中学校长时，澄海女师讲习所学生吴文兰、蔡楚吟等6名女生提出"男女平等""澄中开放"等口号，要求转学澄海县立中学。这一要求很快得到了杜国庠的支持，破例予以录取，从而打破了澄海县立中学自建校以来的旧俗，开创了当地男女同校的新风，揭开澄海县立中学校史崭新的一页。

二是聘任进步教师，组织学生参观农民运动。聘请教师中的李春蕃（柯伯年）是李春涛的堂弟，此时已经加入中国共产党。正是在李春蕃的带领下，澄海县立中学20多名高年级学生，以旅行为名，赴海丰县参观当地的农民运动。同学们干劲十足，白天下乡访问或下田劳动，广泛接触农民协会会员，夜间开会汇报，交流认识，畅谈心得体会。通过实地参观学习，广泛接触农民群众，这批学生对国民革命尤其是农民运动有了更深的认识，回校后大多加入共青团组织，后又加入中国共产党，成为澄海革命运动骨干。

三是亲自带领师生到城西的基督教堂，现场揭露帝国主义利用传教自由对中国进行文化侵略的罪行。

四是请东征军第七团党代表蒋先云到学校作《关于帝国主义浅说》《谈马克思主义》等演讲。

这些措施造就了一批社会栋梁之材。如女生吴文兰1926年就担任中共

汕头地委妇委书记、广东妇女解放协会会长，成为当时潮汕妇女运动中的著名组织者、领导人。还有首任中共东江特委副书记、广州市委书记的杜式哲，中共澄海部委书记的林灿等，都是当时澄海县立中学的学生。

1925年12月，杜国庠奉时任东征军政治部主任周恩来之命从澄海县立中学调至潮州金山中学（广东省立第四中学）担任校长。

履新之始，杜国庠大力整顿校政，撤换反动教员，新聘一批才学兼优的进步教师充实队伍，实行民主办校。这在潮汕教育史上是一个创举，影响甚大。整顿校政后，杜国庠着手做的第二件事就是整顿校产，大清积弊。在教学工作方面，杜国庠也花大力气进行革新，改变过去初中四年旧制，改为初中、高中各三年结业的"三三制"。1926年暑期开始招收高中生，分文、理、师范三科，制定各科必修和选修课程，学科门类较为齐全。

在教学方法上，杜国庠倡导启发式教学，反对注入式教学，要求学生多思考，多读各类课外书，以增长见识、拓阔视野。为提高广大师生的政治觉悟，杜国庠先后邀请周恩来、恽代英、邵力子、彭湃等进步人士到金山中学作演讲，使师生受到很大的教育。

1934年秋，远离家乡多年的杜国庠收到他原先学生、时任崇德学校校长的陈礼逊的来信，请求他为家乡崇德学校撰写《校训》，以此来振兴乡村教育，倡导良好校风。杜国庠欣然提笔题写道："崇德吾母校，屹立于莲阳；学术阐明地，人才制造场；愿吾曹力学，亲爱聚一堂。"这是他对家乡学校的办学方针、目标及学风的精心规划构思，也是对全校师生的殷切期望和谆谆教诲，是研究杜国庠早期教育思想的一则珍贵的历史资料。

1952年，中共中央华南分局召开高等院校院系调整会议时，当时的华南师范学院院长陈唯实谈起了目前教师待遇差、地位低的情况，并对杜国庠开玩笑说："如果当教师丢脸的话，那么，杜老就是最丢脸的人了，因为你是教育厅厅长，老教头嘛！"杜国庠当即指出："要办好教育，提高教育质量，就要使教师树立乐业思想，但不提高他们的地位和待遇，就谈不上乐业思想，提高教育质量也就成为空谈。列宁曾特别强调：应当把人民教师提高到从未有过的、在资产阶级社会里没有也不可能有的崇高地位，并且指出：这是用不着证明的真理。"

十年树木，百年树人。百年大计，教育为本。这些口号在杜国庠的身上已经变成了实实在在的思想和举措，影响了潮汕地区，影响了广东，也影响了中国。

| 故事2 |

墨者杜老，高朋满座

杜国庠为人正直、坦率、真诚，一生结交了很多志同道合的朋友，他的雅号"墨者杜老"就是好友郭沫若所赠。

1935年，杜国庠和中共中央文化工作委员会的阳翰笙、田汉被国民党反动当局逮捕，关押在上海市警察局，并肩作战的战友变成了狱友。警方提审"犯人"时，杜国庠在走廊里与田汉相遇，在田汉手心上写了"坚决"二字，相互勉励。田汉因此填了一阕《虞美人·狱中赠伯修》，表达自己的决心：

> 艳阳照遍阶前地，狱底生春意。
> 故乡流水绕孤村，应有幽花数朵最销魂。
> 由他两鬓丝如雪，此志坚如铁。
> 四郊又是鼓鼙声，我也懒抛心力作词人。

20世纪50年代，陶铸任中共广东省委书记期间，杜国庠一直就职于他的手下，与陶铸结下了深厚的革命友谊。陶铸在工作中格外尊重知识、尊重人才。杜国庠是学者型官员，陶铸非常支持和鼓励他的研究工作，并为他创造便利条件。二人共事期间，杜国庠撰写了《是该学习点逻辑的时候了》《该怎样看待墨家逻辑》等文章，发表在《哲学研究》《理论与实践》等刊物上，1960年还出版了哲学论文集《便桥集》。

杜国庠主持中国科学院广州分院工作时，同时担任古籍小组成员，而此时，同为古籍小组成员的陈寅恪正任教于中山大学。杜国庠经常在拜访陈寅恪时，向他请教有关魏晋清谈与玄学的关系、佛教传入中国后对中国思想文化的影响等问题。陈寅恪认为二人之间的友情是"道不同然相知高谊仍在"。

陈寅恪的一生，远离政治、一心向学，与杜国庠这样一位地方"高官"、坚定的马克思主义者，能有着这样一段友情，实属难能可贵。1950年8月，由杜国庠负责的中国史学会广州分会，陈寅恪担任了该学术机构的委员，这是陈寅恪第一次在中国共产党领导的学术机构中担任职务。陈寅恪能迈出这一步，很大程度上是受杜国庠人格力量的感召。

在当时的历史条件下，杜国庠尽最大可能提供良好条件以保证陈寅恪的研究工作，在三年自然灾害时期，为陈寅恪提供面粉、食油、副食品的配额，甚至每天都提供牛奶。陈寅恪晚年腿脚不好、双目几近失明，为了方便陈寅恪出行，杜国庠请示陶铸，为陈寅恪修了一条平整的水泥便道，这条小道后来被人们称为"陈寅恪小道"。

侯外庐与杜国庠正式见面之前，"久有神交"。侯外庐早年在法国留学时就有朋友从国内带去一本德波林的《唯物论入门》中译本，译者署名林伯修。侯外庐当时正在翻译《资本论》，对国内理论翻译家很感兴趣。通过成仿吾，侯外庐了解到杜国庠的情况，因此从法国寄信到潮州，向杜国庠讨教翻译中的难题。从此，两人建立起了书信的联系。

1940年两人在重庆初见后，因学术和政治立场相同，他们的关系越来越密切，不但一起编辑刊物如《中国学术》季刊等，而且共同发起成立新史学会，后来更是合作编写影响很大的多卷本《中国思想通史》。

侯外庐曾这样描述两人的关系："我一生中，最堪知己的朋友，莫过于杜国庠。杜老对于我，远不只是朋友，更胜似一位老师。学术、政治、修养等一切方面，他无处不可为我师。"

在学术研究方面，杜国庠曾一度与郭沫若并称为"北郭南杜"，郭沫若研究先秦思想时，杜国庠正潜心于墨学研究，二人交流很多。郭沫若曾这样描述两人的关系："生死交游五十年，老兄风格胜前贤"，"东游共席推心腹，西狩同舟沥胆肝"。

郭沫若与杜国庠的友谊长达50余年，私交甚笃。他们的相识相知要追溯到20世纪初留学日本时期，对哲学的共同兴趣让他们开始了交往。数十年后，郭沫若曾这样回忆他们当年的交往以及老同学给他留下的最初印象："他是很和易的一个人，从来没有看见过他对谁动过气"，"他的志愿是研究经济学，但他对于哲学很感兴趣"。

杜国庠和郭沫若回国后，1926年在广州重逢，那时，同学已经成为同志，朋友变成了战友。后来在抗日战争和解放战争中，二人并肩作战从事宣传工作，利用国民党"文化工作委员会"这个组织，做了很多研究、创作工作，在文化战线上作出了巨大贡献。

杜国庠去世一年后，郭沫若专门为《杜国庠文集》作序，深情地写道："但我正因此而尊敬他（杜国庠），而爱他，我无论在做人和做学问上实际受了他的教益不少。"还收录了他在杜国庠去世时写下的两首悼诗：

> 铁窗当日着南冠，松柏后凋阅岁寒。
> 早赋壮怀常落落，晚成大器自磐磐。
> 东游共席推心腹，西狩同舟沥胆肝。
> 尽瘁成风臣善斫，郢人不作抚斤叹。
>
> 生死交游五十年，老兄风格胜前贤。
> 墨名绝学劳针指，马列真诠费火传。
> 夜雨巴山窗尚在，风云潮汕榻尝联。
> 便桥一集成千古，手把红棉读逸篇。

诗中深情回忆了二人"生死交游五十年"中的共同经历，对杜国庠的一生和二人的友谊作了高度概括。

钟敬文

钟敬文（1903—2002），原名谭宗，又名静闻、金粟，广东海丰县人。中国著名民间文艺学家、民俗学家、教育家、诗人、散文家，曾任中国民间文艺家协会主席、名誉主席，中国文学艺术界联合会荣誉委员，中国民俗学会理事长、名誉理事长，中华诗词学会副会长，北京师范大学中文系主任等职。

1922年，钟敬文于陆安师范学校毕业后，留在家乡当一名小学教员。他受到新文化思潮和北京大学歌谣学运动的影响，对民间文学发生兴趣，开始搜集、整理民间歌谣故事，同时开始写作白话新诗，1923年与两位好友共同出版新诗集《三朵花》。

1927年，钟敬文在中山大学中文系任助教，与顾颉刚等人组织成立了民俗学会，这是中国第一个民俗学研究组织；并编辑了《民间文艺》《民俗周刊》及民俗学丛书。后到广州岭南大学半工半读，着手整理了《粤风》专集，出版了《荔枝小品》《民间文艺丛话》等文艺与学术专集。

1928—1933年间，钟敬文先后任教于杭州高级商业学校、浙江大学文理学院、民众教育实验学校。这段时期，钟敬文热心于散文、小品的写作，出版了《西湖漫拾》《湖上散记》等散文集，在散文创作上取得了较大的成功，奠定了他在现代文学史上的地位；并在杭州中国民俗学会编印了《民间》（月刊）、《民俗学集镌》及民俗学丛书，写下了多篇民间文学的研究文章，奠定了他在神话学、故事学方面的学术地位。

1934年春，钟敬文赴日本东京早稻田大学文学部深造，期间他撰写发表了《民间文艺学建设》这篇重要学术文章，首次提出了建立独立的民间文艺学的问题。1936年，钟敬文学成归国。1937年，日本侵华战争全面爆发，钟敬文投笔从戎，从事鼓动群众、宣传抗日的文字工作，以饱满的爱国热情写出了《抗日的民族老英雄》《指挥刀与诗笔》《牛背脊》等多篇报告文学。

1941年，钟敬文重返中山大学，先后任副教授、教授、文科研究所指导教授等职，讲授民间文学、文学概论和诗歌概论等课程。1947年赴香港。1949年就任北京师范大学中文系教授，并兼任北京大学、辅仁大学教授。后与郭沫若、老舍一道筹组了中国民间文艺研究会。他先后主持创办了《民间文艺集刊》《民间文学》等刊物，为民间文艺研究提供了园地。他在北京师范大学等大学讲授民间文学（后改名人民口头创作）课程，并创建全国第一个民间文学教研室。

1979年，年近八十的钟敬文亲自邀约顾颉刚、容肇祖等7位著名学者，联名倡议恢复民俗学的学术地位，建立中国民俗学学术机构。1983年，中国民俗学会成立。1979年以来，钟敬文先后出版了《新的驿程》《民俗文化学：梗概与兴起》《民间文艺学及其历史》《钟敬文学述》《建立中国民俗学派》等十余部著作和数十篇学术论文。

2002年，钟敬文在北京逝世，享年99岁。

| 故事1 |

民谣故事，一生所系

钟敬文的学术论文涉及各类体裁的民间文学的研究，有歌谣研究、神话研究、民间传说研究、民间故事研究，对民俗学、民间传说的研究贯穿了他长达70多年的学术生涯，并且取得了丰硕的成果。

钟敬文深受五四精神影响，他曾说：

五四运动对我更大的启导作用是在学艺方面。像大家都知道的，在五四的前两年，即1917年，新文学运动已经在知识界开始了，但五四运动的巨大力量却把它在全社会范围内带动起来，并把它的革命

影响扩大到社会科学和人文科学的各个领域。在那个特定的时代气氛下，它这只文学之舟，成了一艘驶向纵深的历史海洋的"母舰"，承载了许多新学术的运送使命。它们后来又同它脱离开来，成了其他的现代新学科。在这些现代学科群中，就包括了我后来所终生从事的民俗学（包括民间文艺学）。

钟敬文年少时即已对民间文学兴趣颇深，1922年，他在家乡任教时就开始搜集、整理民间歌谣故事等，并在北京大学《歌谣》周刊陆续发表了《读〈粤东笔记〉》《南洋的歌谣》《海丰人表现于歌谣中之婚姻观》等作品。1926年，他整理的第一本故事集《民间趣事》在北京北新书局出版。

1927年，钟敬文与顾颉刚等人成立了中国第一个民俗学研究组织——民俗学会，创办民俗学讲习班，编印《民间文艺》《民俗周刊》及民俗学丛书，积极宣传与推进民俗学这门新学问。

1928年夏，钟敬文因努力追求思想与学术进步，被当时就职的中山大学借口《吴歌乙集》问题解聘。于是前往杭州，1928—1933年间，钟敬文团结了一批同志，成立了中国民俗学会，编印了《民间》（月刊）、《民俗学集镌》及民俗学丛书，并写下了多篇民间文学的研究文章，如《〈山海经〉神话研究的讨论及其他》（1930）、《中国民间故事型式》（1931）、《中国植物起源神话》（1933）、《中国的天鹅处女型故事》（1933）等，从而奠定了他在神话学、故事学方面的学术地位。钟敬文还与民众教育实验学校的同事一道举办了民间图画展览会，展出了约3000件浙江及部分从外地搜集来的民间绘画、木刻艺术品，得到社会舆论和各界的好评。

1934年，钟敬文赴日本留学，在跟随著名神话学家西村真次学习神话学期间，在日本当地的《民族学研究》《民俗学》等学术杂志发表了《老獭稚型传说之发生地》《盘瓠神话考察》等多种关于神话、传说和民间故事的论著。

在日本，钟敬文发表了《中国民间文学研究现状》的专题演讲，还在《艺风》杂志上主编《民俗园地》，向国内介绍民间文学、民俗学理论，从而有力地推进了中日之间民俗学、民间文学的学术交流。特别是《民间文艺学建设》这篇重要的学术文章，首次提出了建立独立的民间文艺学的问题。

1936年，钟敬文归国后，本欲继续从事他所热爱的民俗学、民间文学事业，但因日军侵略，不得不暂停研究，投笔从戎。

1949年5月，应中国共产党的邀请，钟敬文回到北京参加第一次中华全国文艺工作者代表大会，见到了久所敬仰的毛泽东、周恩来等中央领导同志。周恩来给钟敬文写下了"为建设人民文艺而努力"的亲笔赠言。8月，钟敬文应邀就任北京师范大学中文系教授，并兼任北京大学、辅仁大学教授。

1951年，钟敬文与郭沫若、老舍一道筹组了中国民间文艺研究会这一全国性的研究民间文艺的专门机构。钟敬文还先后主持创办了《民间文艺集刊》《民间文学》等刊物，为民间文艺研究提供了园地。他在北京师范大学等大学讲授民间文学（后改名人民口头创作）课程，并创建全国第一个民间文学教研室。1953年，他率先在北京师范大学中文系开设了民间文学研究生班。

改革开放后，钟敬文不顾高龄，为了恢复民俗学的学术地位，为了推动和协助各省市民俗学、民间文学类机构的建立和发展，从20世纪70年代末到80年代末，他北至丹东，西至兰州、成都、贵阳，南至广州、桂林，东至上海、杭州、宁波，参加成立大会，参与学术讨论，进行学术演讲。还亲自邀约顾颉刚、容肇祖、杨堃、杨成志、白寿彝、罗致平等7位著名学者，联名倡议恢复民俗学的学术地位，建立中国民俗学学术机构。

为了推进中国民间文学、民俗学的学科建设，钟敬文先后2次组织全国高校教师编写《民间文学概论》（1981年出版，1988年获国家教育委员会高等学校优秀教材一等奖）、《民俗学概论》（1998年出版，1999年获国家图书奖提名奖），作为专业教材与理论普及读本。并在北京先后6次举办民间文学、民俗学讲习班及高级研讨班。1988年，中国民俗学被列入

国家二级学科目录。钟敬文为之奋斗了近80年的民俗学事业步入新的发展阶段。

1988年，钟敬文领导的民间文学的学科点被列为国家重点学科。1994年，北京师范大学中国民间文化研究所建立。1997年，中国民间文学学科进入国家211工程重点建设行列。2000年，民俗典籍文字研究中心被批准为教育部人文社会科学研究基地。在这一时期，钟敬文领导的学科点培养了近50位博士、博士后，以及来自国内外的访问学者，其中绝大部分成为民俗学、民间文学教学研究的骨干力量。可以说，钟敬文的一生是致力于民族文化、民族文学发展的一生，如同他2001年9月的《拟百岁自省》一诗对自己的总结：

> 历经仄径与危滩，步履蹒跚到百年。
> 曾抱壮心奔国难，犹余微尚恋诗篇。
> 宏思竣想终何补，素食粗衣分自甘。
> 学艺世功都未了，发挥知有后来贤。

| 故事2 |

以笔为枪，战歌嘹亮

1936年，钟敬文从日本学成归国，仍然回到杭州。1937年7月7日卢沟桥事变，从此日军撕下伪装，大举侵略中国。8月13日，淞沪会战打响。11月12日，上海沦陷，日军第十军约10万人已经在杭州湾金山卫登陆，浙江许多城市相继陷落。12月18日，日军发起杭州战役，不久，杭州沦陷。

当时正患病痛的钟敬文在逃难途中，眼中看到的是国土沦丧、民众受难，心中痛恨的是当时的国民政府抵抗不力、贪生怕死，感到无限愤恨，于是在落脚的祠堂写下了两副对联：

> 世事在人为，谁道危机难挽救？

溪山随处好，莫教敌骑妄玷污！

把民众组织起来，这正是时候了！
让国家沉沦下去，你能逃责任吗？

《中国民俗学之父——钟敬文生涯》一书中，提到了这样一件事：
一位叫王启发的人写信给报社，提到了这两副对联对他父亲的影响。"那
年，父亲21岁……当他走进祠堂，看到钟敬文先生写的对联贴在柱子上，
只觉得热血沸腾。那时恰好小镇上来了一个兵站医院，父亲便毅然要求医
院领导批准入伍……50多年过去了，钟敬文先生写于小镇上的两副对联，
仍深深地留在父亲的脑子里，因为正是在这两副对联的激励下，父亲走进
了抗日的行列而义无反顾。"

1938年，钟敬文奔赴广州，在当时的广州四战区政治部担任视察专
员，从事鼓动群众、宣传抗日的文字工作。他每天都要起草唤起军民抗
日、控诉日军侵略暴行的文件，虽然工作繁重，但心情是愉悦激昂的。

然而随着战争的节节深入，1938年10月12日凌晨，日本派遣军约7万
人在大亚湾登陆，一天之内就占领了从平山至淡水、澳头的大片土地。10
月21日，敌军冲进广州市政府，广州沦陷，满怀悲恨的钟敬文只能跟随部
队转战粤北。

在粤北，钟敬文亲赴战地采访收集军民抗敌事迹，与陈原共同编辑
《新军》杂志。《新军》是中共地下党宣传抗敌的综合性月刊，由钟天
心、左恭主办，但编辑、发行这类具体工作则由钟敬文和陈原来完成。当
时的环境很恶劣，编辑部就是在一间江边的茅草棚，还要躲避被敌机轰炸
的危险。国民党广东省党部图书审查委员会对每期刊物的稿件都要进行查
审，钟敬文为了应付官员们的检查，想出许多巧妙的办法，比如每期稿件
都多准备几篇，以备某些文章被裁下的不时之需；把新华社、塔斯社等敏
感名词改成化名再发出去；等等。

1940年，在两次粤北大捷的背景下，为了进一步鼓舞民众抗战热情，钟

敬文受命收集材料创作各种形式的文学作品，他主要负责散文、报告。对钟敬文来说，报告文学是生疏的，他之前写作的都是散文游记，比如《西湖漫拾》《湖上散记》等，被郁达夫高度评价为"清朗绝俗，可以继周作人、冰心之后武"。但他使命感极强，认为自己写作的不仅仅是报告文学，"自己所制作的是一种战斗的精神武器，它关系到民族的生死存亡，关系到作为民族成员的自己是否尽到应尽的责任等问题"。

怀抱着这种使命感，钟敬文用了两个多月的时间踏遍了粤北前线，走访了奋战在战场上不顾生死的军士，看遍了饱受敌军摧残的村镇，搜集了大量民族英雄可悲可泣的史诗故事。怀着感激和崇敬之情，从战区采访回来后，钟敬文很快完成了《良口之战》《粤北二次大战中的民众动员》《指挥刀与诗笔》《牛背脊》《如火如荼的士气》《战地巡礼忆记》《银盏坳》《残破的东洞》《抗日老英雄萧阿彬》等十几篇报告。这些作品充满血色，动人心魄，不但在当时起到了宣传和教育的作用，作为民族革命时期军民奋战情形和民族所受沉重灾难的留影，它们还具有珍贵的历史文献价值。

1941年年初，钟敬文来到中山大学文学院任职。坪石中山大学在抗战期间是粤北青年运动的中心。在中山大学任教的几年里，钟敬文一直与倾向进步、心怀正义的师生团结在一起，拥护中国共产党抗日民族统一战线的主张，深受进步青年爱戴。1942年，他公开发表《历史的公正》一文，抵制国民党反动派的文化"围剿"政策。1947年夏天，中山大学校方迫于反动派压力，强行解聘了钟敬文、梅龚彬等6位知名教授。钟敬文在亲戚的护送下去香港避难。

钟敬文在《纪念罗曼·罗兰先生》一文中说："他是我灵魂的深切的关与者。读着他的作品，我完全被带入一种比现实远为严肃和深邃的世界。"跟被誉为"法兰西的良心"的罗曼·罗兰一样，钟敬文也是一位充满了爱国激情的文人，在特殊的时代，他以笔为枪，投身战争，书写了一曲嘹亮的战歌，在南粤大地深情地回荡。

饶宗颐

饶宗颐（1917—2018），字固庵、伯濂、伯子，号选堂，广东潮州市潮安县（今潮安区）人。中国当代著名的历史学家、考古学家、文学家、经学家、教育家和书画家。他是集学术、艺术于一身的大学者，又是杰出的翻译家，治学范围广阔，被誉为百科全书式之艺术大师。

饶宗颐幼承家学，研究范围极广博，是第一位讲述巴黎、日本所藏甲骨文的学者；是第一个系统研究殷代贞卜的人物；首次将敦煌写本《文心雕龙》公之于世，又是研究敦煌写卷书法的第一人；还是撰写宋、元琴史的首位学者。这些领域囊括了上古史、考古、哲学、甲骨学、简帛学、经学、礼乐学、宗教学等13门类，在当代国际汉学界享有崇高声望。

饶宗颐精习法语、日语、德语、英语、印度语、伊拉克语等六国语言文字。通谙外语，为他提供了打开异域文化之门的钥匙，他自如穿行于不同文化之间，博采众长。他还精通古琴和中国音乐史，其书画作品更是清逸飘洒，自成一家。

饶宗颐1952年曾于香港中文大学新亚书院任教。1952—1968年任教于香港大学，1968—1973年获新加坡大学聘为中文系首任讲座教授兼系主任，期间曾任美国耶鲁大学研究院客座教授及台湾"中央研究院历史语言研究所"研究教授。1973年，出任香港中文大学中国语言及文学系讲座教授兼系主任，至1978年退休，其后在法国、日本、中国等国家及中国台湾、中国澳门等地区周游讲学。

1962年，年方45岁的饶宗颐，即荣获号称"西方汉学之诺贝尔奖"的法国法兰西学院"儒莲奖"，此外还荣获法国文化部文学艺术勋章，香港海外文学艺术家协会授予的中华文学艺术家金龙奖和国学大师的荣衔，以

及香港大紫荆勋章。除此之外，饶宗颐还曾获多项奖誉、荣誉博士及名誉教授衔，如法兰西学院外籍院士、巴黎亚洲学会荣誉会员、法国索邦高等研究院首位华人荣誉人文科学博士，以及中国国家文物局、甘肃省人民政府授予敦煌文物保护、研究特别贡献奖和香港艺术发展局终身成就奖等。

饶宗颐出版著作60余部，论文400多篇，著述3000万言。2009年，《饶宗颐二十世纪学术文集》在中国内地出版，共计14卷20册，超过1200万字，包含专著80余种，论文1000多篇。学者称其"业精六学、才备九能"。中国学术界曾先后将其与钱钟书、季羡林并列，称为"南饶北钱"和"南饶北季"。季羡林先生说他是"我心目中的大师"。金庸说，有了他，香港就不是文化沙漠。学术界尊他为"整个亚洲文化的骄傲"。

| 故事1 |

天才学者，勤奋终身

饶家是商人家庭，饶宗颐的父亲饶锷是祖父饶兴桐第三子，也是其最赏识的孩子。饶锷四兄弟都开了发行钱票的钱庄，周转海外侨汇和国内军饷，几代皆为潮州首富。但同时，饶家中早有读书进学之风。饶宗颐外祖父为清末进士。饶锷不但自己打理钱庄生意，凭借丰富的理财经验，积累了殷实的家产，而且还是当地著名的大学者、考据学家，他创立过诗社，并担任《粤南报》主笔。

饶锷早年毕业于上海法政大学，还是进步团体"南社"的成员，平生雅好文学，他斥巨资在家乡建起了潮州最大的藏书楼——天啸楼，藏书10万余卷。受父亲影响，饶宗颐时常浸泡在此，读书玩耍，文史典籍烂熟于心。两位伯父喜好收藏，存有众多碑帖、拓本及画作，更为饶宗颐习书作画创设了有利条件。

饶宗颐曾在《选堂清谈录》里自述："我家以前开有四家钱庄，在潮州是首富……按理似乎可以造就出一个玩物丧志的公子哥儿，但命里注定我要去做学问，我终于成了一个学者。我小时候十分孤独，母亲在我两岁时因病去世，从此我跟祖母住在一起。父亲一直生活在沉闷之中，但他对我的影响很大，我有五个基础来自家学：一是家里训练我写诗、填词，还有写骈文、散文；二是写字画画；三是目录学；四是儒、释、道；五是乾嘉学派的治学方法。"

初中时，饶宗颐感觉学校教的"太肤浅"，他更愿意独自一人躲进天啸楼里自学。据他自述："从幼年起，我朝夕浸泡在天啸楼读书，家藏十万部书，我究竟读了多少，现在无法想起。这样一来，上正规学校反成为副业，我总觉得学校里老师讲的，我早已知道。还有我喜欢无拘无束的学习环境，家学正适应我的学习特点，不上学也变成顺其自然之事，父亲也同意了。"

因此这位后来学富五车的汉学大师初中都没有毕业，也终生未获得正式学校文凭，更没有留学海外。但凭借良好的传统文化根基和超强的自学能力，饶宗颐精通英、法、日等六国语言，还熟知古代梵文、楔形文、甲骨文、金文、简牍帛书文字，先后在海内外20余所高等院校任教。

按照华东师范大学中文系博士生导师、图书馆馆长胡晓明的说法，饶宗颐做学术可以分为三个阶段。第一阶段为1937—1949年，这一阶段的饶宗颐先是继父志完成《潮州艺文志》，又撰成《广东易学考》。治学兴趣主要是词史、古文学、诸子之学，以及考古学、敦煌学等。第二阶段为饶宗颐在1953—1978年于香港大学、香港中文大学任教时期。此一时期的代表作是《殷代贞卜人物通考》，稍后是《饶宗颐集林史林》《文辙》等。第三个阶段是1978年之后，饶宗颐开启了多次内地行，有中原考古、四川考古、湖北考古等，足迹遍于大半个中国。尽量利用前一阶段所积累的多方面的域外新知，再回返中国极为丰厚的文史（尤其是地下新出土文物）资源，在上古史、地理学、宗教史、艺术史等多个领域进行创造性学术工作。

无论是哪个阶段，饶宗颐学习的速度和深度都可以用"令人惊叹"来形容。比如他在香港大学教书的时候，向印度朋友白春晖学习梵文，此后又随其前往印度游学，仅仅一年之后，他就被聘为印度班达伽东方研究所研究员和永久会员，并跟随白春晖的父亲，一位年高有德的婆罗门学者学习《梨俱吠陀》，还将《梨俱吠陀》译成中文，为中印文化交流史研究作出了极大的贡献。

饶宗颐在法国看到大量敦煌古籍，想到当时中国的敦煌学已经落后于外国，他暗下决心，一定要好好研究，为国人争一口气。不久他和法国汉学家戴密微共同出版重要著作《敦煌曲》，书中利用敦煌出土资料，全面探究敦煌曲子词的起源问题。1978年前后，他又独立出版《敦煌白画》一书，专门研究散落在敦煌写卷中的白描画稿，填补了敦煌学研究的一项空白，也奠定了饶宗颐在敦煌学研究领域的重要地位。

饶宗颐在学术上的天资固然极高，但令人更难以想象的是其勤奋程度。香港中文大学的沈建华教授回忆：有一年春节，饶宗颐一大早打电话给她，让她去图书馆帮忙查一个地名。"我说饶公你知道今天是什么日子吗？我告诉他今天是大年初一，图书馆闭馆。他说，糟了，我一写东西就忘记了。所以饶公经常说，我来不及看书，我来不及烦恼，这是他的名言。"

不管是学习还是研究，饶宗颐都非常注意找到最原始的材料和证据，他的习惯是每一个问题都要穷追到底，去学习不同的语言文字也正是为了追根溯源，而看过的材料证据往往牢记在心。他的学生汪德迈形容他是"行走的图书馆"，"惊人的记忆力，是饶公成为卓越文献学家的原因之一"。

例如1992年9月马王堆发掘20周年之际，中国内地学术界出版了《马王堆汉墓文物》，饶宗颐以最快的速度于10月份写出《马王堆〈刑德〉乙本九宫图诸神释——兼论出土文献中的颛顼与摄提》一文，不但对帛书《刑德》九宫图进行了复原研究，而且对该图中所列诸神名进行了令人信服的考证，成为经典性的诠释。专家们认为，饶宗颐对马王堆帛书并非全面研究，"但只要触角所及，莫不一针见血、入木三分，只有博学多才的通儒才能达到如此境地"。

能成为通儒，是因为饶宗颐常年不怕吃苦、不怕孤独，用自己独特的触角，将大量与学术研究内容相关的资料详加收集、博采略取，对收集的资料再进行精细加工。饶宗颐曾经就同一问题收集各种材料，这些材料分别收藏于大英博物馆、剑桥大学图书馆、瑞士巴塞尔人种学博物馆，他都亲自去读一手材料，亲自校勘，相互比对。这种扎实的做学问方法，至今仍为学界所称颂。

曾任饶宗颐助手的郑炜明在2015年的《饶宗颐教授百岁华诞》纪念文章中写道："我所认识的饶教授，在他六七十岁时，每晚的睡眠时间不多于五小时。通常晚上九时许十时上床，清晨二时起床工作……"，"到六时正就致电找我，嘱我去找什么什么资料"。

郑炜明还说，饶宗颐在退休后，还曾专门向一位研究巴比伦文的法国学者拜师，将写在泥版之上、人类文明最古老的史诗之一《近东开辟史诗》翻译成中文，于1989年出版。"有天赋的人未必愿意做学术研究，可以成为大诗人、大作家、大画家、大音乐家……饶教授固然是IQ（智商）极高的天才，但他也有超于常人的勤奋。"

| 故事2 |

饶宗颐的中大情

饶宗颐从年幼时就随同父亲做学问，他认为父亲给自己打下了良好的基础："大学能够学到的只能是一两个门类，但是父亲给我打开的天空、建立的基础是无科不修，按照中国传统的做学问方法，其实是文史哲相通，文中有史，史中有哲，哲中有文。"这种"证据周遍"的路数是铁杵磨针的工夫，在掌握这样的文献资料基础上得到的学问才是扎实可靠的。这点无疑是饶宗颐幼年从父亲那里学到的能力。

不幸的是，父亲饶锷为编纂一部专以网罗潮州历代文人学者的诗文学术著作及地方历史文献的著作《潮州艺文志》，积劳成疾，英年早逝。才15岁的饶宗颐，秉父遗志将其完成，并连载于岭南大学的《岭南学报》。这部采用新材料、新体例和新方法编撰的著作，连同他后来在核心刊物

《禹贡》上发表的多篇文章，引起学界高度关注。1935年，年方18岁的饶宗颐受中山大学校长邹鲁邀请担任广东通志馆艺文纂修，从此结下了饶宗颐和中山大学80多年难解的情缘。

其实如果从文学的方面来讲，饶宗颐和中山大学结缘更早。1933年，16岁的饶宗颐写下了《优昙花诗》：

优昙花，锡兰产，余家植两株，月夜花放，及晨而萎，家人伤之。因取荣悴焉定之理，为以释其意焉。

异域有奇卉，托兹园池旁，

夜来孤月明，吐蕊白如霜。

香气生寒水，素影含虚光，

如何一夕凋，俎谢亦可伤。

岂伊冰玉质，无意狎群芳，

遂尔离尘垢，冥然返大苍。

大苍安可穷，天道邈无极。

衰荣理则常，幻化终难测。

千载未足修，转瞬距为逼。

达人解其会，葆此恒安息。

浊醪且自陶，聊以永兹夕。

这组诗咏物抒怀，感情沉郁，寄托遥深，在艺术上已经非常成熟。因此刚一传出，便使当时潮州诗文界颇为惊叹，诗坛宿学皆与之唱和。1934年，中山大学中文系《文学杂志》刊载了这组诗。1997年，中山大学研究者找到了旧杂志并将其赠送给饶老，饶老欣喜万分，挥毫书写以作纪念。

20个世纪30年代，中山大学广东通志馆的藏书量位列全国第二，担任广东通志馆艺文纂修的那段时间，饶宗颐几乎将馆里收藏的所有地方志都看过，这段编纂地方志的经历，对于他后来学问多面开花起到基础性的影响。后来他编写的《广东易学考》，就直接得益于此时丰富的地方志藏书资料。饶宗颐曾谦逊地说："我的学问是中山大学濡染出来的，中山大学对我的一生都有影响。"

1939年，在中山大学中文系教授詹安泰的举荐下，饶宗颐被聘为中山大学研究员。当时广州已被日军占领，中山大学被迫迁往云南澄江。饶宗颐决心前往云南，不料途中染上疟疾，滞留香港。当时香港集中了各界名流，得知饶宗颐在港，著名学者王云五邀请他参加《中山大辞典》的编辑，书法家叶恭绰也力邀他加盟《全清词钞》的编纂。这两项工作使他有机会阅读到不少一流藏书家的各种珍本，学识有了一个质的飞跃，几年间先后撰写了《广东易学考》《尚书地理辨证》《说文古文考》《古史新证补》《西汉节义传》《金文平议》等，受到顾颉刚的看重并受约为他的《古史辨》撰著第八册《古地辨》和史书《新莽史》。

1949年后，饶宗颐移居香港，与中山大学的容庚、商承祚、詹安泰、冼玉清等教授时有诗书唱和往来。

1979年，中山大学召开中国古文字研究会，盛邀饶宗颐作为首位境外学者与会，时年62岁的他方才再归故校。次年，饶宗颐在中山大学中文系教授曾宪通陪伴下到全国作学术考察，走访了11个省市，参观了33个博物馆，先后合著出版《云梦秦简日书研究》《随县曾侯乙墓钟磬铭辞研究》《楚帛书》等考古著作。

此后，饶宗颐重回中山大学愈发频繁：发表学术演讲，与中山大学教授共同开展研究、编辑书目，并受聘为中山大学中华文化研究中心名誉主任、中山大学首任荣誉教授。中山大学校园不少建筑都留下了他的墨宝，比如永芳堂、陈寅恪故居匾额，以及丰盛堂内手书"芙蕖自洁、兰若自芳"、为中山大学80周年校庆题写"岭学辉光，开来继往"。

2014年11月，恰逢中山大学90周年校庆，中山大学将"陈寅恪奖"颁给饶宗颐。颁奖词写道：

饶宗颐先生与中山大学有八十载的学术情缘。饶宗颐先生所秉

持的万古不磨之意与中流自在之心，也有着与陈寅恪先生相类的精神内涵。饶宗颐先生的治学与为人，正是中山大学师生践行中山先生手书校训"博学，审问，慎思，明辨，笃行"的最佳典范。饶宗颐先生的学问风范，一直是中大师生的楷模。饶宗颐先生的学术道路和学术成就，也足以告诉后来的学者，潜心问学、厚积薄发才是守护民族文化，维系学术命脉的"正途"。感谢先生对学校大半个世纪的深情厚谊和对学校学术事业的重大贡献，也对先生渊博的学识、"万古不磨意，中流自在心"的人生信念和与人为善、心怀大众的慈悲之心表示崇高敬意。高山仰止，景行行止。

四

文学艺术篇

题记

　　一直以来，岭南广东丰富的人文与自然资源，持久地刺激着域外人们的好奇和想象，或许正是这种来自域外的"期待视野"，反过来，又对域内自身的文艺创造活动源源不断地输送着素材，成为激发文艺创造的灵感源泉。

　　一方水土养育一方人物，成就一方的文艺创造。广东这一方奇异的人文山水，必然有光辉的文艺创造与之相匹配。丰富而多彩的自然与人文资源，成为岭南广东文艺创造活动最具活力和特色的源泉所在，文艺创造的成就也由此得到普遍的赞赏与追捧。历朝历代贬谪岭南的官宦，多有才情卓著的文人雅士，乃至如韩愈、苏轼、汤显祖等这样的文豪，他们对于岭南记忆的文学表达，也由此成为岭南文化的旷世标签。

　　及至近代，率先接受西方文学艺术观念洗礼的岭南文艺，也由此率先开创一代新风气，近代诗歌、小说、岭南画派、广东音乐等，莫不如此。对于这一方面的相关论述，可谓已经车载斗量，故不再展开赘述。

张九龄

张九龄（678—740），字子寿，又名博物，号曲江，谥文献，河北范阳（今涿州市）人。他是岭南自古以来第一位在中央封建政权担任宰相的著名政治家，同时也是一位杰出的诗人，有文集《曲江集》留传后世。他的品格、风度，远见卓识、历史功绩，都令人景仰。清初著名文学家王夫之称赞他："当年唐室无双士，自古南天第一人。"

据康熙《广东通志》卷四十四·人物志"张九龄"条载："九龄父弘愈尝侨南海生少龄。其夕，母梦九鹤盘天而下，故名。"因曾祖父张君政被任命为韶州别驾，全家随其由河北南下而定居韶州曲江，据《新唐书》卷七二（下）·宰相世系表："始兴张氏亦出自晋司空华之后，随晋南迁，至君政，因官居于韶州曲江。"其祖父张子胄为越州郯县（今广西合浦境内）县令，父亲张弘愈为广东新州索卢（今广东省新兴县）县丞。其仕宦传家的门第和斯文南渐的背景，使张九龄与中原学子一样，幼即向学，科第成名。

张九龄19岁参加乡试，任主考官的沈佺期阅其考卷时非常激动，赞曰：此乃国家栋梁之材也。后初选第二名。唐长安二年（702）张九龄24岁时，中进士。唐睿宗太极元年（712）张九龄34岁，时逢太子李隆基准备登基，在东宫开科取士，物色人才并亲自策问。张九龄前往应试，作策论三篇，深得太子赏识。李隆基登基后，授张九龄为左拾遗。此后张九龄为官几十年，一直做到宰相。张九龄一生恪守"报恩非徇禄""高节人相重"的信念和节操。宦海几经波折沉浮，但始终保持忠耿率直的性格，不怕触怒皇帝，也不怕得罪权臣，敢于犯颜直谏。在唐玄宗生辰庆典的千秋节中，张九龄呈《千秋金镜录》作为皇帝的生日礼物，具述前古兴衰，以

为鉴戒。开元二十二年（734），唐玄宗要任李林甫为宰相，张九龄上表奏劾谓："宰相系国安危，林甫非社稷臣也。陛下若相（林）甫，恐异日为社稷忧矣！"据《新唐书·张九龄传》记载，张九龄"及为相，谔谔有大臣节。当是时，帝在位久，稍怠于政，故张九龄议论得失，所推引皆正人。武惠妃谋陷太子瑛，九龄执不可。妃密遣宦奴牛贵儿告之曰'废必有兴，公为援，宰相可长处'。九龄叱曰'房幄安有外言哉'遽奏之，帝为动色"，从而粉碎了武惠妃危及太子的阴谋。他还反对任用庸懦的牛仙客为相，以至屡忤玄宗意。他曾言安禄山"貌有反相，不杀必为后患"，却不为玄宗采纳。

开元二十五年（737），由于李林甫等奸臣大进谗言，唐玄宗借故将张九龄赶出朝廷，贬为荆州长史，唐王朝由此开始衰落。开元二十六年（738），玄宗感到朝廷离不开张九龄，便遣使请他回朝复相。张九龄以年老体弱、不胜重任为由婉言谢绝。开元二十八年（740）春，张九龄告假回乡祭祖，五月七日病卒于曲江家中，时年62岁。玄宗闻知痛哭不止，随即追赠司徒，谥"文献公"，并遣使韶州祭奠、建祠、慰问家属。此后，每有举荐人才，玄宗必问："风度有如九龄否？"从此，"九龄风度""曲江风度"就流传于世。"曲江门第""风度家声"也成为张姓人沿用的堂名（代号）。天宝十四年（755）安禄山造反，唐玄宗逃往四川，想起了张九龄当年诛杀安禄山的劝告，不禁潸然泪下，作诗一首："蜀道铃声，此际念公真晚矣；曲江风度，他年卜相孰如之。"表达自己的悔恨和对张九龄的怀念。

张九龄对家乡韶州最大的历史功绩，是主持开凿了大庾岭驿道。开元四年（716）任左拾遗时，张九龄因与宰相姚崇意见不合，由京师称病南归，在韶州家中奉养母亲，但他依旧关心国运，见大庾岭古道交通困难，便向唐玄宗建议开凿新路，由此畅通南北交通，利泽千秋。

在唐代诗坛上，张九龄是继陈子昂之后，力排齐梁颓风，追踪汉魏风骨，打开盛唐诗苑繁荣局面的重要一人。唐玄宗称赞他说："九龄文章，自有唐各公皆弗如也。朕终身师之不得其一二。此人真文场之帅也。"张九龄首倡唐诗山水田园诗派，开创了以感怀为主、兼吟山水的五言古诗。清朝人蘅塘退士编选的《唐诗三百首》的开篇便是张九龄的《感遇》诗，《感遇》《望月怀远》等诗篇更成为千古传颂之作。

　　作为岭南人，张九龄创作了不少岭南诗，描绘岭南的优美风光，抒发了他内心的乡愁，改变了同时代人对岭南的误解。开元四年（716）秋，张九龄辞官南归，居家赋闲直至开元六年（718）春，在不到两年的时间里创作了10多篇诗文。比如《与王六履震广州津亭晓望》："明发临前渚，寒来净远空。水纹天上碧，日气海边红。景物纷为异，人情赖此同。乘槎自有适，非欲破长风。"描绘了黎明时分，在广州津亭远望所看到的水天相接、潮水涨落、朝霞染红海面的壮丽景色。又如《初发曲江溪中》，写于开元六年春，诗人辞家北上之际："溪流清且深，松石复阴临。正尔可嘉处，胡为无赏心。我犹不忍别，物亦有缘侵。自匪尝行迈，谁能知此音。"其描绘的曲江之清澈深长、溪石之硬朗、古松之悠久韵味，无不呈现出勃勃生机。结尾两句，伴随着诗人的慨叹，其对曲江美景的赞扬及对家乡的眷恋达到了极致。

　　张九龄的诗歌创作成就，对岭南诗派的开创、形成和发展壮大也起了启迪作用。后起广东诗人，如宋代余靖、元末"南园五子"（孙蕡、王佐、赵介、李德、黄哲）、明代"南园后五子"（欧大任、梁有誉、黎民素、吴旦、李时行）、明末清初的"岭南三大家"（屈大均、陈恭尹、梁佩兰），以至清代的黎简、宋湘，在他们的诗歌中，都可以说有形无形地受到张九龄的影响，逐步形成岭南诗派的独特风貌。清人屈大均在论及岭南诗歌的两大流派时，曾说："粤人以诗为诗，自曲江始；以道为诗，自白沙始。"

| 故事1 |

神　童

　　张九龄自幼聪颖，才思敏捷，活泼天真。3岁开始，其望子成龙的父亲便教他识字、学习诗文。由于其勤奋好学、才智过人，7岁就能作诗写文章。出身于书香门第、官宦之家，张九龄因而常有机会接触乡绅官吏和知识界人士，听他们讲故事，与他们论古谈今、吟诗作对，从中获得知识和做人的道理。久而久之，耳濡目染，模仿涉猎，不但为人处世被称为少年长成，学业也有较大进步，获得"神童"之誉。传说当时韶州刺史韦璿慕名结识了张九龄，由于刺史有文才，又平易近人，更有一颗爱才惜才之心，一老一幼，非常投机，无所不谈，成了"忘年之交"。韦刺史工作之余，常邀张九龄来舍或到他家做客。捻蜻蜓、捉草蜢、摸鱼虾、掏鸟窝、摘野花、折树枝，嬉戏贪玩，是孩童的天性。有一天放学回家，张九龄见到路边的鲜花美丽夺目，便绕到旁边，摘了几枝，边欣赏，边走路，又跳又唱。正在这时，见前面有几个人迎面走来，定神一看，正是韦刺史。为了免受责怪，张九龄忙把花儿藏进书包里，若无其事往前走。走近时他彬彬有礼问声好，韦刺史轻轻拍其肩膀，笑吟吟地说："童子小生暗藏春色。"张九龄知道秘密已经暴露，便不好意思地回答："州府大人明察秋毫。"对得工整无误，随行人等无不拍手称赞。

一天傍晚，韦刺史携张九龄在江边漫步。突然下起雨来，韦刺史触景生情，吟诗曰："风吹江水千重浪，雨滴砂珠万点窝。"自我陶醉地问张九龄："如何？还可以吧！"张九龄说："好是好，改两个字可能更好。""怎么改？""不如改成'风吹江水重重浪，雨滴砂珠点点窝'。"韦刺史听后，连声说："妙！妙！妙！"

故事2

梅关新道

　　广东南雄与江西大余交界的大庾岭，层峦叠嶂，崇山峻岭，逶迤起伏，严重阻隔着南北交通。秦汉时期，为了开拓南疆，曾在山中开辟一条山路，人称"梅关古道"。这条古道，自古以来都是岭南与中原沟通的重要驿道。但是，经历几百年的风风雨雨，古道年久失修，日渐荒凉，原来就只能容人行马走、不通车子的道路，到了唐代，更为险峻。过往行人不得不攀爬在极其险恶的崎岖小路上，每向上一步都小心翼翼，总担心一旦失足就坠入深渊。

唐王朝经过"贞观之治"后到"开元盛世"，经济繁荣，国力强盛，王朝势力向四方发展。为了适应政治经济文化发展和交流的需要，全国以首都长安（今西安市）为中心，向东、东北、西北、西南、南方建立了多条交通干线。梅关古道荆棘丛生，行人渐少，严重阻碍了唐王朝南北商贸和文化交流。家住曲江的张九龄，上京应试，在朝省亲，多次途经此道，亲身体验了路途的艰辛。博学多才的他，深知"民要富、修道路，国要强、交通畅"的道理。开元四年（716）秋，张九龄上书玄宗皇帝，请求开凿梅关新道。皇帝批准了奏章，并抽调一批官兵到韶州听从张九龄的指挥，开凿开道。为了专心工作，避免干扰，张九龄辞去朝廷任职，离开京城驻扎工地，亲自勘查、亲自策划。在此基础上，召集广东韶州、江西虔州当地的地方官吏和父老乡绅传达皇帝的旨意，号召大家发动百姓，征集民工，同心协力完成使命。开元四年十一月一日，在当地举行了祭拜天地的开工大典，动员组织民工利用农闲季节和官兵一起开展这项艰苦浩大的工程，披荆斩棘、凿悬崖、破顽石，视察工地，慰问民工，交流经验，攻克难关。当发现凿石工程进度缓慢时，便向石工介绍北方百姓"火攻碎石"的经验：在岩石上用柴草覆盖燃烧，在石块烧热时突然浇上冷水，利用岩石遇热膨胀、遇冷收缩爆裂的原理，反复几次，巨石自然破碎，加上钢钎铁锤敲击，大大加快了工程进度。

在张九龄的带领下，1万多军民，奋战一年多，克服种种艰难险阻，终于开凿出一条能并行五驾马车的30多里（1里=500米）长的康庄大道，阗阗作响的马车四通八达走运输，代替了人力的劳苦，天险变通途。梅关新道成为南北交通的主要干线，促进了唐朝政治、经济、军事、文化以及对外贸易的重大发展，增加了财政收入，提高了国际威望，其作用延续1000多年。正如张九龄在《开凿大庾岭路序》中所述："则已坦坦而方五轨，阗阗而走四通，转输以之化劳，高深为之失险。"开元六年

（718），张九龄40岁，梅关新道竣工，返回京城复命，任左补阙。

大庾岭驿道重开后，历代都在岭上植梅，从此道旁成了梅林。宋嘉祐八年（1063），又在岭上建起关楼，"南粤雄关"和"岭南天下第一关"的石刻，分嵌在南北两面，此地被称为"梅岭"和"梅关"，一直沿用至今。明代的邱濬写有《唐丞相张文献公开凿大庾岭碑阴记》："兹路既开，然后五岭以南之人才出矣，财货通矣，中朝的声教日逮矣，遐陬之风俗日变矣。公之功于是为大！"邱濬除了肯定梅岭驿道在经贸方面可以路通财通外，在思想文化以至社会风气等方面，也给予了重要肯定，经过传播和相互交流，岭南与中原日渐接近。清代诗人杭世骏写有《梅岭》诗云："荒祠一拜张丞相，疏凿真能迈禹功。"为了纪念张九龄重开梅岭驿道的功绩，后人在岭上筑有张文献公祠。

韩 愈

韩愈（768—824），字退之，河南河阳（今孟州市）人。唐代古文运动的领导者，与柳宗元并称"韩柳"，宋代大文豪苏轼称其"文起八代之衰，道济天下之溺"。后人将其尊为"唐宋八大家"（唐代的韩愈、柳宗元和宋代的苏洵、苏辙、苏轼、王安石、曾巩、欧阳修）之首，并有"文章巨公""百代文宗"之美誉。韩愈不仅是卓越的文学家，还是杰出的哲学家、政治家、教育家，是"立德、立功、立言"三者集于一身的人物。韩愈一生的建树是多方面的，他在政治上主张维护王权和国家统一，军事上力主出兵息藩镇之乱，教育上倡导教书育人，尤其是他对复兴儒学和倡导古文运动作出了卓越的贡献。

韩愈一生四次遭贬，两次贬在京城，两次贬逐广东。而贬官广东阳山、潮州的经历，带给韩愈的除了凄风苦雨、颠沛流离外，其实也有脱胎换骨的改造、心灵与境界的提升。韩愈在阳山及移居郴州候命期间，写下了哲学名篇"五原"，即《原道》《原性》《原毁》《原人》《原鬼》；在阳山，韩愈还写了《燕喜亭记》《答窦秀才书》《送杨支使序》《五箴》《送区册序》5篇文章，诗作有《贞女峡》《同冠峡》《次同冠峡》等17首诗和1篇赋《别知赋》。可以说，韩愈在阳山的这个时期，是他一生著作的高峰期，也是他的诗文风格转变为以雄奇变怪为特色的一个重要时期。贬潮期间，他的诗文变得更加平淡自然、哀婉深广，创作了《潮州刺史谢上表》《鳄鱼文》《潮州祭神文五首》《潮州请置乡校牒》《操琴十首》《别赵子》等大量优秀诗文，其中《鳄鱼文》还被收入清人编选的《古文观止》。

一、一入岭南

韩愈的一生与岭南有着不解之缘，曾经三次来到广东，都是因为遭

贬官。第一次是童年时期，韩愈3岁时，父亲早逝，他由长兄韩会、嫂子郑氏抚养。唐代宗大历十二年（777），韩愈9岁时，任起居舍人的韩会受宰相元载贪贿被杀案牵连，被贬为韶州（今广东省韶关市）刺史，韩愈随兄嫂一同南迁。少年韩愈第一次入岭南，待了三年时间，其到韶州的第二年就读完了《诗经》《论语》，还选读《左传》《国语》《战国策》《史记》以及其他名篇。他还能背诵不少名人的诗文，并学习作诗和写字。这也为他后来主张复兴儒学奠定了思想基础。

二、二入岭南

唐德宗贞元十九年（803），京畿地区先旱后霜，农业歉收，而京兆尹李实隐而不报，作为监察御史的韩愈目睹这一惨状，挺身而出，上疏《御史台论天旱人饥状》，陈述灾区农民的苦难情状，要求给予减免或缓征租赋，救灾民于水火。疏书呈上，德宗皇帝动了恻隐之心，表示要采取措施。然而结果却出人意料，韩愈反而被贬到岭南道连州阳山县当县令。韩愈于是二入岭南，以县令身份在阳山待了约一年半时间，直到贞元二十一年（805）夏秋间离开。

当时的阳山天远地偏、虎豹成群、疠疫横行、土地贫瘠，是一个非常荒凉落后的地方。初到阳山，韩愈适应不了当地忽冷忽热、寒暑倒置的气候，听不懂当地的语言，无法理解当地遗留下来的蛮风异俗。好在韩愈以儒家的入世精神调整心态，很快就进入角色，亲力亲为，开展行之有效的治理工作。当时，阳山百姓以狩猎和采集为主要谋生方式，过着半狩猎半农耕的生活。有些地方即使实行农耕，也是比较原始的刀耕火种的耕作方式，生产方式极其落后、生产技术低下，而当时的中原地区农业技术和农业生产方式已经相当发达。为了改变阳山的落后面貌，韩愈把中原先进的农耕技术、农耕工具带到阳山，教人耕织，改良农作物品种，推广先进的间种、套种、一年两熟等农耕技术，并重视农田水利的建设，改善农耕条件，大力发展农业生产，提高阳山人民的生活水平。

韩愈还在阳山首倡植树造林，亲手栽松树、桂树，写出"读书松桂林"的诗句，引发了阳山人民植树种林的热潮，也带动了读书的风气。后世读书人争相效仿，在书院附近栽种"松桂林"；民间百姓亦相效仿，纷纷在村后山坡遍种树木，植树造林。此外，韩愈在阳山积极倡导教育，宣传儒家思想中的"仁义礼智信"，对阳山文化的发展产生了很大的促进作用。韩愈离开阳山后，宋、明、清时期阳山均建有大量的书院和社学，据《阳山县志》记载：宋代阳山建有宫，明代建明伦堂、仰止书院，清代有阳溪书院、回龙书院、宗韩书院、桂香书院、韩山书院等，县以下乡里办社学，比较出名的有通儒社学、淇潭社学、将军山读书山堂等。可以说，在一个山区小县竟涌现出如此多的书院和社学，这与韩愈在阳山大力提倡教育、招生授徒、传播中原文化是分不开的。

经过韩愈的有效治理，阳山百姓安居乐业，社会秩序井然，阳山也成为一个文明礼仪之县。由于韩愈在阳山做了许多实事、好事，许多人家生孩子都以"韩"字命名。韩愈离开阳山后，后代人把阳山称为"韩邑"，把湟川称为"韩水"，将牧民山改名"贤令山"；还建起"望韩桥""望韩门""尊韩堂"等纪念性建筑物；人们还在原来县公署的环翠楼东边建起韩文公祠，四时祭祀，以表达对这位贤县令的景仰和尊崇。

三、三入岭南

元和十四年（819），唐宪宗命人前往凤翔法门寺塔迎佛指骨入长安。针对崇佛狂潮，历来坚决排佛的韩愈上书《论佛骨表》，宪宗大怒，于是韩愈被斥逐为潮州（辖今广东省潮州、汕头、揭阳三市）刺史，此是三入岭南。经过近100天的水陆跋涉，韩愈抵达潮州。在潮州短短七八个月期间，韩愈关注农桑、驱逐鳄鱼、兴修水利、赎放奴婢、兴学育人，被誉为历代主潮官吏的楷模。

潮州城北临恶溪（韩江）处，是几条江河的汇合处，每年春夏雨水多，常泛滥溃决，危害农田，殃及百姓。韩愈为此发动群众修筑北堤，北堤筑好之后，将江水与深潭隔断，既可防洪，又可蓄水，还可阻止江里的鳄鱼深入腹地危害百姓，一举多得。据清光绪《海阳县志》引用陈珏《上当事修堤策》称："潮州北门有堤，每至春夏雨潦，诸水聚会，泛滥横决，往往为患，海、潮、揭、普四县接壤，皆赖此门一堤堵御之

力。""北门堤，自唐韩文公筑。"为了纪念韩愈开溪导涝的业绩，人们在水南东溪东岸的龙门关侧，建起韩文公祠。当地人世代相传，说九月九日是韩文公诞辰纪念日，每年在这一天举行游神赛台活动。至今，潮汕一带还流传着韩文公"走马牵山""选令治水""建北堤"等民间故事。

韩愈一贯以继承孔孟道统自居，视崇儒卫道为己任，力图通过教育以唤起人们自身的理性，来解决纷乱复杂的各种社会问题。到潮州后，韩愈恢复久已废弃的州学并创办乡校。他还亲自到学校授课，"以正音为潮人诲"，教当地百姓学习国音，潮语也因此变得古雅起来。此后，潮州读书之风渐盛。宋人王十朋在《梅溪先生文集》中说："至今潮阳人，比屋皆诗书。"著名文学家苏东坡在潮州韩文公庙碑也这样写道："始潮人未知学，公命进士赵德为之师，自是潮之士，皆笃于文行，延及齐民，至于今，号称易治。"由于韩愈重文兴教，北宋时期，潮州便赢得了"海滨邹鲁"的美誉。

潮州人民为纪念韩愈治潮功绩，除了建庙宇、牌坊和纪念亭供人们千载凭吊之外，还把当年韩愈登临过的东山改名为"韩山"，把他驱走鳄鱼的恶溪改名为"韩江"，把他发动修建的东门堤称为"韩堤"，把他手植的橡木命名为"韩木"，把学校命名为"韩山书院"，一些街道被命名为"昌黎路"，充分反映了潮州人民对韩愈的尊崇和景仰之情。

| 故事1 |

读书当菜下饭

韩愈随兄嫂到韶州后，长兄虽公务繁忙，但也利用闲时关心韩愈和继子老成的学习。韩愈的嫂嫂郑氏是一个"慈善果断，女中翘楚"的贤淑女性，对韩愈和老成的读书学习有严格要求，每天都要规定和完成学习任务。她常对两个孩子说："韩家两代就指望你们两个人了。"韩愈按照兄嫂的教导，刻苦攻读、孜孜不倦，他读起书来常常全神贯注，废寝忘食。韩愈睡觉前也要看书，看得疲倦了就把书当枕头；吃饭时也是边吃边看书，有时就忘记吃菜或忘了喝汤；走路或坐在桌子旁边也不忘吟咏诗书或思考问题。一次，嫂嫂发现韩愈好几顿只吃白饭不吃肉，觉得奇怪，暗想：是不是我做的菜不合他的口味？第二天，她特意将肉菜加多配料，炒得香香的，以为这回韩愈定会吃个精光。等韩愈吃完饭，嫂嫂过来收拾碗碟时，发现他埋头趴在桌子上，老半天才吃一口饭，右手拿着筷子在书本上敲敲点点，然后往口里戳一下，而碟子里的肉菜原封不动，原来是他把背书当菜下饭。难怪嫂嫂发现他的书本上被筷子戳了许多斑点。至今韶关一带还流传着韩愈"读书当菜下饭"的故事。

| 故事2 |

《鳄鱼文》

韩愈在潮州听到人们反映说湫水（即恶溪，今韩江）有鳄鱼，长数丈，能爬行，也能游水，常吃船上和岸上的人和禽畜，致使百姓贫困，是当地民众最大的疾苦。于是，韩愈亲自到湫水实地勘察，找群众商量寻找治鳄方法。为驱除鳄鱼，"敬鬼神而远之"的韩愈不得不入乡随俗，顺应当时"岭南淫祀之风"（即崇信鬼神而滥用祭祀的习俗）和当地群众都以鳄为神、怕神怕鬼的恐惧心理，采用祭鳄驱鳄的办法来为民除害。他写了一篇《鳄鱼文》，在文中对鳄鱼动之以情、晓之以理，与鳄鱼约定七日之内迁徙到南海，以礼待之，若不听之，则要以武力驱鳄鱼。"今与鳄鱼约：尽三日，其率丑类南徙于海，以避天子之命吏。三日不能，至五；五日不能，至七日；七日不能，是终不肯徙也，是不有刺史听从其言也。不然，则是鳄鱼冥顽不灵，刺史虽有言，不闻不知也。夫傲天子之命吏，不听其言，不徙以避之，与其冥顽不灵而为民物害者，皆可杀！刺史则选材技吏民，操强弓毒矢，以与鳄鱼从事，必尽杀乃止。其无悔！"韩愈还命军事衙推（刺史的属官）秦济宰了一头猪、一只羊，在湫水江边举行一个祭鳄仪式，宣读祭《鳄鱼文》。

据《旧唐书·韩愈传》记载，就在祭祀的当天晚上，"有暴风雷起于湫中，数日，湫水尽涸，徙于旧湫西六十里，自是潮人无鳄患"。当然，《鳄鱼文》一宣读，鳄鱼就迁徙离去，似乎充满了玄幻色彩，传奇与玄幻的背后，是韩愈派人修筑"北门之堤"，将民众居住的地方与鳄鱼出没的水潭隔开；挑选受过训练的吏民，手持强弓毒箭，对鳄鱼加以射杀、驱赶的结果。韩愈祭鳄驱鳄的举动，之所以感动潮民，是因为他作为负罪远贬的官员，把个人的苦难置之度外，而把解救人民群众的苦难摆在首位，闻民有苦，立即采取措施、诉诸行动。这种可贵精神赢得了潮民的千载赞颂。

| 故事3 |

大颠禅师与韩愈

被贬到潮州做刺史的韩愈，闲暇之时无处排遣寂寞，便四处游山玩水，以遣孤寂不得志的心情。一日，在登灵山时，偶遇大颠禅师。大颠禅师问韩愈："听说使君是因直言犯上，才来此做地方官的吗？"

韩愈答道："是的，我本在朝做刑部侍郎，因上表谏迎佛骨，被放逐到这瘴毒疫疠之地。我自幼体弱多病，而今更是发白齿摇，怎受得了这里的气候与苦毒？所以一到此地，便上表请皇上东封泰山，希望早日召我回去，然而至今仍杳无音讯，唉！"

大颠禅师听了，责问他："我听说为人臣者，不能择地而安，不重名位而行其所当行。今竟遭放逐而不乐，趋时求名，实非善臣之表现。何况你敢直言犯上，是忠于君而不顾自身，心安理得，又有何怨言呢？唐室自天宝之乱，奸臣乱国，皇上讨伐都来不及了，作为人臣，既不能助上戡平内乱，以安邦国，尚且起动心意，触圣发怒，如今还要上表讨封泰山之地，岂不是不识时务呢？以穷治乱而祭其鬼，是不知命；动天下人心而无安邦定国之志，是不知仁；强言以干上怒，遇困而悒悒孤忧，是不知义；以乱为治而告皇天，是不知礼。"

又说："你既然上表谏迎佛骨，不赞成皇上信奉佛教，想必一定对佛教了解甚深，所以才不赞成。"

韩愈听了大颠禅师一番开示，很不满地批评道："你们佛教，口不说先王之言，而妄谈轮回生死之法；身不力行礼仪，而诈传祸福报应之说；无君臣之义，没有父子之亲；不耕而食，不织而衣，以残贼先王之道，我怎能默然不语？"

韩愈口无遮拦、一派狂妄的态度，令大颠禅师更下决心要折服他。

禅师便问韩愈："你批评佛教如此地不合先王之道，不言仁义，无父无君之事，你是在哪些佛经上看到的？"

韩愈回答："我哪有闲暇读那些书？"

于是大颠禅师对韩愈说："你该知道'跖犬吠尧'的故事吧！盗跖畜养了一只狗，有一天，尧经过跖的家门，那只狗竟然向尧吠叫，这是狗不认识尧，并非尧是坏人。今天你不看佛经，不谙佛理，而肆意攻讦佛教，与跖的狗相差又有多少？"

又说："今天你贵为唐室大学子，文章自成一家，然而你的文章能比得上姚秦时代的罗什法师吗？知往预来，能媲美晋朝的佛图澄吗？披剥万象，不动其心，能如萧梁时代的宝志禅师吗？"

韩愈默然良久，说："不如。"

禅师说："你既不如先贤，而先贤所从事者你又反对，这岂是智者所当为？今天你将自己局限在小小形器之内，奔走于声色利欲之间，稍有不如意，便愤懑郁悲，如此，与蚊虻争秽壤于积蒿之间，又有何不同？"

良久，韩愈问大颠禅师说："禅师还有指示吗？"

禅师说："去尔欲，诚尔心，宁尔神，尽尔性，穷物之理，极天之命，然后再来听闻佛法的至理吧。"

这一次的机锋论辩，使得一向自视甚高的韩愈对大颠禅师的智慧由衷佩服。从此，大颠禅师便成为韩愈被贬潮州时唯一交往的高僧，因而渐渐改变了他对佛教的看法。

刘禹锡

刘禹锡（772—842），字梦得，祖籍洛阳，唐朝彭城（今徐州市）人。刘禹锡自称是汉中山靖王后裔。晚年任太子宾客，世称"刘宾客"。他是中晚唐杰出的政治家、哲学家、诗人和散文家。刘禹锡出身在一个世代以儒学相传的书香门第，父亲刘绪曾在江南为官，刘禹锡在那里度过了青少年时期。其自幼好学，精通诸子百家、诗文辞赋，在作诗方面，曾得当时著名诗僧皎然、灵澈的熏陶指点。22岁登进士第，23岁登宏辞科，24岁登吏部取士科，授太子校书，三登文科，名播四方。一生历任朗州司马、连州刺史、夔州刺史、和州刺史、主客郎中、礼部郎中、苏州刺史、礼部尚书等职，卒年七十，赠户部尚书。

刘禹锡在政治上关心国家命运，同情人民疾苦，坚持整肃官吏，主张"功利存乎人民"。哲学上遵循朴素唯物主义，有著作《天论》《问大钧赋》等。文学上留下诗文800多篇。前期刘柳（宗元）相知、诗文互递，时称"刘柳"；后与白居易诗文唱和，时称"刘白"，堪称"四海齐名白与刘"。其诗歌题材广阔、意境优美、辞藻瑰丽、精炼含蓄、思出常格、开朗流畅，可语可歌而又不流于平浅。刘禹锡又是古文运动的积极参加者，以论说文的成就最大，有《刘梦得文集》《刘宾客文集》《刘禹锡集》等传世。著名的《陋室铭》，以及"东边日出西边雨，道是无晴却有晴""沉舟侧畔千帆过，病树前头万木春"等辞章脍炙人口。

刘禹锡很少像中唐其他诗人那样为作诗苦苦地推敲、锤炼，而多为"江山风物之所荡，往往指事成歌诗"，这是因为他一向视文学为反映社会、改革政治的工具。他说："八音与政通，而文章与时高下。"又谓："以文章为羽翼，怒飞于冥冥。"他认为文学创作不过是其表达志向、参与政治的"羽翼"而已。在他的作品里，人们很容易感受到一种政治家的气魄、胸襟与风范，因而白居易称之为"诗豪"。

因受"永贞革新"失败影响，刘禹锡两次被贬广东连州（今连州市一带）。第一次是在唐永贞元年（805），"永贞革新"仅仅维持百余日即宣告失败，作为革新派的刘禹锡和柳宗元等8人开始了被朝廷放逐的贬官生涯，史称"八司马"。刘禹锡先是被贬谪到连州任刺史，一接到命令，他就带着新婚的妻子和已经70多岁的年迈母亲，踏上了南下的征途。走到荆南（今湖北省江陵县），接到朝廷的命令，"吏议以是迁也不足偿其责"（刘禹锡《连州刺史厅壁记》），将他就地降官，贬到朗州（今湖南省常德市）任司马。刘禹锡没有来成连州，与连州缘悭一面。

唐宪宗元和十年（815），刘禹锡在朗州被贬谪十年之后，在43岁时和当时在永州任司马的柳宗元等人奉诏回京，游玄都观时写下一首诗《元和十年自朗州承召至京戏赠看花诸君子》："紫陌红尘拂面来，无人不道看花回。玄都观里桃千树，尽是刘郎去后栽。"被当朝宰相元衡认为该诗"语涉讥讽""挟邪乱政，不宜在朝"，刘禹锡再度被贬谪到更远、更荒芜的播州（今贵州省遵义市）。当时，其母亲已经80多岁了，如果随行，肯定无法承受长途跋涉的劳顿之苦。在柳宗元和大臣裴度的一再说情下，柳宗元甚至愿意以相对文明的广西柳州与刘禹锡互换，最后，皇帝"终不欲伤其亲"，恩准刘禹锡贬为连州刺史。于是，刘禹锡在十年之后，与连州续上了躲也躲不过的缘分。元和十年夏天，刘禹锡来到了连州，担任了十年前他首次遭贬所授予的本州刺史官，他说这是"重领连山郡印绶"。

唐朝的刺史相当于现在地级市市长，二贬连州，身心受到重大打击的刘禹锡来到了"天下山水，非无美好"的连州，却发现这里是一个适宜发挥政治能力和文学才华的地方。唐时的连州虽然荒凉，但风景如画、气候宜人。刘禹锡在《连州刺史厅壁记》中生动地描绘了当时的连州风物："山秀而高，灵液渗漉，故石钟乳为天下甲……"这篇文章对山川、地形、物产、职贡、气候、疾病等都有涉及，语言优美，状物鲜明，生动形

象的画面给人以身临其境的感觉。而一句"刬溪若问连州事,惟有青山画不如",表达了他对连州的由衷赞美。

刘禹锡上任后撰《连州刺史厅壁记》,希望自己能像众多优秀前任一样,"或久于其治,功利存乎人民;或不之厥官,翘遗载于歌谣",并非常投入地实践自己的政治理想。刘禹锡在连州任职四年半期间,连州的老百姓欣喜发现,这位刘刺史与以往来到连州的地方官迥然不同,刚正不阿,重土爱民,勤勉为政。在连州执政期间,他重教兴学,传播中原文化,还把中原的农耕技术带入连州,教州民用机械吸水灌溉农田,垦复梯田,发展农业生产,改善人民生活。

刘禹锡到任连州以后,为海阳湖美景所倾倒,对海阳湖作了扩充、疏浚,在湖中修建亭榭,并在湖光山色中点出十大景致:吏隐亭、切云亭、玄览亭、云英潭、裴溪、飞练瀑、蒙池、梦丝瀑、月窟、双溪,每一处景致都作诗一首咏之,称为"海阳十咏",使海阳湖成为岭南地区的文化名园,原本偏远落后的连州由于刘禹锡的到来而被世人所知。

在连州的经历,也促使他在政治、思想、艺术上都更为成熟。据考证,刘禹锡在连州期间留下散文25篇、诗歌73篇。他在连州期间写下了《莫徭歌》《蛮子歌》《连州腊日观莫徭猎西山》等诗,对瑶族的外貌服饰和瑶族人民的狩猎活动以及他们的勤劳神勇大加称赞,以诗歌形式描写少数民族生活,刘禹锡在中国诗坛上可算第一人。正是从这些诗文的字里行间,让我们捕捉到诗人对连州的眷眷深情。

离开连州后刘禹锡又被多次调动,晚年才回到洛阳,任太子宾客。值得欣慰的是,虽然仕途坎坷,但其晚景并不凄凉,最终以正三品的虚职退居洛阳养老,与好友白居易、裴度等诗唱往合,名满天下。综观刘禹锡的一生,在官场屡屡遭贬长达23年之久。但他不畏权贵、不向权势低头,坚持着自己的理想和信念,始终保持着清高的气节,为后世留下一个鲜明光辉的形象。

| 故事1 |

《传信方》

刘禹锡到达连州时，连州曾出现过"罕罹呕泄之患"的疫情。刘禹锡心急如焚，向远在湖南道州的薛景和广西柳州的柳宗元请教药方。薛、柳二人把一些民间的药方寄来连州。这些药方果然十分有效，帮助连州人民躲过了瘟疫，刘禹锡把这些药方称为"救命三帖"。

其实刘禹锡一直对医学颇有研究，尤其注重搜集各种流传于民间的单方、验方、秘方。后来他把自己数十年积累下来的单方，加上柳宗元、薛景寄来的单方一起编成了一部医书，起名为《传信方》。他在序言中写道："医拯道贵广，庸可以学浅为辞？遂于筐中得已试者五十余方，用塞长者之问，皆有所自，故以'传信'为目云。"

《传信方》一时在连州流传开来，大受百姓欢迎。刘禹锡的《传信方》十分重视将普通药物与简单易行的治疗方法相结合。如以芦荟治湿癣，以大蓝汁加雄黄治蜘蛛咬伤，以大豆、生姜治腹胀等，简单易行，利于百姓掌握使用。

后来《传信方》不仅在国内流传，而且还传到了日本和朝鲜等地。如日本的《医心方》、朝鲜的《东医宝鉴》等都收录了《传信方》中许多行之有效的方剂。只可惜现在原书在国内已经失传了。

| 故事2 |

科第甲通省

刘禹锡对连州的最大功绩和贡献，首当重教兴学、栽培州人，开创了连州重文兴教的传统。唐宋时期，广东科举场上盛誉"连州科第甲通省"。

刘禹锡作为连州刺史，具有远见卓识，他经过认真地调查研究之后认为，要使连州真正地兴旺起来，治贫先治愚，要加强文化教育，提高人们

的文化素质和自身修养。于是，刘禹锡在连州登台讲学，教泽州人，栽培人才，带动连州文化进入兴盛时期，开创了连州重文兴教的传统。由于刘禹锡的名气，当时荆、楚、吴、越一带的儒生也趋之若鹜，赴连州求学。当时湘南儒生周鲁儒、吴越儒生曹璩都是刘禹锡的得意门生。

在他的精心培育下，唐宪宗元和十二年（817）间，连州出了第一个进士刘景。刘禹锡挥毫赋诗一首《刘景擢第》："湘中才子是刘郎，望在长沙住桂阳（秦时连州属长沙郡，西汉初置桂阳县）。昨日鸿都新上第，五凌少年让清光。"之后，刘景之子刘瞻又高中进士，后任至唐朝宰相，成为有史以来岭南籍第一个官至宰相之人。

此后数百年，连州名人辈出，文化教育之辉煌凸显于岭南文化之中，相继有陈拙、张鸿、黄损、邓洵美、孟宾于等数十位诗人闻名于世。在唐代，广东共有进士48名，连州就有12名；到了北宋时期，广东共有进士127名，连州就有43名。登进士第者，既有名列前茅的，又有兄弟同中的，还有公孙三代相继登第的，为连州在广东科举场上赢得"科第甲通省"之美誉，时称"连州科第甲通省"。清代文人杨楚枝在《连州志·名宦传》中曰："吾连文物媲美中州，禹锡振起之力居多。"连州的开化和发展，千百年来的文风振兴，刘禹锡功不可没。

| 故事3 |

《莫瑶歌》

连州是一个汉族和少数民族杂居的地区。刘禹锡到任连州刺史后，除了对农业生产很重视外，还很重视汉族和少数民族的融合问题。他经常举办少数民族和汉族的联谊活动，增强他们之间的感情。当地有一个少数民族叫作莫瑶族（即瑶族），刘禹锡与他们相处得很好，他曾对这个民族的生活方式、婚姻状况、生产活动进行了专门的考察。莫瑶族人民勤劳善良，在艰苦的环境下依旧顽强地生活着，这让刘禹锡十分敬佩，他还为此专门写了一首名叫《莫瑶歌》的诗来赞美莫瑶人。

这天，刘禹锡听说一个莫瑶族农户家里添了一个宝宝，邀请他前去赴喜宴。他愉快地接受了邀请，来到这位农户家里。

"刘大人光临，真是小儿之福啊。"

"恭喜！贺喜！"

农户吩咐家人给刘禹锡上茶。

"刘大人，您请上座。"

刘禹锡被农户安排到宴席的主座之上，农户及其家人分列两边陪同。

"今天是你家添丁，我是来客，哪有坐主座之理。"刘禹锡边说边要起身让出座位。

农户见状忙伸手拉住刘禹锡的胳膊，说道："刘大人早就已经是我们莫瑶族的主人了，这些日子以来，我们蒙受您的大恩，正无以为报呢！今天就让我们借此机会好好款待一下您，以表对您的感激之情。"

说话间，茶上来了。刘禹锡无奈只得重新坐下，农户微笑着给他介绍起刚上桌的茶来。

"刘大人，这是我们莫瑶族待客的茶，您请尝一尝。"

刘禹锡接过茶碗，喝了一小口。

"这茶和我以前喝的茶不一样，它是怎么做出来的呢？"

"这茶是用油炒的茶叶煎出茶汤，再用生姜、辣椒、食盐调味而成。"

"哦，难怪味道如此独特。"

"还有更独特的呢，待会刘大人可以尝尝我们这里特有的风味小吃以及野味。"

喜宴从中午进行到下午，刘禹锡不但受到莫瑶族人民的热情款待，尝到了众多的美味佳肴，而且更进一步地了解了少数民族的需求，这为他促进当地少数民族的发展、维护一方安定团结提供了有力的保障。

从农户家赴完喜宴，刘禹锡回府，提笔吟咏诗一首《莫瑶歌》：

莫瑶自生长，名字无符籍。

市易杂鲛人，婚姻通木客。
星居占泉眼，火种开山脊。
夜渡千仞谷，含沙不能射。

苏 轼

苏轼（1037—1101），字子瞻，又字和仲，号铁冠道人、东坡居士，世称苏东坡、苏仙，眉州眉山（今四川省眉山市）人。苏轼是历经宋代仁宗、英宗、神宗、哲宗及徽宗五朝的著名文学家、政治家和书画家。苏轼一生留下了100多万字的文学作品，其中现存诗2726首、词398首、散文4800余篇，以及留存下来一部分书画作品。苏轼的诗题材广阔，清新豪健，善用夸张比喻，独具风格，与黄庭坚并称"苏黄"；词开豪放一派，与辛弃疾同是豪放派代表，并称"苏辛"；散文著述宏富，豪放自如，与欧阳修并称"欧苏"，均为"唐宋八大家"之一。苏轼的书法，为"宋四家"（苏轼、黄庭坚、米芾、蔡襄）之一；擅长文人画，尤擅墨竹、怪石、枯木等。有《东坡七集》《东坡易传》《东坡乐府》《潇湘竹石图卷》《古木怪石图卷》等传世。苏轼在才俊辈出的宋朝，在诗、文、词、书、画等许多方面均取得了登峰造极的成就，是中国历史上少有的文学和艺术天才，是北宋时期的文坛领袖。

以苏轼傲世的才华，他本应在大宋王朝重文轻武的大环境下如鱼得水，实现他忠君爱民的政治理想，但实际情况却事与愿违。苏轼的一生带着悲凉的传奇色彩，"一肚皮不合时宜"的他政治生涯可以说是大起大落、充满坎坷。在他为官40余年中，曾遭受两次严重的政治迫害，先后三次被贬谪。苏轼45岁时被贬到湖北的黄州，59岁时被贬至广东的惠州，三年后复被贬至海南岛的儋州，直到他65岁才遇赦北还。他被排挤出任地方官时，转徙州郡，也要尽其所能，为所到之地的长治久安作出重大贡献。出任杭州，他减赋赈荒，掘湖修堤；出任定州，他整饬军纪，加强边备；出任密州，他率民抗蝗救灾；出任徐州，他组织军民抗洪，亲临指挥，奋战70余日。被贬岭南，他注重民族团结，积极传播先进生产知识，纠正人们轻视农业的陋习，启发人民破除迷信、爱惜耕牛，并向少数民族传播文化知识，培养少数民族知识分子。在他曾做过官的地方，几乎均有他忘怀己忧、造福人民、与人民结下深厚友谊的佳话。苏轼曾对自己的弟弟苏辙说："吾上可陪玉皇大帝，下可陪卑田院乞儿。眼前见天下无一个不好人。"林语堂在《苏东坡传》中称苏轼为"旷古乐天派"，并写道："我若说一提到苏东坡，在中国总会引起人们敬佩的微笑"，"苏东坡过得快乐，无所畏惧，像一阵清风度过了一生"。

1094年6月，苏轼得到谪居惠州的诏令，他带着爱妾王朝云、儿子苏过，途经大庾岭入粤。一路上苏轼游览了众多寺院如龙泉寺、建封寺、南华寺等，都留下了诗句。在清远，苏轼遇见当地人顾秀才，并听了他对惠州风物的娓娓介绍，对惠州有了美好的第一印象。到广州，苏轼在此稍作停留，遍游羊城名胜，如兴趣盎然地游览了白云山，寻访山上的蒲涧寺；还来到东郊黄木湾，游南海神庙。南海神庙是始建于隋代的朝廷祭海神庙，规模宏大。当时神庙所在的扶胥镇是海上交通贸易重镇。由于庙前的江面宽阔，珠江被称为"大海"。庙右前方的岗丘三面临江，江水直拍岗脚。岗顶建有浴日亭，登临四眺，海空相接，每当旭日东升，霞光万道，就出现"浴日"奇景。为了观日出，苏轼专程赶到这里，拂晓就登上了浴日亭，等待这自然奇观的揭幕。壮丽的景色让他激动不已，气势磅礴、词语绚丽的《浴日亭》诗就此下笔：

剑气峥嵘夜插天，瑞光明灭到黄湾。

坐看旸谷浮金晕，遥想钱塘涌雪山。

已觉苍凉苏病骨，更烦沉瀣洗衰颜。

忽惊鸟动行人起，飞上千峰紫翠间。

苏轼的题刻，至今尚存在浴日亭内的石碑上。大概是入粤之后，一路上越走越了解到岭南的文明和秀丽的景色，苏轼的心情渐渐开朗起来。在广州这个历史悠久、商业繁华、民间富足、文化深厚的城市中停留，没有使他感到天涯之远，倒是感到无官一身轻的旷达自在。苏轼离开广州时写的《发广州》，就说出了"天涯未觉远"的感受。将到惠州，苏轼又乘肩舆走了15里（1里=500米）路到了心向往之的罗浮山，遍游长寿观、冲虚观、丹灶、朝斗坛、朱明洞。他为"罗浮高万仞，下视扶桑卑"的罗浮山景色及文物所吸引，此后谪居惠州两年多，苏轼亦多次上罗浮山。罗浮山人为纪念苏轼，在东坡山房旧址建了东坡亭，至今亭内仍悬有苏轼题匾"花香静处寒无月"。

同年10月，苏轼到达惠州府，从此开始了一种新的生活。惠州对于苏轼来说，不仅仅是人生第二次重大的贬谪，更是他思想逐渐走向成熟的重要阶段。苏轼早年一直有"书剑报国"的梦想，但是在惠州期间的贬谪生活，却让他逐渐走入内心世界，成为摆脱外在功名束缚、精神上傲然遗世的巨人。这也是后来他在儋州时期，总结自己的一生时，所说的"问汝平生功业，黄州、惠州、儋州"，苏轼将这三次贬谪看作他人生中最大成就。偏远的惠州使他远离了政治漩涡和政治迫害，使他过上了相对宁静的生活。苏轼在惠州的三年，创作了大量的诗词文，其中文有310多篇，诗歌有180多首，词有18首。谪居惠州时期，苏轼在生活态度上大有一种"豪华落尽见真淳"的平淡逸致。苏轼在惠州一共写了47首和陶诗，而且对自己创作的和陶诗颇为得意，他说："吾前后和其诗凡一百有九篇，至其得意，自谓不甚愧渊明。"

| 故事1 |

苏轼惠州两相宜

"一自东坡谪南海，天下不敢小惠州"，然而当时位处岭南的广东被称为蛮獠之邦、瘴疠之地，气候炎热，疾病颇多。宋哲宗绍圣元年（1094）十月，已经57岁高龄的苏轼历经舟车劳顿，挟一身凄风苦雨奔赴贬所惠州，垂老投荒，等待他的又将是什么呢？苏轼在即将踏入广东、翻越大庾岭时，写了一首《过大庾岭》：

> 一念失垢污，身心洞清静。
> 浩然天地间，唯我独也正。
> 今日岭上行，身世永相忘。
> 仙人抚我顶，结发授长生。

"浩然天地间""身世永相忘"，表明了他高洁的志向和坦然的心境。如果说被贬黄州的时候还有东山再起的希望，那么，被贬惠州则大有老死异乡的况味了。被贬岭南令苏轼在思想上发生重大变化，对政治不再抱有幻想，悲凉中夹杂着释然。

到达惠州之日，苏轼没有想到当地父老乡亲站满码头热情地迎接他，他当即赋诗一首《十月二日初到惠州》：

> 仿佛曾游岂梦中，欣然鸡犬识新丰。
> 吏民惊怪坐何事，父老相携迎此翁。
> 苏武岂知还漠北，管宁自欲老辽东。
> 岭南万户皆春色，会有幽人客寓公。

初到惠州的好印象为以后寓居期间与当地人的融洽关系打下了良好基础。加之惠州气候温暖，常年甜瓜香果不断，有荔枝、龙眼、柑橘、杨梅等超甜水果，苏轼喜爱甜食，岭南这一在别人眼中的瘴疠之地在他眼中却平添美妙。到了惠州，苦涩失意的贬谪生活，因为千年岭南佳果——荔枝而带来了一丝甜蜜。苏轼在惠州写了好几首赞叹荔枝的诗作，其中《食荔枝》一首最出彩：

> 罗浮山下四时春，卢橘杨梅次第新。
> 日啖荔枝三百颗，不辞长作岭南人。

这首诗可谓道尽了苏轼在惠州期间恬淡自足的心态。同样是写荔枝，另一首《荔枝叹》则全然不仅是抒写个人情感了，转而关怀民间疾苦，为民请命，矛头直指宋朝皇帝及其谄媚之臣。《荔枝叹》借汉和帝时期和唐玄宗时期因赶运荔枝给百姓带来的灾难这两件历史旧事，来讽刺当朝的哲宗皇帝及当时一批争宠献媚的朝臣。"丁""蔡""斗品""姚黄花"等字眼锋芒毕露，毫不掩饰。

年迈的苏轼被贬惠州时的身份是宁远军节度副使惠州安置，不得签署公事，这样一来，受监视管制的同时也是无公事劳烦的闲散之人。无官一身轻的苏轼有了更多的时间和精力进行写作，也因他被贬后的身份不再高高在上，他可以更多地四处走动，接触和了解下层民众的生活，了解惠州风俗民情。寓惠三年，他为惠州当地的老百姓切切实实做了许多好事。他看见军队散居民间，为免军人扰民作恶，亲自上书广东提刑程正辅，为边防军造兵营300间。在他不懈的努力下这件事实现了。秋收后惠州须纳粮6.3万余石，按粮官的命令，凡5万石以上的镇都得折纳现钱。苏轼请令对惠州人民纳税，钱粮各便，解决了惠州民间缺钱的困难。西江把县城与府城分隔开来，他就捐出犀带建造新桥，沟通两城联系。时人为纪念他，又将新桥称作苏公桥，后改为苏堤，屡毁屡修，一直保留至今。施工期间，苏轼与民工为伍，巡察督促。竣工之日，全城欢腾雀跃，在西村召开庆祝大会。"父老喜云集，革壶无空携。三日饮不散，杀尽西村鸡。"苏轼的即席赋诗，生动地记叙了大会的盛况，以及作者的喜悦心情。他还把中原先进的生产技术带到惠州。双轮五杆水碓就是他教农民制造的一种利用水力资源来捣谷、春米的工具。在一条大木杆上，装上两个大轮子，四周悉置风叶，从高处冲下的水流冲击风叶，带动轮子转动。大木杆上的小木杆再带动石春。水量愈大、轮子愈大，带动的水碓就愈多，最多的可达十五六个。直到现在，惠州郊区农村还有用水碓春米的。插秧用的秧马也是他教农民造的。状若小船，中间可放秧苗，人坐在船头上插秧，来回移动灵活，对发展农业生产、减轻农民劳动强度都有好处。

苏轼当时有职无权，而这些事又多涉及地方官府，最容易与当权者发生矛盾，招惹是非。但苏轼能把个人恩怨置之度外，关心民瘼，积极济

世，见义勇为。他这种精神一直为惠州人民所尊崇。更难能可贵的是，他能放下士大夫阶级的架子，平易近人，与当地军民和睦相处。和他交往过、发生过联系、建立过友谊的人物可谓是形形色色。其中有西村的樵夫，东江河上的渔夫，也有抱道自守的邻居秀才翟夫子，借草笠给他的农夫，赊酒给他的林行婆，还有积极济世的和尚希固、道士邓守安，以及对他极为尊敬的地方官范詹、方子容等。直到现在，他们与苏轼的友情轶事还在惠州民间广泛流传。

苏轼谪居惠州时，在与友人的通信中曾说道："到惠将半年，风土食物不恶，吏民相待甚厚。"（苏轼《与陈季常十六首》之十六）荔枝的甜蜜、父老乡亲的友好、新朋旧友的关怀，使寓惠三年在苏轼已适应了并喜欢上这片远离政治风云的秀丽奇异淳朴的穷荒之地，一如他在《定风波》里所写："试问岭南应不好？却道，此心安处是吾乡。"

苏轼在惠州虽然只有短短三年，却对惠州产生了巨大的影响，留下了一系列具有历史文化意义的东坡文化古迹及东坡精神和文化资源，形成了一种特殊的东坡文化现象。惠州有以"东坡"命名的地名、建筑物、商店，如东坡纪念馆、东坡公园、东坡亭、东坡酒楼、东坡商场等，西湖的苏堤、六如亭（朝云墓）更是千百年来承载后人纪念苏轼的文化载体，也成为惠州市重要的历史文物。

| 故事2 |

惠州西湖

惠州西湖因苏轼而出名。清乾隆归善学者黄安澜在其所著的《西湖苏迹》一书中说得好："西湖山水之美，藉（东坡）品题而愈盛。"惠州西湖原本被称作丰湖，湖光山色秀美，景色可以媲美著名的杭州西湖，正是由于苏轼的到来，丰湖逐渐被世人改称为西湖，并且声名远播。

游览惠州西湖，你会发现许多文物古迹与苏轼有关。其中有一座寂立在西湖湖畔的小亭——六如亭。亭柱上镌有一副楹联，是苏轼所写："不合时宜，惟有朝云能识我；独弹古调，每逢暮雨倍思卿。"这不是一副普通的亭联，它包含了苏轼对一生坎坷际遇的感叹，而这种感叹最终又是维系在一位红颜知己的身上，她就是长眠在六如亭下令苏轼"暮雨倍思"的爱妾王朝云。苏轼被贬往惠州时，他已经年近花甲了。眼看运势转下，难得再有起复之望，身边众多的侍儿姬妾都陆续散去，只有王朝云始终如一，追随苏轼长途跋涉，翻山越岭到了惠州。

王朝云对苏轼有着重要意义，是最懂苏轼的人。有一次，苏轼退朝回家，饭后在庭院中散步，突然抚着自己的肚子问身边的人："你们有谁知道我这里面有些什么？"有人说："您满腹文章。"苏轼不以为然。另有人说："满腹都是见识。"苏轼也摇摇头。到了王朝云，她笑道："一肚皮的不合时宜。"苏轼闻言，捧腹大笑。

绍圣三年（1096），王朝云染病去世，苏轼在那年重阳时怀着失去爱人之痛，作《丙子重九二首》，其中一首写道："今年吁恶岁，僵仆如乱麻。此会我虽健，狂风卷朝霞。使我如霜月，孤光挂天涯。西湖不欲往，暮树号寒鸦。"在这首诗中，第一次把惠州丰湖称为西湖，从此西湖的称谓开始被世人接受。而因对王朝云的怀念日日结聚在苏轼的心头，夜里就化为幽梦，苏轼夜夜梦见王朝云来侍，而且为年幼的干儿授乳，总看到她衣衫尽湿，询其原故，答道："夜夜渡湖回家所致。"苏轼醒后大为不忍，于是兴筑湖堤横跨湖上，以便王朝云前来入梦，此堤也被后人称为苏堤。

崔与之

崔与之（1158—1239），字正子，南宋名臣之一，广东增城人。崔与之出生在一个贫寒而正直的家庭，自幼聪颖异常，被人赞誉为"卓荦有奇节"。在交通极不方便的宋代，人们都以远行为怯，但他毅然离家远赴临安，入太学苦读，终得举进士，成为广东由太学而取科第的第一人。崔与之虽考中一甲进士，但因朝中无人，被分到荒远的广西浔州，担任只有八品微官的司法参军。崔与之毅然赴任，后任广西提刑。南宋嘉定六年（1213）被朝廷升任为金部员外郎，从此以后，崔与之可以说官运亨通，接连被朝廷提拔，不断升任要职。但无论走到哪里，担任什么职务，崔与之都殚精竭虑，奋发有为，为官一任，振兴一方，以杰出的才能治一县则一县安、守一州则一州宁。因能以真心实意的态度为民办实事而得到普遍赞誉。

崔与之在守广西、帅淮东、帅成都等重要职位上充分显示出他为国为民的赤诚与卓越的政治、军事才能。如他两度临危受命，分别出任淮东和西蜀这两处抗金前线的最高军事指挥官和最高行政长官，始终坚持积极防御的战略思想，表现了杰出的军事才能。他在所辖范围积极备战，发明实用有效的新方法训练士兵，招兵买马，扩充军备，建设防御工事。在他的苦心经营下，淮东、四川逐渐变得兵马强壮，钱粮充足，社会稳定繁荣，战备充分，让金人找不到丝毫进犯的机会，可以说他的军事才华达到了不战而屈人之兵的境界。凭着取得的这些功绩，他被时人称为"岭南古佛，西蜀福星"。

崔与之一生主要精力是从政、治军，他最大的成就也是在政事、军事方面，写诗确实是"余事"。现存诗33首、词2首，都是他68岁辞四川安抚使之职返乡家居前之作。诗多数为酬答赠别，少数是写景抒怀。但由于其性格与气质决定了他的酬赠之作也不是堆砌谀辞、空虚应酬，而是融注真情，言之有物。崔与之的诗具有鲜明的艺术个性，以恳挚沉雄、健朗高华为特色，洋溢着强烈的事功色彩。崔诗中出现的人物或是远戍边关、夜草奏书的将帅，"笑谈更化定大计，乾机坤轴回钧陶"的重臣；或是载驰载驱为国辛劳的远行客，"短逢疏雨春听浪，瘦马轻寒晓度关"的倦归人，形象傲岸轩朗。诗中出现的物象，或是"银演下泻波千顷"的浩瀚湖光，或是"铜梁玉垒碧云端"的矗耸重峦，画面多开阔、明朗。崔与之不仅凭他的治绩，在历史上留下了令人瞩目的一页而受到后人的崇敬，而且通过他具有艺术个性的诗词，为自己树立了一个具有立体感的直臣形象，矗立在中国古代诗苑之中。

崔与之的爱国篇章当推他的《水调歌头·题剑阁》，这首词作于他出任成都知府，担任入川卫边重任之时，当时淮河、秦岭以北的大片国土，早已沦于金人之手，朝野上下纸醉金迷，崔与之希望能凭借这首慷慨激昂和充满英雄气概的词句振作士气，勠力王室。

> 万里云间戍，立马剑门关。乱山极目无际，直北是长安。人苦百年涂炭，鬼哭三边锋镝，天道久应还。手写留屯奏，炯炯寸心丹。
>
> 对青灯，搔白发，漏声残。老来勋业未就，妨却一身闲。梅岭绿阴青子，蒲涧青泉白石，怪我旧盟寒。烽火平安夜，归梦到家山。

整个南宋时期诗词成就很高，但由于所处政治环境的原因，主流文风具有佯狂欺世的特点，而崔与之的文学创作因其处在当时文坛主流之外而具有独特的意义。他的这首《水调歌头·题剑阁》词风雅健，气势雄浑奔放，格调高亢，处处显示出叱咤风云的刚毅之气，与当时流行一时的格律词派的清幽、淳雅、柔婉的词风相悖，属于南宋辛弃疾豪放一派。由于崔与之在当时的地位和影响，该词从内容到格调都对后来岭南词的发展产生了巨大作用，开创岭南词伤时忧国的价值取向和豪迈雄健的词风，因而

崔与之被尊为"粤词之祖"。《水调歌头·题剑阁》一词作为传世名作，深得后人欣赏与喜爱，毛泽东曾手书此词，如今毛主席的手迹还珍藏在广州市博物馆。

南宋嘉熙三年（1239）十二月，崔与之在家乡逝世。宋理宗下诏赠少师，谥清献。崔与之不仅受到了来自上层士大夫的一致尊崇，同时也受到了民众的广泛爱戴。从南宋以降直至今天，各地均为他立祠纪念，香火延续数百年。直到现代，广东还有很多与崔与之有关的历史遗迹：增城的崔太师祠和崔与之坟墓，凤凰山上的菊坡亭；广州朝天路西侧的崔府街；白云山蒲涧寺内的清献祠，祠内悬挂着崔与之身穿彩服衣冠的画像。

| 故事1 |

太学苦读

"山外青山楼外楼，西湖歌舞几时休。暖风熏得游人醉，直把杭州作汴州。"南宋这首脍炙人口的《题林安邸》痛斥揭露了南宋王朝统治阶层在歌舞升平中忘记国仇家恨，过着苟且偷安、寻欢作乐的腐败生活，让后人对这段充满悲凉的历史无限感慨。崔与之就出生在这样一个动荡不安的战乱时代。崔与之的先祖是河南开封人，因为连年战事，一直向南方迁移，先后居于江西宁都、广东河源，至其父始定居广东增城。他的父亲崔世明是一位读书人，屡试不第，怀着"不为宰相，则为良医"的抱负，立志以行医济人的方式实现自己的理想。崔与之出生不久，遭丧父之痛，无依无靠，只得随母亲投靠外家。由于幼年丧父的经历和家境贫寒的现状，让崔与之更加珍惜来之不易的读书机会，在获得知识的同时，养成了吃苦耐劳的品格，后来在治学和为官方面都形成勤勉务实的作风，也为他以后形成独树一帜的政治、经济、军事思想打下了坚实的基础。尽管少年崔与之在岭南发奋学习，但是宋代的岭南地区文化发展仍然相当落后，读书人前途渺茫，缺少进身机遇，其30岁了仍然是一名平民。

出于对发展落后地区的文化扶持，南宋朝廷对岭南科举采取了一些照顾性的政策，可是每次考取进士的人却寥寥无几，增城则更少。因此要想考取进士，到当时中央最高学府临安府（今杭州市）太学读书，是一条最便捷的路径。那里不但最接近当时的权利中心，还可以避免一些对地方考生的名额限制，并有机会免省试，直接参加殿试，甚至如果成绩非常优异可以立即获得官职。宋孝宗淳熙十六年（1189），在友人的资助下，崔与之下定决心，毅然前往临安求学，并于次年春天考入太学。从广州到临安有近4千里（1千里=500千米），水陆70程。因为路途遥远，花费巨大，而且即便进入太学，仍然是平民身份，以后是否能够考取功名，依然前途未卜。因此，当时的广南士人，即使家境殷实，也很少有去临安太学读书的。崔与之赴临安时已经32岁，他的妻子大致在这个时间早逝。他撇下年迈的母亲和年幼的儿子，毅然北上，并给自己定下了期限，一定要在三年内高中进士，衣锦还乡。

临安作为南宋的都城，经过一段时期的和平发展，已变得繁华无比，人口最盛时超过百万人，临安定为行都（旧指临时首都）之后，大批乐师、乐工及乐舞艺人来到临安，形成了南北方乐舞的大交流。当时的临安城内分布着许多瓦舍、勾栏，其数量和从艺的人数都远远超过北宋的汴京。整个临安不仅是一个大花园、大都会、大集市，更像是一座大舞台。这些对来自偏远岭南的崔与之来说，无疑都充满了诱惑。但崔与之并不动心，在太学的三年，他寒窗苦读，"朝夕肄业，足迹未尝至廛市"。南宋绍熙四年（1193）五月，崔与之应试，中进士乙科。这一年，崔与之35岁，他终于实现了自己"必期三年成名而归"的志愿。崔与之也因此成为宋代岭南由太学应试而取得功名的第一人。这极大地刺激了家乡学子的求学热情。"五羊之广，则为象犀珠玉之广，诗书礼乐之风未敦也。姑以近世言，丞相菊坡由上庠取科第，广之士自是而相励以学。"这是元人王义山对由此产生的影响给予的高度评价。

| 故事2 |

平定摧锋军叛乱

南宋端平二年（1235），崔与之辞官隐居广州十年时，广东发生了一起震动朝野的兵变——广东摧锋军叛乱。广东摧锋军是宋代一支著名的地方军队。在外侵内扰的情况下，一些地方官员为了保境安民，便自行筹措财源、武器，组织训练地方军，广东摧锋军就是这样建立起来的一支部队。摧锋军成立后，实力越来越强，出于节制和利用的目的，南宋朝廷调遣这支军队到建康（今南京市）去卫戍。广东摧锋军由于骁勇善战，转战各地取得了不少战功，但这些功劳却一直被上级压着不报。长期压制，再加上思乡心切，摧锋军士兵心中充满了怨气，最终酿成了兵变。

端平二年二月，叛军从江西返粤，长驱而入，一直打到广州城下。广州知州兼广东安抚使曾治凤弃城逃跑，一时间，群龙无首，形势危急。当时，崔与之正闲居广州，很多官吏急忙来到他家，请求崔与之率领广州兵民登城抵御叛军。崔与之毅然以77岁高龄登城向叛军劝导放下武器，结果很多叛军因敬重他的德高望重愿意释甲归田，而有几个叛军首领担心不能免罪，率领部分士兵逃遁。

兵变的消息上报到朝廷之后，宋理宗马上任命崔与之为广东经略安抚使，兼任广州最高行政长官。崔与之这次没有辞免，而是立刻接受了任命，随即直接在家中展开组织协调，处理军务。经过一番周密的筹划，四处调集各路军队，追击围剿叛兵，并在各个军事要地，调遣军队提前布置预防叛军逃窜。最后，逐渐把叛军压缩到苦竹岭一带。叛军穷途末路，不得已乞求投降。崔与之下令将降卒分散编入不同军队中，将拒不投降的叛军处死，坚决而快速地平息了这次摧锋军兵变。

随后，崔与之上书要求辞任，同时奏明朝廷，给和自己一起平叛的所有官员请功，自己却绝口不提功劳，还把这次任职期间所得的俸禄、粮食等全部还给了朝廷。南宋著名江湖诗人戴复古，当时正好暂住广州，作诗赞美：

角巾私第自逍遥，诸老之中此老高。

无可奈何怀印绶，甚非得已用弓刀。

风生玉帐千兵肃，天落金牌一札褒。

缓急经心护乡井，生憎儿辈说功劳。

| 故事3 |

黄花晚节香

崔与之从政数十年，官位显赫却洁身自爱，从不为自己牟私利，不接受各方馈赠。崔与之终生只娶了一位妻子，这在官僚士大夫大都以畜养姬妾为荣、浮华奢靡之风盛行的南宋显得很不合时宜。中年丧偶之后，崔与之一直没再续娶，也从来不养歌伎，虽职务越来越高，但生活依旧保持勤俭朴素，以"无以财货杀子孙，无以政事杀民，无以学术杀天下后世"的名句自警，从而成为宋朝的一代名臣。

崔与之在从政实践中表现出卓越的经世致用才能，但在精神上又羡慕"采菊东篱下，悠然见南山"的境界，一生淡泊名利，最终选择了"老圃秋容淡，黄花晚节香"。在追名逐利的风气愈演愈烈的晚宋时期，他先辞湖南安抚使，然后辞江西安抚使，七辞参知政事，最后更是连上十三疏，坚辞右丞相兼枢密使，被称为"千载一人"。传说崔与之回广东后隐居在凤凰山，平日著书写诗，修身讲学。亲友们知道他做过大官，想托他谋求一官半职，崔与之十分不高兴，对求官的亲友严词拒绝、训斥教育。崔与之的姐姐也找到他，请求他出面为外甥求官，崔与之埋头写诗，不理不睬，他姐姐只好生气地走了。为了应对求官者的纠缠，崔与之在家的周边种上很多菊花，成了一个很大的菊花园。凡是有求官者来到，崔与之就带他欣赏菊花，以菊花示其清廉之志，并晓以大义，令求官者愧疚而去。

后来，凤凰山的土坡到处长满了菊花。菊花年年争芳斗艳，成为凤凰山上出名的景观。有人把崔与之种菊的故事禀告宋理宗，皇帝深为感动，赐给崔与之一块题有"菊坡"二字的牌匾，也将凤凰山赐给他。崔与之此后自称菊坡并在凤凰山上建菊坡书院，专心做学问培养人才，形成岭南历史上第一个学术流派。崔与之在广州培养的人才，大多具有史学造诣，为岭南史学文化的进一步繁荣增添了色彩，如李昴英在学术方面的成就超过了老师崔与之，光大了菊坡学派。

汤显祖

汤显祖（1550—1616），字义仍，号若士、海若、海若士、清远道人，晚年自号茧翁，其斋名"红泉馆""玉茗堂"。明代著名的戏曲家、文学家。主要生活在明代嘉靖和万历年间。他在文学、艺术、哲学、教育、宗教等诸多文化领域均有建树，特别是戏剧创作与理论成就堪称世界一流，他创作的《牡丹亭》《紫钗记》《南柯记》《邯郸记》，被人称为"临川四梦"或"玉茗堂四梦"，是现实主义与浪漫主义相结合的巨著，这些剧作不但为中国人民所喜爱，而且已传播到英、日、德、俄等多个国家，被视为世界戏剧艺术的珍品。美国2008年出版《100部剧本：世界最著名剧本排行榜》，将汤显祖的代表作《牡丹亭》排在第32位，是中国唯一入选的剧本。而早在1916年，日本人青木正儿在《中国近世戏曲史》中，就将汤显祖与莎士比亚相提并论："东西曲坛伟人，同出其时，亦奇也。"从此，汤显祖便有"东方的莎士比亚"之称。2015年4月4日，中国发行《中国古代文学家》邮票，其中第一枚就是汤显祖。

汤显祖与岭南的渊源缘于他直言上疏被贬徐闻。明万历十九年（1591），时任正六品南京礼部祠祭司主事的汤显祖因目睹官场乱象和腐败，不顾自身成败得失，向皇帝上书《论辅臣科臣疏》，针砭朝政痼疾，抨击宰辅张居正与申时行，神宗怒以"不遂己志，敢假借国事攻击元辅"的罪名将汤显祖从重贬为地处边远的广东省徐闻县典史添注。对于被贬岭南，汤显祖本人并不后悔，贬逐在当时的士大夫心中，并不是一件太过凄悲的事。余英时先生说："无论在朝还是在野的士大夫，不但不以这种贬逐为耻，而且恰恰相反，视之为莫大的荣耀，所以朝廷每贬逐一次，上疏极谏者的声望却为之提高一节。"尽管汤显祖牺牲了仕途，但他的直言上疏使得当朝

的首辅申时行不得不告老还乡，贪污官员杨文举、胡汝宁等受到了行政处分。他的好友梅鼎祚致书汤显祖说："仁兄去职言事，使具臣泥首自窜，贪夫濡尾不前，群浮之徒聿役如鬼，不可谓不效矣。"汤显祖的上疏壮举在朝野间也产生了良好的影响，汤显祖更因其正直耿介、不媚俗、不媚权的人格赢得了人们的尊重，许多正直的官员对汤显祖表现出敬佩之情。

此外，汤显祖早有游历岭南的想法。当时友人带着偏见认为"徐闻吞吐大海，白日不朗，红雾四障。猩猩狒狒，短狐暴鳄，啼烟啸雨，跳波弄涨，人尽危公"，汤显祖不屑地反驳说："吾平生梦浮丘友、罗浮、擎雷、大蓬、葛洪丹井、马伏波铜柱而不可得，得假一尉，了此夙愿，何必减陆贾使南粤哉！"意思是说，这些地方是他做梦都想一游的地方，如今得偿所愿，那是比西汉初年陆贾奉旨出使南越被待为上宾还好。遥远的岭南，山水风物之奇对汤显祖来说有着巨大的吸引力。岭南行使汤显祖接触了不同于中原地区的生活方式、民风民俗及宗教信仰，特别是南国的山川风光，激起了汤显祖对大好河山的无限热爱之情，心胸也渐渐开朗和舒畅，启程时"世上浮沉何足问，座中生死一长嗟"（汤显祖《入粤过别从姑诸友》）的悲观情绪一扫而空。其在岭南所作诗篇，无论所写景致还是具体笔触，与以往相比都有着焕然一新的风貌，一改他往常的局促踬顿，转而呈现出清新恬淡、自然疏朗、隽永悠长的韵味。

在戏剧创作上，岭南风土对汤显祖的影响更深，他的传世巨剧《牡丹亭》中的男主人公柳梦梅，就是一位典型的岭南才子。田汉先生也曾在诗中写到岭南对汤显祖戏剧创作的深刻影响："徐闻谪后愁无限，庾岭归来笔有神"，"柳垂横浦岭梅香，若士南归写丽娘"。在岭南期间，汤显祖一直保持着旺盛的创作激情，留下了数量庞大的文学作品。据《汤显祖全集》统计，汤显祖从万历十九年（1591）被贬谪到万历二十一年（1593）初春离开徐闻抵达曲江的这段时间内，创作了诗151首，赋有《哀伟朋赋》《罗浮山赋》等，文有《贵生书院说》《利玛窦碑记》等。可以说，汤显祖的南粤之行，是他个体人生的坎坷，却是中国文学史上的一件幸事。

| 故事1 |

梅花美人意象与罗浮山

汤显祖的文学艺术成就，最著名、最具代表性的作品非《牡丹亭》莫属，明代文学家沈德符在《顾曲杂言》中说："《牡丹亭梦》一出，家传户诵，几令《西厢》减价。"汤显祖自己也说："一生四梦，得意处唯在《牡丹》。"《牡丹亭梦》也被称作《牡丹亭》，原名《还魂记》，创作于1598年，共55出，改编自话本小说《杜丽娘慕色还魂记》，主要是写南安太守之女杜丽娘游园惊梦，在梦中与岭南才子柳梦梅一晌缠绵，从此一往情深，至死犹待；待到柳梦梅北来，魂会冥誓，发棺还魂，历尽波折，终成眷属的绝美爱情故事。这部作品采用崭新的文学表达形式，以抒情诗的笔法，倾泻人物的情思，诗句优美典雅、意境深远。

比如："良辰美景奈何天，赏心乐事谁家院。则为你如花美眷，似水流年。"又如："偶然间心似缱，梅树边。这般花花草草由人恋，生生死死随人愿，便酸酸楚楚无人怨。待打并香魂一片，阴雨梅天，守的个梅根相见。"

而"梅花美人"的意趣就来自汤显祖的岭南罗浮之游。被贬后的汤显祖赴边地徐闻，过梅岭后，先是到惠能终生栖身说法的曹溪南华寺，再从曲江顺北江南下，途经清远，于明万历十九年（1591）十一月抵达广州。本来汤显祖应该从广州西行到目的地徐闻，可是他却转道向东，经东莞绕道200多里（1里=500米）去访问罗浮山，皆因汤显祖对罗浮山神往已久。

罗浮山位于广东惠州博罗县西北境内东江之滨，有"百粤群山之祖"的美誉。秦汉以来，罗浮山就很出名，是道教十大名山之一，被道教称为第七洞天、第三十四福地，也是道士修炼的神仙洞府。山上道教遗迹很多，著名的有冲虚观、黄龙观、朱明洞、蝴蝶洞、葛洪丹灶、仙人洗药池等。罗浮山的梅花亦非常有名，山下有一个村子就叫梅花村。宋绍圣元年（1094），苏东坡被贬惠州时，寓居水东嘉祐寺松风亭，看到梅花开放，一连作了三首诗，第二首《再用前韵》就有"罗浮山下梅花村，玉雪为骨

冰为魂。纷纷初疑月挂树，耿耿独与参横昏”的描绘。清代的屈大均在《广东新语》卷三《山语》中记罗浮山也写道：“梅花村在山口，前对麻姑、玉女二峰，深竹寒溪，一往幽折，人多以艺梅为生。牛羊之所践踏，皆梅也。冬春之际，以落梅醅酒，于村南麻姑酒田卖之。”

汤显祖到达罗浮山是在万历十九年冬十月三十日傍晚，于朱明馆投宿。初到罗浮，汤显祖在罗浮景色与苏轼梅花诗的感召下便开始了他的梅花美人之梦，在《至月朔罗浮冲虚观夜坐》中他吟咏道：“夜酒朱明馆，参星倚户开。梅花须放早，欲梦美人来。”冲虚观在朱明洞麻姑峰下，传说当初是葛洪修道炼丹的南庵，此时的汤显祖在朱明馆喝着酒，看着天上的星星，期待着冰清玉洁的梅花仙女入梦来……汤显祖一生好梅花，但大部分咏梅诗都写于岭南，尤其是罗浮山。本来汤显祖是约好南海县令崔子玉一同游山的，可是崔子玉没有践约，在蝴蝶洞避雨时，汤显祖没有等到这位崔子玉便作《罗浮上帝泉避雨蝴蝶洞，迟南海崔子玉不至四首》，其中有一句云：“洞中避风雨，梦蝶愁飞举。美人湿不来，暗与梅花语。”汤显祖在《出朱明馆》也吟咏道：“消息梅花月，归舟兴不忘。”除了梅花、美人，汤显祖在罗浮山上还想到了山鬼。其《望罗浮夜发》云：“披衣天门外，幽篁听山鬼。”《青霞洞怀湛公四首》云：“海蛸窥石冷，山鬼被林幽。”可见，梦中与美人相会和人鬼之恋的意趣，此时已经进入汤显祖的头脑。

罗浮之游留下的“梅花美人”的美妙画面，在汤显祖的脑海里浮动，他就把游山所得的“梅花美人”的梦想和《杜丽娘慕色还魂记》的印象糅合到一起，给原男主人公“柳梦梅”的名字作了富有诗意的诠释。于是我们在《牡丹亭》里看到，柳梦梅一出场就自报家门曰：“小生姓柳，名梦梅，表字春卿。原系唐朝柳州司马柳宗元之后，留家岭。……每日情思昏昏，忽然半月之前，作下一梦。梦到一园，梅花树下，立着个美人，不长不短，如送如迎。说道：‘柳生，柳生，遇俺方有姻缘之分，发迹之期。’因此改名梦梅，春卿为字。”

话本小说《杜丽娘慕色还魂记》中的柳梦梅，是四川成都府人，与广州毫无关系。他之所以唤作"柳梦梅",是"因母梦见食梅而有孕,故此为名"。汤显祖有了岭南之游,在罗浮山又有了"梅花美人"的联想,才重新解释了"柳梦梅"名字的来历,而且特意把他的出身安排于岭南。

《牡丹亭》中写到的梅花与罗浮也值得玩味,如《寻梦》一出中,杜丽娘的台词:

> 呀,无人之处,忽见大梅树一株,梅子磊磊可爱。
>
> 【二犯幺令】偏则他暗香清远,伞儿般盖得周全。他趁这,他趁这春三月红绽雨肥天,叶儿青,偏迸着苦仁儿里撒圆。爱煞这昼阴便,再得到罗浮梦边。
>
> 罢了,这梅树依依可人,我杜丽娘若死后,得葬于此,幸矣。
>
> 【江儿水】偶然间心似缱,梅树边。这般花花草草由人恋,生生死死随人愿,便酸酸楚楚无人怨。待打并香魂一片,阴雨梅天,守的个梅根相见。
>
> (倦坐介)(贴上)"佳人拾翠春亭远,侍女添香院清。"咳,小姐走乏了,梅树下盹。
>
> 【川拨棹】你游花院,怎靠着梅树偃?……

汤显祖描绘的就是一幅生动的梅花美人图,而且特别说到"罗浮梦边",其笔下的杜丽娘也幻化为梅花之魂。要说汤显祖岭南之行,罗浮山朱明洞得到的"梅花须放早,欲梦美人来"的诗兴,是《牡丹亭》创作的最早动因,应该不是凭空臆说。

| 故事2 |

创建贵生书院

明万历十九年(1591)十一月,汤显祖经恩平、阳江,到达贬谪之地徐闻。

在徐闻，汤显祖实际上并没有多少具体的事务可做。所谓"典史"，就是管理地方治安的小官，论品级是不入流的，"添注"的意思是这个典史用不着上班，属于编外人员，只领一点微薄的薪俸而已。尽管如此，汤显祖一到徐闻，还是很快地便找到了自己的位置，开始了讲学生涯。

徐闻地处雷州半岛最南端，自然条件与社会环境都非常恶劣。隋唐以前，这里居住着以俚族、僚族、黎族为主的土著部落，过着刀耕火种的原始生活。唐宋以降，汉人迁徙，经济稍有发展，特别是自寇准、李纲、苏辙等名士先后贬谪到此，带来先进的中原文明和他们清廉刚直的浩然正气，民风吏气也得以整饬。但"一方水土养一方人"，长期生活在恶劣的自然与社会条件下的雷州人形成了"性悍喜斗"和"轻生敢斗"的性格，且不少人愚昧无知，"病不请医而请巫"；教育落后，人文凋敝，"总不好纸笔，男儿生事穷"。汤显祖通过考察民情后，感到"轻生好斗，不知礼义"是导致徐闻社会治安不好的重要原因，他深知要扭转这一陋俗的根本举措在于加强教化，提高人的思想与文化素质。"典史添注"本是没有编制的冗官，县衙不好给他安排住房，就把他安置在衙外的一间公寓里。汤显祖就用这间公寓既作住所又用作讲堂，临时性地将讲堂命名为"贵生书院"。

汤显祖的讲学，在地处天涯海角的徐闻引起了极大的轰动。徐闻人士对汤显祖的大名早有耳闻，现在他亲自来讲学，慕名前来求教者络绎不绝。凡听过汤显祖讲课的人都说听到许多"闻所未闻"的新知识，"有如寐者怳焉觉寤"。徐闻人敬仰汤显祖的不只是文才，更有其宁愿落第也不受权相笼络和上疏直言揭发时弊的清正品格。一些正在学宫受业的弟子们也都争着拜汤显祖为师，常带着许多疑难问题来向汤显祖请教。汤显祖对来者总是以诲人不倦的精神认真讲解启发他们，以至"海之南北从游者甚众"，每天都把寓所挤得满满的，常容纳不下。

汤显祖的到来，使徐闻教育出现一派生机。这时官府发给了他一笔"劳饷"，他便与同乡知县熊敏商量，选择一块干爽开阔地带，捐出自己"劳饷"加上熊敏的捐助建起了一座正式的"贵生书院"。汤显祖将书院的12间教室，分别命名为审问、博学、慎思、明辨、笃行、格物、致知、诚意、正心、修身、齐家、治国。汤显祖在《贵生书院说》中阐明"天地之性人为贵"这一道理，他所强调的"贵生"有双重意义：一是劝人勿轻生，二是教人知礼义。珍惜生命，不只是满足于感观欲的"食色性"，更要遵守社会道德，讲仁义孝道，使自己不胡乱行事。经过他的教育和宣传，徐闻文风渐盛、科举盛行。清《王夫子宾兴》碑文曰："自明义仍先生来徐闻建书院，而徐益知向学，当时沐其教者，辍魏科登赋仕，后先辉映，文风称极。"

但朝中形势的变化比汤显祖的预料要快，汤显祖很快就被朝廷"落实政策"委以新职。在任命的公文未下达前，汤显祖决定先回临川等候，而此时的贵生书院还在建设中，汤显祖想到贵生书院的使命还任重道远，面对对其离去依依不舍的徐闻百姓，在即将动身时刻题诗《徐闻留别贵生书院》疾呼："天地孰为贵，乾坤只此生。"

贵生书院建成后对徐闻的文教事业产生了深远的影响，从万历至崇祯年间，徐闻教育面貌大为改观。据地方文献记载，自明洪武初至万历十九年的223年间，仅出举人14名，而万历十九年至崇祯末年的53年间，就出了举人13名。明清两代徐闻多次修缮贵生书院，并订立了《院规条》，还拨出学田96石作为会科经费，可见汤学已经深入徐闻人心。汤显祖病逝的消息传至徐闻，徐闻县兴建了汤公祠，以此表达当地人民对汤显祖的崇敬和怀念。贵生书院成为影响徐闻文化最为深远的标志，1961年著名戏剧家田汉先生到访徐闻时题诗："贵生书院遗碑在，百代徐闻感义仍。"

屈大均

屈大均（1630—1696），字翁山，初名邵龙，又作绍隆，字介子，别号八泉，广东番禺（今广州市）人。屈大均的一生是在明清之际风云变幻中度过的，他是明末清初时期民族立场坚定的抗清志士、浪漫主义诗人和岭南著名学者。青年时代，屈大均参加抗清武装直接与清兵作战，义军失败后他僧装亡命，行遍江南塞外。吴三桂起兵反清时他又入湘桂从军，在戎马倥偬的岁月里创作了大量情感激越的诗文。抗清斗争沉寂之后，屈大均返回南粤故乡，沉潜于文学创作及地方文献的整理，为后人留下了宝贵的精神和历史文化财富。

1676年，屈大均脱离吴三桂的军队返粤之后，便不再参与政治活动，潜心地方文献的搜集编撰整理。他整理编辑的地方文集有《广东文集》和《广东文选》，编修编撰的地方志包括《广州府志》《定安县志》《永安县次志》等。他编著的《皇明四朝成仁录》记载了崇祯、弘光、隆武、永历四朝死节之士的事迹，是研究南明史的珍贵资料。屈大均很重视自己的诗，亲自编撰的诗集有《道援堂诗集》、《翁山诗略》（又名《九歌草堂诗集》）、《寅卯军中集》和《翁山诗外》4部。

值得一提的是，屈大均穷20年之精力，在晚年完成的兼具史志价值和诗性精神的广东文化巨著《广东新语》。《广东新语》属地方文化综录，全书共28卷，每卷一语，下设若干条目，共计869条，书的内容涉及政治、经济、历史、文化、民族、学术、风俗、科技、传说、神怪等，全面系统地介绍了广东各方面的情况，因此被称作"清代广东的百科全书"。特别是《广东新语》在写法上迥异于一般地方志，屈大均是站在中华大文化的背景下来介绍广东的，写作笔法简洁中求生动、平淡里出奇崛，体现了岭南文化的兼容性，更蕴含着屈大均浓重的乡邦情怀和时代感慨。如"濠畔朱楼"条所写的濠畔街在太平时代，象牙香料堆积如山，花鸟如海，外国人聚集，每天买卖交易成千上万的银子。"饮食之盛，歌舞之多，过于秦淮数倍，今皆不可闻矣。噫嘻！"其描绘的人、事生动形象，给人深刻印象。可以说，屈大均对广东文化研究作出的这种开创性贡献不仅前无古人，后来者中亦罕有。

屈大均在诗学理论和诗歌创作等方面均有积极有益的探索与独特贡献。在诗学理论方面，屈大均秉承儒家思想，提倡诗以言道，诗人要有高洁的人格追求和道德品行，同时强调诗歌以"丽"为美却又不失其"则"，以比兴入诗，寻求诗歌诗画结合的艺术境界与中和朴素之美。作为遗民诗人，屈大均的诗歌常常抒发真挚热烈的爱国主义情怀，表达悲凉慷慨的民族情感。他一生为反清事业奔波，艰难险阻备尝其苦，因而他的诗中无论是揭露清兵暴行还是表现亡国惨痛，抑或百姓苦难、个人遭逢际遇，大多都写得感情浓烈、慷慨奇崛。比如其登临望海之际所吟诵的《通州望海》，寄托了诗人"何时返故乡"的故国哀思：

> 狼山秋草满，鱼海暮云黄。
> 日月相吞吐，乾坤自混茫。
> 乘槎无汉使，鞭石有秦皇。
> 万里扶桑客，何时返故乡？

又如其在《珠江秋夜》中写道：

> 明月生珠海，苍茫万里愁。
> 笙歌喧极浦，风露满孤舟。
> 落雁惊难宿，寒潮静不流。
> 年来望秋苦，不上越王楼。

凄凄的月色照映苍茫的珠江，诗人望着这寒冷的江水，思念故国，哀叹自己心无所依、物是人非和内心的悲凉。

屈大均周游南北各地，饱览祖国山河，他对自己故乡的山水更是满怀深情。他的诗歌作品中，有数量可观的广东风物诗，这些诗歌描写了岭南独具特色的自然地理风景、清新亮丽的广东风物与风情，表现了岭南文化的多姿多彩和诗人对故乡、自然和生活的热爱。如《珠江泛春作》为我们描绘了秀美清新的珠江景致：

> 珠水烟波接海长，春潮微带落霞光。
> 黄鱼日作三江雨，白鹭天留一片霜。
> 洲爱琵琶分外语，沙怜茉莉月中香。
> 斑枝况复红无数，一棹依依此夕阳。

在南国春日的傍晚，诗人乘一叶小舟，泛游珠江，深深陶醉于这诗情画意般的景色之中。屈大均自幼志向高远、胸怀博大，山的雄壮与挺拔、水的辽阔与清澈、花的清丽与脱俗，这些岭南风物的描写也映照了屈大均的人品与节操。

屈大均因其诗歌艺术特色的鲜明和独特，与陈恭尹、梁佩兰并称"岭南三大家"。朱彝尊在《九歌草堂诗集序》中认为屈诗光明磊落，挺拔于尘世万物之上。而屈大均能在清代诗歌史上留下浓墨重彩的一笔，靠的是他的聪颖、他的才气、他的勤奋，更是源于他对诗歌传统和规律的深刻领悟。他的诗歌创作深受屈原的影响，并兼有李白、杜甫之长。正因为他不拘守于一家，而是多方摄取营养，再用自己的才情驾驭从而形成雄奇独特的诗风，在岭南诗坛独树一帜，影响深远。

清康熙三十五年（1696），屈大均患病，在弥留之际他十分平静，据《屈氏家谱》记载，他叫长子屈明洪走近床前说，曾子讲过一个人要死得"正"，他让屈明洪将其枕头扶正后安然闭目而逝，享年66岁。屈大均以他的民族气节和人格魅力，以他才华横溢的文学创作，以他对广东地方文化搜集整理所作的杰出贡献，永远走进了历史，走进了后人的记忆。现今屈大均的墓位于番禺区新造镇思贤村宝珠岗，有屈大均墓、八泉亭、思贤亭等纪念建筑物供人们参观与敬仰。

| 故事1 |

聪慧少年，志向远大

明崇祯三年九月五日（1630年10月10日），屈大均出生于广州近郊的西场（今广州市荔湾区西场），当时属广州府南海县。屈大均原本祖籍番禺县，却出生在南海县，这还得从他父亲说起。屈大均的父亲名宜遇，字原楚，号淡足，番禺茭塘都思贤乡人。思贤乡又名新江，临近虎门的扶胥江，那条江的岸边多细沙，屈姓一族的人都认为他们是爱国诗人屈原的后裔，为念其先人屈原曾怀沙投江而死，便将村名改为"沙亭"。因家里发生变故，屈宜遇很小便离开沙亭被寄养在南海县邵姓人家，成年后又在邵家与黄姓女子完婚，所以屈大均出生时于西场并姓邵，直到20岁他以"邵龙"的名字考中了南海县学的秀才，有了功名，才去掉"邵"姓改回"屈"姓，正式取名为大均，字翁山。关于西场的由来，据说在西汉时陆贾奉皇帝的命令出使南越，在南越国都城番禺（今广州的原址）城西10里（1里=500米）的水边筑了一座陆贾城，以接待南越国的赵佗。因为这座小城在番禺城的西边，所以这一带就被人们称为"西场"。屈大均在《广东新语》中曾多次描写西场的秀美景色：东北方向是泉甘林茂的白云山，南边是吞吐吸纳珠江大潮的白鹅潭；四周密布花田池塘、桑基荔湾；一年之中，四季如春，树头湖面，百花竞繁，简直美不胜收。屈大均在这如诗如画的美景中度过了无忧无虑的童年。

屈大均小时候就十分聪慧，8岁时，屈家搬到西场撒金巷，撒金巷的附近有浮丘和珊瑚井，大人们常常讲述与之有关的神话传说，别的孩子听过了也就算了，他却不一样，晚上回到家里，用还不太工整的笔迹写下了《浮丘谣》："浮丘叔，浮丘丈人同一目。撒豆成金人不知，肩上珊瑚担

一束。"虽显稚嫩，却也显示出小小诗人的气质。

屈大均的父亲屈宜遇青年时期也曾熟读四书五经，参加过科举考试，但久试不中，加上身体欠佳，只好放弃了求取功名的梦想，因此其对身为长子的屈大均寄予厚望。他曾对屈大均说："我们家没有田地，我就把书当成了我们家的田地；田地可以没有，书却不能没有。你记住我的一句话：只要你肯勤奋读书，将来不愁没有收获的一天。"屈宜遇对屈大均的教育甚为严格，要求屈大均每天读书必须超过3000字，不然就不准睡觉。在父亲的教诲和督促下，屈大均表现出不同寻常的聪慧和勤奋，每晚都会在母亲的纺织油灯下聚精会神地读书，一读就是30篇，而且第二天能背诵如流、一字不漏。到了十四五岁，屈大均更显示出与年龄不相称的成熟和稳重，遇见有学问的人就虚心请教。屈大均还联络乡中同好少年，结成"西园诗社"，目的是"祖述风骚、流连八代、以追先达"，意即不仅要吸取华夏的诗歌传统，还要继承岭南诗风。顾炎武曾在《屈山人大均自关中至》诗中称赞他："弱冠才名动九州，纫兰餐菊旧风流。"这也奠定了屈大均此后诗歌的创作方向。

| 故事2 |

闲情雅趣，最爱莞香

焚香、弹琴、作诗、作画、品茗是古代文人雅士的生活方式，体现高雅的生活情趣。焚香作为一种文化，历史悠久。文人们通常借助清幽的香气，调整心境、净化思绪，激发诗文的创作灵感。

屈大均也是一个爱香之人，他在《广东新语》中用一整卷"香语"详细记载了岭南的香文化。在"香语"中，屈大均专门论述了被称作"莞香"的一种沉香，这种东莞特有的沉香，让屈大均很是痴迷，他借莞香咏物抒情，为后世留下了许多宝贵的文学财富。据有关资料记载，屈大均关于莞香文化的诗作有59首，词作有7首。

据其《广东新语》记载：莞香，也称白木香，是土沉香的一种。莞香偏爱贫瘠多沙的土地，最适合在东莞种植，换了其他地方则不宜结香。"凡香先辨其所出之地，香在地而不在种，非其地则香种变……又以泥红名朱砂管者，或红如曲粉者，硗确而多阳者，为良土。"莞香的这种特质被屈大均赋予了如兰花般高洁、典雅、爱国和坚贞的高尚品格。兰花是屈大均的先祖屈原的最爱，莞香是屈大均的最爱，他多次把莞香比作兰花，既是对先祖的继承，也是自己志向的彰显，同时赠香的行为也承载了他与朋友间同心同德、永结友谊的美好寓意和文化内涵。正是由于屈大均对莞香的深入研究与赞赏，并在其名著《广东新语》中使用了"莞香"这一名词，遂使莞香成为后世土沉香的专用名词。

　　说起屈大均与莞香文化的渊源，还要从清康熙九年（1670）他举家搬到东莞定居说起。由于清朝廷颁布了禁海令，当时屈大均正在居住的番禺被划在搬迁的范围内，随时可能被官府逼迁离开。正当他一筹莫展的时候，吏部尹源进刚好在东莞建园林，并邀请屈大均移家东莞，所以屈大均在当年正月十一日举家搬到了东莞。屈大均在搬到东莞不久，就被当地盛大的香木种植场面震撼到了，写诗赞美东莞："千亩香林在莞中""莞中金桔岭，多是种香家。地好能成药，人闲亦养花""马蹄金桔多生结，尽解相贻不用钱"。

　　莞香是东莞最著名的土特产，明清时期更是闻名全国，是当时上贡的佳品。东莞人热情大方，有好友来访，定会用好香相赠。朋友们知道屈大均也是爱香之人，所以常赠香给屈大均。屈大均有一个好友刘参军，曾经送屈大均端溪出产的白石盘和莞香，屈大均非常感激地写下《刘参军贻予白石盘牙香用来韵奉答》："生长众香林，薰衣乏水沉。得君为越客，相赠比南金。待取铜炉器，还张绿绮琴。茅茨邀枉顾，兰臭化同心。"东莞香农谢七丈，"手种诸香成水沈，生结熟结多肌理。赠我太古根，枝枝含石髓。焚向南山炉，氤氲浸四体"。这位谢七丈已八十高龄，但仍然如苍龙般矫健，他所种的香经过时间的沉淀都结成了沉水香，"盖香以岁久愈佳，木气尽，香气乃纯，纯则坚老如石，掷地有声，昏黑中可以手择"。所以越久越坚硬，犹如石头般沉于水；越久越富于肌理纹路，犹如岁月般沧桑。而莞香"尤以香根为良"，谢七丈送给屈大均的是太古的香根，可能已经有成百上千年的历史了，非常珍贵。

屈大均交游广泛，也常常送香给他人。与志同道合的友人离别时刻，以莞香与端砚相赠，并写下："莞香多血结，端砚有花痕。相赠无余物，相知只一言。"也曾赠香根为友祝寿："莞中黄熟好，香乃在孤根。生爱朱砂土，名传金桔园。美人宜服媚，长日共寒暄。尺寸持相赠，如兰更一言。"正是因为莞香珍贵并富有文化内涵，屈大均就把自己对友人的珍视之情寄托其上，经常赠送、回赠给朋友们。

由于跟着屈大均过着颠沛流离的生活，他的妻子王华姜在这次搬家中过于操劳，没多久就染病去世了。这突如其来的变故对屈大均在精神上的打击是巨大的，屈大均随后写了《继室王氏孺人行略》，回忆与王华姜共处的岁月。康熙十年（1671）时，屈大均迎来了人生中第二段爱情，这一年他迎娶了东莞才女黎静卿。黎静卿"幼知书，能作五七言诗"，有诗集《道香楼集》。她洁身自好、渴望真爱，为了等待真正的爱情，一直等到26岁，当看到屈大均为亡妻王华姜写的悼亡诗后感动不已，深深地爱上了他，数次遣媒人求婚。黎静卿的痴情与才德终于打动了屈大均和他的母亲，于康熙十年的冬天被迎娶入门。婚后屈大均常以诗相赠，以香寄情，如《焚香曲》7首中所写：

郎如朱火妾青烟，一气氤氲出玉煎。
沉脑成灰应不惜，只图香在梦魂边。

节为沉水花鸡舌，两种香含心字深。
多谢博山炉器好，双烟不断至于今。

烟积兰房郁作云，积雪成雨湿罗衾。
无烦百宝兼千和，香在佳人一片心。

香夺琼南第一林，成栈不必待成沉。
侬如熟结郎生结，一片芬馨直透心。

血格生煎胜降真，却嫌沉速味多辛。
女儿香角尤恬静，非雾非烟一缕春。

鸳鸯喷出篆烟来，细逐游丝转镜台。
袅袅香魂微有影，不教兰麝即成灰。

辟邪兜藻两炉轻，被底香毬更有情。
展转不离君玉体，房风遗制铸初成。

　　屈大均把恋爱中人比作沉香结，炽热的爱的火焰把双方燃烧，哪怕烧成灰烬也在所不惜，特别是东莞女儿藏在胸口的女儿香最是恬静迷人，袅袅一缕香魂，游荡在妆镜台前，缠绕在爱人身边，沉浸在佳人梦中，氤氲不散。

　　结婚第二年，屈大均游粤西，在途中思念黎氏，写下《高廉雷三郡旅中怀道香楼内子》15首，其中有一句："椰子含甘液，伽南吐紫氛。幽闺人正苦，不忍恋余闻。"当他看到有人点燃伽南香的时候，突然就想起家中黎氏正忍受着离别之苦，于是不忍闻香，怕加重自己思念之情。在这里，沉香被赋予了爱情、情结、心结的文化内涵。

居 巢／居 廉

居巢（1811—1899），字梅生，号梅巢，广东番禺隔山乡（今广州市海珠区）人。居巢出身书香门第，除了绘画天分高外，在诗词方面也颇有造诣，其诗词意境清新，很早已有诗名。擅作山水、花鸟，尤精草虫，笔法秀雅、明丽。传世作品有《花果图》《五福图》等。

居廉（1828—1904），字士刚，号古泉，又号罗浮散人，别号隔山樵子，晚号隔山老人，广东番禺隔山乡人。居廉父母早丧，他与姐姐靠做手工和摆卖为生，日子过得十分艰难。后来比他年长17岁的堂兄居巢收留了他，并教他绘画。

居巢、居廉同出一门，世人并称"二居"。"二居"一生致力于描绘岭南乡土田园的花卉、蔬果和草虫等，画风清新、灵秀而明快；他们的绘画作品有着强烈的"岭南本土化"的地域性审美价值取向，开创了近现代"岭南画派"之先河。

| 故事1 |

居巢、居廉的艺术成就

19世纪以前，岭南的文人画家花鸟画题材狭隘、技法单一，后因受到江南画法的影响大有改善，岭南画派的先导居巢、居廉兄弟便是其中杰出代表，其花鸟画影响岭南画坛达半个世纪之久。"二居"的艺术源于生活，体现了清代岭南花鸟画风转变历程。为了呈现出岭南田园生活诗般意境，他们发展了没骨法，创出撞水法、撞粉法，用此表现南方明媚阳光和湿润气候下岭南田园的生机天趣，达到题材与技法完美的结合，为岭南近现代绘画的发展奠定了基调。

居巢早年生活的隔山乡位于广州珠江南岸，当地人称之为"河南"。清代的"河南"盛产花卉，因而有"花洲""花田"之称。居巢少年即具绘画才能，大多以隔山乡的花卉草虫为题材写生，代表作有《白玉兰》扇面、《秋柳鸣蝉》团扇等。其作品设色妍丽、用笔简洁，具有疏朗淡雅、潇洒飘逸的格调，构图方面也不落常套、笔致严整。

清代擅长写生的画家大多会亲自搜罗奇花异卉、栽花种竹、饲养鸟禽、捕捉昆虫以方便观察，也会走入山林田野去感受动植物的野生情态、四时变化，在日夕观察中，渐渐心与物融，创作时成竹在胸，天趣自成。居巢也不例外，他重视写生，坚持"以造化为师"，强调画家应该认真观察自然物象的情态，以使作品更具表现力。据记载，居巢工写草虫，时人问其秘诀，居巢笑答说，自己小时候喜欢把草虫"笼而观之"，就算看一个昼夜也不觉得厌烦。有时又怕放在笼子里的草虫神态不够自然，故而也会到草地上观看草虫的动态，"于是始得其天"。他在《夜合·蛾》画题中也详细交代了他是如何长期观察夜合花的，对不同的品种加以区分，描绘时就不会产生谬误。

居巢的审美取向继承了从宋元至清代以来的优秀传统艺术，他所绘的山水、花卉、草虫等，多清雅绝俗，有着诗一般的境界。在技法上，他主要延续明清两代逐渐发展起来的工写结合的新画风，并进一步发展了恽派（指清代画家恽南田开创的常州画派）的没骨法。没骨法特别注重水的运用，以湿笔为主，色中用水，水中用色，使色与水浑然一体；点花粉笔带脂，点后复染，点染同用。居巢在此基础上创撞水法、撞粉法。撞水法即画花叶时，在将干未干之际，注入少许的水，使花叶的边沿带有轻微的轮廓线，色、墨有丰富的浓淡变化，有阴阳向背；而撞粉法则先施薄粉，再注水少许，将纸稍倾斜，粉色一边厚、一边薄，产生富实感的凹凸效果。

居巢拿捏用水、用色、用粉分寸恰到好处，他还在绘画中别出心裁加大了水的分量，从而显示出一种独特的清新水灵，甚得花卉活色生香的神趣，使得花朵枝叶潮湿润泽，表现出花卉的轻盈滋润、鲜活欲滴。特别适

合于表现岭南明丽阳光下，带着清晨露水、映着斑驳光影下的花果鱼虫，使笔下物象具有光感、质感和空间感。

居巢由于具备深厚的文学素养，作品总是流露出文人高雅的情思，画面上的自题诗句往往使意境增色不少，可谓是相得益彰、韵味无穷，真正是"诗中有画，画中有诗"。如他的《双鱼图》，以温和写意的笔墨、清润淡雅的色彩以及巧妙的构思营造出一幅别致的岭南小景，旁边题上小诗："借得幽居养性灵，静中物态逼孤吟。匠心苦累微须断，刚博游鱼出水听。"诗情与画意传递出一份文人宁静、雅致、闲适的生活状态和心境。

居巢作画严谨，生平不轻易下笔，必推敲成熟才肯落笔，"虽一小帧，亦数日始成，盖渲粉染色，不妄一点一笔"，"一花一叶，都刻意经营，尺幅小品，往往费时半月"。因此，居巢一生作画数量不多，作品普遍质量较高，甚少随意之作，在当时已经是"尺幅兼金，人争购之"。传世真迹不多。现存作品多为扇面，少数是立轴、横幅、册页。

目前东莞市博物馆馆藏居巢作品年代最早的为《沙梨花图》团扇（1847），款识："多谢川红亚曲阑，泥人无奈酒杯干。折枝凭仗相宜称，银烛金樽映肉看。丁未暮春，写奉德圃太亲翁大人诲正，侄居巢并题。"这幅团扇是1847年居巢在广西为张敬修所绘的《折枝沙梨花图》，从用笔风格看，该图赋色淡雅，所绘折枝花卉明显带有宋人的笔墨痕迹，而叶脉撞水痕迹亦十分清晰。

居廉早年主要学习居巢，无论是技法构图、题材选择，还是画上题诗都有居巢的痕迹。如同居巢一样，居廉作画也非常注重观察写生，高剑父回忆居廉画草虫时说："师写昆虫时，每将昆虫以针插腹部，或蓄诸玻璃箱，对之描写。画毕则以类似剥制的方法，以针钉于另一个玻璃箱内，一如今日的昆虫标本，仍时时观摩。"

正是因为秉持这种严格的写生态度，才使得居廉的作品鲜活生动，充满生活气息，在花卉草虫画方面取得斐然成就。其1895年所画《螳螂捕蝉图》扇面，折枝花卉上，一只弃枝飞逃的肥硕黑蝉，薄翼疾振如风，而一只瘦长的草绿螳螂亦展翅探头抓咬住黑蝉背，蝉疼得弯身弓背，螳螂不停煽动两片桃红小翅，方寸之间，小中见大，栩栩如生。清朝的慈禧太后寿诞时，广西巡抚王之春请居廉画百花寿屏进献太后，寿屏大幅山水舒卷开合，气势十足，仕女、翎毛、草虫、花卉都非常精美，满朝公卿都为之倾倒。

居廉幼年因家境贫寒，没有系统学习中国传统的文化，在文化修养方面一直有所欠缺。据简又文先生在《居廉之画学》中记载：

> 梅生既挈古泉入军中，教以诗画。以古泉资鲁钝，成绩劣极，尝怒斥之曰："去挑粪吧！"古泉何为，发愤益脆，习作益勤，苦心仿临乃兄画法，并力思虑写生。数月后，持作品示兄，梅生讶其大进，乃知有可为，刮目相看，由是悉心授以画法。其终生画学，盖肇基于此。

黄般若先生在《居巢的画法》中也提到：

> 过去曾见古泉（居廉）录古人诗或录梅生（居巢）诗词于自己的画上，很多错误，很多别字，故梅生常警告古泉不必多题字，这是藏拙之道。

由于文学素养较低，居廉往往只是录古人或居巢诗词于画上，而且常常出错或写别字，有时还请好友为画题诗。但瑕不掩瑜，居廉对自然的感受力很强，为人性情纯朴天真，对生活的点点滴滴都兴致勃勃，常常以日常所见入画，比起兄长居巢的文雅画风，另有一种纯真可爱之趣。

居廉的绘画题材，主要是家乡的花鸟果蔬，如荔枝、木瓜、紫荆、木棉、素馨、百合、鞭蓉、姜花、虎尾兰等，极富岭南特色。所画花卉近百种，从名贵的牡丹、山茶，到寻常的春兰、秋菊，多是写生而来。此外，居廉还常画田间野花和农家瓜果花以及各种活灵活现的昆虫，摆脱了文人画的清高、孤傲之气。其作品从题材内容到造型设色，都更接近寻常百姓的生活，而且他还画了一些前人很少入画的东西，如月饼、角黍、火腿、腊鸭等，也能涉笔成趣，颇具新意。中年以后他更涉足人物画和山水画，成为一名全能型的职业画家。居廉是中国近代最早将西洋水彩画与传统国画相结合并且取得成功的画家。他笔下的岭南田园风光和物产，处处尽显野趣生机，透着浓浓的生活气息，在他的画里，我们可以体会到画家对于乡土风物的热爱。

居巢过世后，居廉返回番禺，从清光绪元年（1875年）开始，居廉在故里隔山乡十香园内的紫梨花馆设帐授徒。在其后的几十年间，他采取师徒传授制方式培养了门徒数十人，私淑弟子近百人。在同治、光绪年间，他的弟子就已经雄踞广东画坛，形成"居门"一派。其中杨元晖、陈芬、李鹤年、陈鉴、伍懿庄、高剑父、陈树人等人都享名当世。清末民初，广州的新学堂所聘请的图画教师几乎都出自居廉的门下，而且当年广州画坛另一主力"国画研究会"中也有不少"二居"的弟子或私淑弟子，"二居"对广东画坛影响深远。

在居廉众多的门生弟子中，能得其艺术真谛而又突破其窠臼的当推高剑父和陈树人。高剑父是居廉晚年的得意弟子，居廉十分器重他。1900年，72岁的居廉为高剑父书行书七言联"拳石画披黄子久，胆瓶花插紫丁香"，还画赠《蜂花》扇面。这件珍贵的文物现藏于广州美术馆。高剑父的早期作品带着明显的居氏特点，他不仅钩摹老师的画稿，就连题款和印章的安排等也照摹。他将居廉的"师法自然""精于写生""广泛选材"，以至将其撞水、撞粉的技法都弘扬到一个空前的高度。后来高剑父又将画艺转授给两位弟弟——高奇峰、高剑僧，使他们也成为居氏一脉。陈树人更受居廉钟爱，居廉除教导他绘画，还把居巢的孙女居若文嫁与陈树人为妻。陈树人在十香园学画四年，其画作也受居廉影响极大，在其传世的不少作品中，很明显运用了居廉撞水、撞粉的技法。"二高一陈"（高剑父、高奇峰、陈树人）在居氏艺术的基础上，吸收古今中外绘画艺术成果，最终形成了"岭南画派"。

| 故事2 |

居氏兄弟和可园

东莞可园，与顺德清晖园、番禺余荫山房、佛山梁园合称广东清代四大名园。它始建于清道光三十年（1850），特点是面积小、设计精巧，把住宅、客厅、别墅、庭院、花园、书斋艺术地合在一起。2204平方米的土地上，亭台楼阁、山水桥树、厅堂轩院，一应俱全。它布局高低错落，处处相通，曲折回环，扑朔迷离；基调是空处有景、疏处不虚，小中见大、密而不逼，静中有趣、幽而有芳，是广东园林的珍品。

可园主人张敬修，字德圃，东莞莞城博厦人。1845年，张敬修有感于海盗蜂起，骚扰沿海居民，毅然投笔从戎。官至江西按察使署理布政使。张敬修是宦海中三起三落的武将，也是精通金石书画、琴棋诗赋的文人。

1848年，居巢携居廉入广西，在时任广西按察使的张敬修幕下作幕僚，并被张敬修保举任同知。在广西期间，居巢、居廉饱览桂林山川，结交著名画家。

据高剑父说："时值粤乱（指李文茂起义及太平天国起义），张敬修办团练卫里，军以勇称，奉师檄词广西防剿，因聘居巢、居廉兄弟入幕府。师遂从兄转战桂林。时张军转战深入，敌势骤盛，被围匝月不下，又乘西潦决水灌城，危城欲破，张幕僚属逃避一空，独吾师效死勿去。张问何为不去，师曰：'公报国家，我报知己，两无憾矣。'是夕军牌牒调防，转驻既定，张敬修顾左右叹曰：'不图临难得古泉一人，真肝胆交也。'"此战之后，张敬修与居廉成为生死之交，每见袍泽必盛誉古泉，居廉一下子闻名全军，朝廷也嘉奖下来，以军功奖为知县，赏戴花翎。

1855年，张敬修因浔城失守落职，1856年返回东莞老家，居住于可园。可园是张敬修于1850年修建的住宅，傍山栽竹，风景清幽，以"谋野"为情趣，构成大自然环抱建筑、建筑环抱花草的格局。占水栽花，饲禽养鱼，园内四季鲜花佳果不断，鸟飞鱼跃，宛如一个岭南花鸟鱼虫的小观园。居巢曾为可园题咏："水流云自还，适意偶成筑。拼偿百万钱，买邻依水竹。"

居巢、居廉也跟随张敬修客居于可园，以吟诗作画来寄情寓兴。如果说可园是张敬修暂时躲避不如意的官场之外的世外桃源，那对于"二居"来讲，可园就是不折不扣的创作乐土。张家收藏丰富，有宋光宝、华岩、金农、恽寿平、八大山人（朱耷）、徐渭等人的作品。居氏兄弟受益良多。可园内遍栽花草，极富南方特色，营造了一种清新灵秀的自然与文化氛围，十分适合对景写生。居巢、居廉在此获取源源不断的绘画素材与创作灵感，逐渐影响并形成了画风。

张敬修精通文墨，喜交纳文人，不时周济寒士，并广邀文人墨客雅集于可园，抚琴吟诗。诗人陈良玉、简士良、罗珊、何仁山等是可园的常客。与这些人相交，开阔了"二居"的眼界和交友范围，提高了其艺术造诣和人文修养。居巢不少脍炙人口的诗篇记载了他在可园中观景赏花、雅会文人的逸趣，以及与可园主人张敬修的深厚情谊。

可园时期，是居巢艺术风格成熟、艺术创作鼎盛时期。在居巢存世的多幅画作中，在可园时期的创作占了近一半，而且都是十分精美的上乘之作，如《红荔图》《百合花》《白剪绒花》《竞渡图》《月夜登楼图》《芙蓉花》《双鱼图》《水仙花》等。他的《野塘闲鹭》和《双鹭图》描绘的就是可园的"曲池""维月池馆""博溪街隐"。这里有大片荷花荷叶，绿色浮萍点缀其中，时有白鹭停歇，亭亭玉立，景象怡人。居巢的《双鱼图》中，可以看出可园的鱼儿在清澈的水中自在悠游的情境，使人充分感受到居巢当时在可园的惬意与悠然。《花卉图》四屏所描写的牡丹、桃花、梨花、绣球用粉及用色之法甚为考究，敷色浓淡相宜，笔法兼工带写，风神秀雅。

居廉居住可园期间，创作以扇面为主，如《绿梅图》《草虫花石》《绣球小鸟图》《蜻蜓点水》《鸟趣图》等。

张家雄厚的物质资助使居氏兄弟能够安心创作，身边的艺术环境氛围又给了他们艺术灵感和素材。居氏兄弟在可园写生、作画、授徒，完善和传播了没骨、撞水、撞粉等花鸟画技法，为"岭南画派"开创先河，对广东近现代画坛影响极大，也使可园成为广东近代的文化策源地之一。目前，可园博物馆中的常设展览之一便是"居巢、居廉与可园"展厅，介绍居巢、居廉与可园的关系及"二居"在可园时的艺术成就。

张维屏

张维屏（1780—1859），字子树，号南山，又号松心子，晚号珠海老渔，广东番禺（今广州市）人。清嘉庆九年（1804）中举人，清道光二年（1822）中进士，因厌倦官场黑暗，于道光十六年（1836）辞官归里，隐居听松园，闭户著述。

张维屏少时就有诗才，闻名乡里，与黄培芳、谭敬昭号称"粤东三子"。鸦片战争前，他的诗篇内容大多是山水、闲情、赠答，夹杂一些壮志蹉跎的感慨。当时，北有梅曾亮在京师倡桐城古文，南有张维屏在广东称诗坛老宿，一时有"南张北梅"之称。

鸦片战争期间，是张维屏诗情最激昂时期，他目睹英国对中国的野蛮侵略，激发了爱国热情，写下了《江海》《书愤》《孤坐》《海门》《雨前》等一系列爱国诗篇，表彰抗击侵略的英雄军民，指斥清政府的投降主义。尤其是歌颂三元里人民抗英斗争的《三元里》，是这一时期诗坛少见的歌咏人民自发反帝斗争的佳篇。还有赞扬陈连升、葛云飞、陈化成捐躯报国的《三将军歌》等也是佳作。这些诗篇在当时流传很广、影响很大，成为鼓舞爱国主义的有力武器，在中国文学史上占有重要的地位，也是研究鸦片战争史的可贵资料。阿英（钱杏邨）曾称赞张维屏抗英诗是鸦片战争中"最具有灿烂不朽光辉"的"英雄史诗"。

张维屏著有《张南山全集》，其中《松心诗略》（或称《松心十录》）共10集，是其门人所选诗集。另有《听松庐诗话》《艺谈录》《国朝诗人征略》《国朝诗人征略二编》等有关谈诗或文献掌故的著作。

| 故事1 |

《国朝诗人征略》

张维屏出身书香门第，其父亲张炳文曾任四会县学训导，长于诗文，后受聘于当时广州十三行著名的行商潘振承家族，担任馆师。张维屏随父入潘氏馆学，与潘氏子孙一同研习经史，接受儒家教育。他幼承庭训，少年时即以能诗名。据说刚入学的时候塾师以灯花命题，张维屏诗中有一句"敲棋落碎红"用前人"闲敲棋子落灯花"诗句典故，既不肤浮，又出笔工秀，塾师大为惊异。

张维屏13岁时名列番禺县童子试榜首，知县吴政达取《毛诗序》"南山有台，乐得贤也"之意，为他赐名号"南山"。据说当时同里方氏家中白莲盛开，邀请乡里文人前来赋诗助兴，张维屏援笔赋《浣溪沙》，有"银塘风定玉生香"之句，技惊四座。方氏欣赏他的才华，将女儿许配给他。

张维屏于清嘉庆九年（1804）中举，嘉庆十二年（1807）首次进京赴考，诗坛大家翁方纲读了他的诗作，惊呼"诗坛大敌至矣！"再度赴试的时候，翁方纲为他和黄培芳、谭敬昭等三位岭南诗人之诗集作《粤东三子诗序》，从此"粤东三子"的文名得到显扬。他也曾与林伯桐、黄乔松、谭敬昭、梁佩兰、黄培芳、孔继勋筑云泉山馆于白云山，人称"七子诗坛"。

清道光九年（1829），张维屏被聘为学海堂学长。此后的几年间一直致力于教育事业。道光十年（1830），张维屏同林则徐、黄爵滋、龚自珍等在北京结"宣南诗社"。后又出任了几年的地方官员，但他最终看透官场腐败，产生"一官无补苍生，不如归去"的念头。道光十六年（1836），56岁的张维屏告病辞归广州，赁居"河南"（今广州市海珠区）花地潘氏别业东园。他将所筑小园命名为"听松园"，在松涛间悉心著述讲学、游园吟诗。

《国朝诗人征略》是张维屏在嘉庆、道光年间所著的大型诗话汇编。

全书分《国朝诗人征略》（即《初编》）和《国朝诗人征略二编》两编。《初编》编定于嘉庆二十四年（1819），其60卷，收入清代诗人929家。《国朝诗人征略二编》编定于道光二十二年（1842），其64卷，收入清代诗人258家。张维屏晚年在《国朝诗人征略》的基础上择要而成《艺谈录》两卷，该书也可视作《国朝诗人征略》的节本。《国朝诗人征略》以诗人为条目，每条下包括五部分内容，集"传""论""选"为一体，属张维屏独创。

第一部分是诗人的字号、籍贯、生平主要经历及著作，保存了不少不见于其他书籍的诗人资料，尤其是广东诗人的资料，非常详尽，颇具文献价值。有些诗人还有其他身份，如史学家、书画家、音韵学家、戏曲家、文学家、地理学家、小说家等。《国朝诗人征略》不仅摘录了他们的诗，还对其其他领域的成就有所评论。这就使我们对他们的认识更为深入和全面。

第二部分是辑录自诸家文集、诗话、志乘、说部中有关的轶事及诗评。其博引全书，取材丰富，是较为完备的诗人资料汇编，其中所引的一些著作，现在已经很难找到，有些甚至已经失传，这使得此书尤为宝贵。比如清康熙初年大学士阿克敦之子阿桂，《初编》中足足用15页的篇幅讲述他的功绩故事，如平定大小和卓叛乱、抗击侵滇缅甸军、抗击廓尔喀之役等，显示了他忠君爱国、刚烈勇敢的精神，以及张维屏对他的敬仰。

第三部分是摘录作者自撰的《听松庐文钞》《听松庐诗话》《松轩随笔》《松心日录》中有关的评述，也是全书的精华。这一部分大量引录作者的著作，对诗人进行具体详尽的评价，有不少精到之论。比如他对著名诗人赵翼的评论："瓯北五古中论古论事论理诸作，虽虚字太多，发论太尽，于古人浑厚含蓄一唱三叹之旨，几不复存，然胸中有识，腕底有力，眉开目爽，自成为有韵之文，且其所言每如吾意中所欲出，读至惬心处，似倩麻姑痒处搔也……七古才气奔腾，时见剽滑；五七律多工巧奇警之句，然力求工巧，可称能品，却非诗家第一义也。"既没有因为赵翼的名气而不敢批评其七古"剽滑"不可取，又肯定了赵翼的五古成就。值得一提的是，该部分所引录的《听松庐文钞》等四种著作并没有单行本，靠《国朝诗人征略》才流传今世。

第四部分是诗人重要诗作的标题，可视为作者所编清朝诗选的选目。从标题来看，所选的诗作或摘句涉及内容广阔，且与现实息息相关。比如天灾人祸、民生疾苦，下层人民的呻吟和反抗，酷吏恶行，反封建的斗争，域外风情，科技实录，等等，堪称保存当时社会实况的百科全书。龚自珍在《张南山国朝诗征序》中说，该书"是'诗与史'之结合，以'选诗'为'作史'"。张维屏发扬了中国诗歌自先秦以来的"兴观群怨"的社会功能，具有反映现实、批判现实的特色。

第五部分是诗人诗作佳句摘录，张维屏还会附上评语，供初学作诗的人揣摩。诗歌批评是在作品鉴赏基础上对诗作进行指点评论。诗歌创作产生鉴赏和批评，批评又推动创作的发展和鉴赏的提高。

《国朝诗人征略》采录面广、内容丰富、卷帙浩繁，具有"兼识诸家""扬善贬恶""格物致知"等特色，体例创新，是张维屏最具代表性的学术作品，至今仍是我们研究清代诗歌的宝贵文献资料。

| 故事2 |

张维屏的抗英诗篇

张维屏心中一直有一颗忧国爱民的心。清道光二年（1822），42岁的张维屏四度会试终成进士，外派湖北黄梅县当县令。他始终坚持以百姓福祉为依归，勤政爱民，被时人称赞为"尽心民事，深洽舆情"。1823年，黄梅发大水，江水暴涨，田园淹没，他乘小舟巡视灾区，因为洪流湍急，小舟竟被急流冲走，幸好他被树枝挂住，大难不死，老百姓专门为他编了一首歌："犯急湍，官救民，神救官……"可见当地父老乡亲对他的爱戴。

之后，他先后任广济县知县、襄阳府同知，江西泰和县知县、吉安府通判、南康府知府等职。在当时的社会中，做一个正直清廉的官吏很难。

张维屏曾在诗歌中写道："宦途今始觉，步步履春冰"（张维屏《县斋夜坐》），"县令身何似，临渊更履冰"（张维屏《县令》）。十多年的宦海沉浸，让张维屏渐渐意识到自己一人的清廉自守，难以拯救百姓苍生，故由此感到失落和愤懑，萌生了"一官无补苍生，不如归去"的念头。

道光十六年（1836），张维屏告病辞归广州，本想从此读书育人、赋诗游学，但1840年第一次鸦片战争的爆发使其梦想破灭。1841年5月，英国侵略军占领了广州附近的泥城和四方炮台，当时守卫广州的奕山请降，统治者的软弱无能激起了人民强烈的爱国义愤。当英军四处骚扰掳掠时，在当地士绅的召集下，大量的当地农民扛着大刀、锄头、粪叉和梭镖向英军发起了攻击。"老弱馈食，丁壮赴战，一时义愤同赴，不呼而集者数万人"（梁廷桐《夷氛记闻》）。人们将敌人诱至牛栏冈一带，埋伏的乡民一齐冲出，痛歼侵略者，拉开了中国近代人民团结御侮和反侵略斗争的序幕。

当时的张维屏已近花甲之年，他虽然没有直接参加战斗，却以诗写史旗帜鲜明地站立在人民一边，创作了叙事长诗《三元里》：

> 三元里前声若雷，千众万众同时来。
> 因义生愤愤生勇，乡民合力强徒摧。
> 家室田庐须保卫，不待鼓声群作气。
> 妇女齐心亦健儿，犁锄在手皆兵器。
> 乡分远近旗斑斓，什队百队沿溪山。
> 众夷相视忽变色，黑旗死仗难生还！
> 夷兵所恃惟枪炮，人心合处天心到。
> 晴空骤雨忽倾盆，凶夷无所施其暴。
> 岂特火器无所施，夷足不惯行滑泥。
> 下者田塍苦踯躅，高者冈阜愁颠挤。
> 中有夷酋貌尤丑，象皮作甲裹身厚。
> 一戈已椿长狄喉，十日犹悬郅支首。

纷然欲遁无双翅，歼厥渠魁真易事。

不解何由巨网开，枯鱼竟得攸然逝。

魏绛和戎且解忧，风人慷慨赋同仇。

如何全盛金瓯日，却类金缯岁币谋？

《三元里》真实地记录了中国近代史上第一场人民群众反帝反侵略武装斗争的过程，热情歌颂了中国人民团结御侮的英雄气概和伟大力量，同时对投降媚外的清政府投降派给予深刻的揭露。诗歌首先用"三元里前声若雷，千众万众同时来"统领全篇。平地雷声从何而来？那不是阵阵响雷，而是漫山遍野的喊杀声，是人民的呼声和震怒。一种慷慨悲壮的气氛笼罩了全诗。"妇女齐心亦健儿，犁锄在手皆兵器。"男女老少，手持锄头镰刀，三元里103乡的乡民们同仇敌忾，斗志昂扬。尽管对方是手持洋枪洋炮的侵略者，没有一个人害怕，没有一个人退缩。突然间狂风大作，暴雨倾盆，雷鸣电闪，犹如上天有灵，也就是张维屏所写的"夷兵所恃惟枪炮，人心合处天心到"。凶残成性的敌人手中的枪炮都哑了火，想要逃跑又无法挣脱泥泞，嗜血的豺狼到了这个地步也只能束手待毙。笔墨酣畅淋漓的诗歌让人读来大快人心。

正如毛泽东所说："一切反动派都是纸老虎。看起来，反动派的样子是可怕的，但是实际上并没有什么了不起的力量。从长远的观点看问题，真正强大的力量不是属于反动派，而是属于人民。"

然而就在军威大振、豪情酣畅的时候，腐朽的清政府和尸位素餐的官员将领们从背后给了自己的子民重重一击。当时，三元里战斗从上午进行至下午4时，英军仍处包围中，派来增援的部队也陷入重围。英军统帅义律急忙向清政府官员奕山求救，奕山竟然命令广州知府余保纯用欺骗、威吓等手段驱散三元里义军，让侵略军逃出重围。"不解何由巨网开，枯鱼竟得攸然逝。魏绛和戎且解忧，风人慷慨赋同仇。如何全盛金瓯日，却类金缯岁币谋？"腐朽的统治阶级，为了延长自己的阶级统治，不惜出卖祖国的利益、出卖人民的利益。诗人明知故问的背后，是愤恨，是鞭挞，是

唾骂，是对清政府媚颜事敌的可耻行径的揭露和讽刺，鲜明地体现了自己强烈的爱憎。

在《三元里》中，张维屏主要反映了英勇的人民群像。他的另一首著名诗篇《三将军歌》，则是表彰和赞美英勇抗击英军而壮烈牺牲的三位爱国将领陈连升、葛云飞、陈化成的颂歌。陈连升是广州三江口副将，英军进攻沙角炮台时，他和儿子陈长鹏率兵600人抵挡数千敌兵，"发地雷扛炮毙敌数百"。陈连升在血战中大叫："死无憾，吾死而二炮台必陷，虎门且将不保，为可憾耳！"父子同时牺牲。"公子救父死阵前，父子两世忠孝全。"葛云飞是定海镇总兵，英军进攻定海时，他率兵与英军血战六昼夜，毙敌千余，身受四十余创，犹战斗不止。"夷犯定海公守城，手轰巨炮烧夷兵。夷兵入城公步战，炮洞公胸刀劈面。一目劈去斗犹健，面血淋漓贼惊叹。夜深雨止残月明，见公一目犹怒瞪，尸如铁立僵不倒，负公尸归有徐保。"陈化成是江南提督，英军北上进攻吴淞口时，他以七十高龄亲自镇守西炮台，先后击沉敌舰三艘，打退敌人数次进攻。后因孤军奋战，腹背受敌，他与敌人展开白刃战，"遂力不能御，殉节于炮台"。"公势既孤贼愈悍，公口喷血身殉难。十日得尸色不变，千秋祀庙吴人建。"整首诗感情充沛，形象鲜明，满腔热情地歌颂了三位民族英雄在外国侵略者面前英勇无畏、至死不屈的气概，体现了他们凛然无畏的精神和崇高的民族气节，并无比激动地喊出了"承平武备皆具文，勇怯真伪临阵分。天生忠勇超人群，将才孰谓今无人？呜呼，将才孰谓今无人，君不见二陈一葛三将军！"的声音。

此外，张维屏还写了许多反映鸦片战争的小诗，抒发自己的爱国感情。面对侵略者的步步紧逼，诗人心中忧愤苦痛："岂意重洋水，能生内地尘。越台烽火熄，回首一酸辛。"（张维屏《越台》之一）"渺矣鲸波远，居然兔窟谋。鲰生惟痛愤，洒涕向江流。"（张维屏《书愤》）来自大洋彼岸的强盗们有着坚船利炮，他们不可一世、横行霸道，老迈的诗人只能把愤恨化为诗句："七省边隅接海疆，海门锁钥费周防。贾生一掬忧时泪，岂独关心在梓桑。"（张维屏《海门》）空有爱国之心、报国之志，腐朽的清政府却无法给诗人提供坚实的后盾，诗人只能老泪纵横，空自遗恨。

清咸丰七年（1857），英法联军燃起第二次鸦片战争的战火，炮火所及，民房尽毁，广州市郊成了一片火海，张维屏只好徙居城西泌冲。咸丰八年（1858）十二月，英法联军攻陷广州，张维屏悲愤地记下了侵略者铁蹄下的广州惨景：

> 十家九户闭柴荆，白昼巡街有鬼兵。八十老人谈异事，广州城里少人行。

咸丰九年（1859）农历九月十八日，张维屏病逝于清水濠，葬于广州城东北银坑岭，临终写下绝笔诗：

> 烟云过眼总成空，留得心精纸墨中。书未刻完人已逝，八旬回首惜匆匆。
>
> 偶堕尘寰八十年，飘然归去在罗天。松溪花棣常游处，或者诗魂系画船。

黄遵宪

黄遵宪（1848—1905），字公度，别署人境庐主人、东海公、法时尚任斋主人、水苍雁红馆主人、布袋和尚、公之它、拜鹃人等，广东嘉应（今梅州市梅县）人。清朝著名爱国诗人，外交家、思想家、政治家、改革家、教育家、文学家、史学家、民俗学家，中国近代杰出的爱国者、维新志士、中日友好的先驱使者。

黄遵宪为清光绪二年（1876）举人，历任驻日本公使馆参赞、美国旧金山总领事、驻英国参赞、新加坡兼马六甲总领事等职。戊戌变法期间，署湖南按察使，助巡抚陈宝箴推行新政。近代中国内忧外患，西方列强凭借其坚船利炮侵略中国，步步紧迫，而政府上下对国际大势懵然无知，在外交上处处被动。黄遵宪认为一定要留心外交，否则难于安内，由此选择了出使的道路。在18年的外交生涯中，他不仅为国家的利益尽忠职守，且留心于西方的政治与思想文化，为日后"志在变法、在民权"奠下了思想基础。

可惜由于清政府的顽固和压抑，使黄遵宪徒"有加富尔之才，而仅于诗界辟一新国土"。黄遵宪工诗，喜以新事物熔铸入诗，有"诗界革新导师"之称。其作品有《人境庐诗草》《日本国志》《日本杂事诗》《己亥杂诗》《己亥续怀人诗》《朝鲜策略》《治法》《人境庐集外诗辑》等，被誉为"近代中国走向世界第一人"。

| 故事1 |

诗界革命的先行者

清代在思想文化领域文网严密，大兴文字狱，知识分子不得不避谈现实，埋头于考据、训诂。到了黄遵宪所处时代，中国诗坛基本上为复古派所统治。当时中国处于内忧外患之中，清政府顽固守旧、政治腐败，使国家积贫积弱，在保卫国家主权的对外战争中累次惨败，一次次地签订丧权辱国的不平等条约。要求改变现实、改革社会的思潮风起云涌，而诗坛却完全脱离社会现实，崇古摹古，吟风咏月，自然会引起一批对社会现实深感忧虑、强烈要求改变现状的有志之士的不满。诸如康有为、谭嗣同、黄遵宪等诗人，他们要求中国诗坛面对现实，反对复古迷古以及形式主义风气。这批诗人以正视现实、以反映社会现实为己任，以奋发的激情和深沉的思想给中国诗坛带来希望。在这批中国近代诗坛改革运动的诗人中，黄遵宪取得的成就最大。

黄遵宪幼而聪敏，3岁时就能背诵全部《千家诗》。10岁开始学作诗。塾师出题，题目是杜甫诗的名句"一览众山小"。黄遵宪的诗一开始便说"天下犹为小，何论眼底山"（出自孔子"登东山而小鲁，登泰山而小天下"的典故），表现出非凡的气魄。

黄遵宪21岁时，写了《杂感》一诗，被文学界尊为中国近代"诗歌革命"的宣言书：

> 大块凿混沌，浑浑旋大圜。
>
> 隶首不能算，知有几万年。
>
> 羲轩造书契，今始岁五千；
>
> 以我视后人，若居三代先。
>
> 俗儒好尊古，日日故纸研；
>
> 六经字所无，不敢入诗篇。
>
> 古人弃糟粕，见之口流涎；
>
> 沿习甘剽盗，妄造丛罪愆。
>
> 黄土同抟人，今古何愚贤；
>
> 即今忽已古，断自何代前？
>
> 明窗敞流离，高炉蒸香烟；

　　左陈端溪砚，右列薛涛笺；

　　我手写吾口，古岂能拘牵！

　　即今流俗语，我若登简编；

　　五千年后人，惊为古斓斑。

　　在诗中，黄遵宪从历史发展的角度来看待古今，指出沉迷于故纸堆，将古人抛弃的糟粕视为圭臬，是对社会的危害，主张摆脱封建传统思想的束缚，独立思考，自由表达自己的思想，"我手写吾口，古岂能拘牵"，竖起了诗歌改革的大旗。

　　作为政治家，黄遵宪有传统士大夫的忧国忧民之心，也有求新图变的进步之情。作为诗人，他有儒家文化的思想基础，也善于接受新鲜事物，在诗歌创作领域独树一帜。在《人境庐诗草·自序》中，黄遵宪对自己创作诗歌所采用的形式、风格以及取材、艺术手法等作过简练的概括：

　　尝于胸中设一诗境。一曰复古人比兴之体；一曰以单行之神，运排比之体；一曰取离骚乐府之神理而不袭其貌；一曰用古文家伸缩离合之法以入诗。其取材也，自群经三史，逮于周秦诸子之书，许郑诸家之注，凡事名物名切于今者，皆采取而假借之。其述事也，举今日之官书会典方言俗谚，以及古人未有之物，未辟之境，耳目所历，皆笔而书之。其炼格也，自曹、鲍、陶、谢、李、杜、韩、苏，迄于晚近小家，不名一格，不专一体，要不失乎为我之诗。诚如是，未必遽跻古人，亦足以自立矣。然余固有志焉而未能逮也，诗有之曰，虽不能至，心向往之。

　　这段话既是黄遵宪为革新诗歌所做的努力，也是其在"诗歌革命"中所取得成就的主要方面。

　　首先，他的诗歌中大量使用了古人的"比""兴"手法。

　　"比"是比喻、比拟。比如黄遵宪《寒食》一诗中的："霏霏红雨花初落，嫋嫋白波萍又生"，以红雨比喻桃花，以白波比喻水。又如《重雾》一诗中的"雾重城如漆，寒深火不红"，将伦敦大雾的景象和寒冷的气候，以及作者在寒冷中的孤寂心理描写得栩栩如生。

"兴"是借某客观事物触发情感而描述另一种事物。如《雁》："汝亦惊弦者，来归过我庐。可能沧海外，代寄故人书？四面犹张网，孤飞未定居。匆匆还不暇，他莫问何如。"从表面上看是描写天上飞的大雁，其实诗人是以"惊弓之鸟"这一典故，描述他的处境和惶惶不安的心理。当时的黄遵宪刚经历戊戌政变的打击，在上海被困数日后，侥幸获得释放，回到故乡，其忐忑不安的心情从诗中可以清楚地体会出来。

其次，他继承了《离骚》"感于哀乐，缘事而发"的精神，突破了押韵、对仗、平仄等格律诗的条框约束，强调诗歌反映现实的主题，以及它的教育作用和社会功能。反帝卫国、变法图强是其诗歌的两大重要主题。

在反帝方面，从抵抗英法联军到庚子事变，黄遵宪的诗都有鲜明反映。特别是关于中日战争，他写下的《悲平壤》《哀旅顺》《哭威海》《台湾行》《渡辽将军歌》等系列诗作，反帝卫国思想尤为突出。诗人在这类主题的作品里颂扬抗战，抨击投降，充满爱国主义激情和深挚的忧国焦思。其中不少篇章规模宏伟、形象生动，表现出诗歌大家的气魄和功力。比如其在《冯将军歌》中写道：

> 冯将军，英名天下闻。将军少小能杀贼，一出旌旗云变色。江南十载战功高，黄褂色映花翎飘。中原荡清更无事，每日摩挲腰下刀。何物岛夷横割地，更索黄金要岁币。北门管钥赖将军，虎节重臣亲拜疏。将军剑光初出匣，将军谤书忽盈箧。将军鲁莽不好谋，小敌虽勇大敌怯。将军气涌高于山，看我长驱出玉关。平生养育敢死士，不斩楼兰今不还。手执蛇矛长丈八，谈笑欲吸匈奴血。左右横排断后刀，有进无退退则杀。奋梃大呼从如云，同拼一死随将军。将军报国期死君，我辈忍孤将军恩。将军威严若天神，将军有命敢不遵？负将军者诛及身。将军一叱人马惊，从而往者五千人。五千人马排墙进，绵绵

延延相击应。轰雷巨炮欲发声，既戟交胸刀在颈。敌军披靡鼓声死，万头窜窜纷如蚁。十荡十决无当前，一日横驰三百里。吁嗟乎！马江一败军心慑，龙州拓地贼氛压。闪闪龙旗天上翻，道咸以来无此捷。得如将军十数人，制梃能挞虎狼秦。能兴灭国柔强邻，呜呼安得如将军！

该诗将中法战争中爱国将领冯子材鸷猛无前的英雄形象和冯军排山倒海的气势，活现于纸上。

又如其在《哀旅顺》中写道：

> 海水一泓烟九点，壮哉此地实天险。
> 炮台屹立如虎阚，红衣大将威望俨。
> 下有深池列钜舰，晴天雷轰夜电闪。
> 最高峰头纵远览，龙旗百丈迎风飐。
> 长城万里此为堑，鲸鹏相摩图一啖。
> 昂头侧睨视眈眈，伸手欲攫终不敢。
> 谓海可填山易撼，万鬼聚谋无此胆。
> 一朝瓦解成劫灰，闻道敌军蹈背来！

该诗写尽了诗人的悲愤和表达了对清政府的无情鞭挞。

处于新旧交替时代，黄遵宪想要变法图强，其诗歌较早地描写了海外世界以及伴随近代科学而涌现的新事物，拓宽了题材和反映了生活。从一个封建国家踏进资本主义世界，事事物物都触动他的诗心歌绪，黄遵宪把古人不曾接触的海外世界反映到中国诗歌中来。比如《八月十五夜太平洋舟中望月作歌》勾勒出太平洋上夜航独有的情境；又如吟咏各国奇异风光的诗篇，如日本的樱花（《樱花歌》）、伦敦的大雾（《伦敦大雾行》）、巴黎的铁塔（《登巴黎铁塔》）、锡兰岛的卧佛（《锡兰岛卧佛》）等，扩展了读者的眼界。

黄遵宪的诗歌主要基于现实主义的创作方法，同时也带有浪漫主义的瑰丽色彩，为资产阶级改良派的诗界革命奠定了重要基础。学习借鉴众多代表性人物的诗歌风格，"不名一格，不专一体"，"不失乎为我之诗"，以"旧风格含新意境"为追求目标，努力使中国古典诗歌的旧传统、旧风格与新时代、新内容所要求的新意境、新风格能够和谐地统一起来。运用现实主义方法，反映近代史上的重大事变，特别是反映近代中国社会的主要矛盾。因而，黄遵宪的诗也有"诗史"之称，以其富有独创性的艺术在近代诗坛大放异彩。

| 故事2 |

《日本国志》：第一部全面研究日本的中国著作

1876年，黄遵宪随父亲到烟台，结识了在烟台做官的广东南海人张荫桓，张荫桓具有维新思想，两人常在一起谈论国家大事。黄遵宪认为目前海禁大开，国外势力侵入中国内地，引发许多国际纠纷，如果不注重外交策略，不可避免要吃亏。当年9月，黄遵宪参加乡试，考中举人。是年冬，清政府派遣翰林院侍讲何如璋出使日本。何如璋是广东大埔人，与黄遵宪的父亲黄鸿藻交往多年，对黄遵宪的才华十分赏识，故奏请以黄遵宪为参赞，随行出使，正准备回乡的黄遵宪欣然应允。其在与众亲友道别的诗中写道：

> 如此头颅如此腹，此行万里亦奇哉。
> 诸公未见靴尖趯，待我扶桑濯足来！

在日期间，黄遵宪留心探察日本国情，潜心研究日本的政治、历史以及风土民情的渊源与现状，及时上奏朝廷以供参考。同时，他漫游各地，留意考究日本政俗文献，并结交日本各界人士，其中包括诗人、学者、政治家、民间艺人、医生等，采取以文会友的方式，致力于促进中日友好和

文化交流。他将自己耳闻目睹的情景分为国势、天文、地理、政治等门，用诗赋形式一一记录为事，取名《日本杂事诗》。

在诗作中，黄遵宪介绍了中日两国自公元3世纪以来友好交往的历史，赞扬日本人民善于吸收和学习他人优点的精神。还对日本倒幕维新，改革官制，废藩置县，改革租税、学制、兵制、刑法等变革措施作了介绍，歌颂日本明治维新前反幕府运动中的死难志士，盛赞他们"前仆后起，踵趾相接，视死如归"的大无畏精神，表示要以此激励国人，"兴起吾党爱国之士"，希望中国的当政者也能效法日本，变法图强：

玉墙旧国纪维新，万法随风倏转轮。

杼轴虽空衣服粲，东人赢得似西人。

此外，《日本杂事诗》还涉及日本的音乐、舞蹈、医、农、工、商，以及日本的社会发展史、西学史、日本与西方国家的关系史等，特别反映了明治维新以来日本在政治、经济、军事和文化教育等方面所发生的变化。

纵观中国近代革命以及清朝改良维新历史，洋务运动开启了中国近代史，维新派接触西方的先进知识和技术，在维新变法之时提出君主立宪制度，而维新派的思想，实际上都是从黄遵宪的《日本国志》延伸而来。黄遵宪认为，将日本的历史与现状详细地介绍给中国的当政者和平民百姓，不仅可以澄清国人对日本模糊和错误的认识，有助于妥善处理两国关系，而且可以借日本明治维新的历史作为救国图强之鉴。鉴于此，1879年起，在经过实地考察并对日本历史作了较多的研究后，黄遵宪开始着手撰写《日本国志》，将明治维新时代日本人"向西方寻求真理"的情况和经验介绍到中国。

1882年，《日本国志》初稿完成，然而此时黄遵宪奉命调任中国驻美国旧金山总领事。在美国，因公务繁忙，他根本无暇对初稿进行修订。1885年9月，黄遵宪任满回国后，谢绝了驻美公使张荫桓和两广总督张之洞的聘请，潜心从事《日本国志》的编撰。1887年5月，《日本国志》终于定稿。但当时并未出版，1889年黄遵宪又出使英伦，使得这本书迟迟无法面世。直到1895年秋冬，《日本国志》才由羊城富文斋正式出版。梁启超读后大为惋惜，甚至表示"今知中国之所以弱"，就在于黄遵宪"成书十年久谦让不流通，令中国人寡知日本，不鉴不备，不患不怵，以至今日也！"梁启超认为，如果《日本国志》在写成后能立即印行流传，会使国人较早了解日本的崛起并引以为鉴，中国或许可以减轻甚至避免甲午战败的惨剧，可见其对此书评价之高。

《日本国志》共有40卷，50余万字，把日本的政治、经济、文化、军事、教育等作为考察对象，编撰典章制度专门史，按"通志"的体裁分为12个门类。黄遵宪在序言中说："古昔盛时，已遣轩辕使者于四方，采其歌谣，询其风俗，又命小行人编之为书，俾外史氏掌之，所以重邦交、考国俗者，若此其周详郑重也。自封建废而为郡县，中国归于一统，不复修遣使列邦之礼。"它是第一部全面切实介绍和研究日本情况的中国著作。比如黄遵宪在《食货志》《工艺志》里高度赞扬日本明治维新政府推行的"殖产兴业、文明开化、富国强兵"三大政策，主张向西方学习，发展民族工商业。又如《兵制》6卷，介绍日本效仿西方国家对兵制进行改革，建立新式的海军、陆军，并对日本军舰等级、吨位都有详细记载。《日本国志》顺应和推动了维新派人士学习西方、学习日本变法自强的要求，对中国近代思想史和中日文化交流史有巨大的影响。

1882年春，黄遵宪奉命调任驻美国旧金山总领事，在旧金山的三年多时间里，黄遵宪除努力保护旅美华工和华侨的正当权益、聚合当地华人力量外，也对美国这个民主共和国的政治制度与学术文化作了深入的考察。而种族主义者所发动的排华运动的刺激，使他的民族主义和变法自强思想进一步深化。顶着排华分子的威胁恐吓，黄遵宪依法争讼，据约辩驳，力争国权，保护华人在美正当权益，安定美国华人社会。然而由于当时中国国势衰微，黄遵宪作为总领事所做的这些工作，并不能从根本上改变华工、华侨的处境，他们仍然处于受歧视、被迫害的地位。黄遵宪只能在

《逐客篇》一诗中慨然而叹：

> 呜呼民何辜，值此国运剥。
> 轩顼五千年，到今国极弱。
> 鬼蜮实难测，魑魅乃不若。
> 岂谓人非人，竟作异类虐。
> 茫茫六合内，何处足可托？

戊戌变法昙花一现后，变法维新派遭到全面清洗，黄遵宪也被迫革职从官场隐退归乡，隐居人境庐，以创作诗歌为主业。晚年时期的黄遵宪将自己大部分精力转到如何启迪国人上来，不时与维新变法代表人物梁启超等人交流探讨，学术上相互影响借鉴，在政治思想史上留下了深刻印记。1905年，黄遵宪因肺病离世，过完了他忧国忧民的一生，同时也是怀才不遇的一生。

吴趼人

吴趼人（1866—1910），原名宝震，又名沃尧，字小允，又字茧人，后改趼人，广东南海（今佛山市）人。清代谴责小说巨匠。吴趼人出生于北京，因在佛山度过青少年时代，自称"我佛山人"，并以此为笔名写了大量的小说、寓言和杂文。他也曾用笔名野史氏、老小海、老少年等。

吴趼人出身于破落的世宦之家，曾祖父吴荣光曾官至湖南巡抚兼署湖广总督，祖父吴尚志科举失利，任工部屯田司候补主事，后任工部员外郎。自此家道开始中落。父亲吴升福只是一名从九品的候补巡检。吴趼人2岁时祖父去世，举家南归。8岁入私塾，在佛山度过青少年时代。17岁父亲去世。为养家糊口，吴趼人18岁去了上海，以为日报撰稿、买文等为生。他一生清贫，常常囊中羞涩，由于生活贫困，工作劳累，1910年10月喘症发作，在上海逝世，年仅44岁。

吴趼人一生共著有17部中长篇小说（其中6部未完成）、13篇短篇小说、笔记6种、笑话3种、寓言1种、诗集1种、文集2种、戏曲2种（均未完成），共300多万字的文学作品，以全景式的视野和方位构成了一部晚清最后十年的社会生活百科全书。其代表作《二十年目睹之怪现状》是晚清四大谴责小说中篇幅最长、故事性最强的一部，也是一部自传性质的写实小说。胡适因此评价说："故鄙意以为吾国第一流小说，古惟《水浒》《西游记》《儒林外史》《红楼梦》四书，今人惟李伯元、吴趼人两家，其他皆第二流以下耳。"

| 故事1 |

先锋报人，幽默大师

吴趼人17岁丧父，家境窘困。1884年，18岁的吴趼人离家来到上海，先在茶馆做伙计，后又至江南制造局从事抄写工作，月薪微薄。

1897年，吴趼人协助高太痴创办最早的文艺性副刊《消闲报》，并担任主笔。当时报上内容如散文、史料文、花边新闻、故事、寓言、笑话、诗词等，除少量靠本报记者采访或读者、朋友供稿外，其余大部分须由主笔亲自编撰，他撰写的稿件往往占去大半版面。清光绪二十四年（1898），吴趼人独立创办上海《采风报》，任主笔。该报用彩色本纸印刷，并随报附送石印绘画《海上繁华梦》，每天一页，开小报附赠画页之先河。之后，他先后主笔《字林沪报》副刊及《奇新报》《寓言报》等报刊。

1902年，梁启超在横滨创办《新小说》杂志，并在《论小说与群治之关系》中提出"故今日欲改良群治，必自小说界革命始；欲新民，必自新小说始"的观点，开始了破旧立新的"小说界革命"。吴趼人积极响应，他开始用"我佛山人"为笔名创作小说，从《新小说》第八号开始，他先后连载了《痛史》《二十年目睹之怪现状》《九命奇冤》等多篇巨著，题材涉及历史、社会、写情、笑话等多方面，揭露当时社会政治的黑暗腐败与贪官污吏的贪婪残暴、营私舞弊等现象。他也因此文名日盛。1905年春，吴趼人受聘去汉口任美商英文《楚报》新辟的中文版编辑。1905年7月，反美华工禁约运动在全国开展，吴趼人出于义愤，毅然辞去《楚报》编辑之职，与爱侨人士共商支持美国华侨的办法。他的口才极好，发表演说时，可以感染台下听众，使其时歌时泣时激昂。

吴趼人生性幽默，喜"诙诡"，好为"嬉笑怒骂"的游戏文章。他的至交周桂笙曾多次提到：予友南海吴君趼人，性好滑稽，雅善词令，议论风生，滔滔不倦，每一发声，辄惊四座，往往以片辞只义，令人忍俊不禁，盖今之东方曼倩也。

吴趼人先为自己取字"茧人"，因为常被人误解为茧仁，即蚕蛹，便乘有一次不慎摔伤一足的时候，更名为"趼人"。他的朋友给他写信时，常常误为"妍人"或"研人"，他只有作诗自白，其中两句是："偷向妆台揽镜照，阿侬原不是妍人。"

还有一次，有某小报和吴趼人笔战，误认为"山人"二字和山樵、山民为同一意思，竟只取他笔名中的"我佛"二字称呼他。吴趼人看后，狂笑不已，翌日，挥笔疾书："我系佛山之人，故曰我佛山人，何得竟施腰斩之罪，将佛山两字断成二截？佛说未免罪过。"

吴趼人早年患有哮喘，年过四十之后，哮喘加重，家境陷于窘难。一次写信给一位朋友告贷，捡了一只七孔八烂的破袜子，附在信里，信笺上写了八个字："袜犹如此，人何以堪。"朋友收信后，了解他的窘境，立即解囊相助。

吴趼人的幽默诙谐，在主持《寓言报》时得到了更为淋漓尽致的体现。《寓言报》比由德国创办的国外最早的寓言刊物《寓言》还要早问世56年，几乎由吴趼人一人独撑。他师从老庄，善于运用寓言故事反映病态的社会和人生，比如他的《指甲国籍》：

> 有个笨人几乎连冷暖饥饱都分不清。死后晋见阎王，阎王恨他太没用，要罚他来世做畜生，又转念一想，此人生前并没大错，还是罚他做人身上的东西吧。阎王便询问判官，判官说："他愚蠢无用，罚他做眉毛、胡须吧？"阎王说："胡须眉毛关系到人的仪表，还是罚他做指甲吧。"笨人急忙哀求道："如果叫我来世做指甲，小人愿做中国人的指甲，碰到爱惜的人，可长到数寸，至少也可长到数分，总算有个出头之日；倘若落在外国人手里，他天天用刀剪去，我就永无出头之日了。"

| 故事2 |

奇书《二十年目睹之怪现状》

吴趼人来到上海的第二年便爆发了中法战争，又先后历经了1894年的甲午中日战争和1900年的八国联军侵华战争。目睹了1884年中法之战到1904年前后20年间社会上的种种怪现状，吴趼人深有感触，于是写作了《二十年目睹之怪现状》这本奇书。书中有多达189件"怪现状"，众多五花八门且无内在关联的种种叙述如何统一连缀起来是一个大问题。吴趼人设定了一种"此书举定一人为主，如万马千军，均归一人操纵"的方法，解决了这个问题。以主人公"九死一生"的经历为干线，从他奔父丧开始，至其经商失败终止，通过这个人物20年间的遭遇和见闻，广泛地揭露了清末社会的黑暗现实，展示了一幅清王朝崩溃前夕的社会画卷，并从侧面描绘出帝国主义的疯狂侵略对中国的侵害。一本书既揭露官场黑暗、士绅恶行，也指斥洋场劣态、媚外丑行，更嘲弄无知愚昧、科举封建，辛辣讽刺，入木三分。

"九死一生"姓甚名谁，无从考稽。他说自己在世上20年中，所遇见的只有三种东西：一是蛇虫鼠蚁；二是豺狼虎豹；三是魑魅魍魉。居然都避了过去，所以当得"九死一生"这个名字。他20年来目睹的"怪现状"几乎涉及社会的各个领域，包括家庭、官场、军营、市井、科场等等，兼及医卜星相、三教九流。涉及人物相当广泛，恶棍、骗子、狂徒、巡捕、强盗、讼师、烟鬼、官场人物、洋场才子、医卜星相、小报文痞、江湖劣医、人口贩子、洋行买办等都在书中有所描写。作者用辛辣的笔触，大胆地刻画出当时社会的众生相：有做贼的知县、盗银的臬台，有为升官而命妻子为制台"按摩"的候补道、逼使寡媳去做制台姨太太的苟观察（苟才），有在洋人面前奴颜婢膝却欺凌同族的民族败类……在书中，作者展示了人心的奸诈、官场的蝇营狗苟、政治的黑暗腐化，揭露了当时的政治状况、社会风尚、道德面貌和世态人情。

在《二十年目睹之怪现状》中，读者能清晰地看到吴趼人幽默风趣的写作风格。如第六回《彻底寻根表明骗子　穷形极相画出旗人》中，作者通过吴继之讲述来自京城的佣人高升的所见，描绘出了一个穷酸落魄又极会摆架子、装得很要脸面的旗人形象：

> 　　在腰里掏出两个京钱来，买了一个烧饼，在那里撕着吃，细细咀嚼，像很有味的光景。吃了一个多时辰，方才吃完。忽然又伸出一个指头儿，蘸些唾沫，在桌上写字，蘸一口，写一笔。高升心中很以为奇，暗想这个人何以用功到如此，在茶馆里还背临古帖呢！细细留心去看他写甚么字。原来他那里是写字，只因他吃烧饼时，虽然吃的十分小心，那饼上的芝麻，总不免有些掉在桌上，他要拿舌头舐了，拿手扫来吃了，恐怕叫人家看见不好看，失了架子，所以在那里假装着写字蘸来吃。看他写了半天字，桌上的芝麻一颗也没有了。他又忽然在那里出神，像想甚么似的。想了一会，忽然又像醒悟过来似的，把桌子狠狠的一拍，又蘸了唾沫去写字。你道为甚么呢？原来他吃烧饼的时候，有两颗芝麻掉在桌子缝里，任凭他怎样蘸唾沫写字，总写他不到嘴里，所以他故意做成忘记的样子，又故意做成忽然醒悟的样子，把桌子拍一拍，那芝麻自然震了出来，他再做成写字的样子，自然就到了嘴了。

《二十年目睹之怪现状》最富有特色的部分，是对封建家庭的罪恶与道德沦丧的暴露。在拜金主义狂潮的冲击下，旧式家庭中骨肉乖违、人伦惨变，作者以犀利的笔锋嘲讽那些道貌岸然的丑恶灵魂。

比如"九死一生"的伯父吴子仁。吴子仁是在"我"父亲的丧事操办时出场的，"想来伯父总是自己人，岂有办大事不请自家人、反靠外人之理？"在"我"看来，至亲的伯父是可敬可信之人，其人不苟言笑，动辄严斥子侄。不料伯父却是道貌岸然的"伪君子"，他与已有婚约的舅老爷的女儿私通已三年之久，且生了一个孩子已送去了育婴堂。还堂而皇之地吞没亡弟遗产，夺孤侄寡媲的养命钱，后来连访求伯父和支取利息都成了

一件千回百转的难事，几令"九死一生"流落街头。

吏部主事符弥轩，高谈性理之学，却百般虐待将他自襁褓抚养成人的祖父。在历城县的时候，"他把一个祖父看得同赘瘤一般，只是碍着邻里，不敢公然暴虐"。因他利令智昏科场舞弊，撇下祖父来到京师。然后祖父"符最灵"寻到京里来，符弥轩想要拒而不纳，迫不得已竟将祖父安置在柴房，"穿了一件七破八补的棉袍"，且"近来一个多月，不是吃小米粥，便是棒子馒头"，因饿得"实在捱不过了，只得老着脸向同居求乞"。甚至"符最灵"想要吃一顿大米饭、要一点咸菜，都能半夜遭到符弥轩及其太太的欺凌辱骂。

贯穿全书的反面人物苟才，完全是一个十足的衣冠禽兽，摆阔、钻营、贪财、好色、缺德。他的儿子死了，留下年轻美貌的媳妇。他先要儿媳妇守寡，后来打听到他的上司制台大人非常好色，就动起儿媳妇的念头，要把儿媳妇送给制台大人做姨太太。为了说服儿媳妇，甚至不惜向儿媳妇下跪。阔绰以后，苟才纳了秦淮河的一个妓女做妾。继之家办寿事，只因其妾"撒娇撒痴的要去看热闹"，苟才缠不过，于是"置备了二品命妇的服式，叫婊子穿上，扮了旗装，只当是正室"。全然不顾封建社会严苛的等级秩序，只为博其妾一乐。

苟才最后的下场也很悲惨，因为反对儿子苟龙光纳妾，儿子心中不满，在妻舅承辉的挑唆下，串通苟才的姨娘，又买通无良医生朱博如，一起设局将苟才害死。苟才死后三天，苟龙光就遣散家人，与苟才的六姨太暗通款曲。而苟才"末七"未过，苟龙光便应符弥轩之邀去吃花酒，剃了丧发，且换上了绸缎衣服。

此外，《二十年目睹之怪现状》对于清末官吏的恐外媚外、官场的黑暗腐化也有相当生动的刻画，体现了作家的爱国义愤。"九死一生"曾对母亲说："这个官竟然不是人做的。头一件先要学会了卑污苟贱，才可以求得着差使。又要把良心搁过一边，放出那杀人不见血的手段，才弄得着钱。"因此，他在南京走投无路之时，遇到当年的同学挚友吴继之，此后便成为吴的幕友，一同兴办实业，九死未悔。他憎恶社会邪恶，轻视功名，无意仕途。其伯父多次劝诫他用功八股，以求功名，均被拒绝。书中还展示了光怪陆离的社会龌龊诸相，特别是"洋场才子"们，胸无点墨，只知道徜徉酒乡，闹出不少笑话，斯文扫地，经常闹出如《史湘云醉眠芍药图》却题了"曾见仇十洲有此粉本，偶背临之"这类"明朝人能画清朝小说的故事"的笑话，充分显示了畸形社会中一部分知识分子的空虚和堕落。

《二十年目睹之怪现状》中大多数事情，在当时都有人物原型，甚至时间、地点、人名等具体信息都完全属实。这种如新闻一般的真实感，是与吴趼人对时代的关切紧密相连的。在传统道德沦丧、现实社会浑浊黑暗的时代中，吴趼人把作者全部的人生观念与小说写作紧密地联系起来，标志着近代新小说写作所达到的人文高度。该书在发表初期，就得到了时人的追捧和好评："首尾联络，妙转如圜，行文家有神龙掉尾法。""此书所叙悲欢离合，及各种社会之状态，均能令读者如身入个中，窃（以）为于旧著不必多让。"在《中国小说史略·清末之谴责小说》一文中，鲁迅也提到了《二十年目睹之怪现状》，"尤为世间所称"。

高剑父／高奇峰／陈树人

在20世纪上半叶的中国绘画史上，以高剑父、陈树人、高奇峰为代表所开创的"岭南画派"是不可或缺的一个重要美术流派。他们三人被并称为"岭南三杰"，又称"二高一陈"。

高剑父（1879—1951），本名麟，后易作崙，字爵廷，别署老剑、剑庐等，广东番禺人。辛亥革命元老，著名画家、美术教育家，岭南画派创始人之一。

清光绪十八年（1892），高剑父拜于广东著名花鸟画家居廉门下，开始学习花卉草虫的画法，奠定传统国画根基。光绪二十五年（1899），高剑父再拜同门好友伍德彝为师。伍家为晚清广州望族，富藏历代名家翰墨。高剑父得以遍览伍氏家藏历代名家翰墨，因而画艺猛进。但高剑父并没有满足于这种传统绘画的学习。1903—1907年间，他和高奇峰、陈树人等数次东渡日本进修美术，受以竹内栖凤为代表的近代京都系名家画风启发，将日本画中对于环境的渲染、对光和影的明暗对比有机地结合在传统国画中，形成一种清新自然的艺术效果。这种具有独特视觉效果的国画，在当时被称为"新派画"或"折衷画"，后来被学术界界定为"岭南画派"的主要画风。

高剑父是一位革命先驱，在日本东京时就加入了孙中山创立的中国同盟会。曾与高奇峰等在上海编辑出版《真相画报》，刊登新国画。1923年在广州创办"春睡画院"。曾任中山大学国画系教授、南京中央大学艺术系教授、广州市立艺术专科学校校长，培养了方人定、黎雄才、关山月、杨善深、陈金章等一大批人才。代表作有《东战场的烈焰》《松风水月图》《江关萧瑟》等，画集有《剑父画谱》《剑父画集》以及画论著述

《我的现代国画观》等。

高奇峰（1889—1933），名嵡，字奇峰，广东番禺人。高剑父五弟，早年跟随高剑父学习居廉画法。1907年，高奇峰随高剑父赴日本，师从日本著名画家田中赖璋。1908年归国，与高剑父以《时事画报》名义在广州发起"广东图画展览"。1925年任岭南大学名誉教授，并在广州开设美学馆授徒，其高足有黄少强、赵少昂等7人，时称"天风七子"。高奇峰作品曾在比利时万国博览会、国际艺术展览大会上获得最优等奖。1933年被任命为赴德国柏林中国美术展览会专使，但因身体原因没能成行，同年，不幸逝世。

陈树人（1884—1948），原名韶、哲，字树人，别号葭外渔子，广东番禺人。师从著名岭南画派大师居廉。陈树人青年时投身于民主革命，1905年参加中国同盟会，1906年东渡日本学习美术并从事革命活动，他是国民党元老，一生历任广东省民政厅厅长、广州国民政府秘书长、国民党中央执行委员、国民党政府顾问等职。然而他始终保持学者、画家的品质和风格。1947年后定居广州，专心画艺，他倡导国画革新，主张以自然为法，讲究线条流畅，构图新颖独特，格调追求诗意，形成以"清""新"独长的艺术风格。

陈树人是一位多产作家，一生勤奋作画，注重写生，作品数以千计，在国际上享有盛誉。代表作有《岭南春色》《落花啼鸟》《鼎湖飞瀑》等，出版有《寒绿吟草》《专爱集》《战尘集》等诗集以及《陈树人画集》（四辑）等。其居所樗园（今广州市越秀区署前路）被辟为陈树人纪念馆。

| 故事1 |

岭南画派

按近代中国画坛普遍看法，岭南画派以居廉、居巢两兄弟为先导和前奏，由高剑父、高奇峰、陈树人为创始人。它是具有岭南文化特色的中国

传统国画的革新，多画中国南方风物和风光，章法、笔墨不落陈套，色彩鲜丽，自成一格，因"岭南三杰"及其学生都是岭南人，所以得名"岭南画派"。岭南画派与上海画派、京津画派三足鼎立，是中国近现代画坛最具活力、最有影响的艺术流派之一。

高剑父《我的现代国画观》是岭南画派的理论纲领，在文中，他提出：折衷中外、融合古今，师法自然、雅俗共赏。

折衷中外、融合古今，主要与岭南地区的地理位置及人文环境有密切的关系。清末，广州是当时重要的对外交流口岸，早在晚清时期，番禺地区一些民间作坊就已经开始接受一些西方的绘画技巧，甚至绘制以西式人物为主题的瓷器插图。由于受到西方艺术思潮的影响，岭南画家将中国画及西洋画法进行中西结合，主张吸取古今中外尤其是西方绘画艺术之长以改造传统国画，使之朝着现代化、民族化、大众化方向发展，提高审美功能和教化功能，最终通过艺术美的陶冶以"改造国魂"。

岭南画派画家生活在亚热带地区，植物四季常青，所以岭南画派画家一改中国传统绘画"以墨为主，以色为辅"的传统，而倡导色墨并重，在创作中使用大量艳丽的色彩。如岭南画派的先导居巢、居廉大胆改革传统国画，居廉更被认为是较早成功地将西方水彩画与传统中国画结合起来的画家。他们注重通过写生描摹山川河流、飞禽走兽的形态，讲求形神兼备；同时发明了独特的撞水、撞粉新技法，让作品充满鲜活的表现力。

"岭南三杰"则对明治维新以来日本美术的近代化运动产生了强烈的共鸣，他们痛感清末民初那种只顾玩味笔墨、孤芳自赏、脱离现实生活的画风，于是立志将"绘画革命"与"政治革命"并行，希望通过振兴美术、发展工商业来富国强民。其师承自"二居"的撞水法、撞粉法，不受线质墨法的困扰，对水、墨、水色、石色的选用有更大的自由度，用鲜亮的颜色丰富了国画的水墨淡彩的表现形式，同时借助光影效果使色彩更加明丽多样。

师法自然、雅俗共赏，则是岭南画派的艺术内核。岭南画派强调与社会、大自然紧密结合，创作有时代特色、地方特色的画作。岭南画派的先导居巢、居廉就坚持写生，"以造化为师"。岭南画派的艺术家几乎都会用大量的时间进行写生绘画。第二代代表画家关山月曾用了五六年时间，从广东出发，历经广西、贵州、云南、四川、甘肃、青海、陕西等省区，进行大量写生。

岭南画派旗帜鲜明地提出：真正有生命力的绘画艺术必须反映现实生活，尤其是贴合时代需求的主题，以拉近国画艺术和普通百姓之间的距离。高剑父曾说："一幅兰花画得再有气质和意境，一个做苦力的人看到之后也不会有什么反应，反倒不如画几座房子能够引起他的注意。"高氏兄弟曾开创审美书馆，出版精印中西图片、明信片、书刊、画册，出售中国画作品、文房四宝等，特别在挂屏、月份牌和明信片等大众美术品的出版发行上下了很大功夫，体现出岭南画派雅俗共赏的理念。

| 故事2 |

贫苦少年，宽仁导师

少年高剑父因为家境贫寒，寄居在当时住在广州珠江南岸（当地人称之为"河南"）的长兄高桂庭家中。当时，已经名满南粤的居廉也居住在"河南"的十香园，经由族兄高祉元说情，居廉将高剑父免费收入门下教导绘画。

高桂庭家与居廉家相距十几里（1里=500米）地，因此每天早晨天不亮高剑父就得起床，草草吃点东西，便匆匆赶往老师家。中午因没钱买饭，又路途遥远，不可能回家去吃，便饿着肚子等待下午上课。一天的学习结束后，他又饥肠辘辘地步行十几里地返回。日复一日，风雨无阻。居廉看到这个出身贫寒，但天赋很高的弟子，如此勤奋刻苦，又有毅力，很是赞赏。于是将高剑父留在家中食宿，并特许他每月只象征性地交二两银子的食宿费用。可是就算是这区区二两银子，高剑父也还是拿不出来。对此，居廉当然不会介意。可是居廉的家人甚至仆役却愤愤不平，常常对高剑父奚落侮辱。

居廉不计功名利禄、不求闻达的人生态度和坚守信念、勇敢无畏的人格气质，以及古道热肠、爱才惜才的性格，甚至其开馆授徒的这种教学模式，都给高剑父以深刻的影响。这段艰苦的学艺生活，让高剑父特别能理解贫寒子弟想在绘画上出头的难处，后来他经常免费招收学生，并且出资帮助那些出身贫苦又有志学画的青年。凡是他认为有天分、好学的学生，不计家境、年龄、学历，都被他收为门下弟子。他的学生来自社会各个阶层，有打铁的徒工、剃头师傅、茶馆学徒、报童、农民等等。这也是一段画坛佳话。

何磊出身贫苦，自幼父母早亡，原是在茶馆卖报的报童，高剑父发现他和另一个报童聪明好学，甚为欣赏，有意收为弟子，但当时有几位出身富贵之家的学生大为反对。高剑父于是叫弟子何炳光收他们为再传弟子。何炳光用古代画家的名字为两人改名为何吕纪、李林良。何吕纪后来又改名何磊，在同门中以勤学著称，一年后正式进入春睡画院，高剑父供其食宿，并悉心教他学画，终于把他培养成画家，中华人民共和国成立后何磊任教于广州美术学院。李林良后改名李钊良，抗日战争胜利后曾在高剑父创办的南中美术专科学校（后改称南中美术院）任教务员。

1926年夏，高剑父在肇庆游览时，看到黎雄才临摹的清代十二屏花鸟，大为赞叹，觉得这是一个可造之才，主动提出收黎雄才为徒，并带去广州培养，学习、生活费用全部由他承担。1927年，黎雄才进入春睡画院。1932年，高剑父又资助黎雄才赴日本留学，时间达四年之久。后来黎雄才终成一代大家。

1946年，家道中落的叶绿野从龙川来到广州，考取了南中美术院。学校本来是9月2日开学，但因为家里穷，直到9月中旬，叶绿野还没收到家里寄来的学费。他找到高剑父讲明情况。高剑父得知他入学成绩优异，又看过他带来的习作，便马上让叶绿野直接去上课，免了他的学费。次年，叶绿野家中无法再供其在广州的生活费用，高剑父几经努力，为他觅得一份兼职出纳的工作，半工半读，从此叶绿野解决了衣食难题，终于可以继续求学。1947年，叶绿野与其他4个学生一起，被高剑父选入春睡画院，终成岭南画派的精英人物。

高剑父生活刻苦节俭，他对衣食从不讲究，极少缝制新衣，所穿衣服多数是在广州四牌楼旧衣店买来的便宜货，并不计较精粗好恶。室内无时髦陈设，举凡收音机、电风扇以及稍新式的家具均未购置。有钱到手便搜集购买古画和书籍。但春睡画院不论经济多么拮据、财政多么困难，都养着一批免收学费，甚至食宿也免费的贫困学生。高剑父还帮他们介绍工作、出售作品，并用卖画所得的钱来资助学生赴日本留学深造。

门生关山月为纪念高剑父100周年诞辰赋诗：

> 少小涂鸦学步时，彷徨歧路遇恩师。
> 曾忧泉水出山浊，砥砺终生幸自持。

1999年为纪念高剑父120周年诞辰，关山月又作《恩师颂》，表达对高剑父的感念之情，并缅怀恩师对自己的教诲：

> 学画无门迷路向，冒名旁听为求知。
> 有缘入室蒙荫庇，难宿佛堂乐伴师。
> 家国兴亡忧未已，笔戈挥武梦驱痴。
> 濠江艺海视域小，祖国山河时代思。

| 故事3 |

才华横溢的高剑父

高剑父师从伍德彝的时候，经常参与伍家在万松园举办的书画雅集活动。有一次，伍德彝宴请尹笛云、谭云波、山本梅涯等画友10余人，在万松园赏梅。冬日里的蜡梅迎风怒放、暗香浮动，众人画兴勃发。来自日本的汉画家山本梅涯提议大家即席挥毫，合作一幅，以为纪念。大家欣然同意，当即展笔研墨，开始作画。很快一幅蜡梅图已跃然纸上，按习惯这种

合作画是按年龄资历和名望高低来依次下笔的，高剑父年纪最小，一直侍立在旁，待众人画过之后，方才执笔上前。此时画面已很饱满，从构图上来看，似乎已无处落笔。高剑父静思片刻，提笔在画幅一角添上一蜡梅枯枝，枝上悬一片败叶，迎风微颤，旁边再缀以淡黄色的梅花四五朵。这看似随意的几笔，与整个画面浑然一体，而且描绘得也十分逼真，尤其那片败叶极其生动，这一笔枯败景象，反令众人笔下蜡梅的怒放之势更盛。这应该算是高剑父在画坛的初次扬名。山本梅涯也因此对高剑父青眼有加，常常主动登门拜访与他切磋画艺，并且劝他去日本留学，进一步深造。

高剑父的作品既有传统题材，更有许多前所未有之全新的内容，进一步拓展了中国画的题材。如他1915年将第一次世界大战期间刚刚出现在战争中的飞机与坦克绘入画中，题为《天地两怪物》，画面上天空中飞翔着两架飞机，地上行进着一辆坦克，为了更真实地体现机械物体的结构，他大量应用西洋画的透视法和块面明暗法。后来他又画了几架在烟雨朦胧中飞行的飞机，题为《雨中飞行》。他还画过一幅《早发汽车》，画中一辆汽车正从有斜坡的石桥上驶过，背景是水墨画法的村落。

将这些在当时代表着先进的工业文明和科技成果的车船、飞机、坦克等新鲜事物引入中国画的表现范畴，而且采用西洋画的透视法，强调体积质感和色彩冷暖的表现，并与传统中国画的笔墨相结合，正是高剑父"折衷中外、融合古今"理念的表现。这在当时是一种具有试验性和开拓意义的艺术尝试。

1921年后，高剑父逐渐淡出政坛，绝意仕途，专志画艺。他与高奇峰在广州高第街素波巷对门而居，平日俩人闭门作画，甚少晤谈，积累一些画作后，再相互观摩切磋。后来，在文明路安定里租得一屋作为画室，名"春瑞草堂"，亦系兄弟同住作画。这一时期，他们对改革中国画做了大量的实践，笔耕不辍，成果颇丰。二人整理出一批得意之作，与当时同样积极进行国画革新的陈树人一起，出版了三人的作品合集《新画选》。

1934年，高剑父的《松风水月》等作品参加了柏林人文美术馆的揭幕展，以及柏林普鲁士美术学院在法国巴黎举办的中国绘画展。《松风水月》构思奇巧，画幅为四尺立轴，在画面的右上角以大写意的奔放笔法写出一丛松树枝叶，枝上用撞粉法点苔，松针的描绘更为恣肆，笔力劲健的线条并不拘泥于松针真实的长短粗细，却将阵风吹拂的动感和气氛表现得极为生动。画面下部用淡墨色渲染出水面，尤其有意思的是，水中有13个淡黄的月影随着水波的飘动从松枝下连贯而出，伸出画外。有人问高剑父画中为何有13个月亮，他说是在生活中观察到的，风吹水动，水中的月影漂移，不知有多少个，为了表现风动，便画了多个月影。

抗日战争时期，高剑父的作品充满了对社会现实的关注。如1939年的《松子》，以大写意的没骨法画成，画面简洁，几颗松果分为两组，疏密有致地散落在地上，松果的变化虽然还是带有一定的体积刻画，在用色上亦使用了他撞水法的特点，但整幅画的笔意却颇有海派大家吴昌硕、王震的风范。画中大面积留白，上作长题：“曩于中央大学，尝授画松一课，自松之萌芽始，而少、而长、而老、而死，其间开花结实，风雨晦明，朝晖夕照，云霞雪月，霜露烟岚，都十二余帧。首都弃守，竟与城俱亡。嗟乎，国家不幸，是图因灰烬而得以藏其拙，亦不幸中之幸也。今遭难过澳，又值暮春三月，草长莺飞，杂花生树，感而作此。回首都门，不禁有哀江南之痛矣。廿八年春，剑父。”对故园家国的感怀之情溢于言表。

在作品《灯蛾扑火》中，高剑父以枯涩的颤笔画了一个线条苍劲的藤架，上面放着一盏油灯，灯盘中充满寓意地画着“青天白日”的图案，一点灯火红艳艳地飘动在画中，有两只飞蛾在扑火，地上是已经烧死的飞蛾。画上还题写了一首《粤讴》（广东方言民歌）：“莫话唔怕火（不要说不怕火），试睇吓个只烘火灯蛾（试看一看这只烤火的灯蛾），飞来飞去总要摸落个盏深窝（飞来飞去总要跌落这个深窝），分点晓得方寸好似万丈深潭，任你飞亦飞不过。逐浪随波，唔知（不知）丧尽几多？点得（怎么）你学蝴蝶，梦醒个阵（那时）花亦悟破，免至迷头迷脑（糊里糊涂），好似着了风魔。”最后又题：“招铭山（清代广东画家招子庸）粤讴，借情觉世，意至深远，节录题此，聊当忏情。廿九年长夏，挥汗作于普济禅院。”作品明确地表达了一切侵略者都必将自取灭亡的主题。用油

灯来象征中国，扑火的飞蛾代表侵略者，画上题写广东方言的口语民歌，以浅显易懂的形式来宣传抗战必胜的政治理念。

在作品《文明的毁灭》中，高剑父以熟练的笔墨描绘了一个立体感很强的巨大十字架，被狂风折断即将倾倒，下方是被吹得七零八落的百合花。画面构图独特，令人印象深刻。这幅作品是在得知巴黎被纳粹德国占领后所作。百合花是法国的国花，十字架是基督教的圣物，象征着公义和爱，也是西方文明的象征。高剑父以此画表现自己对人类文明在法西斯的战火下被摧残甚至毁灭的愤慨和担忧。

高剑父晚年的作品带有较为明显的回归传统文人画的倾向，梅兰竹菊及松树、奇石等内容也成为他这一时期画中常见的题材。如其《老树梅花图》，树干用侧锋逆笔扫刷，枝条用笔老辣，留有飞白，整个作品给人的感觉是一气呵成、恣肆狂放，但细看之下发现梅花的点色明丽润泽、富有变化。在枝干、叶片等局部用大写意的笔法尽情挥洒，而在花朵、鸟虫等处细腻描绘，作品既具有水墨写意的灵动自由，又有他实践多年的对物象逼真写实的刻画。

其《葱花红蜻蜓图》，将红蜻蜓的眼睛、翅膀细腻地渲染出逼真的质感和立体效果，葱花用撞水法、撞色法表现质感，葱叶以大笔挥洒，色墨交融，而且色彩富于冷暖和虚实的变化，在没骨法之中却带着干笔燥墨，既明快又老辣，很能体现他的个人风格。

丘逢甲曾观看高剑父于江南劝业会画虎，深受作品感染，遂赋诗赠与"二高"：

二高行赠剑父、奇峰兄弟

岭南今日论画手，二高杰出高于时。

渡海归来笔尤变，丹青着手生瑰奇。

小高温温清而癯，大高短小雄有髭。

我方主教罗以礼，翩然作我图画师。

岭南二月三月时，杜鹃啼上红棉枝。

小高写扇昨赠我，相看令我生古悲。

杜鹃啼蜀昔亡蜀，从此化为亡国物。

一啼津桥炎宋衰，再啼大都胡元没。

何人复拜古帝魂，杜陵野老空自屈。

凤凰麒麟今不来，羽虫毛虫胥可哀。

昨闻大高忽画虎，群雄草泽争惊猜。

画虎高于真虎价，千金一纸生风雷。

我闻狮尤猛于虎，大高画狮勿画虎。

中国睡狮今已醒，一吼当为五洲主。

不然且画中国龙，龙方困卧无云从。

东鳞西爪画何益，画龙须画其威容。

中原岂是无麟凤，其奈潜龙方勿用。

乞灵今日纷钻龟，七十二钻谋者众。

安能遍写可怜虫，毛羽介鳞供戏弄。

粉碎虚空一物无，上天下地存真吾。

奇峰之峰剑父剑，乞为我写携剑昆仑看瀑图。

高剑父非常珍惜与丘逢甲的友谊，20年后他还把丘逢甲这首赠与"二高"的长诗收入自己的《壮游集》中。

鲁　迅

鲁迅（1881—1936），曾用名周樟寿，后改名为周树人，曾字豫山，后改豫才，浙江绍兴人。曾就读于日本仙台医科专门学校。著名文学家、思想家，五四新文化运动的重要参与者，中国现代文学的奠基人。"鲁迅"是他1918年发表《狂人日记》时所用的笔名，也是他影响最为广泛的笔名。

鲁迅是20世纪的文化巨人，他在小说、散文、杂文、木刻、现代诗、旧体诗、名著翻译、古籍校勘和现代学术等多个领域都有巨大贡献，对五四运动以后的中国社会思想文化发展具有重大影响。

鲁迅的心血主要倾注在杂文上，一生写了《坟》《热风》《华盖集》《华盖集续编》《三闲集》《二心集》《南腔北调集》《伪自由书》《准风月谈》《花边文学》《且介亭杂文》《且介亭杂文二集》《且介亭杂文末编》等15部杂文集。小说集有《呐喊》（1923年）、《彷徨》（1926年）、《故事新编》（1936年）。散文集有《朝花夕拾》和《野草》。鲁迅运用西方的文学观念研究中国古典小说，撰写了《中国小说史略》，结束了"中国之小说自来无史"的时代。此外还撰写了《汉文学史纲要》，整理校对勘正了《古小说钩沉》《嵇康集》《汉画像集》《会稽郡故书杂集》等数十部古籍。

毛泽东高度评价鲁迅："鲁迅的骨头是最硬的，他没有丝毫的奴颜和媚骨。这是殖民地半殖民地人民最宝贵的性格。鲁迅是在文化战线上的民族英雄。""鲁迅是中国文化革命的主将，他不但是伟大的文学家，而且是伟大的思想家和伟大的革命家。""鲁迅的方向，就是中华民族新文化的方向。"

| 故事1 |

鲁迅与中山大学

　　1924年，孙中山在两广师范学堂的基础上设立了广东大学（1927年更名为中山大学）。民国16年（1927）1月18日，鲁迅离开厦门大学，从厦门抵达广州，到中山大学任教，担任文学系主任兼教务主任。

　　初来广州时，鲁迅居住在文明路钟楼。钟楼始建于1905年，砖木结构，占地面积4375平方米，现为鲁迅纪念馆，1957年设立，1959年10月1日开馆。钟楼正门是拱形圆柱廊，楼下四周是柱廊走道；楼的前半部为二层，后半部为一层，其平面似"山"字形，楼顶四面装置时钟。纪念馆复原了鲁迅的卧室兼工作室和中山大学校务会议室；建设了展示鲁迅生平事迹及其在文化战线上所作贡献的陈列室；藏有鲁迅手稿等文物、照片、资料近万件；设有《鲁迅全集》电脑检索系统。

　　有一种说法，鲁迅之所以来广州是为了爱情。当时他正和许广平热恋，而许广平出生于高第街许家，是地道的广州女孩。她写信不断邀请鲁迅："广州素以善食著称，吃的应有尽有，和你在厦大过的孤村生活不同，虽然能否合你口味也说不定，但想来你总可以对付的。""三个人在北园饮茶吃炒粉，又吃鸡，菜，共饱二顿，而所费不过三元余。你在北京生活了十四年，偏好北方口味，而这里也有北方馆子。"但时代背景更是吸引鲁迅的原因之一。当时正值国民革命运动如火如荼之时，而广州作为革命的策源地，吸引了诸如郭沫若、成仿吾、郁达夫、鲁迅等多位进步作家。离开厦门前夕，鲁迅受邀到中山中学演讲，他说："我到中山大学去，不止为了教书，也是为了革命，为了要做'更有益于社会'的工作。"

　　到广州后，鲁迅的第一感觉是失望。他发现革命策源地的文艺并不先进，本地出版物以宣传类居多，文艺类书籍较少，本地报纸上的文学以旧式文学为主。但青年们的革命热情高涨，这也鼓舞感染了鲁迅，让他想做一番事业。他在中山大学的欢迎会上谈到文艺问题时，一针见血地指出

弊端，并诚恳地表示："据我二只眼睛所看见的，广东比起旧的社会，没有什么特别的情形，并不见得有两样。我只感觉着广东是旧的。……例如拿文艺一项说吧，实在沉静得很……我们在短期内没有好成绩，不要失望，我们只管做，做下去。我在广东一天，我有力可以帮助诸位来研究和创作！"

在中山大学，鲁迅孜孜不倦教书育人。按当时中山大学的要求，教授每周必须保证12课时，鲁迅还兼任教务主任，处理很多琐碎复杂的行政事务，可谓事务繁忙，鲁迅需要日夜辛劳，倾注大量心力。在中山大学，鲁迅主要讲授文艺论、中国文学史和中国小说史等课程，培养学生对新文学的理解与热爱。

他的学生毕磊，时任中共广东区委学委副书记、中山大学学生会主席，听了他的课程和演讲后受到极大鼓舞，表示："广东文坛实在太寂静了，寂静得如无人的荒岛，非但教鲁迅先生失望，我也听闻不少同志叹息过。然而叹息有什么用呢？事实还是事实。铁般坚的事实，任你如何叹息都不能变动分毫的。我们必须用全力来打破，用全力来呼喊，在这沉静的沙漠上猛喊几声。鲁迅先生这次南来，会帮助我们喊，指导我们喊，和我们一同喊。"在鲁迅的扶持和影响下，当时中山大学的文学爱好者和广州文学会率先行动起来，联合组成南中国文学会，拟定期出版刊物《南中国》。鲁迅对此大力赞扬，并表示一定全力支持。

继蒋介石在上海制造"四一二"事变后，1927年4月15日在广州也进行了大屠杀。当天毕磊也在被捕之列，毕磊不但是鲁迅的爱徒，同时也是中共广东党委和鲁迅之间的联络员，经常把中国共产党主办的刊物，如《人民周刊》《向导》《少年先锋》《做什么》等送给鲁迅阅读。据说，他是因为其他学生告密并积极协助而被捕的。

得知毕磊被捕的消息后，鲁迅一言不发，沉默了很久。当天下午，鲁迅召集系主任紧急会议，痛斥国民党的反动行径，并当场呼吁营救被捕学生。目睹青年的牺牲、革命内部的背叛，尤其是极力营救毕磊未遂，给了他很大的精神打击，他眼睁睁看着毕磊倒在敌人的屠刀之下，悲怒沉痛，愤然辞去了在中山大学的一切职务。

辞职后，鲁迅蛰居广州市白云路西段的白云楼西侧的26号（现7号）二楼，也就是现在的鲁迅广州故居。1979年12月，白云楼被选为广东省文物保护单位。在白云楼，鲁迅写下了在广州期间的大部分著作，如《怎样写〈夜记之一〉》，这也是他为毕磊所撰写的悼文。其后在《在钟楼上——夜记之二》中，鲁迅再次将矛头指向国民党蒋介石的"清党"大屠杀，批评其背信弃义、同室操戈。此外还有《可恶罪》《小杂感》《扣丝杂感》《谈"激烈"》《略谈香港》等，对敌人丑恶的面目进行无情的揭露和辛辣的批判，教育人民去识别反动派的真面目。

当时的黑暗现实使鲁迅感到了悲观和失望，国民党"清党"使他对广州革命的进步性产生了怀疑，毕磊牺牲则使他对青年必胜于老年的观念产生了动摇。在离开广州十余天后，他在《答有恒先生》中描述了自己的感觉："我的一种妄想破灭了……我至今为止，时时有一种乐观，以为压迫，杀戮青年的，大概是老人。这种老人渐渐死去，中国总可比较地有生气。现在我知道不然了，杀戮青年的，似乎倒大概是青年，而且对于别个的不能再造的生命和青春，更无顾惜……血的游戏已经开头，而角色又是青年，并且有得意之色。我现在已经看不见这出戏的收场。"

但鲁迅终于从伤痛中挣扎起身，在思考后日渐坚定："满天炎热的阳光，时而如绳的暴雨；前面的小港中是十几只蜑户的船，一船一家，一家一世界，谈笑哭骂，具有大都市中的悲欢。也仿佛觉得不知那里有青春的生命沦亡，或者正被杀戮，或者正在呻吟，或者正在'经营腐烂事业'和作这事业的材料。然而我却渐渐知道这虽然沉默的都市中，还有我的生命存在，纵已节节败退，我实未尝沦亡。"（译作《小约翰》引言）这就是鲁迅，经历过失败，却永远拥有不败的斗志。

| 故事2 |

鲁迅与广州

从鲁迅及友人留下的文章、日记等资料，可以见到鲁迅在广州短短十个月，逛过花市，去过酒楼、茶室、冰室，很多感兴趣的店则一去再去。他留下这样的文字："一到广州，我觉得比我所来的厦门丰富得多的，是电影，而且大半是'国片'，有古装的，有时装的……听说，国产影片之所以多，是因为华侨欢迎，能够获利……在广州似乎也受欢迎，日夜四场，我常见看客坐得满满。"

除了许广平推荐的早茶让鲁迅欲罢不能，闲暇时间总要约至交好友上茶楼去之外，他还学着欣赏广州的四时佳果。在他和朋友的往来信件中可以看到，他大谈："荔枝已上市，吃过两三回了，确比运到上海者好，以其新鲜也。"继而："吃糯米糍（荔枝），龙牙蕉，此二种甚佳，上海无有……荔枝已过，杨桃上市，此物初吃似不佳，惯则甚好，食后如用肥皂水洗口，极爽。秋时尚有，如来此，不可不食，特先为介绍。"严肃的鲁迅先生，在广州开始变得感性化，在战斗的间隙也学着享受生活的乐趣，这也许就是广州的特殊城市魅力。

鲁迅在广州工作的这一段时间，是他一生中的重要时期，尽管这段时期的鲁迅是"低产"的，作品并不多，还屡有享受生活的文字面世，但这并不意味他的悠闲或懒散。恰恰相反，广州时期的鲁迅观察与思考更加敏锐激烈，他的思想也在发生着变化，是他从革命民主主义者向共产主义者转变的重要阶段。

1月，鲁迅刚到广州，就受到了当时进步青年的热烈欢迎，他们表示希望鲁迅能够："多做些作品惠与我们，给我们以艺术精神上的安慰。同时，希望先生继续历年来所担负的'思想革命'的工作，引导我们一齐到'思想革命'的战线上去！"

2月，鲁迅应香港进步青年的邀请两次赴港，分别发表题为《无声的中国》和《老调子已经唱完》的演讲。"无声"，指的是当时广东文坛冷落的现实状况，而这恰恰是当时统治者的专制和思想束缚所造成的。《无声的中国》把斗争锋芒直指帝国主义者和国内反动统治者对中国人民采取的愚民政策。《老调子已经唱完》则提出文学新旧更替的自然规律，希望青年们积极从事新文学运动。

3月1日，在开学典礼上，鲁迅告诫学生：从根本上说，中国"地方上的一切还是旧的，人们的思想还是旧的"，青年人要敢于向"一切旧制度，宗法社会的旧习惯，封建社会的旧思想"猛烈开火。

3月下旬，鲁迅在毕磊陪同下，与时任中共广东区委书记陈延年在区委二楼会客室会面。他们进行了一次推心置腹的交谈，使鲁迅进一步了解"革命策源地"的局势，思考如何号召更多的青年去迎接新的战斗。

随后，鲁迅在中山大学创办的刊物《政治训育》上发表《黄花节的杂感》一文："革命家死掉了，却能每年给生存的大家以热闹，甚而至于欢欣鼓舞。"革命能长出幸福的花果，"倘若不像有，那是因为继续培养的人们少，而赏玩，攀折这花，摘食这果实的人们倒是太多的缘故"。批评民众在封建压迫下的逆来顺受，指出"革命尚未成功"，提醒人们要警惕攀折革命之花和摘食革命之果的人，防止反动势力破坏革命事业的继续进行。

4月，鲁迅前往黄埔军校进行《革命时代的文学》的讲演。提出："现在的文学家都是读书人，如果工人农民不解放，工人农民的思想，仍然是读书人的思想，必待工人农民得到真正的解放，然后才有真正的平民文学。"这一思想与孙伏园在芳草街44号二楼设立"北新书屋"的行为不谋不合。北新书屋面向大众而非校园，向南方所有青年输送进步思想文化读物，受到进步青年的欢迎。

7月，鲁迅应邀去广州知用中学演讲，他提到："我先前吃过干荔枝，罐头荔枝，陈年荔枝，并且由这些推想过新鲜的好荔枝。这回吃过了，和我所猜想的不同，非到广东来吃就永不会知道。"由此得出结论：死读书和空想在实际面前都是空白单调的，观察者"用自己的眼睛去读世间这一部活书"，真正融入社会，才能获得实际经验。

9月，鲁迅写了一组格言式的杂文《小杂感》，其中有一段天书般的文字："革命反革命，不革命。革命的被杀于反革命的。反革命的被杀于革命的。不革命的或当作革命的而被杀于反革命的，或当作反革命的而被杀于革命的。或并不当作什么而被杀于革命的或反革命的。革命，革革命，革革革命，革革……"满满是鲁迅对国民党反对当局滥杀无辜的愤恨，正如《小杂感》中最短的一篇所讽刺的："凡当局所'诛'者皆有'罪'。"不久，9月27日，鲁迅和许广平登上"山东号"轮船，离开广州赴上海。鲁迅虽然离开了广州，但他的思想仍留在南粤大地上，启迪引导着进步青年在革命文学的路上踯躅前行。

而南粤人民也没有忘记鲁迅，自1976年成立广东鲁迅研究小组、1986年成立广东鲁迅研究学会以来，对鲁迅的研究就没有停止过。广东省省委、省委宣传部、省文学艺术界联合会一直对全省的鲁迅研究学会非常重视。从省到市再到县区，甚至部分高校和单位都有相应的鲁迅研究学会或小组。随着鲁迅研究队伍的不断壮大，形成了老中青研究者的阶梯，这在全国各省市是绝无仅有的。

苏曼殊

苏曼殊（1884—1918），原名戬，字子谷，学名元瑛（亦作玄瑛），法名博经，法号曼殊，笔名印禅、苏湜，广东香山县（今珠海市沥溪村）人。近代作家、诗人、翻译家。苏曼殊是个性情中人，时僧时俗，时而壮怀激烈，时而放浪不羁。"行迹放浪于形骸之外，意志沉湎于情欲之间。"其诗风清艳明秀、别具一格，被认为是中国古诗"最后一座高峰"。

清光绪十年（1884），苏曼殊出生于日本横滨，父亲是广东商人，母亲是日本人。早年曾留学日本，就读于东京早稻田大学预科、成城学校（日本陆军士官学校的预备校）等处，也曾游历泰国、斯里兰卡等南洋诸国。他既是一位聪慧灵敏、佛学渊博的僧人，又是一位能诗文、善绘画，让众多读者为之倾倒的南社诗人。一生能诗擅画，通晓汉文、日文、英文、梵文等多种文字，可谓多才多艺，在诗歌、小说等多种领域皆取得了成就，后人将其著作编成《曼殊全集》（共5卷）。收录有：散文《女杰郭耳缦》《呜呼广东人》，小说《断鸿零雁记》《非梦记》，译作《惨社会》《冬日》，诗歌《樱花落》《碧阑干》等。

| 故事1 |

革命僧人的传奇一生

苏曼殊曾写"袈裟和泪伏碑前，芒鞋破钵无人识。吃锡归来悔晤卿，行云流水一孤僧"，借助佛禅述说了自己一生坎坷的遭遇。

苏氏家族曾经是广东香山县显赫一时的名门望族。苏曼殊的祖父是较早漂洋过海、远赴海外经商发迹的商人之一。苏曼殊的父亲苏杰生

（1846—1904）18岁时来到日本横滨学做丝绸、茶叶等生意，他有妻妾多人，其中一位为在日本纳的妾室河合仙。河合仙有一个妹妹河合若子（一说侄女），正当妙龄时随河合仙入苏家，怀上苏曼殊。但苏杰生父母并不赞成，苏杰生不得不在外面另置房屋安置苏曼殊母子。远在乡间的河合若子父母知悉女儿生下孩子后，即催促她返回老家樱山，并为她另筹婚事。不久，河合若子嫁给一位海军军人，并随其生活在日本东京。河合仙则承担起养育苏曼殊的重担，很自然，家人便告诉年幼的苏曼殊，河合仙就是他的亲生母亲。

苏曼殊5岁时，因苏杰生与妻妾所生多为女孩，他被带回广东香山老家。1889—1896年，苏曼殊在香山沥溪度过了漫长的7年。虽有祖父祖母，但他们都年迈体弱，加上子孙众多，对苏曼殊没有特别的钟爱。苏曼殊生母远在异国，父亲又长期在外经商，所以在亲情关爱方面自然吃亏。据同父异母的妹妹苏惠珊回忆："时或婶婶辈言语不检，有重此轻彼之分，使三兄感怀身世，抑郁不安。闻他十三岁在乡居，偶患疾病……但有婶婶辈，预定其病不能治，将其置之柴房以待毙。婶婶及附居之亲戚或有轻视他，由此淡观一切，矢志永不回乡。"庶母陈氏更为刻薄，大冬天只留给苏曼殊一条棉胎当被子用。

也许是因为缺乏家庭温暖，1903年，苏曼殊落发为僧。当时有一种说法是苏曼殊父亲苏杰生早已在家乡为其定下一门亲事，听说他从日本来到香港，遂到香港找他返乡完婚。苏曼殊为了躲避婚事，毅然落发，堕入空门。另一种说法是他实际并非真正的出家人，而是在广州一个僧寺里，偶然拿到一张死去的和尚的度牒，便变名为僧。从此来往于僧俗之间，名噪一时，世人以其为高僧，将他与太虚、弘一等法师相提并论。

尽管苏曼殊是中日混血儿，但他在文化和民族国家上的自我认同，显然是中国而非日本。他在《呜呼广东人》中提及，广东在国门大开后固然得风气之先，但所出之"洋奴"也全国最多，"中国不亡则已，一亡必亡于我广东人手"。他还指责一些居住海外的中国人放弃国籍，"你们把自己的祖宗不要，以别人之祖宗为祖宗，你看这种人还讲什么同胞？讲什么爱国？"这种文化家国认同，与他的经历有密切的关系。对处于青春敏感期的苏曼殊来说，在外国人侵略中国、异族欺压汉人的时期，恐怕当时除宗教外，也只有革命这个伟大理想，可以充作应付个人危机的思想资源。更何况，同其他革命青年结交，给了他远比家族亲情更温暖热烈的感情。

1898—1902年，苏曼殊东渡日本横滨，入华侨所办大同学校就读。学校虽为华侨出资兴办，却是孙中山领导的革命派和以康有为、梁启超为首的立宪派合作的产物，这所华侨学校虽然建立时间并不算长，却培养了不少中国近现代史上的著名人物。据说学校教室黑板上及课本均大书"国耻未雪，民生多艰，每饭不忘，勖哉小子"十六字，课毕，师生必大声呼喊此口号。校方还编一短歌："亡国际，如何计；愿难成，功莫济。静言思之，能无！勖哉小子，万千奋励！"教学生每日诵读。在朗朗书声中，少年苏曼殊受到了心灵的洗涤，逐渐成长为热血青年。

在苏曼殊东渡日本的同年，1898年，他的老乡孙中山自欧洲再渡日本，从此即居住横滨从事革命活动达八年之久。1903年夏秋之间，孙中山到美洲宣传革命，他临行前要求在日留学生学习军事。孙中山走后，廖仲恺、黎仲实、苏曼殊等人就组织了一些留日青年学生，成立义勇队。由黄兴给义勇队教授手枪、步枪等用法以及军事知识，何香凝则负责照料义勇队的生活起居等后勤方面的事。当时，苏曼殊作《以诗并画留别汤国顿》（后来发表于《国民日日报》）两首：

（一）

蹈海鲁连不帝秦，茫茫烟水着浮身。

国民孤愤英雄泪，洒上鲛绡赠故人。

（二）

海天龙战血玄黄，披发长歌览大荒。

易水萧萧人去也，一天明月白如霜。

在第一首诗中，苏曼殊以历史上的爱国志士鲁连自喻；在第二首诗

中，表达了对舍身刺秦的荆轲的崇敬。他甘为革命牺牲的心情溢于言表。

1903年，苏曼殊任职于国民日报社。这期间，苏曼殊翻译了法国作家雨果的《惨世界》（《悲惨世界》）。严格地说，这部6万字的小说属于半翻译半创作性质。全书十四回，前六回半和后面一回半是由雨果小说翻译而来，中间六回则为苏曼殊自己所创作，将中国的社会现象和原著的形象、场景嫁接起来。从文中可以看出，苏曼殊对黑暗腐败、以强凌弱的社会极端不满。《惨世界》不失时机地将视线引向中国，对中国的社会病症痛加挞伐，就连有些小说人物的名字也有所影射。比如小说中有一个腐败官僚，作者名之曰"满周苟"，显然是"满洲狗"的谐音。苏曼殊还借助小说人物之口，提供了一个变革社会的革命纲领，其中包括如下内容：将富人的财产分给穷苦百姓，剥夺压制自由的统治者之财产；被迫出卖土地和财产的穷苦人，可以任意取回所出卖之物；土地公有，平均土地。

1907年初，苏曼殊前往东京，协助章太炎办理同盟会机关报《民报》。在前往日本的行船上，他目睹平户岛上的"郑公石"（相传明末抗清英雄郑成功诞生于此石之上），复杂的民族情感油然而生，写下了绝句《过平户延平诞生处》：

> 行人遥指郑公石，沙白松青夕照边。
> 极目神州余子尽，袈裟和泪伏碑前。

1907—1909年，苏曼殊主要在《民报》负责插画配图。章太炎所撰著名文献《讨满洲檄》，与苏曼殊的《猎狐图》《岳鄂王游池州翠微亭图》《徐中山王莫愁湖泛舟图》《陈元孝题奇石壁图》《太平天国翼王夜啸图》，同时刊载于1907年4月25日《民报》增刊《天讨》。《猎狐图》所谓"狐"，实指清朝之"胡"（中国历史上惯于称北方少数民族为"胡"），主题是逐满排满。章太炎则为《猎狐图》配题词："东方豸种，为貉为狐。射夫既同，载鬼一车。"意思是：同仇敌忾，始能大获全胜。《岳鄂王游池州翠微亭图》则用岳飞的《池州翠微亭》作注：

经年尘土满征衣，特特寻芳上翠微。

好山好水看不足，马蹄催趁月明归。

1911年10月10日，武昌起义爆发，之后各省纷纷宣布独立，苏曼殊为之欢欣鼓舞。1912年4月，苏曼殊回到上海，任职于上海太平洋报社。《太平洋报》是辛亥革命后由革命党人主办的一家重要报纸，在国内很有影响。主办者也都是苏曼殊的故旧和南社社友。1918年5月2日，一代才子苏曼殊病逝于广慈医院。

| 故事2 |

一代诗僧的艺术情怀

苏曼殊被尊为"诗僧""画僧""革命僧"，说明佛学对他的影响之深。佛教是苏曼殊改革的开端，也是退守之地，他的诗作和小说，在主题、情感方式、情节模式、人物塑造等方面都受到了佛理禅思的浸润，并在中国近现代文学史上呈现出独特的格调。这种"以佛求道"之品格和格调，几乎是无法复制和替代的。苏曼殊所作的诗、画、小说总带有浓厚的佛教情结，刻意突出"情"与"佛"的冲突，从头至尾弥漫着落叶哀蝉般的悲凉氛围，整体情调有种凄惨哀婉的阴柔之美。主人公大都有同作者类似的痛苦的身世、忧郁的气质、软弱的性格和充满悲剧色彩的多舛命途。

其代表作《断鸿零雁记》是一部自传性极强的小说。主人公名叫三郎，父母均为日本人，三郎幼时因父亲去世，家道中落，母亲将他送往中国，认一中国商人为义父。数年后其生母返国，不久义父也离开人世，再也无人庇护。又因三郎为日本血统，遭家人歧视虐待，不得已出家做了和尚。义父在世时，曾为三郎定下一门婚事，所聘之女名雪梅，义父去世后女方家人遂毁约。四处浪游化缘的三郎历尽苦难，在乳母和雪梅的帮助下东渡日本，回到生母身边。在母亲家乡豆子樱山，他又遇到姨母之女静子，产生爱恋之情。静子不仅天生丽质，而且书琴诗画无所不精，但三

郎很快就陷入无法自拔的矛盾之中：他既心仪静子，又不能忘怀远在中国的雪梅。思量再三后，三郎悄然离开日本返回中国。却发现未婚妻雪梅在他离开后殉情而亡。三郎想去凭吊爱人，但在荒野之中却无法寻得雪梅之坟，只能仰天哀呼："踏遍北邙三十里，不知何处葬卿卿。"

小说开放式的结尾似未写完，却又戛然而止，所笼罩的那种凄凉、悲痛、伤感，久久挥之不去，让人觉得心情压抑，柔肠寸断。

苏曼殊工诗善画，他将其中的美学原则和艺术技巧也自然地用于小说。其强烈的个性抒情笔调，标志着中国小说叙事的一场革命，也是中国小说由古典向现代转型的一个重要标志。苏曼殊特有的浪漫主义气质和文学创作，对五四运动后的中国浪漫主义文学产生了极大影响。

除《断鸿零雁记》之外，苏曼殊其他几篇小说的主人公也都带有他自己的影子。这些小说多以男女悲情故事为重要内容或线索，或展示作者对生命、爱情之感悟，或描写世态人情之现状，或浪漫或写实，为民国初年的小说界增添了不少色彩，也备受关注。

在苏曼殊现存的诗作中，也有很多脍炙人口的诗篇体现了佛学的玄妙和禅思的独特体察，比如他的吴门系列：

（一）

江南花草尽愁根，惹得吴娃笑语频。

独有伤心驴背客，暮烟疏雨过阊门。

（五）

万户千门尽劫灰，吴姬含笑踏青来。

今日已无天下色，莫牵麋鹿上苏台！

（六）

水驿山城尽可哀，梦中衰草凤凰台。

春色总怜歌舞地，万花缭乱为谁开？

（八）

万树垂杨任好风，斑骓西向水田东。

莫道碧桃花独艳，淀山湖外夕阳红。

（十）

碧城烟树小彤楼，杨柳东风系客舟。

故国已随春日尽，鹧鸪声急使人愁。

在这组诗中，一个外来的僧人路过苏州，看到山河破碎、物是人非，吴姬却不识愁滋味，"万户千门尽劫灰，吴姬含笑踏青来"，"水驿山城尽可哀，梦中衰草凤凰台"，吴姬含笑的安好繁华与凤凰台的凄凉衰败相映，繁华与衰败相生相伴。眼里是"莫道碧桃花独艳，淀山湖外夕阳红"这一堪称华丽欢快的色相，心中却是一片苍凉。最终，僧人不知何处而去，只剩杨柳下的小船和鹧鸪声声。这组诗由实景入虚，最终抵达了空境，朝代的变幻、时光的荏苒和苏州的美景，都唤起读者对历史的记忆。

苏曼殊钟爱西湖，他笔下写过这样的诗句：

本事诗

春雨楼头尺八箫，何时归看浙江潮？

芒鞋破钵无人识，踏过樱花第几桥。

住西湖白云禅院

白云深处拥雷锋，几树寒梅带雪红。

斋罢垂垂浑入定，庵前潭影落疏钟。

诗篇格调清俊而肃穆，写景色清幽淡远，以景衬托心境。尤其是"踏过樱花第几桥""几树寒梅带雪红"可以称为神来之笔，显示出他对西湖的喜爱之情。

因此，苏曼殊去世后被朋友们葬在西湖畔小孤山上，与南齐名妓苏小小墓隔桥相对。有人写诗云："残阳影里吊诗魂，塔表摩挲有阙文；谁遣名僧伴名妓，西泠桥畔两苏坟。"两位命运多舛的历史文化名人相互映衬，正所谓"西泠桥畔两苏坟，一代名妓伴高僧"。

郭沫若

郭沫若（1892—1978），原名郭开贞，字鼎堂，号尚武，乳名文豹（取"豹子投胎"之意），笔名沫若、麦克昂、郭鼎堂、石沱、高汝鸿、羊易之等，四川省嘉定府乐山县观峨乡沙湾镇人。中国20世纪学术文化史上一位兼文学家、历史学家、古文字学家、考古学家、书法家、社会活动家于一身的杰出人物，也是新诗奠基人。他博古通今，精通日、德、英等多种文字，著译浩繁，是一位百科全书式的文化巨人。周恩来曾说："鲁迅如果是将没有路的路开辟出来的先锋，郭沫若便是带着大家一道前进的向导。"

郭沫若出生于一个营商地主的家庭。1914年留学日本，在九州帝国大学学医。1916年，他以故乡的两条河——沫水和若水的头一个字取名"沫若"。后来，创作发表新诗时即以此为笔名。1921年，发表第一本新诗集《女神》；1930年，撰写了《中国古代社会研究》。1949年，他当选为中华全国文学艺术会主席。郭沫若一生著作等身，已出版的《郭沫若全集》包括文学编20卷、历史编8卷、考古编10卷，被译为日文、俄文、英文等多种文字发行。

1978年6月12日，医治无效，郭沫若在北京逝世，终年86岁。叶剑英主持了追悼大会，邓小平致悼词，肯定了其是"我国杰出的作家、诗人和戏剧家，又是马克思主义的历史学家和古文学家"，"是全国人民，特别是科学文化教育工作者和广大知识分子学习的榜样"。

| 故事1 |

郭沫若南下广东

1921年，郭沫若将自己的诗结集成《女神》，由上海泰东图书局出版。《女神》是中国新诗史上矗立起的第一块丰碑，它标志着现代诗歌有了成熟的作品。它体现了"五四"的时代之声，以自由体的形式、浪漫主义的创作方法和艺术上的独创性影响了一代作家。同年，郭沫若与成仿吾、郁达夫、田汉、张资平等人组织了文学社团——创造社。相继创办了《创造》季刊、《创造周报》、《创造日》等刊物。创造社是中国现代文学史上最具有影响力的文学社团之一，它的文学活动代表着新文学浪漫主义的黎明期。

1926年初，郭沫若第一次来到广州。当时的郭沫若已经是文坛上的著名诗人，是反帝反封建的五四新文化运动的名将。而广州是大革命的策源地，在国共合作下，国民革命运动如火如荼。此时广州广东大学（次年改名中山大学）发来信函，聘请郭沫若为该校文科院院长。代理校长陈公博诚恳地在信中写道："现在广州充满了革命紧张的空气，所以我更望全国的革命的中坚分子和有思想的学者们全集中到这边来，做革命青年的领导。深望先生能趱日南来，做我们的向导者。"郭沫若接到邀请非常激动，举着聘书高喊"到兵间去，到民间去，到工厂间去，到革命的漩涡中去"，欣然举家赴任。

后人评价郭沫若是文坛巨匠，又是一个真正的战士。在波澜壮阔的中国革命进程中，他紧紧跟随中国共产党和全中国劳苦大众，身先士卒战斗在第一线，而这战士的一生就从广州起步。刚到广州，郭沫若就在林伯渠的住处第一次见到了毛泽东，毛泽东向他详细介绍和分析了当时广东的形势和现状，给他留下了深刻的印象。不久，郭沫若应毛泽东的邀请，多次到农民运动讲习所去讲课。他也经常去中共广东区委的训练班讲授社会主义史、革命文学两门课程，开始了积极投身革命洪流、唤醒工农大众的生命新征程。

到广州一个月后，郭沫若撰写了《我来广东的志望》，高度评价了当时正在勃兴的国民革命，叙述了自己的雄图大志。他表示："我这次到广东来，本是抱着两个小小的愿望来的。第一个我是想在国民革命的工作上实际贡献一些绵薄。……我来广东的第二个志望是想在珠江流域的文化上加添一些儿涓滴。我到广东来，就是想和同志们共同负担着这两种使命而来的。"

原本的广东大学文科院被旧派文人势力把持，郭沫若到任后，左右两派师生斗争非常激烈。郭沫若同进步师生一起，与右派展开了斗争并且取得了胜利，将思想腐朽的教师清退，聘请成仿吾、郁达夫等进步教授。从此，广东大学的学生运动得到了发展机会，各学院都成立了党支部。

郭沫若不但在广东大学以文艺为武器，教育启迪青年学生，团结文化工作者，支持革命斗争；还走出校门，面向更广阔的社会，在广州筹建了"创造社出版部广州分部"。1926年4月1日，广州分部在昌兴新街正式挂牌成立。5月16日，他在《创造月刊》上公开发表了著名的文艺论文《革命与文学》，提出了革命文学是"无产阶级的、社会主义的、写实主义的文字"。党领导的反帝反封建革命，迫切需要文学这个武器。7月，郭沫若参加国民革命军，任总政治部秘书长，踏上北伐的征途。翻山越岭，日晒雨淋，历尽艰辛，时常奔走于激战的前线。

1927年，蒋介石叛变革命，郭沫若写就了讨蒋檄文《请看今日之蒋介石》，发表于武汉《中央日报》副刊及武汉中央军事政治学校政治部出版的《革命生活》日刊，揭露蒋介石的反革命嘴脸，在人民群众中产生了巨大影响。因此被蒋介石下令通缉。同年，郭沫若参加八一南昌起义，并任第四方面军政治部主任，随部队南下。在途中，曾由周恩来、李一氓同志介绍，光荣地加入了中国共产党。

起义军经过艰苦转战，进入广东潮汕地区。后因敌军调兵遣将，战事逐渐白热化。10月3日下午，起义军正在普宁流沙召开会议，突然接到敌人前来截击的消息。会议立即结束，分头撤退。郭沫若和领导机关及后卫部队叶挺的第二十四师撤至离流沙3.5公里的钟潭村后莲花山（今属池尾镇）果陇村，被敌军包围在一块盆地里，周围高山峻岭，形势险恶，与地方党组织失去联系。后卫部队和先头部队也被敌人切断联系，大部分溃散。

郭沫若等人辗转来到西社乡瓦窑圩，当时，国民党军的地方侦缉队正在分头搜捕失散的起义军官兵。他们人地生疏，随时会被敌人发觉，情况十分危急。普宁党组织派方家悟将他们带到大南山咸寮村一带。小山村后依莽莽苍苍的大南山，大南山西北高峻，连接南阳山，沟通大北山，东南丘陵起伏，主峰望天石海拔900多米。密林、山洞星罗棋布，岩洞幽深，山路崎岖。境内不但峰峦叠嶂，山势险峻，还有100多个山村、5万多人口，是革命老根据地。翻越大南山便是惠来县境，濒临浩瀚大海，水路可通往香港和海外。

咸寮村农会干部陈开仪将郭沫若等人安排在村外一个打石垭的山洞里。但消息很快被村里的土豪劣绅走漏出去，汕头侦缉队队长带领白军包围了咸寮村。郭沫若等人得到消息，由陈开仪和方家悟秘密护送，登上一条通往惠来的崎岖险峻山路。这条路一般没人走，只有贩卖私盐的人为了逃避盐警追捕才走，因此被称为"盐岭路"。他们艰难翻越盐岭路，来到惠来县神泉镇，神泉商会主席陈少光帮助他们找到船只，逃出虎口，安全抵达香港。陈开仪则漂洋过海，投奔马来西亚亲戚。

到香港没多久，由于国民党政府的迫害加剧，1928年郭沫若被迫东渡日本避祸。在日本时期，他主要从事学术研究，相继撰写、编纂了《中国古代社会研究》《甲骨文字研究》《卜辞通纂》《两周金文辞大系图录考释》《古代铭刻汇考》《殷契粹编》等10余部著作。还撰写了大量回忆录和自传体文章《我的童年》《反正前后》《初出夔门》《创造十年》《北伐途次》等，以及一组历史题材的小说《孔夫子吃饭》《秦始皇将死》《司马迁发愤》等。

再次来到广东已经是1937年。卢沟桥事变后，郭沫若毅然返国，到上海参加抗日救亡的文化工作，主持《救亡日报》，对抗战初期的宣传工作起过很大的鼓动作用。"八一三"事变后，上海成了孤岛，《救亡日报》被迫停刊，各种救亡刊物和活动也都先后停止了。11月，郭沫若离开上海来广州，筹备复刊《救亡日报》工作，期间应不同爱国团体邀请，先后发表了《克服三种悲观》和《纪念"一二·九斗争"的二周年——在广州学生纪念大会演说词》两次演讲。他指出在过去的革命行程中，广东青年曾经贡献过很多功绩，鼓励大家武装自己、再接再厉，阐明了抗战的前景和持久战对中国的有利条件。

1938年1月1日，《救亡日报》在广州长寿东路（今曙光路）正式复刊。郭沫若任社长，夏衍任总编辑。郭沫若撰写了复刊词《再建我们的文化堡垒》，表示"要在文化立场上摧毁敌人的鬼蜮伎俩，肃清一切为虎作伥的汉奸理论，鼓荡起我们的民族忠贞之气，发动起大规模的民众力量，以保卫华南门户，保卫祖国，保卫文化"。

复刊后的《救亡日报》是属于一切抗日革命文化工作者的共同阵地。目前，广州博物馆馆藏有《救亡日报》9份，均为8开4版，二版连开纵40厘米、横54厘米。几份报纸内容丰富，有诗歌、散文、演讲稿，形式多样，有绘画专刊，能及时报道战况，在报纸的骑缝处还有征集各地战况的广告，此外还有特稿专栏。

| 故事2 |

郭沫若的广东情

郭沫若尚在广东大学时，除了改革、整顿文科，还积极参与广东大学改名中山大学的筹备委员会，为委员之一。他受筹备委员会之托，拟订的中山大学校歌歌词如下（这也是中山大学的第一首校歌）：

　　浩然正气此长存，霹雳一声天下惊，叱咤风云卷大陆，倡导三民主义救族，此乃吾校之衣钵，此乃吾校之衣钵。

　　白日清天满地红，新兴文化作先锋，匪行之艰知之艰，倡导三民主义重民权，此乃吾校之真铨，此乃吾校之真铨。

　　中原之大中山大，扶植桃李满天下，博审慎明还笃行，倡导三民主义济民主，此乃吾校之光荣，此乃吾校之光荣。

1937年，郭沫若的自传《创造十年续篇》，谈及了第一次到广州四个月的风起云涌："我是三月底到广东，七月底参加北伐军出发，在广州算整整住了四个月。看见了别号英雄树的木棉散白絮。吃了荔枝，吃了龙眼蕉，吃了田鸡饭，吃了烧鸽，吃了蚝油板面，吃了一次文科教授们的'杯葛'（联合抵制，即前文中与右派文人斗争一事）。"感性十足的文字里，满满是对当年的怀念。

中华人民共和国成立后，郭沫若先后担任政务院副总理兼文化教育委员会主任、人大常委会副委员长、中华全国文学艺术工作者联合会主席、中国科学院院长、中国科学院哲学社会科学部主任、历史研究所第一所所长、中国科技大学校长等职。他还是中国共产党第九、第十届中央委员会委员。繁忙的政务工作之余，他还完成了130多万字的《管子集校》这一学术界公认的新中国古籍整理史上里程碑式的作品；主编了《甲骨文合集》《中国史稿》《奴隶制时代》《李白与杜甫》等；创作了历史剧《蔡文姬》和《武则天》。同时创作了大量诗歌作品，先后出版了《新华颂》《百花齐放》《长春集》《东风集》等诗集。

但无论工作和研究创作多么繁忙，他一直未曾忘记过自己工作和生活过多年的南粤大地。他对广东各地的文化教育事业的发展十分关心，多次来广东视察，了解和掌握情况，指导工作；缅怀过去的斗争岁月，赞扬人民改天换地的革命精神，写下了许多热情洋溢的诗篇；歌颂新中国，歌颂共产党，歌颂社会主义的美好生活和锦绣前程。

1959年，郭沫若重游广州，去黄花岗祭拜1927年广州起义烈士时，回忆起往昔峥嵘岁月，深情地写下《黄花岗》：

冬来我谒黄花岗，烈士陵园溢耿光。

星火燎原天历改，白虹贯日庆云翔。

英雄树下花争放，血谊亭边桂有香。

三十二年如反掌，人民公社遍江乡。

1962年1月，郭沫若重游崖县（今新会区）。当时的《崖州志》是清光绪二十六年庚子（1900）在州牧钟元棨任内开局纂修的旧志。郭沫若应当地县委的要求，亲自点校整理《崖州志》。他细心认真，逐字逐句进行把关。他不避繁琐，为了印证史实多方求证，甚至亲自前去条目中描写的地方，一一对照，其治学严谨，令人肃然起敬。

在序言中，郭沫若高度称赞旧志："书共二十二卷，分订为十册，于疆土沿革，气候潮汐，风土人物，典制艺文，纂集颇详，颇有史料价值，在地方志书中尚属佳制。"又谦虚地表示，自己只是可惜好书濒临失传："本书之重印，仅在供读者略知掌故之大凡，且以挽救此书免于蠹蚀糜烂以至于绝而已。"

但事实上，郭沫若在重新点校时，并不满足于仅仅保持原貌，而是增补修改了许多条目。他表示："此书之成在五十余年前，五十余年间中国历史业经天变地异之改观，不仅崖县非复曩时之旧，全中国亦'换了人间'。地方志书，旧者应力加保存，而新者则有待于撰述。从糟粕中吸取精华，从沙碛中淘取金屑。亦正我辈今日所应有事。如徒效蠹鱼白蚁，于故纸堆中讨生活，则不仅不能生活，而使自己随之腐化而已。"这一论点不仅是他整理《崖州志》的主张原则，也是他对广大古籍整理研究者的教导。

1927年郭沫若任第四方面军政治部主任随部队南下时，起义军总指挥部曾设在潮州西湖畔的涵碧楼。1965年，郭沫若旧地重游，兴致勃勃地手书七律诗一首：

弹指光阴卅八年，潮安每在梦中旋。
楼台倒映涵虚碧，旗帜高扬似火燃。
一夕汤坑书附羽，千秋英烈血喷烟。
今来重到金山望，日月更新别有天。

郑正秋 / 蔡楚生 / 郑君里

　　近一个世纪来，中国电影在经历从短片到长片、从无声到有声、从黑白到彩色等技术演变的同时，以它丰富的内容和特有的表达方式，在各个时期都不同程度地再现了中国社会历史变革中复杂的现实生活图景。追溯中国电影历史，有三位出身广东的编剧、导演功不可没，他们分别是中国电影之父郑正秋、中国电影现实主义奠基人蔡楚生和集演员与导演于一体的郑君里。

　　郑正秋（1889—1935），原名郑芳泽，号伯常，别署药风，原籍广东潮州府潮阳县成田（今属汕头市潮南区成田镇上盐汀村）。导演，编剧。他是中国电影事业的开拓者，中国最早的电影编剧和导演之一，被誉为中国电影之父。

　　1913年，郑正秋编剧并参与导演了中国第一部短故事片《难夫难妻》；1922年，创建明星影片公司，担任编导、导演等；主要编导作品有《劳工之爱情》《玉梨魂》《姊妹花》等共53部影片。1935年7月16日，郑正秋于上海逝世。

　　蔡楚生（1906—1968），广东潮阳人，出生于上海。导演、编剧、制作人。

　　1932年，蔡楚生独立执导个人首部电影《南国之春》；1934年，自编自导剧情电影《渔光曲》，该片获得莫斯科国际电影节"荣誉奖"，成为中国第一部在国际上获奖的影片；1937年，执导剧情电影《王老五》；1941年，由其执导的战争电影《前程万里》上映；1947年，与郑君里合作执导剧情电影《一江春水向东流》；1963年，执导的剧情电影《南海潮（上集）》上映。1968年7月15日，在"文革"中，62岁的蔡楚生含冤去世。

1995年12月27日，在纪念世界电影诞生100周年、中国电影诞生90周年的活动中，蔡楚生获得中国电影世纪奖。

郑君里（1911—1969），曾用名郑重、千里，出生于上海市，祖籍广东香山县（今中山市三乡镇平岚田堡村）。演员、导演、编剧。郑君里善于把握角色内在的思想情绪，表演质朴自然，被同行称为"电影候补皇帝"。

1929年，郑君里参演话剧《莎乐美》，这是他第一次登台演出；1932年，主演个人首部电影《火山情血》；1935年，主演剧情电影《新女性》；1940年，拍摄抗战长纪录片《民族万岁》；1947年，和蔡楚生合作《一江春水向东流》；1949年，参加电影剧本《乌鸦与麻雀》的集体创作，并单独执导了该片，该片获得文化部1949—1955年优秀影片一等奖，并获得个人一等奖。

1951年，自编自导剧情电影《我们夫妇之间》；1955年，与孙瑜联合执导古装战争电影《宋景诗》；1959年，执导古装电影《林则徐》；1965年，执导剧情电影《李善子》，该片是他人生最后一部执导的电影。1969年4月23日，郑君里因遭到江青反革命集团迫害，含冤去世，终年58岁。

| 故事1 |

中国电影之父郑正秋

郑正秋被誉为中国电影之父，一生共编导影片40余部，是中国第一代导演中的佼佼者。他的作品创造了中国电影史上的多项第一：他是中国的第一代导演、编剧和最早期的剧评家、戏剧家；他创作出了中国第一部短故事片《难夫难妻》、第一部创票房纪录的长故事片《孤儿救祖记》、第一部武侠片《火烧红莲寺》、第一部有声片《歌女红牡丹》，其代表作《姊妹花》是最早使用特技的中国电影。此外，郑正秋还创办了中国第一家股份制影片公司——明星影片股份有限公司，以及中国最早的电影学校——明星影戏学校。

郑正秋有自己的艺术主见与追求，提出影片要引导观众的欣赏趣味，主张改革旧剧，提倡新剧，认为戏剧应是改良社会、教化民众的工具，对同时代的电影家和后来者都产生了极大的影响。

1913年，郑正秋与张石川合组新民公司，并合作编导中国第一部无声故事短片《难夫难妻》，以广东潮州地区的封建买卖婚姻习俗为题材，写一对素未谋面的少男少女被双方父母逼迫成婚的故事。首开家庭伦理剧之先河，也揭开了中国电影的序幕。《难夫难妻》原名《洞房花烛》，由郑正秋编剧，当时，郑正秋只花了一天一夜的时间就完成了这部3000多字的剧本，这也是当时中国第一部电影剧本。

1922年，郑正秋在好友张石川的建议下，与张石川、周剑云、郑鹧鸪、任矜苹一起组建了明星影片股份有限公司，同年创作了人生中第二部影片《劳工之爱情》并亲自客串角色。1923年，创作了中国电影史上第一部艺术片《孤儿救祖记》，这部电影刚一上映随即引起轰动，可以说这是中国民族电影获得的首次成功。同时，他还设立明星影戏学校，自任校长。陆续创作《玉梨魂》《苦儿弱女》《最后之良心》《盲孤女》等电影剧本，并编导影片《二八佳人》《小情人》等。这些剧作和影片反映了封建制度下妇女的悲惨命运和劳动群众的困苦生活，揭露、抨击了封建伦理制度的罪恶。

此后，郑正秋自组"新民""民鸣""大中华"等新剧社，成为职业剧人，以强烈的政治热情编演反对袁世凯复辟称帝的《隐痛》，歌颂孙中山的《孙中山伦敦蒙难记》，讽刺日本侵略的《太阳毒》，也有迎合小市民趣味的《男女拆白党大交战》等。1933年，郑正秋发表《如何走上前进之路》一文，提出"反帝、反资、反封建"的口号，热情欢迎新文艺工作者参加电影工作。为宣传抗日，推动爱国运动，他运用长期积累的电影创作经验，带病编写了《自由之花》《春水情波》《姊妹花》等影片。正是这些影片，奠定了郑正秋在中国早期电影中的历史性地位。其中，1933年编导、1934年春节上映的影片《姊妹花》可以说是郑正秋整个电影生涯的巅峰之作。

《姊妹花》的主演是"电影皇后"胡蝶，主要讲述生长在贫富不同家庭中的一对孪生姐妹的不同命运遭遇。儿时，父亲因为姐姐大宝脸上长疮而带妹妹二宝去了上海，姐妹俩的身份从此有了天差地别的变化。再见面时，妹妹做了姨太太，过着骄奢淫逸的生活，姐姐嫁给农民，后来来到妹妹家里给孩子当奶妈，亲情、法律、道德的矛盾由此引发。这部揭露阶级对立、贫富悬殊、军阀混战、农民破产的电影在首轮影院连映60余天，二轮影院连映40余天，范围遍及中国内地18个省53个城市和香港地区及东南亚地区，打破了远东中外影片上映地域、场次、观众人数、票房价值的最高纪录。

从《难夫难妻》到《姊妹花》，郑正秋一直在摸索一条扎根于中国大地上的文化道路，并展露出他在电影创作方面的卓越才华和凛然正气。正如他自己所说：

> 在这生死关头，千万千万，替中国的影戏多多地留一点余地。我们揭开窗子说亮话，我们也是将本求得，我们不要说为国为社会等的好话，但是我们认为在贸利中，可以凭着良心上的主张，加一点改良社会提高道德的力量在影片里，岂不更好？

郑正秋不但是一位优秀的编导和导演，还是热情的伯乐，为中国电影事业培养了蔡楚生、胡蝶、阮玲玉等一批优秀导演和著名演员。

蔡楚生原本是一个电影公司里画布景、写字幕的小工和临时演员，后来郑正秋发现他"对电影有独特理解"，便把他带到身边做了六年副导演。之后，1935年，蔡楚生导演的《渔光曲》在莫斯科国际电影节上为中国电影拿回了首个国际奖项。

胡蝶刚崭露头角不久，郑正秋偶然看到了她在一部电影中的表现，觉得她"天生丽质，感情丰富"，以月薪2000大洋的重金挖角，并为其量身定制了多部剧本，悉心教导数年后，胡蝶便红得发紫，成为中国电影史上极有代表性的"电影皇后"。

阮玲玉与郑正秋的第一次相见，是在郑正秋主持的中国第一所电影学校——明星影戏学校招生面试时。这个16岁的上海姑娘由于紧张而发挥失常，不过，郑正秋却从她的气质中，看到了"一个真正的悲剧演员的模样"，他破例给了阮玲玉再试一次的机会，也成就了日后中国影坛一位传奇的女明星。

1935年7月16日，由于长期受病魔的折磨，加上拍电影的过度劳累，郑正秋病逝于上海。1935年8月25日，由明星影片公司、中国教育电影协会上海分会、中国文化建设协会上海分会、广东旅沪同乡会、上海潮州会馆等30余个团体联合发起追悼大会，到会各界人士有2000余人，由蔡楚生及胡蝶等人扶灵，安葬于上海潮州八邑山庄。在南京的于右任发来唁电。著名作家田汉送来题词挽联，联曰：

> 早岁代民鸣，每弦管繁急，议论风生，胸中常有兴亡感；
> 谁人拧国难，正火热水深，老成凋谢，深厚难留兰桂香。

2015年，在汕头市文广新局、汕头特区晚报社、汕头市社会科学界联合会、汕头市民间文艺家协会举办的"汕头文化符号"评选活动中，结合多位专家和民众的意见，郑正秋和秦牧成为20项"汕头文化符号"中人物类仅有的两人。

| 故事2 |

中国现实主义电影奠基人蔡楚生

蔡楚生一生编导了27部影片，创造了中国电影史上多个"之最"，1949年中华人民共和国成立前共有4部故事影片首映就能刷新中国电影最高票房纪录，其中有3部出自蔡楚生之手，依次是《都会的早晨》（1933）、《渔光曲》（1934）、《一江春水向东流》（1947）。

蔡楚生认为："一个编剧导演人不仅仅是随便把一个故事搬上胶片就

算完事，而他最少应该是一个作家，一个有独特的作风、正确的认识而为大众所有的作家。"在这种创作思想的指导下，蔡楚生编导的影片深受中国广大观众喜爱，在中国电影史上占有重要的地位，被誉为"中国现实主义电影的奠基人"。

蔡楚生，1906年1月12日出生于上海，6岁时随家人返回原籍广东潮阳读书生活。1925年，大革命的洪流在汕头汹涌展开，19岁的蔡楚生组织了"进业白话剧社"，自编自导自演，积极开展文艺宣传活动。并创作拍摄了滑稽短片《呆运》。这是一个以赌博为题材的剧本，讲的是一个穷鞋匠省吃俭用买了一张彩票，无处收藏，只得将其粘贴在门板上。彩票开奖揭晓，鞋匠竟中头奖。一路上，鞋匠扛着门板跌跌撞撞，冲倒了小贩，砸坏了货架，撞碎了橱窗……惹了一路的祸。结果领到的奖金正好用来偿付闯祸后的赔款，自己不仅分文未得，反而衣衫撕破、门板被踏坏，落得"呆运"一场。

1927年，蔡楚生前往上海，先后在几家影片公司当过临时演员、剧务、场记、服装、剪辑等；1929年，被郑正秋赏识，进入明星影片股份有限公司当副导演，协助郑正秋拍摄了《战地小同胞》《桃花湖》等6部影片。1932年，蔡楚生独立编导了《南国之春》《粉红色的梦》《共赴国难》3部影片。1933年，蔡楚生编导《都会的早晨》，一炮成名。他的作品善于用艺术表现人民大众的疾苦，以巨大的热情讴歌了劳动人民正直、勇敢、勤劳的高尚品质，针砭了资产阶级子弟阴险、毒辣的卑劣行为，在当时社会中起到积极的作用。

1934年，在国民党反动派猖狂迫害进步电影的白色笼罩下，蔡楚生拍摄了轰动影坛的《渔光曲》。这部影片分为两条线索平行交叉叙述，一条线索讲述贫苦渔民一家的悲惨命运；另一条线索讲述富家船王的家道中落，这两条线索由船王的儿子子英引领交叉。用细致的人物生活场景描绘和朴素真实的镜头勾勒出底层人民的生活图景，描写当时渔民的不幸命运，揭露和控诉了买办阶级和帝国主义相勾结对人民大众所犯下的滔天罪恶。

《渔光曲》上演后获得全国广大观众空前的热烈欢迎，连映了84天之久，被人称誉为："人活80岁罕见，片映80天绝无。"1935年2月，《渔光曲》"以其勇敢的精神，生动深刻地反映了中国的现实"而在莫斯科国际电影节上获得"荣誉奖"，这是中国电影首次享誉国际影坛。

由于国民党反动派对进步电影疯狂"围剿"，蔡楚生努力开拓多样化的电影题材，以成熟的创作技艺，巧妙利用电影特殊手法，把当局严加禁止在电影中出现的内容曲折地反映出来。如他导演的《新女性》，透过剧中女主角韦明的悲惨身世，尖锐地揭示了旧中国渴望自立的正直知识妇女被压迫、被污辱的命运，用血和泪控诉旧社会吃人的罪恶。还有以流浪儿童为题材的《迷途的羔羊》，反映下层贫苦人民生活的《王老五》，寓意于抗日斗争和民族团结的《小五义》《两毛钱》，以及反映广大人民群众支援抗战的爱国精神和揭露日寇汉奸罪恶的抗日影片《血溅宝山城》等多部进步电影。

1948年冬，蔡楚生从上海转移到香港南国影业有限公司，组织拍摄南国影业有限公司第一部影片《珠江泪》。这是"粤语片里面的一个革命性的代表作"，"替未来粤语片之创作铺开了一条道路"。

中华人民共和国成立后，蔡楚生筹拍了电影《南海潮》（1963），故事以倒叙开头，在沸腾的社会主义"大跃进"建设中，孩子们在沙滩上挖出了一顶锈蚀了的日军钢盔，这使公社书记廖阿彩回想起了抗日战争时期的一次战斗，她给孩子们讲起了往事。影片围绕着金喜和阿彩爱情上的波折展开，表现阿彩大胆勇敢地反抗封建习俗、阶级压迫的反抗精神和斗争品格，以及青年一代反抗民族侵略的斗争。《南海潮》当中，穿插了多段歌曲，使得影片具有了雄浑壮丽的史诗风格，张扬了鲜明的政治立场。

"为中国的电影事业奋斗终生"是蔡楚生的人生追求。中华人民共和国成立后，他先后担任文化部电影局艺术委员会主席和电影局副局长等职。潮阳文光塔下，蔡楚生铜像基座上镌刻着邓颖超的亲笔题词："蔡楚生先生是中国进步电影的先驱者！"这是老一辈革命家对蔡楚生的高度评价。

| 故事3 |

《一江春水向东流》

　　1947年，蔡楚生与郑君里联合编导了《一江春水向东流》（分上下集：《八年离乱》和《天亮前后》）。这是一部现实主义的巨片，无论思想性和拍摄技术都达到了艺术巅峰。《一江春水向东流》在全国上映后，引起了强烈的反响，创造了中国电影的最高卖座率，被誉为"中国电影史上第一部史诗式影片""中国现实主义电影的里程碑"。

　　《一江春水向东流》通过一个家庭从九一八事变到抗战胜利前后的悲欢离合，真实地描写了"惨胜"前后国统区和沦陷区人民的悲苦，深刻揭露日寇的残暴和国民党当局的腐朽无能。影片以"编年史"的方式，全方位呈现了抗战前后的不同地区、不同阶层的社会生活，极具历史感和现实感。

　　《一江春水向东流》是一个在烽火连天、家国残破背景下开展的伦理故事，大概情节是：上海某纱厂女工李素芬，在夜校读书时结识教师张忠良，二人感情日增，结为夫妻，婚后育有一子"抗生"。"八一三"淞沪抗战后，忠良参加救护队，随军撤离上海。素芬则与婆婆、抗生回到乡下，和公公一起生活。敌人强迫乡亲们缴纳军粮，并且将前来求情的张老爹吊死在大树上。家乡沦陷后，不得已，素芬带着婆婆和抗生又回到上海，靠替人洗衣度日。与此同时，忠良在撤退途中被日军俘虏，后死里逃生来到重庆。走投无路之际，他找到上海时的旧识王丽珍，王丽珍此时已是重庆有名的交际花，她求富商干爹为忠良在其开设的贸易公司谋得一职。在环境的影响下，忠良由郁闷、消沉而堕落，投入了王丽珍的怀抱。

　　抗战胜利，以"接收大员"身份回沪的张忠良，早已将老母妻儿置于脑后，住进王丽珍的汉奸表姐何文艳家里，并与何文艳勾搭成奸。这时，素芬为生活所迫，在何家当女佣。"双十节"何文艳在公馆举行鸡尾酒会，素芬认出了张忠良，回到家中将实情告诉婆婆。婆婆愤然带着素芬母子去找忠良问罪。突然王丽珍从楼上直冲下来，猛掴忠良耳光，蛮横撒泼。忠良唯唯诺诺,不敢吭声。在认清了张忠良的面目后,素芬在绝望中奔到江边,纵身投进黄浦江。年迈的婆婆、懵懂的幼儿跌跪在江边,眼望着吞噬了素芬的滚滚浪涛,哀告无路,仰问苍天。

《一江春水向东流》采用了中国传统章回小说及戏曲展开情节的手法,按照时间发展的先后顺序,有两条主线贯穿故事。一条是张忠良的经历。他随抗日救护队在战场辗转,不幸被敌人俘虏。好不容易逃了出来,却因为证件丢失无法和组织联系,流落重庆街头。走投无路之际,他请以前的同事王丽珍帮助,在一个公司找到了差事。抗战后方安逸、奢侈的生活逐渐使他堕落,投入王丽珍的怀抱,并且成了投机倒把的能手。与之相对应的另一条主线是素芬和婆婆的经历,她们回到敌占区的乡下后,日子十分艰辛,公公被敌人杀害。只好又回到上海,靠素芬给别人洗衣服、在救护站帮忙维持生活。她们期盼着抗战的胜利,但抗战胜利了,她们的生活却更加艰难了。素芬最终在绝望中自杀。导演在处理两条线索时,合理地运用了中国评书艺术中"花开两朵,各表一枝"的手法,让两条线索以合理的顺序呈现,两种截然不同的人物和生活场景组接成有鲜明对照意义的镜头,运用细腻的细节刻画,使其具有强烈的艺术感染力,这既使影片的创作显示出独特的风格,又充分体现了悲剧史诗的艺术特征。

这部史诗式的影片有着辽阔的社会背景,事件纷繁,人物众多,关系复杂,时间跨度大。但影片脉络清楚,层次分明,首尾呼应默契,时空转换不露痕迹。除两条主线外还有多条辅线并行,如忠良的弟弟忠民参加游击队、抗战的广阔景象、国民党政府的腐朽等,使得故事更加丰满完整。所涉及的重要时间、重要事件都用字幕详细说明,而且在戏剧式结构的总框架内贯穿众多事件和复杂的人物关系,还运用了电影蒙太奇手段,用交叉和对比相结合的形式,在同一时间下转换空间,使情节步步展开,直至高潮结局。

据《一江春水向东流》的摄影师朱今明回忆,影片拍摄的过程相当艰辛:"拍摄这部影片时,只有一架'独眼龙'式的照相机,几十盏灯和一个破旧不堪的录音机,摄影棚也是四面透风,用的电影胶片不仅是过期好几年的，而且还是三本五本地从商人手里买来的。摄制工作也常常处于等米下锅的境地，工作人员的生活更是没有保障，几个月发不出薪水……"另外，由于影片揭示了当时尖锐的阶级矛盾和民族矛盾，以及上层社会的腐败堕落，在拍摄的过程中也受到了国民党政府的阻挠和刁难。

但导演蔡楚生和郑君里与剧组全体人员充满斗志，不屈不挠。甚至连一句台词都没有的"小角色"都忘我地进行工作。比如影片中的"一群贩米的老百姓被几个日本兵用枪逼迫跳进河里"的镜头，镜头里的老百姓跳入的河是电影制片厂后面的一条臭水沟。当时正是深秋时节，为了选择不同摄制的镜头角度，演员们一次又一次地朝着又臭又凉的污水沟往下跳。沟里水太凉，演员们就每隔几分钟上来一次，换下湿衣服，喝口酒暖暖身子再往下跳。

正是凭着这种精益求精的态度，《一江春水向东流》成为忠实记录时代印痕的一部经典之作。仅在上海就接连上映了三个多月，出现了"满城争看一江春"的沸腾景象。各大影戏院门前出现了"成千上万人引颈翘望，成千上万人踩进戏院大门"的壮观场面。甚至有的盲人也在家人的陪同下走进电影院，虽然他们看不见，但也要来听一听。值得一提的是，《一江春水向东流》也是郑君里以编导的身份参与的第一部电影，他通过这部影片走上了电影导演之路，先后拍摄了《乌鸦与麻雀》《林则徐》《聂耳》《宋景诗》《枯木逢春》《李善子》等一批优秀影片。

萧友梅

萧友梅（1884—1940），字思鹤，又字雪明，广东香山县石岐镇兴宁里（今中山市石岐区兴宁里）人。作曲家、教育家、音乐理论家、上海音乐学院创始人之一，现代专业音乐教育的开拓者与奠基者。他是中国新音乐运动最大的倡导者和贡献者，被称为"中国近代专业音乐教育的宗师"，为中国音乐文化的建设与发展作出了不可磨灭的历史性贡献。

萧友梅是中国较早掌握西洋现代作曲理论进行音乐创作的作曲家，创作了各种体裁的作品。代表作有歌曲《问》《五四纪念爱国歌》、合唱《春江花月夜》、管弦乐曲《新霓裳羽衣舞》、大提琴曲《秋思》等。

| 故事1 |

萧友梅的音乐成就

萧友梅在中国近代音乐史上创造了很多"第一"：1912年，萧友梅赴德国学习音乐，并通过《17世纪以前中国管弦乐队的历史研究》一文获得博士学位，是中国第一个在外国学习西洋音乐的留学生；1927年，萧友梅在蔡元培的支持下，在上海创办国立音乐院（今上海音乐学院），1929年改名为国立音乐专科学校，萧友梅任校长，这是中国第一所专业音乐教育机构；萧友梅还组织了中国第一个管弦乐团——北京大学音乐传习所管弦乐团；其作品《D大调弦乐四重奏》是中国第一部弦乐四重奏；《今乐初集》《新歌初集》是中国最早出版的以中小学生为对象的两本歌曲教材和个人作品专集；《五四纪念爱国歌》是中国最早讴歌五四运动的曲作；作于1930年的《秋思》是中国第一首大提琴独奏曲。

在国外留学期间，西方音乐文化给萧友梅留下了非常深刻的印象，他对国外音乐教育机构和制度的设立特别关注，并决心以此为突破口，缩短中国与音乐文化发达国家之间的差距。因此，他先后发表了50余篇音乐论文，包括其博士论文《17世纪以前中国管弦乐队的历史研究》和《中西音乐的比较研究》（1920）、《关于国民音乐会的谈话》（1923）、《古今中西音阶概说》（1930）、《〈九宫大成〉所用的音阶》和《旧乐沿革》等。在这些论文中，他主张歌曲的民族化，并提出自己从事专业音乐教育的基本思路："一面传授西洋音乐，包括理论与技术，一面保存中国古乐，发扬而光大之。"

为了传承和发扬中国民乐，萧友梅认为，"不能把旧乐完全放弃"，而是"要采取其精英，剔去其渣滓，并且用新形式表出之"，充分利用前人之文化遗产，创造能表现现代中国人思想感情的新国乐。他搜集了很多稀有的民族音乐书籍，包括《纳书楹曲谱》《九宫大成南北词宫谱》等有关中国传统音乐的著作。他还曾经建议政府文化部门延聘专家，整理浩如烟海的中国传统词章曲谱。

1916年，萧友梅在德国留学时谱写了《哀悼进行曲》。该曲模仿贝多芬《第三交响曲》的第二乐章《葬礼进行曲》，和声规整，乐器使用保守，旋律风格哀婉凄凉。《哀悼进行曲》被认为是中国最早的管弦乐曲，但在国内演奏相对较晚。1925年3月28日，萧友梅和北京大学音乐传习所管弦乐队专门举办了一次以"纪念孙中山"为主题的第19次演奏会，悼念半个月前去世的孙中山，在这次演奏会上，《哀悼进行曲》首次亮相。

1920年4月，段祺瑞政府教育部国歌研究会选《卿云歌》为新国歌，公推萧友梅、杨仲子、王露、吴瞿安等4位音乐家分别作曲。之后，研究会经过认真挑选，决定采用萧友梅的曲谱，并请萧友梅分制钢琴伴奏乐谱三种。1921年，经徐世昌核准，自当年7月1日起，由萧友梅谱曲的《卿云歌》正式成为国歌，这是中国历史上第三首正式国歌，也是辛亥革命后国民政府颁布的第一首国歌。

1920年，时任北京大学校长的蔡元培邀请萧友梅担任北京大学中国文学系音乐讲师兼该校音乐研究会导师。1922年，在萧友梅的建议下，北京大学音乐研究会改组为北京大学音乐传习所，这是中国近代史上第一个大学音乐专业教学机构。在此期间，萧友梅组织成立了一支管弦乐队，由于人才紧缺，乐队连同指挥萧友梅一共才17人，麻雀虽小，但这支乐队在五年时间内，共演出40余场音乐会，演奏了包括海顿、贝多芬、莫扎特、舒伯特等世界级音乐大师的作品。在萧友梅的奔走下，为北京群众介绍了不少西方音乐。这也是第一个由中国乐师演奏、由中国人指挥的乐队。

1922年，萧友梅创作了《问》，在歌曲中采用了问句的手法，就人生哲理展开了思考。整首歌曲曲调优雅，对作者的忧患之情进行了含蓄的表达。"你知道你是谁"这句歌词目的是对国人发出警示，勿忘自己是中国人；"你知道年华如水"，提醒切勿荒废光阴。在这首作品的最后，是以歌词重复为尾声，每重复一次都更加深沉和感慨，使全曲回味无穷、耐人寻味。全曲充满了作者目睹祖国河山遭受侵犯的痛苦心情，通过"你、年华、秋声、人生、秋花、江山"等以小见大的歌词，句句递进的语言，深刻表达了作者忧国忧民的思想情感。曲谱的创作上采用大调式的创作手法，以八分音符为主，一字一音的连贯，体现了忧思的情绪；四分休止符的停顿，表现了对现实的无奈；三连音的运用，表达了对现状的控诉。全曲深沉凝重，具有一定艺术感染力和生命力。

《新霓裳羽衣舞》最早记载是在1923年12月17日，萧友梅亲自指挥北京大学音乐传习所管弦乐队演奏，在《哀悼进行曲》曲谱面世前也一度被认为是中国近代音乐史上第一首西式管弦乐曲。《新霓裳羽衣舞》结构上分为三个部分，第一部分为序曲，第二部分为主体，第三部分为尾声。在旋律行进上运用了很多典型的中国化旋律手法，在西方传统作曲技法的基础之上体现出了作曲家想要表现的中国元素，对当时的音乐发展有深刻的借鉴意义。

1924年5月4日，五四运动5周年，萧友梅创作了《五四纪念爱国歌》。这是中国最早一首歌颂五四爱国运动的创作歌曲，全曲结构均衡严谨，音调昂扬明快，节奏稳健坚定，旋律质朴流畅，四段歌词言简意赅，

结构单纯，首尾呼应，音乐形象鲜明集中，充分表达出青年志士的豪迈热情，展现了五四青年的形象。

歌曲的创作采用中国民族五声宫调式的手法，由五乐句构成的单一部曲式，节奏多运用二分音符、四分音符及较少的附点节奏贯穿全曲。开始的八分休止符出现在了强拍或弱拍上，喊出了"五四、五四"运动的心声，表达出了坚定、果敢的战斗力。旋律多采用四度、五度的音程跳进，也充分表现了积极进取、阔步向前的决心。尤其是唱到"壮哉此日！壮哉五四！"的赞词时，使人感受到了五四时期朝气蓬勃的时代精神。

| 故事2 |

音乐教育家，革命先驱者

辛亥革命前夕，清政府得到了一个可靠的情报，说是革命家孙中山很可能藏在东京的中国留学生的住所里，于是派出一大批特务来到日本东京，对当地的中国留学生进行了大搜查。然而他们几乎搜遍了所有的中国留学生的住所，却一无所获。原来在东京的留学生中有一位"书呆子"，他平时连一句话都不多说，一天到晚就是像着了迷那样地学音乐，除了唱歌就是弹琴，特务根本不把这样一个"两耳不闻窗外事"的人放在心上，从他门前路过时，连他的住所都不看一眼。但他们万万没有想到，他们日夜追捕的孙中山偏偏就藏在这个"书呆子"的卧室里。

这个保护了孙中山的中国留学生就是萧友梅。萧友梅祖籍广东香山，5岁随父亲到澳门接受中西教育，而孙中山也是广东香山人士，孙、萧两家是彼此熟识的世家。1892年，孙中山获得医学博士后也到澳门挂牌开业，萧友梅从小就与孙中山相识，1905年孙中山组织中国同盟会时，萧友梅是第一批会员中的一个，还做过孙中山的秘密联络员。因此，萧友梅不仅是一位杰出的音乐家，更是一位爱国的革命者。

萧友梅重视音乐教育的社会功能，他认为，自古以来，音乐就是为政治服务的。在《歌社成立宣言》一文中，他说道："吾辈为适应时代需要而创作新歌，为适应社会民众需要而创作新歌，将一洗以前奄奄不振之气，融合古今中外之特长，借收声词合一之效，以表泱泱大国之风。"由此可见，在萧友梅的心中，音乐是树立民族和国家形象的最佳工具。他利用音乐会、报纸杂志、书籍、广播等一切可能的途径，向社会宣传高雅的音乐艺术。1920年他回国当年，就在一年之内为北京大学音乐研究会主办的《音乐杂志》撰写了《什么是乐学？中国音乐教育不发达的原因》《乐学研究法》《说音乐会》《中西音乐的比较研究》等多篇文章，这些文章带有明显的音乐启蒙性，表达了萧友梅通过音乐教育提高全民音乐素质的强烈愿望。

此外，萧友梅还亲自编撰了多本供普通学校使用的音乐教材，例如1924—1925年出版了《初级中学乐理教科书》（六册），1925年出版了《钢琴教科书》《风琴教科书》，1927年出版了《小提琴教科书》等。

在向当时国民政府教育部领导的报告中，萧友梅表示，"音乐是精神上的国防的建设者"，"民族意识之醒觉，爱国热忱之造成，实为一切国防之先决条件"。他认为，"音乐——和别的艺术一样——无论在实际上或理论上都应该、并且的确是实用的"，"音乐应该即刻从非意识的境界苏醒过来，回到意识的境界，意识地替国家服务"。我们应该"提倡服务的音乐""提倡集团歌唱""提倡军乐队""音乐到民间去"，一直到"从服务中建立中国的国民乐派"。

20世纪二三十年代，正是中西文化两极相逢、强烈碰撞的时期。中国时局动荡，基础薄弱，人才奇缺。尤其是中国的专门音乐教育机构荒废已久，音乐家在人们心目中的地位普遍不高。然而萧友梅在这种情况下挺身而出，尽力说服对音乐艺术并不了解且有偏见的当政者。1927年，他创办了位于上海的国立音乐院（1929年更名为国立音乐专科学校，简称"国立音专"），这是中国第一所专业音乐教育机构。

为吸引学生学习、保证教学质量，萧友梅在北京、上海聘请了一批具有较高音乐造诣和丰富教学经验的中外优秀音乐家到学校任教。其中有俄罗斯著名的钢琴家查哈罗夫，查哈罗夫担任钢琴教师、赵梅伯担任声乐教

师、黄自担任理论作曲课程教师、朱英担任琵琶教师等，为国立音专高质量的教学水平打下了坚实的基础。

萧友梅曾在《关于我国新音乐运动》一文中提出建立国民乐派，并且将中国古代音乐文化遗产视为中国国乐复兴的重要基础。国立音专开办之后，萧友梅将他在学习和实践中长期形成的这一教育思想变得更加全面而具体。国立音专的学科设置除了传授西方作曲理论及表演艺术的各学科组之外，还增设了传授中国民族乐器演奏技术的国乐组，开设了民族器乐专业，如琵琶、二胡、笛子、古琴等，此外还有中国音乐史、中国古典文学课程。

在教材选用上，国立音专以中外经典性的音乐文化遗产作为主要教材，保证了教学水准，也符合国际上高等专业音乐院校的要求。在专业设置方面，国立音专确立了包括附属高中部本科和研究班的"本部"师范班（本科师范和初级师范）以及选科班（单科进选）的制度。这种比较合理的教学体制与课程设置，使国立音专成了当时具有相当规模与国际水准的中国最高音乐学府，为中国培养了大批具有高素质的音乐人才。

1928年"五卅惨案"发生后，萧友梅创作了乐曲《国难歌》和《国耻》。1931年九一八事变后，日本侵略者强占了大半个中国。萧友梅的音乐教育方针也迅速改变，以能适应目前伟大的需要为依归，以维系民众信念、团结全国人心、强调民族意识、激发爱国热忱等工作为己任。九一八事变后的第五天，萧友梅就主持国立音专成立了抗日救国会，还带领师生们走上街头为东北义勇军募捐，短短数日就募捐了1000多元，汇寄给黑龙江马占山军。萧友梅鼓励师生们"创作爱国歌曲，激励军民勇气"，并率先创作了抗日爱国歌曲《从军歌——为义勇军作》，传唱一时。

1937年7月抗日战争全面爆发后，萧友梅为《音乐月刊》撰写了《发刊词》，他在文中指出"必须注意如何利用音乐唤醒民族意识与加强民众爱国心"，并且创作了大量的表现富国强兵思想和抵御外强欺凌的爱国主义精神歌曲，如《何日醒》《军歌》《中国男儿》《体操——兵操》《祖国歌》等。同时，他大声疾呼："在此国难期内，如环境许可时，应尽力创作爱国歌曲，训练军乐队队长及集团唱歌指挥，使他们在最短时期可以应用出去。"

众所周知，国立音专是在时局动荡、经常搬迁和经费拮据条件下办学的，14年内9次搬迁校址，这种搬迁的频繁密度，在古今中外教育史上恐怕也找不到先例。甚至有时候萧友梅不得不经过筹划，把比较大的房间全都用作教室，校长办公室就在阳台上，在栏杆上放一块玻璃挡风遮雨。萧友梅在1937年12月18日补行的开学典礼上说："搬迁是我们学校的家常便饭，这也没有什么不好的。"

在日军占领上海以后，萧友梅更要冒着生命危险继续办学。在担任中国第一所独立的高等音乐学府领导之后，萧友梅所取得辉煌音乐教育业绩的背后隐藏着多少艰难与辛酸，一般人无法体会与承受。尽管他曾多年追随孙中山，"他的书房里一直摆着一张孙中山亲笔题着'友梅先生惠存'的照片"，南京国民政府中也有他的许多"熟人"，但国立音专的经费拮据问题，一直到萧友梅临终之时也始终未获解决。在这种"异常困难"的经济重压之下，萧友梅呕心沥血、鞠躬尽瘁地为中国音乐教育事业而献身，直至生命的最后一刻。

1940年12月31日，萧友梅病逝于上海，他临终前最后一句遗言是叮嘱前来探病的人"回学校去记住把钢琴课室朝外的门缝用硬纸条塞紧，以防吹进冷风，冻坏学生的手指"。在追悼会上演唱他的遗作《问》，唱到"你知道今日的江山，有多少凄惶的泪？"，听者莫不垂泪。

吕文成

　　吕文成（1898—1981），广东香山县（今中山市）人。杰出的广东音乐作曲家、器乐演奏家、粤剧唱腔与民族器乐革新家。吕文成3岁时即随养父远赴上海谋生。清末民初，上海音乐活动频繁，有很多乐社组织，少年吕文成特意选择在一家较大规模的粤乐班做杂工，闲时和乐班一同演奏，音乐技艺日臻成熟，影响日隆。

　　吕文成一生以创作、演奏音乐为己任，他认为中国民族音乐旋律纯朴，而西洋音乐注重和声，更符合世界潮流。因此，他希望能与有识之士共同合作，创作出既保持中国风格又有和声音乐长处的"新声"。吕文成对民族音乐（广东音乐）的创造性贡献，主要表现在以下几个方面。

　　一是变革广东乐器和乐队组合。20世纪20年代，吕文成旅居上海，他受江南丝竹音乐演奏的影响，在二胡的基础上，把外弦原用的丝弦改为钢丝弦，定音提高四度。由此创造出了一件崭新的拉弦乐器——高胡（即粤胡）。高胡发音高亢明亮，音质柔美纯净。在此基础上，他还大幅度地改组了早期广东音乐的乐队组合特点。把原来的"五架头编制"（即用二弦、提琴、三弦、月琴、横箫5件乐器演奏）改为高胡、扬琴、秦琴3件乐器演奏的"三件头编制"形式（这种"三件头"的演奏形式在广州流传后，又加入洞箫、椰胡2件乐器而被称呼为"五件头"），使原来以二弦主奏的硬弓组合形式改为以高胡主奏的软弓组合形式，使广东音乐发展跨入一个新的阶段。

　　二是开创高胡演奏艺术。20世纪30年代，吕文成创造高胡这一新的乐器形式后，还在高胡演奏形式上进行改进。他采用两腿相夹琴筒的演奏方法，并运用二、三把位走指法和滑指法，丰富了表现力，使高胡成了广东音乐和粤剧伴奏独具一格的主奏和独奏乐器，高胡由此成为广东音乐中的灵魂乐器，对促进广东音乐演奏形式的发展意义重大。他本人也因此赢得"二胡博士""二胡王"的美誉。

三是大量创作广东音乐。吕文成还是多产的作曲家，先后创作了100多首广东音乐。在这些作品中，多以借景物抒情怀的短小乐曲见长。这类作品表现了作者对生活中美的向往和对艺术创作中新的追求，在创作手法上是传统艺术写意手法的继承和发展。如《蕉石鸣琴》《烛影摇红》《浪声梅影》《平湖秋月》《花间蝶》《月影寒梅》《枉鹃啼》《寒潭映月》等，可称为这类作品中的佳品。另一类作品则是表现明快的情绪和富于积极的进取精神，如《步步高》《下山虎》《岐山凤》《沉醉东风》等。此外，还有描写生活风俗性的作品《扒龙船》《二龙争珠》以及反映民间传说的作品《银河会》等。

演奏和作曲之外，吕文成还喜欢唱粤曲。那个年代，女人很少进入戏班，许多女角都以男人扮演，以男人假声唱女声，广东戏称为"旦喉"，又称"子喉"。吕文成唱的即是旦喉，他吸收了京剧二黄西皮的拖腔及江南丝竹等剧种唱腔的精华，使粤剧唱腔超凡脱俗，令人耳目一新。他演唱的《燕子楼》《潇湘夜雨》等已成为名曲名腔，更是初学者的唱腔教材。吕文成还将广东音乐小曲吸收到粤曲唱腔中，截取小曲的某些乐段与粤剧的曲牌和谐地衔接起来，创造出新的粤曲唱腔结构，极大地丰富了粤曲唱腔，大大提高了演艺水平。

| 故事1 |

开创广东音乐新高度

20世纪二三十年代的中国，西方文化在国内的传播越发广泛，音乐的中西融合在这时也开始出现。音乐家们尝试着在创作当中融入更多的西方音乐元素，以小提琴、萨克斯、电吉他等西洋乐器与传统民族乐器进行组合演奏，并很快受到市场的肯定。在此背景下，广东音乐也迎来一个全新

的创新发展时期，吕文成则是其中极为出色的代表性人物。

1932年，震惊中外的"一·二八"事变发生，日本侵华的步伐加速。为远离日本人，吕文成告别上海定居香港，开始了长达近半个世纪的乐器创新、唱片灌制、音乐创作生涯。

粤乐在广东拥有着深厚的群众基础。20世纪20年代以来，群众性演奏粤乐活动蓬勃发展，民间乐社如雨后春笋般涌现。民间乐社不仅遍布包括香港、澳门在内的珠江三角洲广大城乡，而且也迅速扩及从南到北的中国许多大城市，以及东南亚和欧美粤籍华人聚居的地方。粤乐群众基础之广、影响之大，在中国民间音乐中是甚为少见的。

首创"高胡"，是吕文成给广东音乐带来的最重要的一项革命性变革。广东音乐早期以琵琶或扬琴为主奏乐器，那时的乐队演奏基本以几件固定的主奏乐器为主。附奏为萧、筝、椰胡、二胡、三弦等穿插进行演奏。民国初年逐渐形成三种基本乐器组合，第一种是二弦、竹提琴、三弦一起的"三架头"硬弓组合；第二种是以唢呐为主奏、打击乐器为附奏的组合；第三种是洞萧、椰胡、琵琶的组合。20世纪20年代中期，小提琴开始逐渐在中国兴盛起来，它音域宽广、表现力丰富、演奏技术复杂，素有弦乐中的"女皇"之称。此时的吕文成已是一位出色的二胡演奏家，但他一直为二胡音域太窄限制了乐曲表现力而苦恼；他发现小提琴音域宽广，有着非常丰富的表现力，这很让人着迷。于是他尝试着将二胡进行改革，以便突破之前的演奏局限。20世纪30年代，吕文成做了一次大胆的尝试，他将小提琴把奏高音的技巧移到二胡上，这样二胡的音域迅速拓宽，如同伸长了的脖子，发出高出一大截的声音，令吕文成大喜过望。这次创新，大大增强了他乐器改革的信心。又一次，他感觉把二胡筒放在大腿根部演奏时换把不太方便，于是试着采用两腿夹琴筒的演奏方法，没有想到原本中音的二胡竟然在音质上突然变得既高又柔和了。然后，他又大胆地将二胡的外弦换上小提琴的钢丝E弦，没有想到，一拉，发出的声音连他自己都感到震惊了，因为钢丝弦声音明快而有韧度，高音响亮且带金属的铿锵味，十分清晰地展示高音区的明亮高亢。接着，他再将原二胡的定弦提高了四度，效果比以往更为明显和强烈，这一改动超乎想象地丰富了二胡的表现力。怀着兴奋的心情，吕文成带着他的"高音二胡"参加"五架头"乐队，试奏一曲易剑泉的《鸟投林》，在高把位处模仿鸟叫，栩栩如生，妙不可言，演出大获成功。吕文成由此而被人们称为"二胡博士""二胡王"。1949年前后，吕文成创造的"高音二胡"被正式定名为"高胡"。

高胡的创制，让广东音乐的乐曲发生了革命性的变化，旧曲一般在一个八度或多一两个音节内作曲，但使用了高胡之后，旋律可伸展到两个八度而一气呵成，音色、音量和音域等方面有很大的改进。而吕文成还运用了二、三把位走指法和独特的滑指法，从而使音乐作品更加动人。正因为吕文成的这一创举，高胡成为广东音乐的主奏乐器，极大地促进了广东音乐演奏形式的发展。

此外，吕文成还对扬琴进行了改革，把高音区的铜线换成钢线，保留低音码上的铜弦，使得琴弦声音的对比鲜明。同时又加长共鸣箱，以便像粤胡那样可以扩大音域和音量。有人把音色亮丽甜美的高胡，比作广东的环回盘旋的青山；低八度搭配音色柔美的二胡，好比青山之间长流的绿水；经吕文成改革的扬琴与秦琴搭配，好比珠江三角洲丘陵与河流交织的水网。

作为卓越而高产的粤乐作曲家，吕文成擅长在实践中创立中心音，并借鉴西洋调式中的转调、变调等法则，使得中西融合的特征在他的音乐创作中非常突出。他以具有鲜明地方特色的广东音乐曲调为基础，把广东人温婉绵柔的精神气质与西方热情浪漫的情绪表达融入乐曲创作中，推动广东音乐走到时代的前列，一时成为音乐发展的标杆。其代表作《平湖秋月》《步步高》《蝶恋花》《银河会》等，都是人们耳熟能详的佳作。

1947年，吕文成带着女儿吕红再回家乡中山石岐，与当地"白虹"音乐社在"洪园茶厅"共演五天。最后一次回石岐则是1951年，也是与"白虹"乐社合演，然后再转到小榄、大冲、港口、三乡等地演出。1973年，

吕文成随香港文艺界访问团到访广州，已经75岁的他还提出要为祖国再写几首曲子。1981年，吕文成在香港去世，终年83岁。斯人已去，精神永存。诚如他1964年在一篇文章中说道："希望他们（指青年一代）记得自己是中华儿女，对中国各地方性的乐曲艺术多注意、多欣赏、多发掘其中的优点。"这是吕文成对国乐前途的一个期望。

| 故事2 |

吕文成与《平湖秋月》

《平湖秋月》原是一首粤曲，源于北方小调《闺舞》，又名《醉太平》。后经广东音乐名家吕文成改编为民族乐曲，成为广东抒情乐曲中的代表作之一，广泛流传在粤剧音乐中。

"平湖秋月"是西湖十景之一，位于白堤西端、孤山南麓，濒临外西湖。凭临湖水，登楼眺望秋月，在恬静中感西湖的浩渺，洗涤烦躁的心境，是其神韵所在。西湖是个广大的立体山水景色，有"景在城中立、人在画里游"的美誉，游客不论站在哪个角度，看到的都是一幅素雅的水墨江南图卷，平湖望秋月更是楼可望、岸可望、水可望。

古今皆有赞叹平湖秋月的诗词传世，也有平湖秋月的相关乐曲。作为西湖十景中的一景，从南宋时起，平湖秋月并无固定景址。当时元、明两朝文人赋咏此景的诗词，所描写的泛归舟夜湖，舟中赏月的角度是多方位的。如南宋孙锐诗中有"月冷寒泉凝不流，棹歌何处泛舟"之句；明洪瞻祖在诗中曰"秋舸人登绝浪皱，仙山楼阁镜中尘"。流传千古的明万历年间的西湖十景木刻版画中，《平湖秋月》一图也仍以游客在湖船中举头望月为画面主体。

20世纪30年代，吕文成于中秋时节畅游杭州西湖，西湖美丽的景色使他感慨万分，触景生情，灵感迸发，随后创作了这首描绘西湖月夜美景、曲调轻柔秀丽的作品。《平湖秋月》乐曲开始，先是由扬琴奏出清脆叮咚的水声；然后，横笛的声音袅袅娜娜地升起，奏出朗月高照的恬静；秦琴紧接着以饱含情感之弦拨出一缕温柔清风。在优美如梦境的前奏铺垫下，优美高昂、清澈明亮的高胡横空出世，以圆润舒适的滑音，在平静的湖面上流动，从天空飘到湖面，之后再从湖面袅上树梢和朗朗月空……

整首乐曲听下来，清新、明快、悠扬、华美的旋律中，我们的脑海里浮现的是一幅平湖秋月图的胜景：一轮皎洁秋月，朗润着西湖迷人的幽静，秋夜西湖显得格外的平和静谧，晚风习习，素月幽静。一潭平静的湖水，倒映着一轮皎洁的秋月，万里碧空，波光粼粼。青山、绿树、亭榭、楼阁，一切都朗润的月光享受洁净的洗礼和沐浴，月下的平湖仿佛披上了一层轻纱，一如"烟笼寒水月笼纱"缥缈朦胧的意境。听着这首乐曲，让人马上就想到唐代诗人张若虚的《春江花月夜》："春江潮水连海平，海上明月共潮生。滟滟随波千万里，何处春江无月明。江流宛转绕芳甸，月照花林皆似霰。空里流霜不觉飞，汀上白沙看不见。江天一色无纤尘，皎皎空中孤月轮。江畔何人初见月，江月何年初照人……"

乐曲主要以五声音阶级进而成，以高胡作为主奏乐器，充分发挥高胡明朗清澈的音色特点，并大量地使用滑指技巧，突出表现平湖秋月憩静安宁的氛围。与此同时，演奏还发挥扬琴、横箫、秦琴等民族乐器的音色特点，通过它们将平湖秋月独特韵味淋漓尽致地表现出来。乐曲还吸收了浙江民间音乐的素材和表现手法，全首乐曲听起来既有广东音乐的风格，又有江南音乐的韵味。

1975年，作曲家陈培勋将其改编成为钢琴独奏曲，使得这首富有中国特色的乐曲更加广为人知。改编曲运用丰富多彩的伴奏织体，将波光粼粼、闪烁不定的景象表现得更加细致入微，使其成为一首融合了中国民族音乐特点和印象派音响效果、浪漫派作曲技法的优秀钢琴曲。

吕文成和陈培勋两位作曲家用音符刻画出月夜一样的清新、宁静，月光一样的皎洁、迷人。这月色，都有着中国文人心目中静、虚、淡、远的意境，以及中国音乐明快和喜庆色彩，音乐性质趋于外向，听起来可使人感受到大自然与生活的美好，使人心胸更豁达。因此，聆听《平湖秋

月》，我们领悟的是中华民族追求高洁、润美、细腻、和谐的传统美学原则，"宁静致远、淡泊明志"的中国文人胸怀，以及明朗、清丽的月色中体现出"但愿人长久，千里共婵娟"的美好情怀。

冼星海

冼星海（1905—1945），广东番禺县（今广州市）人，中共党员。中国近代著名作曲家、钢琴家，中国电影音乐创业史上的先驱者，有"人民音乐家"之称。

冼星海出生于澳门一个贫苦船工家庭，出生前父亲已去世。1918年，进入岭南大学附中学习小提琴。1926年，进入北京大学音乐传习所、国立艺术专科学校音乐系学习。1928年，进入上海国立音乐专科学校学习小提琴和钢琴，其间发表了著名的音乐短论《普遍的音乐》。1929年，冼星海去巴黎勤工俭学，师从著名提琴家帕尼·奥别多菲尔和著名作曲家保罗·杜卡斯。1935年回国后，冼星海积极参加抗日救亡运动。1938年赴延安，后担任鲁迅艺术学院音乐系主任。1939年6月，加入中国共产党。1945年10月因劳累和营养不良，他的肺病日益严重，病逝于莫斯科。

在冼星海短促的一生中，共创作歌曲数百首（现存250余首），其中有大合唱4部、歌剧1部、交响曲2部、管弦乐组曲4部、狂想曲1部，以及小提琴、钢琴等器乐独奏、重奏曲多首。如交响乐《民族解放》《神圣之战》、管弦乐组曲《满江红》、管弦乐《中国狂想曲》、小提琴曲《郭治尔·比戴》等作品，还有大量的音乐论文。

《黄河大合唱》是冼星海的代表作，由诗人光未然（张光年）作词，冼星海作曲。此曲以黄河为背景，热情歌颂中华民族源远流长的光荣历史和中国人民坚强不屈的斗争精神，痛诉侵略者的残暴和人民遭受的深重灾难，广阔地展现了抗日战争的壮丽图景，吹响了民族解放的战斗角号。

| 故事1 |

革命作曲家冼星海

冼星海还没出生，其父亲就去世了，独自抚养他的母亲黄苏英性格坚韧，经常给儿子哼唱一首广东地方小曲《顶硬上》：

> 顶硬上，鬼叫你穷，哎呵哟呵哎呵哟呵。
> 铁打心肝铜打肺，立实心肠去捱世，哎呵哟呵哎呵哟呵。
> 捱得好，发达早，老来叹番好。
> 血呵、汗呵、穷呵、饿呵，哎呵哟呵哎呵哟呵。
> 顶硬上，鬼叫你穷，
> 转弯、抹角、撞吓呢！留神呢！借光呢！哎呵哟呵哎呵哟呵，
> 顶硬上，鬼叫你穷。

这首《顶硬上》不是对命运的叹息，而是一种不屈的呐喊、一种强力的抗争。这首歌也是黄苏英的励志歌，她就用这样的曲和词从小教育她的儿子，要坚韧不屈，一旦树立奋斗的目标，就要克服一切困难，坚持到底。冼星海的求学过程非常艰辛，但在这个过程中他总能咬紧牙关，克服困难坚持下去，这就来自母亲给予的力量。《顶硬上》也成了冼星海纪念母亲的歌，不管在什么场合演出，他第一曲都会用粤语演唱《顶硬上》。

在冼星海的创作中，数量最多、影响最广的是多种多样的群众歌曲。其中有正面表现中国人民的抗日斗争，采用号召性、战斗性的进行曲形式的《救国军歌》《青年进行曲》《保卫卢沟桥》《到敌人后方去》；有具体展示人民战争壮美的战斗图景，将抒情性与鼓动性或描绘性与概括性结合在一起的《在太行山上》《游击军》《反攻》；有表现工农群众的劳动生活，采用特定的劳动音调和节奏写成的《顶硬上》《拉犁歌》《搬夫曲》《路是我们开》；还有为抗战中的妇女、儿童写的《只怕不抵抗》《祖国的孩子们》《三八妇女节歌》；等等。在这些歌曲中，冼星海根据

不同内容，创造具有不同个性特征的音乐形象，或以具有冲击力的节奏和挺拔高昂、富于棱角的旋律，表现激昂慷慨的情绪和威武豪壮的气势；或以气息宽广的旋律、舒缓沉着的节奏和抒情含蕴的音调，体现革命人民丰富的内心世界。

冼星海的群众歌曲创作始于1936年，其主要目的是抗日救亡，在国家危难、民族危亡的特殊历史前提下孕育而生，是全民抗战的艺术写照。当时日本的侵华势力不断在中国领土肆虐，席卷全国各大城市，要求政府抗日救亡的集会游行也不断上演。然而冼星海目睹，国难当头时很多人仍然沉浸在自己的小世界里。作为一名爱国的音乐工作者，冼星海感觉到："我第一要写出祖国的危难，把我的歌曲传播给全中国和全人类，提醒他们去反封建、反侵略、反帝国主义，尤其是日本帝国主义。我相信这些工作不会是没有意义的。"

冼星海创作的第一首救亡歌曲是《五卅十一周年纪念歌》，而带来巨大影响的是《救亡军歌》。《救亡军歌》是一首快速之作，当时冼星海参加的爱国游行活动遭到了当局的镇压，诗人塞克临时写了一首词，请冼星海谱上曲子。这首词不长，句法也很简练，冼星海和着当时混乱的场面与人们激愤的情绪，五六分钟就完成了：

> 枪口对外，/齐步前进！/不伤老百姓，/不打自己人！/我们是铁的队伍，/我们是铁的心，/维护中华民族，/永作自由人。

简明的歌词，上口的旋律，在抗日战争一触即发的时刻，这首歌很快地流行起来。

1936年夏，反映民族矛盾的救亡影片《壮志凌云》开始筹备，冼星海担任其中的配乐和作曲。《壮志凌云》描写的是军阀混战时期，黄河流域的农民在军阀的铁蹄和自然灾难的逼迫打击下，背井离乡流亡关外，艰辛过活。好不容易等到家园重建、儿孙成人，却遭遇了九一八事变的烽火。当日寇的欺凌再次降临到他们身上时，这些贫苦农民的心中燃起了愤怒的

火焰，并且终于成为燎原的星火，投身到抗日救亡的滚滚洪流中。冼星海自幼生长在南国水乡，没有接触过华北农村的生活，最初试作插曲《拉犁歌》时总感觉缺少北方平原的浑厚气氛。于是，他接受导演吴永刚的建议，一同前往郑州。他去赶集赴庙会，听民间艺人的演唱；去黄河沿岸的渡口上，听船夫的号子；还站在黄河的大堤上，听黄河奔涌不息的浪涛声。《拉犁歌》在采风之后顺利完成，后来被中华人民共和国成立后的北京电影制片厂拍摄的纪录片《伟大的土地改革》引用为配乐。

1938年4月，国共合作抗日后成立了一个主管抗战宣传工作的"第三厅"及其下属机构，冼星海加入了由田汉任处长的"第六处"的戏剧音乐科从事抗战音乐工作。这段时间，冼星海先后写了《保卫武汉》《祖国的孩子们》《当兵歌》等。为支持前线士兵冬衣，动员全国的后方民众，由冼星海作曲、桂涛声填词的《做棉衣》也在群众中广为流传。其中最杰出的，一直传唱至今的是《在太行山上》，这首歌同时也是《风雪太行山》的主题曲：

> 红日照遍了东方，/自由之神在纵情歌唱！/看吧！千山万壑，/铜壁铁墙，/抗日的烽火，燃烧在太行山上。……听吧！/母亲叫儿打东洋，/妻子送郎上战场。/我们在太行山上，/我们在太行山上，/山高林又密，兵强马又壮。/敌人从哪里进攻，/我们就要他在哪里灭亡。……

这首作品演出时，群情激奋，大获成功。太行山上的游击队以它为队歌，全国各地处处响彻着"敌人从哪里进攻，我们就要他在哪里灭亡"的激昂歌声。

| 故事2 |

冼星海和他的四部大合唱

1938年10月，冼星海奔赴延安。在延安，冼星海的创作力得到了一次集中的迸发，在音乐创作上开创了表现中国人民革命斗争并具有民族特点的大合唱创作。他一共创作了四部大合唱：《生产运动大合唱》《黄河大合唱》《九一八大合唱》《牺盟大合唱》，各有特色。

创作于1939年3月的《生产运动大合唱》是冼星海在延安创作的第一部合唱作品，它以套曲的形式组合在一起，全曲分为《春耕》《播种与参战》《秋收》《丰收》四场。有人物、有布景，以载歌载舞和戏剧表演相结合的形式，通过四个场面表现解放区人民的生产劳动和抗战生活，音乐具有民间风味，合唱粗犷质朴，《二月里来》是其中的经典，它常以单曲形式表现。

二月里来好春光，家家户户种田忙。指望着收成好，多捐些五谷充军粮。二月里来好春光，家家户户种田忙。种瓜的得瓜，种豆的收豆，谁种下的仇恨他自己遭殃！

为纪念九一八事变8周年而作的《九一八大合唱》是一部叙事性的大合唱，采用交响性和回旋曲的形式结构，全曲以具有舞蹈特点的音乐主题和悠长深沉的副主题对比贯串和反复出现，其间插入许多不同风格的段落，表现人民群众在欢庆胜利时回顾抗战历程，激发起抗战到底的决心。其中的女声独唱与合唱段落《九一八子夜歌》，运用了戏曲、说唱音乐中的板式变化手法，具有戏剧性效果，在对民族打击乐器和中国音乐风格的节奏的运用上很有特色。

创作于1940年3月的《牺盟大合唱》，是为山西牺牲救国同盟会的抗日决死队写作的一部群众歌曲联唱形式的大合唱，包括齐唱、独唱、轮唱、合唱等六个段落，音乐具有鲜明的地方色彩。

　　黄河，从古至今一直是文人墨客争相赞颂的对象，是祖国雄健的自然美与源远流长的社会美的象征，生动地体现了中华民族百折不挠的民族精神。冼星海的《黄河大合唱》是一部反映中国人民为求民族解放、争取民族独立和民主自由而斗争的优秀作品。它创作于1939年，以黄河为背景，热情赞颂了中华民族的不屈不挠、能够战胜任何艰难险阻的坚强意志和斗争精神，愤怒地控诉了敌寇的入侵给黄河两岸人民所造成的深重灾难。最后以激昂的旋律威武雄壮地奏出了中国人民为反抗日寇的侵略，为保卫黄河、保卫全中国而英勇战斗的时代最强音。尤其是其中的第七乐章《保卫黄河》，朗朗上口的曲调让人唱起来倍感振奋，一问世就不胫而走，传遍全国。

　　《黄河大合唱》的词作者光未然（张光年）与冼星海是词曲创作的老搭档。1939年春天，光未然在晋西游击区坠马受伤，回延安治疗。他将自己两渡黄河以及在黄河边上行军时的感受写成了诗，并在此基础上改写成歌词，在病床上朗诵给冼星海听。光未然在歌词中刻画的黄河形象，使人感到奔腾的黄河就好像咆哮在眼前、呼啸在耳边一样。听完光未然的朗诵，冼星海霍然站了起来，把歌词抓在手里说："我有把握写好它！"

　　当时冼星海非常繁忙，可是只要有一点点时间，他就窝在小窑洞里，夜以继日地赶写。头脑里充盈着的乐思常使他处于一种兴奋得无法自拔的精神状态中。他不断向光未然详尽了解抢渡黄河时的情形。光未然和他的队员们也不遗余力为冼星海反复叙述和描绘在壶口渡河时的所见所闻所感。冼星海很少吸烟，但爱吃糖。在延安买不到糖果，光未然就买了2斤（1斤=500克）白糖送给他。大包的白糖放在桌子上，冼星海写几句就抓一把送进嘴巴，所以光未然说："一转瞬间，糖水便化作美妙的乐句了。"乐思泉涌一般，从笔尖流到纸上，用坏的沾水笔尖在桌上堆成了小山头。那时天还很冷，冼星海得了感冒，为了不影响创作，他用毛巾把头包起来，带病写完了《黄河大合唱》主谱以及适应当时延安乐队条件的所有伴奏。

　　《黄河大合唱》包括八个部分：《黄河船夫曲》（合唱）、《黄河颂》（男声独唱）、《黄河之水天上来》（朗诵歌曲）、《黄水谣》（齐唱）、《河边对口曲》（对唱）、《黄河怨》（女声独唱）、《保卫黄河》（轮唱）、《怒吼吧！黄河》（大合唱）。冼星海将这些内容浓缩为三个主题：人民的斗志和力量、民族精神的宽广崇高、人民的苦难和斗争，全曲的旋律都围绕这三个主题展开。第一乐章《黄河船夫曲》重点表达人民斗志和力量；第八乐章《怒吼吧！黄河》用人民的苦难衬托斗争的主题、而中间的六个乐章则是这三个主题的交替表达。八个乐章虽然彼此侧重的内容不同，但因为同是从救亡的主题出发，内容上前后连贯、彼此补充，所洋溢的情感也是层层递进、层层高涨，直到全曲的终结。

就形式来说，一部《黄河大合唱》包含了男声独唱、女声独唱、朗诵、齐唱、多声部轮唱。就曲调来说，整部作品借鉴了民歌、民谣、颂歌等多种表现方式。这个庞大的作品在逐章演出时具有各自的音乐风格，而整合起来演出时又能浑然一体、连贯自然。就音乐思维来说，这种把声乐、器乐、文学融为一体的艺术形式，在中国音乐史上独树一帜，表现出冼星海难能可贵的艺术创新精神。

冼星海曾说，只有民族性的壮气，才能启发整个民族的兴奋。歌声愈激昂悲壮，民族的前途就可以肯定是愈光明的。《黄河大合唱》完美地体现了冼星海身处民族危亡的时代给自己作品定下的基调：热烈、豪迈、雄健、悲壮，闪烁着他抗战歌曲最耀眼的美学光辉。当时，因为条件简陋，冼星海为了丰富乐队伴奏，把所有延安能找到的乐器都用上了，包括三四把小提琴和二胡、笛子、吉他，加上口琴和中国锣鼓、钹、竹板、木鱼等传统打击乐器，还有用煤油桶当共鸣箱的低音二胡。冼星海还创造性地发明了把一大把吃饭用的金属勺子放进大号搪瓷茶缸中的方法，在乐曲中表现黄河波涛时，看到指挥的手势就拼命摇，发出"哗哗"的脆响。

1939年4月13日，《黄河大合唱》在延安陕北公学大礼堂首演，这也是抗战演剧队第三队向延安各界的告别演出。当时观众达千人以上，这场用木鱼、煤油桶、搪瓷缸伴奏的演出，取得了巨大的成功。演出完毕，"台下发出狂热而持久的掌声"，一时之间轰动延安。1939年5月11日，在庆祝鲁迅艺术学校成立一周年的晚会上，《黄河大合唱》作为压轴节目亮相。光未然亲自上台朗诵了《黄河之水天上来》，田冲独唱《黄河颂》，蒋旨暇担任女声独唱《黄河怨》，冼星海身着灰布军装和草鞋，打着绑腿担任指挥。唱到保卫黄河时，冼星海一个转身，指挥台上演员和台下观众一起合唱："风在吼，马在叫，黄河在咆哮！黄河在咆哮！……"演出取得了空前的成功，毛泽东高兴地站起来连说了三个"好"字。同年7月，周恩来也观看了《黄河大合唱》的演出，并亲笔给冼星海题词："为抗战发出怒吼！为大众谱出呼声！"

从此，《黄河大合唱》就作为延安各种演出和晚会的保留节目，招待来延安的国共两党的抗日将领、爱国华侨和外国宾客。《黄河大合唱》像长了翅膀一样广为流传，保卫黄河、保卫华北、保卫全中国的歌声在中华大地到处传唱。

薛觉先

粤剧又称"广东大戏"或者"大戏",是广东传统戏曲之一,源自南戏,流行于广东、广西两省和港澳地区,在国外讲粤语的华裔聚居区也时有演出,是糅合唱、念、做、打以及乐师配乐、戏台服饰、抽象形体的表演艺术。2006年5月,粤剧名列于第一批518项国家级非物质文化遗产名录之内。2009年9月30日,粤剧获联合国教科文组织肯定,列入世界非物质文化遗产名录。

薛觉先(1904—1956·),原名作梅,学名銮梅,字平恺,广东顺德人。能编善演,戏路宽广,兼工丑生、小武、旦、净、末诸行,有"粤剧伶王""万能老倌""万能泰斗"的美誉。在艺坛上,他与"京剧伶王"梅兰芳并驾齐驱,享有"南薛北梅"之美誉。梅兰芳曾赞赏薛觉先的演出"静如处子,动有威风,惟妙惟肖"。

薛觉先于民国初年在香港圣保罗英文书院攻读,参加业余话剧演出。五四运动时,曾以"佛岸少年"为笔名发表文章宣传民主与爱国思想,还与友人举办"平民进化学校",并兼任教师。1921年,入环球乐班学艺,拜新少华为师。1922年,担任《三伯爵》一剧主角,一炮成名。1929年,薛觉先自组觉先声剧团,改革化妆、服装、舞台装置和剧场陋习,卓有成效,与马师曾的太平剧团并立艺坛,形成"薛马争雄"的局面。

1931年,九一八事变爆发,薛觉先痛心疾首,编演新剧《马将军》,演出中加插演讲,发动民众捐款支援东北抗日前线军队。1932年,薛觉先开办南方影片公司,与天一影片公司合拍了影片《白金龙》,卖座空前。抗日战争期间,薛觉先以粤剧为武器支援抗日战争,他领导的觉先声剧团演出"四大美人戏"(《西施》《王昭君》《貂蝉》《杨玉环》),借古

代题材，激发民众的爱国抗敌精神。1935年，英国伦敦国际哲学科学艺术学会授予薛觉先M.S.P（科学艺术硕士）荣衔证书，他是首位荣膺外国学术头衔的粤剧艺术巨匠。

1941年，日军侵占香港后，薛觉先潜回内地，与其妻唐雪卿重组觉先声剧团，流动于广东、广西、湖南、云南的抗战后方，为抗日军民演出宣传抗敌救国的剧目。抗日战争胜利后，薛觉先回到香港，但因患精神失调症一度停演。1944年复出。1952年再组觉先声剧团，先后到越南、新加坡演出，回港后参加马师曾、红线女组织的真善美剧团，演出了名剧《蝴蝶夫人》《清宫恨史》。

1954年，薛觉先举家回广州定居，参加广州粤剧工作团，任艺术委员会主任。曾任第二届全国政协委员。演出过的剧目有《闯王进京》《宝玉怨婚》《盘夫》《龟山起祸》等。1956年被选为中国戏剧家协会广州分会副主席。同年10月，在人民戏院演出《花染状元红》时，因脑出血跌倒，次日去世。

| 故事1 |

薛觉先改良粤剧

薛觉先于1904年出生，其父亲薛思甫有不少学生是粤剧艺人，经常请他全家去看戏，这在幼年的薛觉先心中埋下了一颗热爱粤剧的种子。因为家境本不丰裕，为了看戏，他用尽不少办法——站在戏院门口探望，爬上窗户窥视，主动帮戏院职员刷糨糊、贴海报，以换取免费看戏的机会。沉迷于戏剧的喜悦，让他充满了活力，回家后舞手动脚、咿呀学语，并用彩纸制作小头盔，套在画有眼、耳、口、鼻的大拇指上，模仿艺人演戏。

而后薛觉先的姐姐嫁给一位小有名气的粤剧武生新少华，薛觉先逐渐从新少华那儿打下专业表演的基础。18岁，经新少华极力周旋，薛觉先得到了给著名武生朱次伯跑龙套的机会，这就让他有机会"偷师"，学了不少朱次伯的唱功和做功。朱次伯擅演贾宝玉、张生等风流潇洒的公子哥儿戏，从而也奠定薛觉先擅演这类戏的根基。不到一年，他的唱腔和动作几乎可与朱次伯媲美，声名鹊起。

在那个动乱的时代，艺人的声誉盛起往往伴随着生命威胁，薛觉先21岁那年，朱次伯离奇遇刺身亡，薛觉先躲往上海。在上海，薛觉先经常出没于上海各大剧院观摩各地方剧种拜师学艺，并有幸结识了京剧大师梅兰芳，在梅兰芳的指点下，学到了京剧的北方武打等优点。两年后，薛觉先抱着革新粤剧的决心回到了广州，将原先所在剧团"大罗天"更名为"觉先声"，从灯光、布景、化妆、服饰等方面进行了大刀阔斧的改革。

粤剧改革是粤剧史上一个重要的转折点。20世纪二三十年代，粤剧逐渐将沿用多年的舞台官话改唱粤语，使之更加具有广府地方特色，真正实现了本地化，为广大民众所喜闻乐见。并借鉴京剧、电影效果的优点，使得其进一步摆脱湘剧、汉剧等剧种的影响。薛觉先顺应时势，随前辈金山炳、朱次伯、千里驹等共同推进粤剧改革，成就了粤剧一次质的重大飞跃。粤剧从此有了更加深厚的群众基础和社会生命力，走向了较为成熟的发展阶段。

梅兰芳在观看粤剧《搜书院》后说："粤剧的特长在于多方面吸收优点，加以融会贯通，从来没有机械地接受了某一剧种的局限，它的优点是善变。"这"善变"二字，体现的正是粤剧人融会南北的灵活性和好学精神，也是薛觉先多年来孜孜以求的粤剧理想和宗旨："粤剧的精华、北派的工架、京剧的武术、梅派的花饰、电影的表情、话剧的意义、戏剧的置景。"薛觉先在1936年7月《南游旨趣》中明确提出要"融会南北戏剧之精华，综合中西音乐而制曲"，"合南北剧为一家，综中西剧为全体。截长补短，去粗存精，使吾国戏剧成为世界最高之艺术"。

薛觉先善于吸收京剧、昆剧、电影、话剧的长处，为我所用，对于丰富粤剧艺术的表现能力，提高唱、做、念、打的水平和净化舞台等各方面，都作出了很大的贡献。最明显的改变是把北派武功的精华吸收到粤剧中，还把京剧的化妆和服装也引进来，用贴片子的化妆术改变演员的面型，男角扎头也扎成半圆形或半月形，演员穿上京剧的大靠、蟒、海青，

令广州观众耳目一新。除服装外，薛觉先还将京剧声腔融进粤剧，将西洋小提琴、吉他等乐器引入粤剧乐队，将江浙流传很广的民间小调引入粤剧。当时他唱先锋戏曲的时候，在粤剧的唱段中，留白部分改用普通话来说。他还将莎士比亚的名剧《哈姆雷特》搬上了粤剧舞台，让哈姆雷特也开口讲了一回粤语。

薛觉先对自己要求非常严格："凡演一剧，必有一剧之宗旨。每饰一角，必尽一角之个性。"绝不因一时名成利就便停步不前，就此满足。他独创的"薛腔"，特点是干净、深沉、凝重、流畅、朴实无华，不但注意文字行腔，还能结合人物性格做到珠圆玉润、形神兼备，加强了唱腔的表现能力。

薛觉先在舞台上善于表达内心感情，韵味浓郁，行腔干净得体，善于突破曲调中板眼、句格等习俗唱法，令人感到既风流潇洒又高雅庄重。这种唱腔艺术强调发声要掌握气度分寸，断连得体，高低自然；行腔注重循字取腔，显得精炼而优美；善于运用旋律和节奏的变化去表达人物感情，突破曲调原来的板眼、句格而创作新腔（如长句二流、长句滚花、长句二黄），还在梆、黄板腔中加插小曲（如倦寻芳、寒关月等），并使二者融为一体，是"以情带腔"的先驱。

诗以情寓景，曲也一样。唱曲能唱出情景交融、悦耳赏心、动人肺腑是为上品，如《白金龙》生旦花园对骂，薛觉先讽刺唐雪卿是"高窦猫儿"，唐雪卿还他一句"唔吼唔吼"，薛觉先再还一句"唔吼就罢就"。这一唱段街知巷闻、妇孺皆晓，是当时广州最流行的口头禅，又唱出了初恋男女打情骂俏的情景，因而倍受听众欢迎。至于风雅之曲、知名唱腔，如"情惆怅，意凄凉，枕冷鸳鸯怜锦帐"的生旦曲，几乎一字一腔，使人百听不厌。

薛觉先重视革新粤剧舞台环境，禁止舞台周边摆放与表现情节无关的物品，保持粤剧演出的高雅性。并且在演出时，他制止小贩叫卖、严禁人员随意出入，以保证良好的秩序；净化舞台，杜绝"爆肚""吞生蛇""饮汤""换垫"等现象，要求排演忠于台本，唱、做、念、打不得更动。他还从制度入手，明确取消"师约制"，打破"红船"陋规，给演员以充分的人身自由。

在电影《霸王别姬》里，戏痴四爷曾评价"程蝶衣"阴阳合一、雌雄同体，而在现实中，薛觉先同样有这个能耐。在《西施》中，薛觉先先饰范蠡，后饰西施。在装饰华丽的舞台上，眼波流盼、身段盈盈的西施扮相，让人不禁叫一声："好一个绝世美人！好一个粤剧花旦！"而范蠡则风流偶傥、气宇轩昂，同样也博得满堂喝彩。除此之外，他在《貂蝉》中先反串饰貂蝉，后演关公；在《王昭君》中先演汉元帝，后反串饰王昭君；在《杨贵妃》中先反串饰杨贵妃，后演唐明皇。这也是薛觉先被称为"万能老倌""万能泰斗"的原因，当时的观众称其为"一条龙顶得住千江水"。

总之，在艺术上薛觉先自成一家，人称"薛派"，他的表演力求南北结合、方圆并济，故而显得干净洒脱、精炼美观。他总结出"面紧心松"的表演经验，主张在对角色具有丰富内心情感体验的基础上，运用恰当的面部表情和身段动作去创造人物形象，内心和外形互相结合、促进，才能做到形和神的兼备与一致。粤剧文武生学习薛派者甚众，均尊称他为"一代宗师"。

| 故事2 |

薛觉先的报国情

早在1919年五四运动发生时，薛觉先就以"佛岸少年"为笔名撰文向报纸投稿，抒发爱国情怀。又曾因积极参加游行、集会演讲和散发传单，被拘捕数天。

1931年，九一八事变发生后，薛觉先立即用白布书写了"当娱乐中勿忘沈案耻辱"十个大字，旁署"薛觉先敬告"，挂在舞台前沿，以警醒观众。同时以本人名义致电慰问马占山将军，并编演新剧《马将军》，在演出中多次加插讲演，发动观众捐款援助。

1937年7月7日，卢沟桥事变标志着日军全面侵华的开始，也是中国人民抗日战争的全面爆发。半个月后，7月25日，薛觉先义演《貂蝉》，并旗帜鲜明地提出：

> 欲国不亡，先振人心，戏剧更负社会教育之重责，系哀乐盛衰之机枢。欲使吾民兴爱国之热忱，挽狂澜之即倒，不有斯作，何以洽衷，观者取其意义而取其精神，抗战兴邦，赖此多矣。

之后，广东八和戏剧工会在广州海珠戏院演剧，筹款支持前线。正在香港拍电影的薛觉先、唐雪卿夫妇专程赶到广州参加义演，激发广大民众的爱国主义情怀，激励人们同仇敌忾、团结抗日。

1939年7月7日，卢沟桥事变两周年纪念日，薛觉先在香港太平戏院发表了《七七告八和同志书》："我八和子弟自抗战以来，捐输购债，献机义演，热心不甘后人；今次宣誓于人前，自应比前要尽力，更尽职，无顾个人私利而顿忘戏剧抗战之任务，无以毒素意识灌输于离开祖国怀抱之侨民，斯不愧矣。"

1941年香港沦陷，从此薛觉先的行动也受到了监视。1942年春节后，薛觉先被迫登台演出三个月。即使在那个时候，他在澳门还上演了《王昭君》，并在自撰的剧词中安排昭君在投崖前唱出："苍天啊，天假强胡，寇心国难，山河沦丧，野哭苍生，悲我昭君无以和戎，悲我昭君无以报国……生而弃国，虽生犹死，死而报国，无愧于己，便无愧于人。"演出时听者无不掉泪。

当时，薛觉先等人受到极其严厉的监视，据说有时薛觉先在台上演出，会有人身穿戏装，带着凶猛的军犬和一大群日本士兵在台下看戏。虽说是来看戏，但也不无监视意味，其凶险处境可想而知。当时同样滞留香港的还有梅兰芳和岭南词人邓芬，他们三人共写丹青《岁寒三友》，由梅兰芳画梅、薛觉先画竹、邓芬画松。以梅、松、竹不畏严寒、宁折不屈的品格相互鼓励、共度时艰。

1942年5月，薛觉先找机会冒生命危险逃离香港。到了湛江后，公开在报纸上刊登《脱离敌寇羁绊返国服务的启事》，声明"前受日寇束缚滞留香港，现脱离虎口，将全力为国家服务"。日寇见报大怒，指派宪兵率领16名便衣枪手前往湛江实施绑架。当时薛觉先正在赤坎百乐戏院演出，得接当地爱国人士通报，与妻子唐雪卿由后门上汽车驶过寸金桥，安全进入华界。日寇随尾穷追，企图把其骗出寸金桥头就乱枪射杀。但薛觉先机智躲藏，蛰伏草棚，等待原班人马都到齐之后，又率团转徙广西、湖南、云南等地沿途义演，演出所得除伙食费外，全部捐献为抗战费用。他还编演了《梁红玉》《战地莺花》《金鼓雷鸣》等具有抗战爱国思想的剧目，为抗日救亡图存奔波鼓呼，支援抗日解放事业。

中华人民共和国成立后，薛觉先回到了香港休养，多年辗转颠沛奔波让其身心疲惫、元气大伤，又受到恶势力的敲诈勒索和个别同行的排挤中伤，其精神大受刺激，渐致身体孱弱，严重失忆，演出失态，不少唱本的唱词、道白竟忘得一干二净。为了唤回薛觉先的记忆，唐雪卿请来薛氏传人和老搭档登门教薛觉先做戏，由他们模仿薛觉先的唱腔、形体、身段、表情，并示演薛觉先的首本戏。经过反复演示，薛觉先竟然逐步恢复记忆，找回了当年在舞台上的感觉。戏迷雀跃，奔走相告，成为戏坛佳话。

1954年，薛觉先毅然回归广州，临行时对友人说："我要将30年所学带回去，献给祖国和人民。"爱国艺人回到内地，受到党和人民政府的欢迎，他被安排担任全国政协第二届委员会委员、中国戏剧家协会广州分会副主席、广州粤剧工作团艺术委员会主任委员。之后，薛觉先多次登台演出，并创作多部新剧。除了参加演出外，他还热心培养后辈、积极从事粤剧改革，并感叹希望能活到100岁，把自己的一切都贡献出来。

然而天妒英才，1956年10月30日晚，薛觉先在广州人民戏院演出《花染状元红》时，演到第四场时因突发脑出血，且坚持演完全场并坐在藤椅上向观众谢幕，随后被送往医院抢救。

10月31日下午5时，薛觉先因抢救无效逝世，享年52岁。

马思聪

马思聪（1912—1987），广东海丰县人。中国第一代小提琴音乐作曲家、演奏家、音乐教育家。

马思聪是马家的第五个儿子，其父亲马育航与当时的广东风云人物陈炯明是总角之交，后来当上了广东省财政厅厅长。

1923年，11岁的马思聪随大哥到达法国，开始了他的音乐生涯。先后就学于南锡音乐学院、巴黎音乐学院等地，学习小提琴、作曲。1932年学成归国，任中国第一所现代"私立音乐学院"院长，主要在广州、香港、上海、南京、北平等地演出；同时，又先后在广州音乐学院、中央大学教育学院音乐系任教。1937年七七事变发生，马思聪从南京回到广州，国立中山大学校长邹鲁破格聘马思聪为文学院英国语言文学系教授，陆续教授音乐史、乐理、和声学、弦乐、钢琴、合唱、提琴指导等多门课程。此后，辗转于华南、西南各地坚持从事频繁的演出，并先后任中华交响乐团指挥、贵阳艺术馆馆长等职。1945年抗战胜利后，先后担任台湾交响乐团指挥、广州艺术音乐系主任、上海中华音乐学校校长、香港中华音乐学院院长等。1950年后，任中央音乐学院首任院长，并兼任中国音乐家协会副主席、《音乐创作》主编等职。

1967年1月，马思聪经香港赴美国定居，从事作曲、教学工作。1987年5月20日于美国费城逝世。2007年12月14日，在马思聪异国辞世20年后，他的骨灰归葬中国广州，同日《马思聪全集》在广州艺术博物院举行首发式。

作为一位出色的作曲家，马思聪在长达半个多世纪的时间内，涉及小提琴音乐、交响音乐、协奏曲、大合唱、室内乐、钢琴音乐、歌剧、舞剧、艺术歌曲、群众歌曲多个领域。其中，以小提琴作品的影响最为突出。作于1937年的小提琴曲《内蒙组曲》是马思聪的成名之作，其中的《思乡曲》和《塞外舞曲》已成为饮誉中外的优秀中国小提琴代表作。马思聪的主要代表作有小提琴曲《内蒙组曲》《西藏音诗》《第一回旋曲》《牧歌》《秋收舞曲》《山歌》《双小提琴协奏曲》，交响音乐《山林之歌》《第二交响曲》，大合唱《祖国》《春天》，舞剧《晚霞》，歌剧《热碧亚》等。

| 故事1 |

赤胆忠心的人民音乐家

"我要把每一个音符献给祖国。"这是著名作曲家、小提琴家马思聪的座右铭。他的代表作《思乡曲》家喻户晓。

1939年10月，马思聪经过长途跋涉，一家三口来到重庆。在这里，马思聪结识了在他以后的人生道路上非常重要的朋友李凌。两人是广东老乡，都是音乐文化人，彼此亲密无间。李凌从延安来，肩负周恩来交付的任务：要做音乐界上层的统战工作，许多音乐家是主张抗日的，要关心团结他们，人越多越好，要有一些知名的音乐家来关心支持音乐事业才好。

李凌开始频繁接触马思聪，关注马思聪的思想和情绪，从音乐艺术谈到民族命运。1940年5月，在重庆嘉陵宾馆的晚宴上，马思聪见到周恩来。这是他们的第一次相见。"周恩来大步流星地走到马思聪面前，紧紧握住了他的手。"

1945年，马思聪和徐迟同在重庆。8月，毛泽东为国共谈判之事飞抵此地。9月16日，乔木告诉徐迟："今天下午3点钟，你和马思聪两人，一起到红岩村去，到时候会有车子来接你的。"毛泽东和周恩来这次对文艺界的接见，谈话主要在毛泽东和马思聪之间进行。马思聪向毛泽东提出普及与提高的问题。毛泽东回应说，既要有普及工作者，也要有写提高作品的作者，鲁迅先生是一个写提高作品的作者，但如果大家都来当鲁迅先

生，那也就不好办了。后来徐迟解释，毛泽东希望马思聪这样的大音乐家写一些提高作品，但同时也做一些普及工作。

1946年11月，马思聪到上海，与乔冠华、龚澎会面，出席由周恩来主持的上海各界人士座谈会。

1947年，马思聪任香港中华音乐学院院长，完成《祖国大合唱》。马思聪使用陕北眉户的民歌曲调铺就开篇的歌曲，象征着光明从延安来。

1948年夏天，美国驻华大使司徒雷登来到马思聪的住所，用流利的普通话"顺道"拜访马思聪先生。大使直言不讳地说：中国要落在共产党之手了，共产党只要扭秧歌、打腰鼓，不要贝多芬、莫扎特；美国政府盛情邀请马思聪先生到美国大学任教；五线谱是世界语言，希望能在美国听到马先生的琴声。马思聪当场谢绝。

数日后，一位西装革履的美国人来到马家，递上名片，他的名字是Newton（纽顿）。纽顿说，他受司徒雷登大使的委托，已为马思聪先生联系好了在美国工作的大学，聘请他当音乐教授，此次来访是请马思聪定下时间，以便他去预订马思聪和全家人飞往美国的机票。纽顿的结局和司徒雷登一样，在被马思聪坚决拒绝后悻悻离去。

当年，马思聪完成《春天大合唱》。

1949年1月，北平（北京）和平解放。4月，在香港地下党的精心安排下，马思聪和100多位知名爱国人士，从香港经烟台抵达北平。7月，马思聪被选为全国音乐家协会副主席。9月，作为全国文学艺术界联合会代表，马思聪出席第一届中国人民政治协商会议。10月1日，出席天安门中华人民共和国成立大典。马思聪谱就《欢喜组曲》。

不久，周恩来总理约见马思聪，向他请教如何在一片废墟上发展新中国的音乐事业。马思聪提出"人才第一"的观点，培养新中国的音乐人才，首先要办学校。周总理说：正考虑建立中国最高音乐学府——中央音乐学院，并打算请马思聪先生出任院长。1949年12月18日，马思聪随周总理出访苏联归来，就被政务院任命为中央音乐学院首任院长。时年，马思聪37岁。

中华人民共和国成立后，马思聪是中南海常客。国家领导人宴请国宾，常请马思聪即席演奏。一次，周恩来把时任外交部部长陈毅拉到马思聪身边，打趣道：陈老总，我们三个人都是法国留学生，人家马思聪就学到了东西，而我们俩就没学到。意气风发的年代，意气风发的马思聪，为中央音乐学院校报题词：诚心诚意做一条孺子的好牛。

1958年中央音乐学院迁往北京，马思聪与周恩来见面的机会更多了。周恩来经常过问马思聪的工作、生活情况。马思聪激动地说：国家给我这么优厚的待遇——他是高教一级，每月工资360元，在三年困难时期，每月又追加补助费200元，感到十分满足。他还告诉周恩来：自己生活得非常舒服，他们家住在一座古色古香的大四合院里，简直就像是一个"世外桃源"。周恩来听到这些也颇为欣慰。

| 故事2 |

马思聪与冼星海重逢在广州

中国现代三位伟大的作曲家——聂耳、冼星海、马思聪，都是在国外去世的。他们生长在不同环境，却都作出了杰出的贡献。其中，两位是广东人，他们结下过牢固的友谊。

1930年冼星海到巴黎，生活十分困难："我失过十几次业，饿饭，找不到住处，一切困难问题都遇到过。有几次又冷又饿，实在坚持不住，在街上软瘫下来了……有一次讨钱的时候，一个有钱的中国留学生把我的碟子摔碎，掌我的颊，说我丢中国人的丑！"而那个时期，马思聪又是怎样的境况呢？1928年夏，马思聪考进了巴黎音乐院奥别多菲尔提琴班，是第一位考入巴黎音乐院的中国学生。1929年回国探亲时，先后在香港、广州、南京、上海、台北举行了小提琴演奏会，成为中国小提琴演奏艺术领域的拓荒者。就是这位比冼星海小7岁的马思聪，在异国他乡的巴黎，给予了冼星海兄弟般的温暖，他回忆道："星海要我介绍他提琴老师"，"我们一面谈着，穿过几条大街，天黑下来，巴黎更显得热闹，灯火辉煌，四面八方的天边，像大火焚烧般的一片通红。我们在一个玻璃门的店子面前停下来，一股热的水蒸气从门缝钻出来，那是星海工作的地方，是一家浴室兼修指甲的，星海在当堂信，他苦干、耐劳、坚定的精神令我吃惊，令我敬佩……然而星海什么都不怕，他是连学不好也不怕的，他要学、学、学、学、学、学。他跟了我的老师Oberoeffer学小提琴，他穷，O老师不收他学费"。这就是两位音乐大师友谊的开始。

1935年春，小提琴老师杜卡先生逝世，冼星海不能再继续留在巴黎学习。当时他急于回国，想把力量献给国家，从伦敦回巴黎之后，就起程回国了。他的回忆录里谈到船过香港，又谈到在上海北四川路旁边的一个亭子间里，会见一别七年的母亲，但却没见到他写在香港下船后，曾回过广州。然而，他确实回过广州，虽然只有短短的一天。

这天为什么回去？怎么度过的？好在人们都在不同场合记录了下来。

在冼星海的同学、音乐家何安东口述中，人们读到这样的记载："星海曾去北京艺专和上海国立音乐院进修小提琴和音乐理论，1928年将岭大管乐队指挥移交给我。1930年赴巴黎深造。1935年带着对祖国和母亲的怀念，回到广州。星海首先来到我的安尼琴行找我。分别七载，再次相见，谈及一切，百感交集。"那时马思聪早已经回国，也在广州，冼星海当然要看他。马思聪在《新华日报》发表的《忆冼星海》一文第二部分，也进行了回忆："1935年夏天在广州，天气闷热，突然星海出现在面前，他穿着冬天很厚的衣服……他刚从法国回来，所以没有带夏天的衣物。他搂着两本大书本，其一是他历年记载的纪事。另外一本是他所作的乐谱。他的纪事是一连串的苦斗；换得来什么呢？就是叠在这本纪事底下的一本乐曲了。这里面有钢琴与提琴的奏鸣曲，有《风》，有独唱曲，有弦乐四重奏。我觉得他很受CesarFranck（弗朗克，1822—1890）法国作曲家的影响……可是他有气魄，有粗野的力，有诚恳的真情。这一次见面以后他匆匆乘轮船往上海。也是我最后再一次见到他了。"

对这次相会，他们的朋友刘慧娴，记述得最为翔实："1935年夏，思聪在广州长堤基督教青年会礼堂学会举行独奏会。曲终人散，突然发现站在观众席上的冼星海。原来冼刚于当日从法国回来，正好寻访思聪的行踪，二人相见甚欢。我因已事先约好思聪夫妇是夜到娘家（海珠北路存德里，今已拆建）去膳宿，故约星海于翌日上午来叙谈。第二天一大早，星海捧来一大堆他近年来在法国的新作品与思聪研究，他们二人弹着、看着、说着，整个上午没有断过。星海与杨景循原是岭南大学附中住一个房间的同班好友，我请他去佛山到他曾就读过的华英中学去与景循一叙，可惜他赶程赴沪而未果。马、冼二人此次见面后亦诀别不复再见！"

所以，两位音乐家的友谊，一直被人们歌颂。《马思聪歌曲选》中，43首歌曲中只有两首纪念歌，其一是《黄花岗纪念歌》，其二是《你睡啦，人民的歌手》（星海纪念歌）。对星海的英年早逝，马思聪沉痛的心情只能用歌声来倾诉："你睡啦，人民的歌手啊，为什么这样早，这样早，这样早，这样早，这样早！刚刚是最需要你的时候……我们离不开你呀，中国人民的歌手。"歌曲不是悲伤，而是坚定向前的信心，特别是结束句，唱的是："我们离不开你呀，中国人民的歌手。"

广州市麓湖星海园里的冼星海墓地纪念馆，与聚芳园里马思聪墓地纪念园、广州艺术博物院中的马思聪音乐艺术馆，近在咫尺。两位中华音乐大师，第三次永远地相聚在一起了。

关山月

自关山月的授业恩师高剑父为首的"二高一陈"时期，岭南画派正式形成。岭南画派在理论上和实践上自成一格，技法上追求师法自然，绘画手法既吸取西洋水彩画的光影特色，又追溯东方古画拙朴的神意，使作出之画赋色和谐、清新明快。内容上多选木棉、奔马、雄鹰、苍松，表现其雄劲挺拔风格，反映时代精神。关山月和黎雄才、赵少昂、杨善深4人被誉为当代岭南画派的四大画家，岭南画派在他们笔下，无论题材还是技法都有了新的突破。

关山月（1912—2000），原名关泽霈，广东阳江市人。中国现代画家。1933年，关山月毕业于广州市立师范学校，后任小学教师，其绘画才能被高剑父发现，遂被吸收入春睡画院学画。1939年秋至1940年春，关山月首次举办个人画展，之后他自广东出发，经广西、贵州、云南、四川、甘肃、青海、陕西等省区，深入生活，收集素材，边写生、边创作，并沿途举办个人画展，为后来的艺术成就奠定了坚实的基础。

1946年，关山月被聘为广州市立艺术专科学校教授兼中国画科主任。1947年，先后在泰国、马来西亚和新加坡等地旅行写生。1948年，出版《关山月纪游画集》。中华人民共和国成立后，他先后担任中南文艺学院教授兼中南文联美术部副部长、中南美术专科学校教授兼副校长、广州美术学院教授兼副院长、中国美术家协会副主席、中国美术家协会广东分会主席、广东画院院长；出版有《关山月旅美写生画集》《关山月临摹敦煌壁画》《关山月论画》等。

关山月的作品以反映现实、注重写生和山水画著称。其代表作有《新开发的公路》《俏不争春》《绿色长城》《天山牧歌》《碧浪涌南天》

《祁连牧居》《长河颂》及与傅抱石合作的《江山如此多娇》《香港回归梅报春》等。其著名作品《中山难民》《铁蹄下的孤寡》《游击队之家》《渔民之劫》等充分揭露日本侵略者灭绝人性的罪行，诉说同胞的苦难。其他名作还有《漓江百里图》《祁连放牧》《自贡盐井》等。

为纪念岭南画派和收藏、陈列、展览其作品，广州市有关部门于1991年建造了岭南画派纪念馆。纪念馆坐落于广州美术学院校园内，由岭南建筑大师莫伯治、何镜堂等设计。纪念馆总建筑面积4900平方米。主馆是四层白色建筑，建筑面积3200平方米。底座及首层分别设收藏部、研究部、创作部、展览部。二、三层为展厅，四层为岭南画派历史和基本陈列。主馆前方和南北高墙上方两棵浮雕式参天大树，象征岭南画派叶茂根深。该馆曾多次主办关山月艺术展。

| 故事1 |

《江山如此多娇》

《江山如此多娇》是傅抱石、关山月合作绘制的大型山水画，取毛泽东《沁园春》词意，把代表性的四季山水集中、浓缩到一起，运用革命现实主义和浪漫主义相融合的创作方法，表现祖国河山的雄奇壮美。

1959年4月底，著名山水画家关山月和傅抱石先生接受了为人民大会堂创作巨幅国画的任务。人民大会堂是国家领导人经常接见外宾和国际友人的所在地，如果画得不好，将有失国家的声誉与尊严。因此，两位画家接受这个任务后，心理压力很大。

关山月的女儿关怡曾在访谈中提到父亲关山月创作这幅图画的过程：

当时，周总理提出意见，整个画面要表现出我们伟大祖国的风貌：近景是江南青绿山川、苍松翠石；远景是白雪皑皑的北国风光。两人认为题材实在太大，不大好把握。陈毅听了便笑着说："绘画也跟作诗一样，首先要立意。江山如此多娇，首先在画面上必须突出一个'娇'字，既要概括祖国山河的东西南北，又要体现四季变化的春夏秋冬。只有在'多'的

气势中，才能体现出'娇'来。"

他们首先绘制了《江山如此多娇》的小样，周总理看了画稿以后，指示说，画面还要画上红太阳，体现"东方红，太阳升"之意。周总理说："画上红太阳，也是象征毛主席、共产党的领导。"画稿草图通过之后，两位画家把东方饭店二楼的会议厅辟为画室。经过两个多月草图准备、两个月的紧张创作，《江山如此多娇》这幅巨画（7米×5.5米）基本完成了。当时经济很艰苦，周总理给予两位画家无微不至的关怀，房间都准备了酒。傅抱石先生创作之余喜欢喝酒，往往把自己的酒喝光了，还顺带把关山月的酒也喝完了。而很少喝酒的关山月则对此一笑而过。

作画前，郭沫若曾对两位画家说："一定要保持各自的风格，但又一定要使画面求得和谐统一。"所以，虽然关山月和傅抱石的画风分别属于金陵画派和岭南画派，但在创作的过程中两人始终能够相辅相成并尊重对方的擅长。关山月负责画前景的松树和远景的长城雪山，而流水瀑布则由傅抱石来画。

当创作即将完成时，周总理前来指导时发觉画还是小了一点，随后，该幅巨画又由两位画家扩大到了9米×6.5米。由于画扩大了，图中的太阳就显得小了一点。总理又说："如果这幅画悬挂起来，这个红太阳肯定显示不出她的雄伟，其象征意义也就显示不出来了！"听了周总理的意见后，他们立刻改进，用上了最好的朱砂，把巨画上端的红太阳画得比篮球还要大些。后来周总理看后，高兴地说："好嘛，这才表现其伟大的气魄嘛！"

最终成图的《江山如此多娇》，近景是江南青绿山川、苍松翠石；远景是白雪皑皑的北国风光；中景是连接南北的原野，而长江和黄河则贯穿整个画面。画中的东侧一轮红日照耀着祖国的锦绣大地，气势磅礴，象征着祖国的强大和江山的美好。全图境界恢宏，气魄雄健，淋漓酣畅，豪放洒脱，具有强烈的民族风格和时代感；大气磅礴，震撼人心，完美地表达了毛主席的诗意。

图画创作完成时，毛主席正在外地考察，但还是专门提笔写了4幅

"江山如此多娇"的题字，供大家择优选择，组合起来，放大放在巨幅山水画《江山如此多娇》上。毛主席"江山如此多娇"4幅题字有一幅送给了关山月作为纪念。1977年，关山月将毛主席这幅题字原件捐赠给了中共中央办公厅。现在关山月故居客厅里挂的"江山如此多娇"是中共中央办公厅回赠的水印复印件，并有中共中央办公厅复制的印章。

| 故事2 |

关山月的艺术人生

由于父母相继辞世，为了解决家庭重担，抚育弟妹，1933年毕业于广州市立师范学校的关山月，在广州九三小学当了一名工资微薄的小学教员。

关山月热爱绘画，却求学无门，怀着强烈的求知欲望奔走于各个美术场所，参观各种画展，如饥似渴地从中学习。他听说高剑父正在中山大学美术专业夜班授课，很想去学习，但听课的学生只限有中山大学学籍的人。于是，关山月想方设法托一位正在中山大学读书的旧友代为报名，然后用他的听课证冒名上课。一次，高剑父要同学们临摹他的一幅画，专门走到关山月面前并停下看他画，询问他是哪个班的学生。关山月结结巴巴，将冒名顶替的事如实告诉了老师，心里十分害怕。可怎么也没想到，高剑父对他说，你明天不用来了，到我的春睡画院学，免收学费，包吃包住。于是关山月成为高剑父的入室弟子，由高剑父改原名关泽霈为关山月，实现了梦寐以求的学艺夙愿。

关山月在艺术上坚持岭南画派的革新主张，追求画面的时代感和生活气息。他的山水画立意高远，境界恢宏；他的梅花，枝干如铁，繁花似火，雄浑厚重，清丽秀逸。

1939年，关山月在澳门举办第一个抗战画展，其中有《中山难民》《渔民之劫》《三灶岛外所见》《敌机去后》《铁蹄下的孤寡》等百余幅作品。《侵略者的下场》表现了人们对日军的痛恨，《拾薪》则展现了战

时百姓生活的艰辛，等等。这些作品被打下了深深的时代烙印，唤起了那个时代人们的共鸣，真实地描绘了国破家亡，劳苦大众在日寇铁蹄践踏下的悲惨情景，有力地控诉了侵略者的野蛮罪行，深沉悲壮的基调和惊心动魄的感染力，激起了人们的抗战热忱。参观画展的人川流不息，报纸好评如潮。恩师高剑父亲自为报纸题写特刊，宣传这个画展。

抗战画展的成功，使关山月坚定了用自己的画笔投身于抗战的信念。他告别恩师，决定到前线去尽自己的一份力量。从此一直到20世纪40年代末，关山月辗转全国各地写生，后来足迹又遍及东南亚。这段时期的作品，继承了中国写意画中以水墨为主与古代壁画中人物画的方法，同时明显地吸收了西画的写实手法。

例如20世纪40年代所画的《嘉陵江码头》《岷江之秋》《黄河冰封》《祁连放牧》等表现场景的作品中，都以焦点透视，营造了较强的空间真实感。尤其是作于1940年的《漓江百里图》，当时秀美的桂林山水激发了关山月的创作热情，他觉得应该把百里漓江两岸胜景尽收画卷之中。就在朋友李焰生家的客厅里，因为书桌不够大，把纸铺在地板上蹲着、趴着画。奋战了月余，终于完成了一幅32.8厘米×28.50厘米的长卷《漓江百里图》，作品画调清冷，利用凋零的树木、萧索的环境以及破烂的房屋与漓江优美景色形成对比，容易让人产生对苦难民生的联想，是对当时侵略者的泣血控诉。

中华人民共和国成立后，关山月参加过土地改革运动，并切切实实在农村生活过。赴朝鲜慰问过志愿军，在全国各地采风，直到20世纪70年代，关山月以饱满的热情，用中国画的艺术形式描绘了广大人民进行社会主义建设的现实生活。他的作品表现了钢铁厂建设、堵海工地、煤都、水库、水电站等热火朝天的建设场景，还表现了幼儿园、渡口、纺线以及山村的各种农作劳动和农家活动；同时，充满了浓厚的生活气息和地区色彩，体现了毛泽东提出的为人民大众所创作和所喜爱的精神，具有较强的现实主义特点，也体现了鲜明的时代特征。

这个时期的山水画、花鸟画也具有了较强的社会主义时代感和精神内涵。《江山如此多娇》是关山月在这个时期最杰出的巨著，其他如《快马加鞭未下鞍》表现我军骑兵部队的英勇迅猛，《春到雁门》表现了北方农民的辛苦劳作和生活的改善，都是以山水画表现社会内容的代表性作品。《报春图》用倒挂的梅枝与冰峰雪岳形成视觉冲突，《俏不争春》则是以花鸟画表达热情、活力等精神力量的范例。

中华人民共和国成立初期的《秋色》《秋夕放筏》《行云流水醉秋山》三幅作品，配色大胆创新。画家为了能通过作品表达自己对祖国的热爱之情和对美好生活的期盼，三幅山水画的色彩都十分鲜艳、明朗，画幅中充斥着大量传统中国画中少见的颜色——红黄橙色的枫叶、淡蓝色的河水、碧绿色的山脚，都呈现出极为丰富的视觉效果。

1958年完成的《山村跃进图》，以季节为背景，出色地运用了山水画长卷这一富于民族特色的艺术形式来构建作品，波澜壮阔的时代性叙事在四季并置推移的诗意空间中得以铺陈：冬天风雪交加中人民建设的激情；秋天山色斑斓，一派水利兴修、打场收粮、植树造林的景象；夏季的山区放牧、公路运输、农具修整等；春季平原耕种，粮仓上"亩产千斤"的宣传标语直截了当地表达了农业丰收增产的喜悦，杨柳依依，河流纵横，好一幅朝气勃勃的农耕景象。在这幅图中，人物繁杂，每个叙事场景相对独立，但在构图中又彼此交织。在遵循传统山水画艺术语汇的同时，融社会建设与变革的时代景观为一体，标志着关山月在驾驭绘画语言和表达水平上进一步提升。

参加1973年"全国连环画、中国画展览"的作品《绿色长城》也是关山月的代表作之一。画面上，明朗的阳光下，南国海岸一片郁郁葱葱，海水卷起一层层浪花。沿岸是绿色的防护林，高耸的木麻黄被风吹动成一道道波浪，与海浪互相呼应。不仅表现了壮丽的祖国河山，更有意义的是通过这些美丽景色的描绘，表现了劳动人民改天换地的精神，表现了中国社会主义建设欣欣向荣的新气象，带有鲜明的时代特征。《绿色长城》突破了传统山水画的平远和高远，在透视上吸收了西方绘画的元素，有光影效果，但同时保留了中国画的韵味，将西画和中国画传统完美结合了起来。

20世纪80年代，借改革开放的东风，关山月重焕艺术青春，陆续创作长卷作品。用笔更加泼辣、奔放、恣肆，进一步增加了笔墨、意境等中国画传统。一些画面处理较为简练、概括，另一些画面又显得丰富、蕴藉。如在《山泉水清》《巨榕红棉赞》《乡土情》等巨幅作品中，整体气势恢弘，细部耐人寻味，有较强的感染力，可谓神完气足。这一时期创作的《荔枝图》《天香赞》等花鸟画作品也比以前简练，笔墨更为精妙，意蕴更为幽深。

例如在创作于改革开放初期的作品《春潮》中，关山月选择了枯、湿、浓、淡、飞白等形态不同的线条塑造画面的节奏感：苍劲老辣的枯笔线条刻画的红棉老树涌动着一股向上的力量，连贯润泽的湿笔线条描绘的飞流河水带给人一种生生不息的律动感。又如创作于1987年的《国香赞》（6.72米×3米），老梅横斜，枝干粗壮，墨色浓淡相宜，厚重润泽；梅枝铮铮铁骨，坚韧无比。错落有致，避让得当，红梅与黄梅交相辉映。两边的高山流水更衬托出一种宏阔的大气势，能激励、鼓动人。题款行草书"铁骨傲冰雪，幽香透国魂"。

关山月一生爱画梅花，梅花也体现了他高洁的精神品质。他曾撰文提起，当初抗战画展结束离开澳门时，恩师高剑父担心他为追名逐利而改行，念了"在山泉水清，出山泉水浊"两句古诗作为临别赠言。他此后一直以此自戒，所以也将画室命名为"鉴泉居"。

据关山月艺术馆馆长陈湘波介绍，关山月义卖行善的记录很多：1981年，关山月在香港义卖一幅精品红梅得60万港元，捐资香港培侨中学修建校舍；1990年，他将自己多年创作的稿费，捐给广州美术学院设立了"关山月中国画教学基金"；1991年，江苏等南方七省市遭受百年水灾，关山月先后捐画两幅义卖，筹得50万元……他以实际行动和一生追求，实践了恩师临别时的殷切嘱托。

五

教育传媒篇

❧ 题记 ❧

在现代教育出现之前，书院是教育传承、学术研究的基本形态。

在清代广东文化生态中，书院堪作肥沃的土壤，它是人才的加工厂，也是学术思想发生、交流与碰撞的策源地。但由于担心"群聚结党、空谈废业"，清初朝廷对书院采取抑制政策，整个顺治朝，广东新建书院只有4家。康熙朝对书院的管束渐趋宽松，雍正初年开始鼓励创办书院，从乾隆元年（1736）到光绪三十年（1904），广东共创办书院310家，标志着广东书院发展进入高峰期。广州更是形成了全国罕见的书院群，仅越秀古城便达到数百家，与当今高校云集的北京市海淀区相比，这个数量也有过之而无不及。学海堂和越华书院便是其中的佼佼者。数量众多的书院，为清代广东典藏图书、教育发展和学术繁荣起到了中流砥柱的作用。以阮元主持设立的学海堂为例。阮元担任两广总督期间，除了在厉行教育大力推行朴学上卓有成果之外，还花费大量精力主持刊刻图书、编修《广东通志》，在文化传播和传承上居功至伟。

近代以来，岭南近代报刊翻开了中国近代传播发展史的第一页。从1822年境内第一份外文报纸《蜜蜂华报》在澳门出版，1833年境内第一份中文近代化报刊《东西洋考每月统纪传》问世，1842年《全粤义士义民公檄》和《三元里等乡痛骂鬼词》等揭贴使用，到1857年上海出现《六合丛谈》这几十年里，中国近代报刊的活动都出在岭南地域。据不完全统计，辛亥革命时期（1899—1911）广东内地以及港澳地区的报刊共156种。在1912年8月，广州至少有日报22种。可见，在清末民初，岭南地区报刊业相当发达。当时广州城的人口不过百万人，其中不识字者不在少数，却有这么多家日报同时发行，报刊对民众社会生活的影响之大就可想而知了。

阮 元

阮元（1764—1849），字伯元，号云（芸）台，江苏仪征人。清代大儒，著述甚丰。历任山东学政、浙江学政、礼部及兵部侍郎、浙江巡抚、河南巡抚、漕运总督、江西巡抚、湖广总督、两广总督、云贵总督等职，为体仁阁大学士。阮元历经乾隆、嘉庆、道光三朝，在中央和地方任职先后50余年，位高权重，声名显赫，被称为"三朝阁老，九省疆臣"。清嘉庆二十二年（1817）到清道光六年（1826），阮元于广州任职两广总督，期间，他先后6次兼任广东巡抚，以及广东学政和粤海关总督等职。在广州任职期间，阮元清廉奉公，彰显史册。

阮元为官富有远见卓识，深得朝廷信赖。任职两广总督时，鸦片走私已经开始，英国侵略者行为猖獗。他审时度势，加强防务，创建炮台，添置大炮数十门。嘉庆二十三年（1818）二月、五月，阮元两次向朝廷密奏预防英国侵略的策略，强调"多镇以威，未便全绥以德"，"倘敢擅入内洋，即随机应变，加以惩创。一则停止贸易，一则断其食用买办，一则开炮火攻"，"严饬各炮台备弁，督率兵丁，不动声色暗加严备"。嘉庆二十五年（1820），阮元奏报鸦片走私等积弊，奉旨严查，所有外商货船入口，必须出具保证书，并由官商担保，如发现夹带鸦片，货物充公，有牵连商人照例问罪，使鸦片走私的势头得到了遏制。对于杀害中国人的英护商兵船军人，阮元坚持严惩凶手，以国体为大。所以在阮元任内，外国兵船不敢来广东。

阮元不仅为官有为，而且作为一代名儒，著术甚丰，有较高的学术成就。他从政之余，不废学问，潜心研究，成就卓然，著述等身。他继汉学大师惠栋、戴震而起，坚持"实事求是推明古训"的治学宗旨，由文字、音韵、训诂入手，寻求经书义理和圣人之道，融通汉宋，力持学术之平，不主门户之见，把清代学术推向一个新的高峰。阮元在经学、小学、目录、校勘、金石、书画、天文、历算、舆地、诗文等方面都取得了非常高的成就。阮元在训诂学、校勘学、目录学、史学、金石学等方面均有突出成就。在两广总督任上，他刻《皇清经解》1400卷，汇集当代顾炎武、阎若璩、毛奇龄、惠栋、钱大昕、戴震、段玉裁等73位著名学者的183种著作，展示了清代前中期经学研究的成果。此外，在浙江学政任上，他编纂《经籍籑诂》，重点收录十三经和唐以前的史、子、集中主要著作的旧注，以单字单词为条目，依《佩文韵府》的106韵部，每韵列一卷，每字刻一条，成106卷。在江西巡抚任上，他重刻宋本《十三经注疏》46卷，《校勘记》243卷。这三部巨著惠及整个学界，至今仍是许多学者的案头必备书。在方志学上，阮元最大的成就为主修《广东通志》。阮元担任两广总督时，广东省志已有近百年没有编纂。在他的主持下，广东修成334卷的《广东通志》，成为业内一致认可、质量较高的方志学经典著作。在金石学上，他曾列举十事为自豪，其实仅主编《山左金石志》《两浙金石志》即足以彪炳千秋。在书法上，他提出《南北书派论》对当时及后世的书坛影响甚巨。他还对科学如天文历算高度重视，《畴人传》的编写就显示了他不同凡响的真知灼见。该书编辑了中国从远古到清代的天文历算学者280人的传记，其中包括利玛窦、汤若望等37名留居中国的欧洲人，在当时是极为稀有的著作。

道光十八年（1838），阮元以老病乞求归老乡里，回到家乡扬州。晚年，阮元潜心著述，并主持刊刻《文选楼丛书》，清廷赐其"太子太傅"。道光二十九年（1849），阮元卒于扬州，谥"文达"。

| 故事1 |

"生辰茶隐"的故事

阮元尽管仕途得意，长期身居高位，但他却并不养尊处优、居功自傲，而是一直清慎持躬，淡泊名利，自律极严。他一生没受到过"六科给事中"的弹劾，没有贪污受贿、中饱私囊的记录。我们从他生日"行茶隐"的故事，或能对阮元为官的清廉窥一斑而知全豹。

做寿是中国人历来重视的习俗，上流社会尤其如此。但自40岁以后，每逢正月二十日，阮元就请停一日公务，带上一家人，避客煮茶于竹林或出游于山寺，不受部下、门生一缣一烛之贺。年年如此，成为常例，一直到去世。由此可见其清廉及其修为与节性。

话说清道光三年（1823）正月二十日，是阮元60岁寿辰。在过去，六十大寿可是一件人生大事。这一天，阮元在家拜受了道光皇帝御赐的"福""寿"两字后，闭门谢客，一家人都不见了踪影，让络绎不绝前来道贺的人们吃了闭门羹。原来，阮元是带着家眷前往抚署东园湛清堂的竹林中煮茶看竹去了，一家人在清净自在的氛围里其乐融融，一直到晚上才回到宅第。

阮元把自己这种"生辰茶隐"的做法称为"竹林茶隐"，即所谓"一日之隐"。道光二十五年（1845），82岁的阮元撰文详细叙述了他"生辰茶隐"的缘由和经过。"乾隆癸丑，臣三十岁，正月茶宴，赐御题杜琼《溪山瑞雪》一轴……至臣四十岁时浙江巡抚任内，凡寿日皆茶隐于外。五十隐于漕舟，六十隐于兼粤抚之竹林，七十在黔溪雪舟中，终身避此哗嚣之境。及今八十二岁，茶隐于长芦庵，巧遇溪山瑞雪之景，是六十年前圣人随手分赐之件，即定臣终身茶隐之局。"

阮元的"生辰茶隐"当然不是自我标榜，而是以长期的清廉自律为基础的。在两广总督任上时，阮元经常奔波于广东、广西各地，然所到之处，都是低调出行，不扰民、不纳礼。有一次，阮元往湛江、海南等地阅兵，路过化州。化州橘红是当地很有名的土特产，颇有价值。阮元久有所闻，但又恐惊动地方，只得暗中遣仆人进园购买，如数付钱。道光元年（1821），阮元兼署粤海关。当时，广州是全国唯一对外通商的港口，粤海关成了海外走私物品入境的主要通道。据御史黄大名在其所奏《粤东积弊折》中记载，当时粤海关官场存在这样的"潜规则"：外洋船只携违禁

物品鸦片入境，暗中贿赂海关监督银两，名为"私税"。私税年达十余万两之多，可见走私之猖獗。阮元执掌粤海关期间，不收分文私税，即便是粤海关贡余，他也分文不取，完全收归关库，留交下任。洋商所缴公费，阮元全部签章发交布政司库，以充公用。据史料记载，阮元兼任粤海关总督，各口征银多收六十四万一千五百二十二两四钱九分二厘。

在支持学术和一些公益事业上，阮元却是非常热心，并且出手"阔绰"。学海堂是阮元在两广总督任上于广州城北越秀山所建书院，阮元曾多次在这里亲自讲学，与学生讲经释疑。阮元也曾多次生辰之际来学海堂避客茶隐。诗中的"地偏心远聊为隐，海润天空不受遮。儒士有林真古茂，文人同苑最清华"，表达了阮元在生辰之际，不愿应付官场应酬，而更愿与文人饮茶吟诗的高雅情趣。阮元从来不接受同僚友人的送礼，但有一次却是例外。道光六年（1826），阮元调离两广总督，出任云贵总督。临行，同僚友人弟子等以礼馈赠，依依惜别。这一次，阮元竟然没有拒绝，而是命属员照收，并一一登记造册。后来人们才知道，他是将这些礼金集中起来交给留任广东的官员，留作未来学海堂的办学费用和《学海堂经解》的编撰费用，可谓用心良苦。

阮元历任封疆大吏，其养廉银也较丰厚，但他的钱大多用在编刻典籍上，所剩不多，无力购置园林，跟朋友开玩笑说："扬州习俗，私家园林喜以姓冠之，我如有园，则名阮园，跟名讳同，这像什么话呢？"其实这也是一种自我解嘲。然而对于学有成就而家境贫困的生员，他则常常予以资助。

更难得的是，阮元在对自己名声上有近乎苛刻的自律。他一生勤于治学，但期间因政务冗繁，请僚属代笔撰文的事时或有之。对于此类文章，阮元坚持"不侵占"的原则，一般都不收入自己的文集，即使收入也都予以注明。比如，在他自编定稿的个人文集《揅经室集》中，弟子要将四库未收书提要173种收入《揅经室集》时，他明确指出"此篇半不出于己笔"，即"篇之中，创改亦复居半"，但"文不必存，而书应存"，可编为"外集"，以示区别。

| 故事2 |

阮元监修《广东通志》

《广东通志》最初由戴璟撰于明嘉靖十四年（1535），是一部记录广东省内事迹、气候、风俗、水利、人物、艺术文化等内容的地方志。《广东通志》先后编修了8次，第6次编修是在清嘉庆二十三年（1818）由阮元负责，道光二年（1822）完成。全书分334卷，共19门68目。

嘉庆二十二年（1817）九月，阮元出任两广总督兼署广东巡抚，嘉庆二十三年底即奏请纂修《广东通志》。他在奏章中称："臣等检阅《广东通志》，系雍正九年（1731）所修，阅今几及九十年，其间沿革损益甚多，且原书体例本未尽善。钦定《四库全书提要》称其冗蔓并驳，应即乘此查取事宜之时，将《通志》详加纂正，以事宜为《通志》张本，即以《通志》为事宜总汇，既上供史馆探择，而下备本省掌故，实为一举两得。"奏章很快得到嘉庆皇帝御批，阮元于嘉庆二十四年（1819）初设立志局，正式开始了重纂《广东通志》大业。

历来官修史志，其监修者大多以官位挂名。然阮元则不同，他以自身渊博的学识、丰富的从政以及学术经历，加上实实在在为纂修《广东通志》倾注了大量心血与精力，因此在《广东通志》的编修中发挥了中坚作用。在编撰过程中，阮元亲自删定《广东通志》的体例结构。正如他在《序言》所说："元池两广，阅《广西通志》，乃嘉庆初谢中垂启文昆所修，喜其载录详明，体例雅伤。"于是，确定新修通志"大略以《广西通志》体例为本，而有所增损"。阮元还亲自选定《广东通志》的参修底本。《广东通志》的撰写始于明代，在阮元主持编修《广东通志》之前，已经有过5部不同年代的省志，即嘉靖十四年（1535）戴璟所撰的《广东通志》初稿40卷本、嘉靖三十六年（1557）黄佐所撰的《广东通志》70卷本、万历二十九年（1601）郭棐所纂的《广东通志》72卷本、康熙十四年（1675）金光祖所修的《广东通志》30卷本、雍正九年（1731）郝玉麟所修的《广东通志》64卷本。经过阮元之精审与比较，他认为"各书多就残

佚，惟黄志为泰泉弟子所分撰者，体裁渊雅，仅有存本，今求得之，备加探录"。阮版《广东通志》正是根据阮元这一意见才决定以黄佐《广东通志》为参修底本的。再则，参与修撰《广东通志》的主要成员，如提调、总纂等均由阮元亲自选定。阮元在上疏请求设局修志时就对编撰人员作出了提名，"委粮道卢元伟为提调，延辛卯翰林原浙江温处道陈昌齐、辛酉翰林刘彬华、江苏监生江藩等分任纂校"。及至开局时，提调增加了高廉道署督粮道叶申万，总纂则增加了翰林院庶吉士谢兰生。而在提调人选上的考虑，则主要是以行政、财政角度确保修志能顺利进行作为考量，因此，人选的确定对于整个修纂工作也成为不可或缺的重要环节。此外，修志所需的庞大经费也是阮元一手筹措的。在奏请设局之时，阮元称"所有经费等项，俱系筹捐蹲节办理"。编修《广东通志》到底花费了多少经费，我们已经无法确知，但从其庞大的修纂人员名单、严格的分工、浩大的卷秩来看，所耗资财想必数目不菲。在《广东通志》整个编撰过程中，阮元自始至终关注修撰进度和质量。道光二年，《广东通志》纂成，阮元即上《奏为纂修广东通志告成恭缮正本敬呈御览》，并表明除正本送呈御览收归史馆外，还打算"起紧刊刷"。阮元原预计修新志"约计一年余可以成书"，然而实际上共耗时三年有余，主要原因就是为了保证成书之质量。

正是因为阮元对编修工作的高度重视和亲力亲为，使得阮版《广东通志》成为广东历史上6部省志中质量最高的一部，在诸多方面体现了很高的学术水准。首先，全面而完善的体例架构。阮版《广东通志》共334卷，分"训典""四表""十略""二录""九列传""杂录"。其中，训典辑录清代皇帝的训谕；四表分郡县沿革表、职官表、选举表、封建表；十略是舆地略、山川略、关隘略、海防略、建置略、经政略、前事略、艺文略、金石略、古迹略；二录是宦绩录、谪宦录；九列传包括人物传、列女传、耆寿传、方技传、宦者传、流寓传、释老传、岭蛮传、外蕃传；另加杂录。其次，阮版《广东通志》具有很高的史料价值。阮版《广东通志》选材十分广泛，按阮元的说法，除各种方志外，"元家藏秘籍，如王象之《舆地纪胜》等书，亦多采录，是以今志阅书颇博，考古较旧加详，而沿革、选举、人物、前事、艺文、金石各门亦皆详核"。一个具体的例子是，至今尚未见有人整理出阮版《广东通志》所征引的全部书目。再次，阮版《广东通志》在编纂手法方面也很有特点。阮版《广东通志》采用大字正文、小字笺案的做法，较好地做到追本溯源，完整地表述事物的演化。如对广东七月"盂兰会"和"七巧节"就是这样叙述的。正文引李调元《粤东笔记》："七月初七夕为七娘会，乞巧沐浴天孙圣水，以素馨、茉莉高结于尾艇，翠羽为篷，游泛沉香之浦，以录星搓。十四祭先祠、厉为盂兰会。相铜龙眼、槟榔曰结圆。""盂兰会"和"七巧节"至今仍是广东独特的民间节日，盛行于今广州荔湾一带。对这一重要的民间节日、歌会，阮版《广东通志》便一口气列出唐韩愈《送郑尚书赴南海》诗、宋刘克庄《即事四首》、明孙蕡《广州歌》、清王士禛《广州竹枝词》四首、梁佩兰《粤曲》二首、杭世骏《珠江竹枝词》六首的相关描述，为我们今天研究古代广东民间歌会、节日提供了清晰的线索。最后，阮版《广东通志》还具有鲜明的由专注考据转向经世致用的时代特征。这种学风的转变，反映到《广东通志》的编纂上就是对关乎国计民生的大事都极为关注，并给予充分的阐述。其中，舆地略、山川略、关隘略、建置略、经政略、前事略就达116卷之巨，其卷秩远远超越前代各种《广东通志》。对一些重大事情的记载则更为详尽。如粤中桑园围，地跨南海、顺德、三水诸县，珠江三条支流西江、北江、绥江环绕而过，成为捍卫粤中经济命脉的水利体系。阮元督粤期间也曾大修。阮版《广东通志》详记了自明洪武年间到清道光年间，历次溃堤造成的灾害，历任地方官对桑园围的修葺，修堤经费的筹措及日常管理等等，为后人确保粤中水利安全提供了重要的参考依据。

阮元作为一位杰出的出版家，在编撰、整理及刻印典籍，推动文化传播方面可谓功勋卓著。在监修阮版《广东通志》之前，阮元编撰、整理及刻印的典籍就已经非常丰富，主要有《考工记车制图解》《石渠宝笈》《山左金石志》《两浙金石志》《小沧浪笔谈》《经籍籑诂》《畴人传》

《两浙輶轩录》《衡文琐言》《两浙防护录》《淮海英灵集》《十三经校勘记》《皇清碑版录》《流舟书记》《十三经经郛》《海运考》《汉延熹西岳华山碑考》《四库未收百种书提要》《国朝儒林传》《浙江通志》等。不仅如此，阮元编撰、刊刻典籍水准之高，也是达到了时代的高度。他的著述及刊刻之典籍得到了很高的评价。当时著名学者龚自珍曾经评说阮元在"训诂之学""校勘之学""目录之学""典章制度之学""史学""金石之学""九数之学""文章之学""性道之学""掌故之学"方面均有建树。"凡若此者，固已汇汉、宋之全，拓天人之韬，泯华实之辨，总才学之归。"今人侯外庐先生也说："阮元是扮演了总结十八世纪汉学思潮的角色。"

就阮元监修《广东通志》的社会影响来说，一个极其重要的收获就是，通过修志，为广东培养了一大批学术人才。曾参与修志的曾钊、谭莹、陈澄等人，后来都成为晚清一代硕儒。阮元通过创办学海堂从教育上培养学术人才，又通过修志从实践上加以锻炼，从而为近代岭南学坛人才辈出以及广东学术文化大盛奠定了坚实的基础，其意义实不容低估。

张之洞

张之洞（1837—1909），字孝达，号香涛，又号壶公，晚年自号抱冰老人，祖籍直隶南皮（今河北南皮县），生于贵州兴义府。晚清名臣，与曾国藩、李鸿章、左宗棠并称"晚清中兴四大名臣"。

清咸丰二年（1852年），15岁的张之洞中顺天府解元。清同治二年（1863年），26岁的张之洞中进士第三名探花，授翰林院编修。此后，历任教习、侍读、侍讲、内阁学士、山西巡抚、两广总督、湖广总督、两江总督（多次署理，从未实授）、军机大臣等职，官至体仁阁大学士。

张之洞早年是清流派首领，后成为洋务派的主要代表人物。他提倡经世致用，大力兴办洋务，对中国的近代化产生了较大影响。其在政治上主张"中学为体，西学为用"，积极推动开办实业，创办了汉阳铁厂、大冶铁矿、湖北枪炮厂等，在民族工业发展上作出了很大贡献。毛泽东曾经评价，中国民族工业有两个人不能忘记，轻工业不能忘记张謇，重工业则不能忘记张之洞。

张之洞非常重视教育，其兴学育才思想及实践在中国近代教育史上占有十分重要的地位。他重视基础师范教育。他认为，发展教育在于普及国民教育，而教育的基础又在于普及小学，普及小学则需要大量合格的教员，这是发展小学的先决条件。因此，师范学堂为教育造端之地，关系至重。他创办了自强学堂（今武汉大学前身）、三江师范学堂（今南京大学前身）、湖北农务学堂、湖北武昌蒙养院、湖北工艺学堂、慈恩学堂（今南皮县第一中学）、广雅书院等。甲午战争后，张之洞逐步形成了一套比较系统的近代教育思想，并认识到建立新学制的重要性。担任湖广总督之后，张之洞在湖北大规模兴办新式教育——实业教育、师范教育和国民教

育。这些新式教育活动使其教育强国的构想在推动中国教育近代化过程中起到重要作用。

张之洞又是一个勤于治学的人。他秉性好学，少年时就常挑灯夜读，出任封疆大吏之后，他常于听政之暇，整日端坐读书。张之洞的作息与常人不同，喜欢每天下午2时睡觉，晚上10时起床办公。他自己也曾说："后服官治文书往往达旦，乃幼时好夜坐读书故。"这种夜间工作的习惯，对他的下属同僚造成了很大困扰。大理寺卿徐致祥曾参劾张之洞辜恩负职，"兴居不节，号令无时"。后来粤督李瀚章也奏称："誉之则曰夙夜在公，勤劳罔懈。毁之者则曰兴居不节，号令无时。既未误事，此等小节无足深论。"在儒学名师的指导下，再加上自身的好学上进，张之洞打下了深厚的学问功底。著名历史文献学家张舜徽先生曾说："近世达官巨人之言论，影响于学士书生最大者，厥惟曾国藩、张之洞两家……至于辨章学术，晓学者以从入之途，则张之洞所为《牸轩语》《书目答问》影响最大。张氏为清季疆吏中最有学问之人，其识通博而不拘隘。"这段话高度肯定了张之洞的学识。

清光绪三十四年（1908）十一月，张之洞以顾命重臣晋升太子太保一职，次年病卒，谥"文襄"。其著作有《张文襄公全集》留世。

| 故事1 |

张之洞创设广雅书局

清光绪十年（1884），张之洞任两广总督，此后督粤达五年之久。到任广州后，张之洞即着手兴办教育。光绪十二年（1886），张之洞在广州创办广雅书局和广雅书院。他对广雅书局和广雅书院倾入了大量的心血。比如，广雅书院从选址、施工到落成后的日常事务，他几乎亲力亲为。他实地走访，勘察院址，为书院建筑绘图，并派人监督修建，保证用料质量。他捐出积存多年的体禄，还积极劝导广东绅商捐献，甚至不惜动用公款，为建造和维持广雅书院筹备了充足的经费。他还亲自选聘书院首任院长梁鼎芬，拟定了书院的各项规章制度。此外，他时常于公余之暇，间诣书院考业稽疑。他还专门上奏请求皇帝颁发广雅书院匾额，以资鼓励。广雅书院在两广的教育上，担当了一个很重要的角色。广雅书院后来历经变迁，先后易名，成为广东教育界的一方重镇，培养了众多人才，蜚声海内外。

这里重点讲讲广雅书局。广雅书局，又名广州书局、广东官书局。在清末各省官书局中，它创办时间较晚，但是刻书数量和质量在全国官书局中均较为突出，备受瞩目。作为清末官书局的一个典型代表，广雅书局在其存在的几十年时间里刊刻了大量古籍，成为近代广东刻书最多，在全国都有一定影响的官刻机构，为文化的传播与保护作出了巨大贡献。

张之洞将广雅书局的地址选定在广州文明门外聚贤坊（今文德路广东省立中山图书馆文德分馆）。为了筹建广雅书局，他也是亲力亲为，亲自组织广雅书局成立事宜，延揽知名学者，建立机构，并奏报朝廷，为广雅书局筹集了充足的经费，延揽了众多的知名学者，审定其刻书的内容。在张之洞的大力支持下，广雅书局的刻书事业迅速发展。

广雅书局作为一个正式的官方刻印机构，它由两广盐运司综理局事，设有提调1人（专司雕刻印刷诸事，负责书局的正常事务运转）、文案委员1人、支应委员1人、书办4人、账房师爷1人，这些都是行政管理人员。校勘则是书局的主要业务，设有总校、分校、采访数人。总校提挈文字校勘事宜，陶福祥、廖廷相、梁鼎芬都曾担任总校。据统计，先后在广雅书局内担任校勘之职的有70余人，包括屠寄、王仁俊、叶昌炽、缪荃孙、吴栩寅、李肇沅、黄士陵、何翰章、蔡芳、黎永椿、林国庚、王秉恩等众多知名学者。众多经史造诣深厚的名儒聚集在广雅书局内，书局人才荟萃，学术氛围浓厚，编校人员聚于一起校书，严审精校，保证了广雅书局刻书的质量，为广雅书局刻书作出了重大贡献。

除管理人员、校勘人员之外，还有刻匠、印工、缮录、杂役等人员，但是他们更多的是名不见经传。定稿、校勘、书写、刻版、刷印、装订是雕版刻书的基本环节。刻工的重要作用不言而喻，他们基本上承担了最后四个环节。毫不夸张地说，刻书工人对于雕版印刷技术的发明和发展，对于古代文化的流传都作出了重要贡献。与之不符的是，有关刻书工人的资料相对较少，刻工的姓名或隐藏在书内，出现在书口、序、目录、凡例等位置。刻工姓名常常采用简称，或单书姓，或单书名。司阁、杂役是广雅书局里的杂务人员，担负书局的各种杂务。他们虽不直接参与广雅书局的校书、刻书工作，但是对保障书局的正常运转十分重要。杂务人员的辛勤劳动，支持了广雅书局的日常事务，为刻书提供了后勤保障。

在张之洞的大力支持下，广雅书局也成为延请学者、培养学者的重要场所。广雅书局聚集了一批学富五车的重要学者，如梁鼎芬、李文田、方功惠、王秉恩、廖廷相、屠寄、陶福祥、王仁俊、叶昌炽、缪荃孙等，都是当时的文史大家。作为广雅书局的代表性人物，他们有一些共同之处：其一，他们都是饱学之士，精于版本目录学，在学术上孜孜不倦且造诣深厚，这就为其后的藏书、校书、刻书提供了学术支撑。其二，他们都热衷于藏书、校书、刻书，这与他们的学术研究是相辅相成的。广雅书局的学者大多嗜书如命，不惜斥巨资搜书、藏书。在这样的执着追求中，他们的藏书数量日益增多，并且藏书的质量达到了全国一流的水平。广雅书局丰富的私人藏书为他们阅览、校勘典籍提供了方便，并且在校勘中融入了自己的学术见解，促进了晚清学术的发展。他们除了藏书之外，还致力于刊刻书籍。搜书、藏书、校书、刻书，这四者一脉相承，广雅书局的学者在广雅书局之外的这些爱书活动，为书籍的推广和文化的传播作出了贡献，并为广雅书局内的校书工作积累了学术素养和刻书经验。

继阮元学海堂刻书之后，广雅书局刻书极大地促进了岭南地区的学术文化发展。广雅书局在其主持者张之洞的号召下，网罗了一大批第一流的学者、精于书籍印刷的优秀工人、大量刊行经史子集类书籍。其刻书数量之多令人称叹，居全国官书局之首。据统计，自宋至民国时期，广东各代刻书达5000余种，仅晚清学海堂和广雅书局就刻书330多种，起到了整理、保存和传播古代文献的作用。广雅书局所刻书籍中，有许多是珍贵罕见的原稿本、传抄本、海内孤本等。广雅书局对稿本极其重视，以稿本为底本的刻书数量众多。这些珍贵稿本的刊刻对文献的保存和流传意义重大。在广雅书局刻书的影响下，粤地官刻和私刻蔚然成风。在此背景下，岭南文献因得到系统的整理和刊印，许多未经刊刻的书籍通过书局刻印而流传于世，大量珍贵的史料得以保存，广东的学术文化也由此空前发展，实力空前加强，并在全国造成很大影响。

| 故事2 |

张之洞力解财政亏空难题

张之洞到任两广总督时，正逢中法战事胶着，"自到任以至解严。夜寐不过数刻，罕有解带安息之事"。心血过伤，肝脾俱病，战争结束后，曾请假一月设法调治，但繁重的政务容不得他稍微喘息。"千条万绪，纷至沓来，无一非棘手之事，无一有可循之例……仍复夜以继日，寝馈不遑。并无片刻休息之时。"在督粤五年的时间里，张之洞兢兢业业、恪尽职守，其中所取得的成绩，可谓世人共睹。他曾自我评价："无日不在荆天棘地之中，大抵所办之事皆非政府意中欲办之事，所用之钱皆非本省固有之钱，所用之人皆非心悦诚服之人，总之不外中庸勉强而行四字，然所办各事亦颇有睹成功者，真徼幸也。"张之洞整顿财政，解决财政亏空难题，就是其任内可圈可点的一大业绩。

广东财政，素来艰窘。张之洞刚到任广东时，偌大一个广东省，藩库存款不到五十万两，善后局欠债不计其数。但中法战争和各项洋务事业的兴办，又无不需要巨额花费。战争期间，为本省海防而借洋款约五百万两，为滇桂台越各地防务借洋款四百万两。九百万两的巨额债务原定由各省协拨摊还，但战后户部却奏请由广东一省独立归还，可谓不堪重负。但张之洞开源节流，多方筹措，甚至不惜冒劣政恶名，开"闱姓"赌捐，历尽艰辛，不仅从根本上扭转广东财政入不敷出的窘境，而且做到略有节余。当时，坊间谣传张之洞在广东滥用巨亏，贪腐甚多。但离任广东时，其存现款银正项银二百万两、书院书局杂款银五十余万两，当面移交给继

任的两广总督李瀚章。李瀚章先是愕然，继而是感动，"肃然起立，长揖以谢"。

这一切，张之洞又是如何做到的呢？

可以说，为了弥补亏空，广开财路，张之洞确实是使出了浑身解数。他的做法：其一，向官商筹集资金。为筹建枪炮厂，张之洞知道直接要求政府拨款，或者动用海关关税都是行不通的，他便向广东文武官绅及盐埠各商募集捐款。清光绪十二年至十四年间（1886—1888），文武官绅商贾捐款八十万两，充作海防经费，定造了"广甲""广乙"等兵轮。这时，张之洞召集官绅、盐商筹议，力主将此种捐款"接续劝办"。尽管各官绅商不大情愿，"以款巨力继，颇形观望"，但架不住张之洞"竭力开导"，最终答应续捐三年，以供建厂之用。

其二，整顿税收，缉查走私。张之洞查出广东税厂隐蔽有"黑钱"（税官勾结商人少报货量以偷漏税）、"人柜钱"（包揽人插手商人与税官之间，偷税分肥）、"办用钱"（税厂于正税之外另向商人加收银两以中饱）等10余种，其舞弊银额竟超出正税。张之洞大力整顿税收制度，取消了税厂的包揽制，代之以各级税务官员均由官府派遣。同时推行三联单制，商人完税执单，税厂凭单按月报账，革除一切苛税。他先后整顿了肇庆、潮州、黄江、梧关等税厂，将增加的税金收入分别用于筑台购炮、兴修堤工等事业。对于华洋商人勾结走私，张之洞也予以严查。光绪十二年，有英国商人勾结华商走私鸦片，张之洞下令查封参与其事的洋行，并通过外交途径，驱逐英国不法商人。

其三，开"闱姓"赌捐。"闱姓"赌博是两广地区的一种劣习。它起源于"斗彩"，即以猜中闱场考试士子中式之姓的多寡赌输赢。起初以文武乡试榜中小姓为赌，赌注不过百钱，后逐渐扩大规模，开局收票。清咸丰年间，广东巡抚郭嵩焘下令将查实赌博的罚缴款项，充以军用，之后又批准这种赌博行为通过备案，招商承办。这无异于官府认可"闱姓"赌博的合法存在，因而愈演愈烈，由乡试推广至会试，以及学政的岁、科考试。"闱姓"赌博不同于一般的赌博形式，它利用科举考试来进行，给人以"正规""高雅"的错觉，不仅一般平民，社会中上层人士也多有参加。它类似于买"彩票"，不受名额、金额的限制。因此，"自缙绅士大夫以及农工商股、妇孺走卒，莫不罄其所有，各存幸心，希图一掷"。每值试年，群情沸腾，赌票金额为数巨万。赌商因之大发其财。其结果是，赌商勾结考官一同作弊，通过操纵科举中式，从中攫取暴利。如此一来，"闱姓"赌博就成为一种危害性很大的行为。因此，历任粤督都奏请严禁。但所谓"道高一尺，魔高一丈"，赌商们纷纷转移至澳门设局，巨额赌税竟缴纳给了葡萄牙殖民当局。澳门方面坐享其利，当然也乐得为其提供庇护。

张之洞督粤之时，为救燃眉之急，不得已想到开"闱姓"赌捐的筹款办法。清光绪十一年（1885），张之洞上奏朝廷《筹议闱姓利害暂请弛禁折》：

> 闱姓弊端甚多，本应严申禁令，惟须一律禁止，不使利归他族方为上策。……光绪元年申禁以后，奸民私于澳门设局，输资葡人，澳酋作护，官力遂穷，藉此巨资购船置炮，近且接济法虏，窥伺省垣。澳为粤患，中外共知，为丛驱爵，有名无实，实藉寇资盗，有损无益。现经绅商具呈，如蒙弛禁，情愿认捐巨饷。此时饷源无出，亦可籍纾目前之急。

张之洞当然知道，一旦正式宣布解禁，"闱姓"赌风之炽将更为嚣张。运用这种手段来筹措资金，必然为自己的政敌提供绝好的攻击口实。但是，"据诚信堂商人张荣贵、敬忠堂商人杨世勋等呈办，以六年为限，共捐洋银四百四十万元，五个月内先缴一百五十万元"，如此巨额的款项，对于囊中羞涩的张之洞来说实在太有诱惑力。因此，为了军政大局之急需，张之洞下定决心不顾个人毁誉。他先后从"闱姓"赌捐中抽出上百万两，分别用于修复黄埔船坞、建造巡河炮轮、订购布机、加固堤防。

其四，缩减开支。中法战争后，张之洞立即奏请裁军以省军费，还废

除了税厂惯例向官府交纳的"充规""节礼""季规""堂礼"等款项。为倡导廉洁之风，在兼署广东巡抚时，他于抚署后园，辟畦种菜，筑草亭于其中，其榜联云："稼穑艰难君子教，菜根风味士夫知。"一时传颂士林，流为美谈。

张之洞督粤五年，经手款项数千万计，都能做到秉公从事，不染私利。光绪十九年（1893），大理寺卿徐致祥出于宿怨，弹奏张之洞于两广任内"恣意挥霍"，"亏耗国家帑项及私自勒捐者，总不下数千万两"。朝廷命张之洞的继任者李瀚章核查事实，李瀚章在调查之后据实复奏："取之于关蠹吏饕、博徒标匪，以及贪劣各员，而非抑勒于富家；用之于充饷济赈、利农恤士，以及营造各要工，而非销耗于无益。取贪诈非分之财，上资军国，下济士民，揆之理法，岂得为苛。"针对当时对张之洞的种种非议、讹传，李瀚章进一步辩释："张之洞在粤时，正值海疆有事，政烦费巨，历年辛苦经营，时势亦与今不同。倘非身至其境，留心考核，固无以知其措施之迹与传闻之误也。此系公平之论。"

容 闳

容闳（1828—1912），字达萌，号纯甫，广东香山县南屏村（今珠海市香洲区南屏镇）人。中国近代著名的教育家、外交家和社会活动家。容闳是第一个毕业于美国耶鲁大学的中国留学生，是中国留学生事业的先驱，被誉为"中国留学生之父"。在中国近代西学东渐、戊戌变法和辛亥革命中，都有着不可磨灭的贡献。

清道光二十年（1840），入澳门马礼逊学堂。道光二十七年（1847），赴美留学。后考入耶鲁大学，成为毕业于美国耶鲁大学的第一个中国留学生。清咸丰五年（1855）回国。

清同治二年（1863），受曾国藩委派前往美国为江南制造总局购买机器，江南制造总局由此一跃成为当时远东最大、最完善的机器工厂，不但可以修理制造枪炮，而且可以造船。同治七年（1868），向清政府提出以选派幼童出洋留学为重点的四项条陈。同治十年（1871），被任命为"幼童出洋肄业局"副委员，任留学事务所副监督，并于次年率第一批留学生赴美。此后长期驻美，专管留美学生事务。清光绪元年（1875），还同时出任了出使美国、西班牙、秘鲁三国副大臣，直至1881年清政府撤回留学生为止。由于对洋务派失望，1882—1894年侨居美国。

甲午战争后，容闳已经是70岁的老人，但维新变法使他重燃豪情，他重返国内并积极参与了之后的变法运动。戊戌变法前后，容闳与翁同龢、张荫桓及康有为、梁启超等人来往密切。他积极参加维新派各种学会活动，康有为、梁启超都对这位改良先驱很看重，尊称他为"纯公""纯老"。容闳把自己在北京东安门的寓所提供给维新党领袖作会场，容闳家便成了维新运动的中心之一。变法失败后，容闳潜逃出京，经上海租界迁

至香港。

1900年，容闳与唐才常等激进的"自立会"人士在张园集会（与会人员还有严复、章太炎、马相伯、叶瀚等名流），宣布成立"中国议会"，容闳被选为议长。一个月后，唐才常的"自立会"举事失败。在清廷的通缉下，容闳在堂弟容星桥的协助下离开上海。1901年，容闳避至台湾，后至香港而返美国。

1911年5月，83岁高龄的容闳在美国家中中风。当年10月，他接到了辛亥革命成功的消息，激动地趴在床上写了三封信给革命党老朋友们，祝贺革命成功。1912年4月21日，容闳病逝于康涅狄格州哈特福德城，终年84岁。葬礼上，牧师讲了这样一段悼词："假如他还没有老，他一定会亲自参加革命，他的与生俱来的、热爱效忠中国的光焰，绚丽燃烧，直到他生命的尽头。"

| 故事1 |

近代上海由国人创办的第一份中文日报

作为一个努力推动中国近代化进程的先驱人物，容闳不仅注重器物的引进，他还认识到观念变革的刻不容缓，即只有中华民族整体觉醒，才可能推动国家日趋文明富强。而新闻媒体恰恰是传播新观念、改变封闭落后愚昧状况的最好渠道。

19世纪70年代，上海的报业均为外国人把持，著名外文报纸有《字林西报》《万国公报》等，中文报纸则有英国商人美查创办的《申报》等。但当时《申报》的报道和评论中涉及英帝国主义侵略中国，在中国的土地上推行殖民主义政策这个要害问题上，有唯英国殖民者的利益是从的表现。上海缺少一份国人自办的报纸来为民族发声。在此背景下，中国首位赴美留学生容闳在其短期回国间隙参与筹办了《汇报》。1874年，在归国引进美国制新式武器格林炮之际，容闳曾在上海逗留一段时间。在这里，他和香山同乡叶廷眷、唐廷枢、郑观应等人商谈办报纸、启民智一事，他们很快就决定创办一份名为《汇报》的报纸。《汇报》正式出版前夕，《申报》载文说：

> 现闻粤人拟在上海另开新闻馆一所，首先倡捐者，上海令叶邑侯也；倡议开馆者，唐君景星诸人也；倡立馆规者，容君纯甫也；主笔诸君，皆延粤中名宿也。机器、铅字，皆容君所承办也……

1874年6月16日，《汇报》正式创刊，由邝其照（容阶）主持报务，管才叔任主笔，贾季良等任编辑。考虑到报纸易于惹祸，容闳还延聘美国人葛理担任名义主笔。

《汇报》创刊时，清政府尚未颁布报律。为防止官方不必要的干预，发刊之初先立规矩以自律是十分必要的。报纸的具体规划，则由启蒙思想家、实业家，时任招商局股东的郑观应完成。郑观应撰写了《汇报》的章程共十三条：

第一条：本局设上海，名曰汇报局，公举董事数名协同商办。一切局务议交邝君容阶一人总理，以专责成；其余局内司事人等，必须认真选充，查明来历，出具保结，方可任用。务以各尽各责，不得人浮于事，设有差池，唯原保事问。

第二条：本局汇合资本一万两为率，分作一千股；每股先付规银十两，每两每年一分官利，闰月不计。

三、四、五、六条，规定银钱存息、经费开支、总理权责及局员制度。在财务管理方面，包括银钱存息、经费开支、账目核算与审查等，实行了财务公开制度。

第七条：本局专以翻刻中外新闻，逐日传报，以期改良社会之习惯，周悉外人之风尚，考较商业之良窳，增进国民之智慧，尤要协力同心，公正办理，以图生意畅旺。

八、九、十、十一、十二条，分别言明每年盈余、账目制度及股票收存与出让、股份更换等规定。关于股票出让，规定"一经售定，即行到局

注部转换股票，但不准让与洋人"。利润的分配有三种方式：官利、溢利与花红，并规定了分派时间。

第十三条：凡有到局请刻新闻，其词句间或讥人私恶，或败人名节，是非混淆，种种恶习，概勿承刻，免生事端。如事实关要，必期刊刻传播，使大众咸知者，务须先觅殷实保人，兼任出具保结，然后方准刊入日报，以昭慎重。

章程还规定，该报纯为中国人的报纸，主权在我，其余可做权宜处理。

《汇报》以倡导开启民智、净化风俗为己任。在言论上，《汇报》主张富国强民，革新自救，支持兴办洋务，振兴教育，鼓吹实业救国，反对殖民主义侵略，批评清政府的软弱外交。如在日本侵占台湾问题上，该报明确提出"台湾是我属地不容听若所为"。在英商怡和洋行修筑吴淞铁路问题上，该报连续发表《辩申报答铁路事》《论中国开筑火车路》等专论，斥责《申报》支持英商开路是"助西人而敌中国"，认为"中国之开火车路，既无益，恐祸乱自此而生矣"。在派遣幼童出洋留学问题上，该报认为是一件利国利民之好事，"幼童回国即可为国出力"。

《汇报》于清同治十三年五月三日（1874年6月16日）创刊，九月，《汇报》易名为《彙报》，稍后又更名为《益报》，因此短短的一年半时间里，先后经历《汇报》—《彙报》—《益报》三个阶段。此后，由于财力不济和销路不畅，于清光绪元年十一月七日（1875年12月4日）停刊。《汇报》存在的时间虽不久，但它作为上海第一份国人所办的中文日报，也是第一个试验股份制的中文报业，仍具有重要历史意义，在中国新闻史上具有独特的地位。在西方列强侵华、民族矛盾日益尖锐的时刻，容闳参与主办的《汇报》站在中国人民一边，旗帜鲜明地谴责侵略者的行为；极力鼓吹向西方文化学习，以求尽快改变中国的落后面貌，这一切，无异于暗黑世界里一道耀眼的亮光，为近代中国开启民智发出了第一声呐喊。容闳等人的办报思想，一直到20年后，才被康、梁维新派继承并发扬光大。

| 故事2 |

容闳推动选派幼童出洋留学

晚清朝廷派遣幼童赴美留学，为闭关锁国的中国培养了对接国际的第一批人才。今天，人们每每言及晚清幼童留学一事，必提及容闳。如果没有容闳锲而不舍的努力，中国规模化的海外留学还不知要等到何时才能成行。正是此次留学，不仅为国人洞开了封闭的国门，培养了一批卓越的人才，更为后来成绩斐然的庚款留学埋下了可贵的种子。

1868年，容闳向清政府提出了选派幼童出洋留学的建议。19世纪中叶的中国，国门甫开，通晓英语且熟悉了解各国政经律法情况的人才基本上处于缺失的状态。其时，清朝政府正面临与列强"修约"的难题，在总税务司赫德等人的建议下，清政府决定派遣使团访问各有约国，疏通关系，却苦于尚无"堪膺此选"的人才。最后经赫德推荐，总理衙门聘请业已御任准备归国的美国驻华公使蒲安臣权充"办理各国中外交涉事务大臣"，"著即派往有约国"，同时派员随蒲安臣出使。这是中国向欧美派出的第一个外交使团，史称"蒲安臣使团"。

1868年4月，蒲安臣使团行抵旧金山，在美国滞留半年时间，并假用"钦差大臣"的名义，于7月28日同西华德缔结"由西华德拟定的"中美《续增条约》，也就是所谓《蒲安臣条约》。该条约第七款明文规定：

> 嗣后中国人欲入美国大小官学，学习各等文艺，须照相待最优国之人民一体优待；美国人欲入中国大小官学学习各等文艺，亦照相待最优国之人民一体优待。美国人可以在中国按约指准外国人居住地方设立学堂，中国人亦可在美国一体照办。

当时，容闳以候补同知资格充任江苏布政衙门译员，他密切关注对外交涉事务。《蒲安臣条约》的签订，使容闳深感问题的严峻。他认为，无论是在处理国际关系事务时，还是在同外国民族的商业和其他交往中，中国常常因缺乏受过现代教育、力能胜任的代表而深蒙不利。在许多至关重要、原应由本国人从事的职位上，中国只能被迫任用外国人，假手于"客卿"，这样一来，中国的利益很容易被忽视或出卖。他指出："在同美国和其他西方国家协商条约中，竟让美国人蒲安臣充当中国的首席代表，那怎么会合适的呢？"

《蒲安臣条约》的签订，使容闳感到向西方国家派遣留学生已成为燃眉之急，该条约第七款"嗣后中国人欲入美国大小官学，学习各等文艺，须照相待最优国之人民一体优待"，也为清政府向美国派遣留学生提供了保证。他在经丁日昌口头同意后，撰制条陈四则，寄呈丁日昌，由他转寄北京呈递总理衙门采用。其中第二条，即提出"政府宜选派颖秀青年，送之出洋留学，以为国家储蓄人才"，并就具体的派遣之法提出了操作的建议。但他的这项建议一直拖到四年后的1870年天津教案事发，容闳再次向丁日昌提起这项计划，丁日昌进而向曾国藩等人详尽陈述容闳的教育计划而得以正式实施。

有一天深夜，丁日昌来到容闳住处，告诉他曾国藩、李鸿章等几位钦差大臣一致同意，并由曾、李二人联衔入奏，请朝廷"采择君所条陈而实行之"。容闳在回忆录中以文字记述下了当时的心情：

> 予闻此消息，乃喜而不寐，竟夜开眼如夜鹰，闻此身飘飘然如凌步云虚，忘其为僵卧床笫间。两日后，奏折拜发，文正领衔，余三人皆署名，由驿站加紧快骑，飞递入京，此时曾督及余人皆尚在津沽也。

朝廷为此成立了"幼童出洋肄业局"，设正、副委员两人，分别由陈兰彬、容闳担任。陈兰彬负责留学生在国外继续学习中文，容闳负责他们在国外的教育并为他们安置住所。至于留学生的经费，则由两人共同管理。按照容闳所拟章程，留学生暂定总数额为120人，分四批出国，每批30人，每年遣送一批，连续派遣四年，每年大约在同一时期。接下来就是第一批留美幼童的选拔工作。但没想到的是，选拔这首批30名幼童，其过程远比容闳想象的困难多了。与当年容闳自告奋勇，主动报名与布朗夫妇一起赴美学习截然不同，首批幼童的选拔极不顺利。晚清社会对西方国家的鄙夷文化根深蒂固，各种谣传更是不绝于耳。加之留学时间长达15年，有着团圆传统的国人对幼童留学一事极为抵触。一位留美幼童后来回忆：当我是一个小孩子的时候，有一天，一位官员来到村里，拜访各住户，看哪一家父母愿意把他们的儿子送到国外接受西方教育，由政府负责一切费用。有的人申请了，可是后来当地人散布流言，说西方人野蛮，会把他们的儿子活活地剥皮，再把狗皮接种到他们的身上，当怪物展览赚钱，因此报名的人又撤销了。显然，这样的民间文化氛围给招生增添了障碍。

容闳等人一开始就把招生范围划定在受西方文化影响较深的东南沿海地区，特别是广东。在陈兰彬、徐润等人的大力协助下，容闳招考录取了詹天佑、邝荣光、容尚谦等30名学生。据《徐愚斋自叙年谱》记载，这批学生中有24人是广东籍贯，其中有13人籍属香山县，外省学生来自江苏、上海、福建、安徽、山东，年龄均在10～15岁之间。詹天佑祖籍安徽徽州，当时在香港英人学馆读书，如果把他算作广东生员的话，首批出洋幼童中广东籍学生应是25人。

1872年夏，留美预备学堂举行中英文会考，首批30名幼童全部及格，获准"放洋"。8月11日，第一批前往美国留学的30名幼童在陈兰彬和容闳的率领下，自上海启程，三个月后抵达美国旧金山，从此拉开了近代国人与国际社会频繁接触的序幕。1881年，原计划15年的留学计划在推行9年后夭折，除少数几人大学毕业外，绝大部分留学幼童不得不放弃学业归国。即便这样，这些幼童仍旧像一枚枚倔强的种子，在那个陈腐的土壤里焕发出新的希望。这批幼童中，出现了被人誉为"中国铁路之父"的詹天佑，中国邮电事业的奠基人朱宝奎、黄开甲、周万鹏、唐元湛，中国第一代矿冶工程师吴仰曾、邝荣光、唐国安，中国第一代海军将领容尚谦、蔡廷干、徐振鹏，中国第一代留学生外交官唐绍仪、梁诚、梁敦彦等杰出人物，唐绍仪后来还担任了中华民国首任总理。

陈伯陶

陈伯陶（1854—1930），字子砺，号象华，广东东莞中堂人。岭南著名文化学者、教育家。其所撰写、编纂的大量典籍，对岭南地方学术的发展有着重要的价值。

陈伯陶少即聪敏于学，6岁时拜粤中大儒陈澧为师，10岁时就已经通读五经。清光绪五年（1879）25岁时，中己卯科解元，参加乡试获第一名。光绪十八年（1892）38岁时，中壬辰科进士，同榜者有蔡元培、张元济、赵熙、汤寿潜等，殿试获一甲第三名，钦点探花，并授翰林院编修、文渊阁校理、武英殿协修。后又任国史馆协修、总纂。光绪二十一年（1895）起，先后出任云南、贵州、山东乡试副考官等职。光绪三十二年（1906），陈伯陶奏请：以求实学、正人心谕告各校有赏，提倡实业，言在学堂。随后被派遣赴日本考察教育。回国后，出任江宁布政使，崇尚实学，黜除邪说。在南京支持创办学习外国语言的方言学堂和培养华侨子弟的暨南学堂。清宣统元年（1909），陈伯陶历充南书房行走、国史馆总纂官后，擢升江宁提学政、署江宁布政使。宣统二年（1910），入觐摄政王，陈伯陶请求告假修墓。不久，由广东总督代奏，陈伯陶开缺官职，归乡养亲。宣统三年（1911），出任广东教育总会会长。辛亥革命后，他避居香港九龙城，署所居曰"瓜庐"，以东陵侯种瓜青门外以自况。此后20年间，专心著述，传播文化。除了著书立说，其还与赖际熙等人创立学海书楼，开坛讲经，传扬国粹，倡施义学，以救当时不振的国学。其时，赖际熙会同陈伯陶、陈望曾、苏志纲、冯博庵、罗元燮等一群前朝遗老，向香港绅商游说，劝其出巨资购经籍，并由陈伯陶、赖际熙等每周轮流讲学。后建学海书楼，藏书4万余册，藏书与讲学并举，惠及甚广。

陈伯陶好学深思、多才多艺，精通词翰书画，旁及医术、经济、地理等。其一生著述颇丰，主要有《孝经说》、《胜朝粤东遗民录》（4卷）、《宋东莞遗民录》（2卷）、《明季东莞五忠传》（2卷）、《袁督师遗稿》（3卷）、《增补罗浮山志》（5卷）、《东莞县志》（98卷附《沙田志》4卷）、《瓜庐文剩》（4卷）、《瓜庐诗剩》（4卷）等，尤以《胜朝粤东遗民录》和由他主编的《东莞县志》最有价值。

其《宋东莞遗民录》《胜朝粤东遗民录》，详细考证了各类志书和当时的许多著述而编纂成，有人物传记及其诗文。《宋东莞遗民录》共记有20多人，《胜朝粤东遗民录》更是记有290多人。两书分别记载了宋、明时期地方遗民的旧事，成为后人研究宋、明时必引之书。

《东莞县志》是他在香港主持编修、历时六年完成的，是一部史志学界评价较高的县志。《东莞县志》仿阮元的《广东通志》及近代南番诸志的体例。"阅六载方成，凡九十八卷附沙田志四卷，合一百三十余万言。"后附的《沙田志》4卷，对东莞明伦堂的地产———万顷沙六七百顷沙田的缘由、历史、管理、用途等作了详尽记述，为后人留下了珍贵的史料。

1930年8月，陈伯陶卒于香港九龙寓所，终年76岁。

| 故事1 |

陈伯陶与文化、教育

陈伯陶一生所从事的工作主要在文化和教育领域，因此，其历史功绩也基本上与此相关。

1906年，陈伯陶被任命为江宁提学使，不久被派往日本考察学务。日本自明治维新后国力大增，不仅摆脱了被美英等诸国瓜分的险境，还成功迈入列强的行列。甲午中日战争的惨败，清政府在痛定思痛之余，开始将注意力转向日本，并派出人员到日本取经学习。陈伯陶与诸大臣在此背景下前往日本考察。此番考察日本，陈伯陶深受触动，回国后他曾修书与戴少怀："伯陶东渡以来计已两月，此间学校林立，其教授之真挚，管理之严，肃设备之整齐俱堪取法。"陈伯陶认为日本学校教育有诸多值得借鉴之处，如学校管理、学校的设施建设等相对于国内具有一定的优势。此外，他还认为日本教育以生存竞争为宗旨，实施开展教育的主要目的是要增强自身国力以取得有利的国际地位，这点应该值得学习。

中日国力之间的显著差距，使陈伯陶渴望通过改进教育为清朝培养忠君人才。清代提学使的职责主要有四点：一是负责全省教育行政，稽核学校规程，考查各属教师、教职等。二是对科长以下各员可以选用派委；对劝学公所总董可札委、更换；对所属府州县之学务应予考成，均申详巡抚办理。三是凡学务议长、议绅之才品学识，亦由提学使密陈巡抚转咨学部察核；其所属高等学堂以下学堂监督、堂长及教员等均由提学使聘用，受其节制、考核，并随时详请巡抚举劾；所需经费，应会同布政使筹划，详请学部。四是提学使亦应于每学期及年终，将本省学堂办理一切情形，及学务人员情况，详报于学部考核；如遇紧要事件拟省考察时，须电请学部允准。

在江宁提学使任上，陈伯陶推崇经世致用之实学，罢黜邪说。一方面，他认为教育的宗旨仍要回归于圣人之说，并为此而大力推崇忠君爱国教育；同时，他也赞同所学知识应随着时间的推移而作改变以适应时代之要求。这一观点，在其《谒江宁圣庙谕诸生文》中有充分的体现："古之学适古之用，今之学适今之用。使三古圣人生今之世亦必自变，其学科盖学求致用，无古今中外其理一也。然天下不变，道亦不变。变者人事学科也，不变者天道学之宗旨是也。学科贵因乎时而宗旨必衷诸圣。"

任职江宁提学使期间，陈伯陶的工作取得了颇为突出的成绩。其时，陈伯陶不仅要负责全省教育行政，还要经常考查各属教师、教职是否忠于职守。陈伯陶终日兢兢业业忠于职守，更难能可贵的是他聘用教员或教习时重视其才能，不因国籍或性别而抱有偏见，能够做到一视同仁。较为典型的事件是关于松本孝次郎是否要辞退之事。陈伯陶在对江宁各学堂的教习例行考查的过程中，发现除了两江师范总教习松本孝次郎以外，诸多教习对工作敷衍、不负责。松本孝次郎才能出众，性情真挚，勤于工作，时常教育学生要以忠孝为宗旨，学习技术的同时兼注重学习本国的文化。这引起了其他日本人的强烈不满，纷纷告知驻中国的日本领事要求撤退松本孝次郎，这一举动遭到了陈伯陶的强烈反对，他竭力争取使其继续留在两江师范担任总教习。当时的英国游历伯爵司世理及驻江宁德国领事文硕都曾致函赞许道："办学认真，前途未可雅量。"

陈伯陶任职江宁提学使期间，最有代表性的成就当属协助端方创办方言学堂和暨南学堂。

暨南学堂，作为广州暨南大学的前身。当时是清政府为"宏教泽而系侨情"而创办的第一所国立华侨学府，专门招收南洋侨生，目的是培养华侨学生的国文、国语及各科学。当时，暨南学堂的创办，在国内及南洋都造成了较为广泛的影响。对于自己在创办暨南学堂这件事上的作用，陈伯陶的记述其实相当简略。其在《七十岁述哀一百三十韵》中对此只是一笔带过："高等两学堂又韧设方言学堂，又招南洋侨生至宁，设暨南学堂。"那么，陈伯陶在创办暨南学堂的过程中主要有哪些贡献呢？据周孝中在《暨南逸事》中所考证，陈伯陶在创办暨南学堂中主要有三点贡献：

其一，为国内首创的培养侨生的学堂，命名"暨南"，取自《书经·禹贡》"朔南暨，声教讫于四海"，其词古雅，其意深远。弘扬中华文化，及于南洋乃至世界。至今海外校友学人，提倡"禹贡精神实"，实源于此。

其二，以提学使身份，兼任暨南学堂监督，亲自制定办学章程和经费预算，使这所新学堂有章可循。他亲自兼职督办，先后两年时间，为暨南学堂奠定了基础。

其三，推荐学务处同仁温秉忠和郑洪年两人为筹办暨南学堂的委员，分工负责（温为总理，郑为庶务长），使暨南学堂从无到有地创办起来，可见陈氏之知人善任。

暨南学堂后来迁到上海，1927年更名为国立暨南大学。抗日战争期间，迁址福建建阳。1946年迁回上海。1949年9月合并于复旦、上海交通等大学。如今广州的暨南大学是1958年在广州的重建。

| 故事2 |

陈伯陶主持纂修《东莞县志》

陈伯陶一生著述众多，其中以编修《东莞县志》最具价值，为家乡地方志史之保存整理作出了重大的贡献。陈伯陶所主编的《东莞县志》，不仅远胜于以往诸本，更是当时全国范围内各地方志中的上乘之作。

1915年，东莞人就纂修县志达成共识，遂拨沙田（今沙田镇）公产为经费，请陈伯陶任总纂，修编新的《东莞县志》。修志局设立于香港九龙，由陈伯陶出面召集了诸多文士参与修编。对于具体参与修志的编撰人，陈伯陶在《东莞县志》的序言部分有明确的记述："分辑者举人大挑河南知县黄萝池（瀚华）、凛贡生钟碧峰（苦华）、生员徐铁侍（汝谬）、生员陈少莱（节超）、生员苏选楼（泽东）、国学生陈莲伯（镰）、绘图者黄曹封（安之）皆邑人例得并书辛酉孟陬。"

东莞县志，自元代郭应木主编《宝安志》以后，迭经明代庄恭、陈琏、卢祥、刘存业、谢邦信、张二果，清代李作揖、周天成、彭人杰等人修纂，日趋完备。从元代郭应木至清嘉庆三年（1798）彭人杰止，共经11次修编（其中还将未见的邓淳志草、何仁山志稿和邓蓉镜的《东莞县志》算入）。正如陈伯陶在《东莞县志》序言中所指出的：

> 东莞之有志也，自邑人陈月桥庚始，月桥宋进士，入元不仕，惧旧闻放失乃因县尹郭居仁应木之请而创为之者也。明永乐初，庄克敬恭复行续修记载稍略，正统间陈琴轩琏致仕归因搜诸遗佚萃而成编会，遭兵革未及梓行。至天顺甲申卢仲和祥得琴轩旧稿增订之锓诸木，自是刘简庵存业、谢谕卿邦信、张莿公二果及国朝李白川作揖，

邓蓼园廷喆皆有重修之举。虽官为提倡而操觚者实邑荐绅文士,故书成无异辞。嘉庆丁巳邑令彭英堂人杰再修聘江西黄石农吏部时沛为总纂,黄君本欧阳子修唐书事增文省之例多所刊削版出。邑人士不谓然,乃摭其遗落为续志二册,请署令范敬亭文安剞劂并行。迄今百二十余年矣。

在陈伯陶之前,东莞地方志的纂修,从最早的元朝至清朝已有11次,但仍有多处不尽如人意,如资料有限,有些史事未经考证就收录在内等。元明时期所编修的诸本,受当时战乱等因素影响,更是大多已不得见。进入清朝后(特别是清前期),由于清朝是少数民族政权,其统治者为了加强对汉人的统治,推行文字狱以禁锢思想。其文字之禁甚严,所以清朝前期所编辑的东莞地方志诸版本一般内容较为简略。如清彭人杰主修的《东莞县志》,是在乾隆修《四库全书》之后所纂修,前志中的人物及著作有属禁毁者,悉数被抽出。东莞南明抗清人物及清初具有反清思想的著作家不在少数,此志都不予收录,后遭东莞人强烈反对,又由乡人自发编著续志以作罢。陈伯陶在《东莞县志》凡例中写道:

> 彭志例言称明代诸本不可得见,国朝郭周二志繁芜已甚,讹闲仍多,今为重订存原本者仅十之一,盖意主简净也。然乡土纪述与作史不同,虽或稍滥要当过而存之,武功康志朝邑县志以高简得名,世或讥其不近人情,无碑文献诚为笃论,兹求得庐志残本,张志书本及图书集成所引《广州府志》内记东莞事大都取之明以前书,兹编悉行采录。

陈伯陶读前志知体例未尽善,故先博行采访,博览群书,详加征引,典核详赡。因彭人杰版《东莞县志》内容过于简略,所以有关嘉庆之前的史事,多征引了明卢志所主修《东莞县志》的残本、张二果主修《东莞县志》旧本,以及《古今图书集成》所刊广州府志内记东莞明朝之前的史事，经核对无误后悉行采录。而由邓廷晶（邓蓼园）所主编的《东莞县志》十四卷，不仅条理清晰且内容翔实，故陈伯陶重新纂修《东莞县志》中引用较多，同时参考阮元的《广东通志》《戴府志》及他省方志中有关东莞人物治绩者的记载加以完备。陈伯陶以极其认真负责的态度，广泛搜集资料，考证真伪。该志参考书籍之多、采集资料之广、耗费时间之长（比如为获有价值的资料，从各地采访和查阅资料长达三年），远胜于之前诸本。

如此，陈伯陶版《东莞县志》仿阮元《广东通志》及近代南番诸志的体例，历时六年最终完成。该志叙事由秦朝至清宣统三年（1911）分为沿革、舆地略、建置略、经政略、前事略、古迹略、职官略、选举略、宦迹略、人物略等15门。附县境图一册，共44幅图。该志后并附《沙田志》4卷。对此，陈伯陶在《东莞县志》序言中指出：

> 邑事散见于史子集部中，旧志多不深考，间有徵引亦不明注所出，兹编广为撝拾，并依阮通志例注其书名，其有差错者则加按语考订之。
>
> 近事固须采访，然元明以来，邑中旧闻多见乡先达著述中。至碑碣石刻尤堪引证，兹之采访偏涉乡村，时逾三载。著述则借其原书，石刻则求其拓本，凡前志未备者，藉为补入所获甚多。

陈伯陶版《东莞县志》终成为地方志中的翘楚，成为陈伯陶学术生涯的一个制高点。对此，出版家王云五也是称赞有加，他在其主编的《续修四库全书提要》中，评价陈伯陶版《东莞县志》有六善：

> 邑事散见于史集部中，旧志多不深考。间有征引，亦不注所出，兹编广为扳拾，注其书名。其有差错者，则加按语考订之。其善一。志以图为重，邑志旧图，于开方测算，未明其法，甚为疏略。今则重新测绘，果然可观。其善二。沿革本之史志，及前代疆域图记等

书，然必兼载邻县，分合始明。旧志征引未全，殊嫌简略，兹详为考据，使阅者了然。其善三。光绪之季，学堂兴而黉舍废，铁路设而驿站裁，故以学堂附学宫后，铁路附驿铺后以著变通之自。其他新政，亦著于编。其善四。明时东莞人物最盛，兹编博考群书，证以状志家传，视旧志加详，且可以订正史误。袁崇焕传尤为精核。其善五。艺文志考载书目，经史子集，四部标列，并录其序语，附注后方，其诗文则散附各略中。其善六。

黄 节

　　黄节（1873—1935），原名晦闻，字玉昆，号纯熙，别署晦翁、佩文、黄史氏，广东顺德人。著名学者、诗人、报人、教育家。纵观黄节一生，从事教育传播是其最主要的工作。青年时期，黄节目睹清朝的腐败落后，他意识到，要救国救民，必须首先启迪民智，而要唤起民众，当然是教育为先。黄节撰《天民日报发刊辞》指出："吾民何以能有知，何以能免于懵懵，一在教育，一在报章。"

　　黄节出身于富裕商人家庭，自幼聪敏好学，深明事理。不幸的是，十月成孤，家道败落。幼年由母亲亲授"四书"，22岁拜简朝亮为师，就读于简岸草堂。清光绪二十六年（1900）前后，漫游各地，广泛接触进步人士，逐渐形成反清革命思想。光绪二十七年（1901），回到广州，与谢英伯等创办"群学书社"，旋改名"武南公学会"，设中外报刊供人阅览。翌年，应顺天乡试，在策论中力陈同仇御侮方略，为同考官袁季九所赞赏，联络18房考官合力推荐，终遭主考陆润庠阻抑而落第，遂绝迹科场，一意从事文化救国事业。在上海，与邓实创办《政艺通报》，介绍西方文明，宣传强国思想。光绪三十一年（1905），回乡变卖祖业，返沪与章炳麟、邓实、马叙伦、刘师培等创立"国学保存会"，大量搜购明清间禁书，刊为《风雨楼丛书》及《古学会刊》，并创办《国粹学报》，阐发学术传统，传播反清思想。同年，又主编《广州旬报》和《拒约报》，揭露美国华工受迫害的实情，鼓吹反帝爱国。清宣统元年（1909），赴香港加入中国同盟会，以满腔的政治热情，写下大量爱国诗文。

　　1911年秋，广东光复，黄节出任省高等学堂监督，替都督胡汉民草拟《改元剪辫文告》《誓师北伐文》。翌年，与谢英伯、潘达微等组织"天民社"，创办《天民日报》，力倡发扬民主，伸张民权，罢斥污吏。1913年春，加入"南社"。5月，到北京铁路局供职，郁郁不得志，时与罗瘿公等征歌狎妓，诗酒唱酬。袁世凯策划"君主立宪"期间，黄节频频撰文抨击，致遭忌恨，一度避居天津法租界。此后不再参与新闻舆论工作，专心致力学术研究和教育事业。1917年，受聘为北京大学文学院教授，专授中国诗学。1923年3月，应孙中山之召，到广州任元帅府秘书长，旋因政局不佳而不就，回京继续任教。1928年，应李济深聘请，任广东省政府委员兼教育厅厅长，兼任广东通志馆馆长。翌年，辞职回北京大学任教，兼任清华大学研究院导师。

黄节以诗名世，与梁鼎芬、罗瘿公、曾习经合称"岭南近代四家"。著有《蒹葭楼诗》两卷，作品风格既有唐诗的文采风华，又有宋词的骨格峭健，刚柔并美，人称"唐面宋骨"，其七律尤为出色。著有《诗学》《诗律》《诗旨纂辞》《变雅》《汉魏乐府风笺》《魏文帝魏武帝诗注》《曹子建诗注》《阮步兵诗注》《鲍参军诗注集说》《谢康乐诗注》《谢宣城诗注》《顾亭林诗说》等。

1935年1月在北京病逝，归葬广州白云山御书阁畔。

| 故事1 |

《政艺通报》："办报救国"思想的最初实践

青年时期的黄节，满腔热血，他认为救治弊病，唤醒国民的最好方式，"一在教育，一在报章"。他先后发起和参与创办了《政艺通报》《国粹学报》《广州旬报》《拒约报》《神州日报》《天民日报》等报刊，而《政艺通报》的创办，正是黄节"办报救国"思想的最初尝试。

1902年2月，黄节与其简岸草堂的同窗好友邓实创办《政艺通报》，介绍西方文明，宣传强国思想。该报是近代中国最早的讨论时政、宣传西学、探讨救国图存的大型综合性刊物之一，其创办宗旨在于"讨论时政、研究社会病状、探讨救国图存方案"，以期使"老大之帝国、东方之病夫于二十世纪勃然兴旺"。

《政艺通报》追求版式上的精美，以表面平整、细腻、光滑的拷贝纸印刷，铅字排印，每期约40页。创办之初，外埠发行点不过十几处，很快增至80余处，从东南沿海扩及全国，不但立足省垣都市，连吉安、浔州、潍县、天门、武穴、常德、泸州、宁国、赣州、锦州等内陆及偏远省区的中小城市也设立了代售处。初为半月刊，1908年2月起改为月刊，每年都有汇编。原分上、下篇，上篇言政、下篇言艺，所以定名"政艺"。从1902年8月第12期起，增设中篇言史（但1904年3月又取消中篇，恢复故例）。

该报篇幅很大，内容十分庞杂。上篇言政，分《政学文编》《政学通辑》《内政通纪》《外政通纪》《要电汇》《西政丛钞》《历代政治文钞》《皇朝政治文钞录》8个栏目，总结中国历史上政治的"治""乱"与中西强弱原因。曾经一度设立的中篇《专言历史》《有史学史编》《皇朝外交政史》《万国外交政史》《万国观世新史》等栏目，"以激扬爱国精神，兴起国家政治思想"，试图从历史的发展中来探求救国的必由之路，达到图存立国自强之目的。下篇言艺，主要设有《艺学文编》《艺术通辑》《艺术通纪》等栏目，后又增设西艺丛钞、艺学图表栏、附录刊登诗歌之类。主要汇编有关工商技艺的论文，为西方自然科学在中国的传播作出了贡献。

《政艺通报》一方面介绍西方新学，以开启民智；另一方面针砭时弊，宣传国粹，激发爱国思想，革命倾向明显。黄节、邓实创办《政艺通报》时，在对待"古今中外"关系问题上持会通态度。从总体上看，是晚清儒学内部的各派会通融合思路在中西学关系上的延伸；具体来讲，是得益于他们当年所受到的岭南学派教育。该派治学向有酌言百家、不重家法的传统，两人受其影响甚大。

《政艺通报》在讨论时政、传播西学、启迪民智的过程中，还在以下方面表现出鲜明特色，从而使其在近代传播史上留下了独特的贡献：

《政艺通报》非常重视教育问题。譬如，1902年《政艺通报》创刊不久，即列壬寅第16期为"教育专辑"，内容有：管学大臣张进呈全学章程折，大学堂考选入学章程，京师大学堂章程，高等学堂章程，中学堂章程，小学堂章程，蒙学堂章程，管学大臣张遵，旨覆陈学堂事宜片二。1902年壬寅第22期特别刊登《爱国学社章程》。1903年《政艺通报》癸卯2号刊登《爱国女学校章程》，癸卯6号发表《文化女学堂章程》，介绍女校办学宗旨，校舍、学级、学格、课程、学费、膳宿、职员、学规、休假等；癸卯7号、8号连载《中国教育会章程》。癸卯3号发表的《客述》最早对中国教育学习日本进行深刻反思，具有远见卓识。再如，《政艺通报》最早关注新学堂西洋史教科书问题。清末废私塾、兴学堂，教科书剧缺。1903年上海文明书局印行之《泰西通史》，日本箕作元八、峰山米造合纂，为当时日本届最新出之书，由华纯甫、李静涵译。藤田丰八曾为《泰西通史》作过一篇序文，发表在1902年9月《政艺通报》上。藤田氏将历史视为"有机团体"，彼此相互联系，存在一定的关系，强调"关系"乃历史的本质。他进一步指出："人类之史迹前因后果，如连珠之不绝，若不明其中之关系，则数千年已往之陈迹，幻梦耳，浮云耳，何意义之足云。"翻译的西洋史教科书，不仅对当时学堂的历史教育，而且对改造普通中国人的"世界"观，都有重要的影响。

　　《政艺通报》率先正式使用"体育"这个词语。体育运动在各国虽然有悠久的历史，但"体育"一词东西方都出现甚晚。在古希腊，体育活动往往用"体操""竞技""赛会"等词来表示；在古代中国，有"养生""养行"等。"体育"这条词语最早出现在1762年出版的法国启蒙思想家和文学家卢梭的名著《爱弥儿》（又名《论教育》）中，意思是身体的教育。由于该书激烈地批判了当时的教会教育，引起很大反响，"体育"一词由此流传开来。19出纪中叶以后，德国和瑞典体操传入中国，随后在兴办的"洋学堂"中设置了"体操科"。戊戌变法前后，中国派大批学生到日本，"体育"一词便通过留日学生传入中国，最初见于文字的是1902年《杭州白话报》上所刊载的译文。1903年《政艺通报》癸卯11号、12号刊载的《无锡体育会共和简章》，正式使用了"体育"这个词，认为体育能激荡爱国心，对提倡社会公德、遵守秩序多有助益。《无锡体育会共和简章》强调德、智、体三者并重不偏，认为"我汉种之所以劣败拉丁种、条顿种、斯拉夫种者"，不仅在于公德缺乏、民智未开启，而且在于体育不发达。《政艺通报》所谓的"体育"观念不仅立即为社会所接受，并且深入人心。"体育"这个词从此在中国"安家落户"。

《政艺通报》1902年2月创刊，1908年3月停刊，刊行六年，共出版146期，是出版最早，也是存在时间最长的以宣传西方科学和昌明国粹为主要内容、具有革命倾向的刊物。黄节作为创办者和撰述者，居功至伟。

| 故事2 |

黄节等创建南武学堂

黄节非常重视教育事业，且教育思想先进。其在出任广东省教育厅厅长时，对广东的体育教育、乡土教育、农村教育、女子教育、职业技术教育等都有突出的业绩。其与友人早年创办的南武学堂，就把体育列为主要课程，开创了广东新式学堂文化、体育教育并重之先河。

1901年春天，一群读书人——黄晦闻、杨渐达、黄汉纯、谢英伯、潘达微、李蕴石、何锡朋等修学励行，在广州"河南"（即珠江南岸地区，今海珠区所辖地带）龙溪首约成立"群学书社"。群学书社在龙溪首约成立后不久，因地方不敷，转迁至海幢寺的园照堂。群学书社修葺房舍，易名为"南武公学会"，搜集书籍及中外报刊，捐款捐物，设立群众阅书报处，并设编辑、辩论、体育三部，后又增设教育部。其时，广州"河北"时敏、启明等私立学堂相继而起，而"河南"偏僻一隅，风气未开，为此黄节等南武公学会同人增设教育部，有意筹办新式学堂。

学会以"南武"命名，是黄节的主意，其理由和意义有三：第一，"南武城"是周代文章典制，代表古代文明；第二，"南武"为广州最早的城名，战国时代楚王派公师隅南来略地，于广州筑城；第三，"南武"二字最能代表粤人英爽、文明、勤劳、勇敢、坚忍等优良性格。

黄节作为南武公学会发起人和创办人，在11个创办人名单中列首位。《南武公学叙》由黄节亲自起草，提倡普及教育，发扬国粹，学习西学，重视体育，男女平等。这些主张具有开拓意义和革命精神。《南武公学叙》后来发表于《政艺通报》1905年3月第2号。

"惟我南武公学会，在粤兴学最为先"，此为黄节起草的南武公学会歌中的一句歌词。当时，广州河南除私塾外，还没有一家正式的学堂，立志教育救国的南武公学会开始筹办学堂。海幢寺是岭南名刹，规模宏大、殿堂林立，黄节等同人决定，将海幢寺园照堂的附殿作为课室，招收附近学童就读，南武公学会同人分任教职。由于刚开始创办，不被社会理解和接受，南武公学会最早招收的学生是学会同人的12个子女，这种特殊的生源使南武学堂成为广州第一间男女同校的学校。

学校取名为"南武两等小学堂"，于1905年3月3日开学，并向广东省学务处呈请备案，1906年10月26日获正式批准。首任校长是谢英伯，也是南武学堂创办人之一，后来成为革命家。南武两等小学堂很快引人注目，发展起来。未及一年，学生已增至130余人。当时广州读书风气日盛，政府的财力、人力不足，奖励绅民捐资办学，于是民办的私立学校应运而生。20世纪初，南武学堂、坤维女子学堂和广东光华医学堂，均是广州较有名的私立学校。

在随后的几年里，南武学堂生源不断扩大，校舍不断扩充，设备也相应增加，1912年添办中学，学校更名为"南武中学"，小学为南武中学附属小学。谢英伯担任校长数月后离职去南洋从事革命宣传及募款，黄节聘请自己的同学、上海人镜学社社长何剑吾返粤接任校长。

黄节、何剑吾提倡男女平权，开广州学堂中学男女同校风气之先。小学堂男女同校，引起关注和非议不算很大，因为学童少不更事、两小无猜。中学生则开始成熟，男女同校，在"男女授受不亲"的时代是很了不起的创举，引人注目，深为社会人士看重。后来，南武中学发展为广州河南最大的中学。

南武中学强调"德、智、体、群、美"五育并重，重视学生身心全面、和谐、自由发展。学校特别注重体育科，关心学生身体健康，积极开展体育运动。当初南武学堂只是借用海幢寺中的圆照堂附殿作为讲堂，没有校舍也没有操场。为此，黄节、何剑吾发动填平海幢寺前的放生池作操场，每天清晨亲自督促学生起床跑步，课余开展球类、田径、体操活动，成绩斐然。在黄节支持下，1906年何剑吾和岭南学校教习钟荣光发起"两广第一次运动会"并担任评判员（裁判），此后，南武中学形成重视体育运动的传统，多次夺取省运动会团体冠军，培养出不少优秀运动员。当时南武中学有"体育固驰名于南国，文化亦推重于中原"的美誉，名扬东南亚，而陈彦、许民辉、丘纪祥被称为"南武三杰"，他们为推动和发展旧中国的体育运动作出了很大的贡献。1913年在菲律宾举行的第一届远东运动会上，陈彦获得了中国在国际体育比赛中的第一面金牌——跳远比赛金牌，丘纪祥获220码竞走第三名，许民辉、陈谨、何琳等6位学生入选中国男子排球队。在第二、第三届远东运动会上连续两届获得男子排球冠军。

"南武"办学，还体现了黄节的爱国教育思想。学校以陈天华烈士的语录"坚忍、奉公、力学、爱国"为校训，提倡爱国主义教育。南武、洁芳（南武女校）两校还成为辛亥革命党人在广州河南的秘密据点。黄节和何剑吾校长为洗雪"东亚病夫"的耻辱，着意培养青少年学生尚武爱国的思想意识，"南武"的"尚武精神"也在这段时期建立起来。辛亥革命烈士温生才、教育家张瑞权、政治哲学家刘思慕、人类学家梁钊韬、暨南大学校长梁炳熙等俊杰人物，都是毕业于"南武"的学生。

黄节秉承教育救国的精神，对"南武"倾注全部心力。他经营有方，勇于开拓。南武中学办学理念超前，管理模式先进，发展很快，不仅成为广州规模较大的中学，而且获得很高办学声誉，名扬华南。学校除最早施行男女同校外，还最早实行董事会管理，最早统一衣装、着装校服上学。学校以南武公学会歌作为校歌，农历三月三日为校庆日，奉行"坚忍、奉公、力学、爱国"校训。西汉陆贾第二次南来，赵佗归汉，于南武城北的歌舞冈修筑高台，每年三月三日赵佗率领群僚饮宴作乐，以志不忘祖国统一大业。这也就是南武公学会歌"生聚教训越古风"之命意所在。"南武"校徽以盾牌为底，象征武士精神；中间结以蓝带，象征学生用以捆书的带子和俭朴品格；带子上有两颗星，一颗文星，一颗武星，象征"南武"培养的是文武双全的学生。特别的校庆、校歌、校训和校徽，诠释着特别的"南武"精神。

广州历来文风颇盛，黄节桑梓办学，得到各界鼎立襄助。海幢寺僧侣腾让屋舍，河南绅商捐资兴学，广东第一任提学使于晦若着意照拂。于氏少年就与黄节相识，交谊甚笃，常到"南武"会晤黄节，共研办学新知。于晦若调京，继任者沈曾桐、秦树声"萧规曹随"，遵循首任习风，对朝气蓬勃的"南武"多方维护。黄节尽心尽责，爱岗敬业，"南武"事业蒸蒸日上，被誉为全省私立学堂的示范。

黄世仲

黄世仲（1872—1912），又名黄小配，别号"禺山世次郎"，又号"世界一个人"，笔名"黄帝嫡裔"，广州番禺大桥乡（今属广州荔湾区）人。晚清报业奇人、资产阶级革命家、小说家。

黄世仲出生于破落的地主家庭，早年就读于佛山书院，后因家境清贫，一度在广州谋生，又曾到马来西亚，后到新加坡，在保皇会的《天南新报》当记者。清光绪二十八年（1902），他回到香港，在陈少白创办的《中国日报》当记者。次年，他在香港与郑贯公办起《世界公益报》和《广东日报》（与《中国日报》合称为"三大革命报刊"）。光绪三十一年（1905），黄世仲在香港加入中国同盟会，成为早期同盟会会员。

黄世仲被誉为晚清文坛奇才，不仅是新闻界中的著名人物，而且是著名的政论家和小说作家。1902年，康有为发表非难革命的《政见书》，黄世仲便在《中国日报》发表了《辩康有为政见书》，把康有为的论点批驳得体无完肤，因而名噪一时。当《中国日报》与《商报》就君主立宪与革命问题展开激烈论战时，他又发表了政治讽刺小说《大马扁》，旗帜鲜明地反对君主立宪，鼓吹革命，并揭露康有为企图保皇为相的真面目。

1905年，黄世仲在《时事画报》发表了长篇连载小说《廿载繁华梦》。它是晚清一部著名的揭露封建制度的罪恶和社会黑暗的小说，成为晚清海内外畅销小说之一。是年，黄世仲又与郑贯公再度合作，创办了《有所谓报》，又名《唯一趣报》，以文艺作品见长，并大胆采用了白话和粤语方言写作，又间参漫画，图文并重，深为读者喜爱。次年，该报载了他撰写的小说《洪秀全演义》，后因该报停刊，遂移载于他创办的《少年报》。1908年，《洪秀全演义》由《中国日报》印成单行本问世，卷首有章炳麟所作之序。此书出版后，省港澳风行一时，影响很大。清宣统元年（1909），黄世仲又在香港《实报》出版历史章回小说《宦海升沉录》（又名《袁世凯》），颇为畅销。

黄世仲还是身体力行的革命小说家。1911年农历三月廿九日，他参加了著名的辛亥"三·二九"广州之役。起义失败后一个多月，他即在广州的《南越报》上发表了连载近事小说《五日风声》。小说以简朴的语言、清晰的条理，全面而又生动地叙述起义的始末，公之于众，起到了很好的宣传作用。黄世仲著述甚丰，除上述小说外，尚有《陈开演义》《宦海潮》《岑春煊》等小说。他还长于戏剧创作，曾与香港记者多人到澳门组织"优天影剧团"，所演多是新编时装粤剧，常寓革命宣传于戏中，时人称之为"志士班"。该团演出《火烧大沙头》一剧，即以秋瑾反清就义事为主线，结合时事，鼓吹革命。演出时座无虚席，轰动一时。

1912年，陈炯明代理广东都督，黄世仲任枢密部参议和民团总局局长。同年5月，黄世仲被陈炯明借故杀害，时年仅40岁。

| 故事1 |

报业界的"拼命三郎"

黄世仲一生最重要的岁月，也是他最多产的时期，是在20世纪初的十年，也是他人生的最后十年。从1901年加入兴中会外围组织中和堂，黄世仲开始从事实际的革命活动和报刊编撰工作，短短的十年时间，他以澎湃的革命激情和惊人的创作能力，做出了平常人一辈子都难以做到的事。办报是黄世仲宣传革命的主要工作，十年里，他以笔代舌，激情昂扬地宣传革命。黄世仲办报，庄谐并举、活泼多样，以可读性强著称，他先后主编或参与编撰10多种革命报刊，写了大量的报章上的长篇短制的政论和报告文学。

1903年春，黄世仲从新加坡回到香港，就任《中国日报》记者，从此开始了他的革命报人生涯。《中国日报》是孙中山亲自筹备创办的资产阶

级革命派的第一份机关报，在近代新闻舆论界享有"中国革命提倡者之元祖"的盛誉。黄世仲甫入《中国日报》，即显出过人的才华。1902年除夕，洪秀全之侄洪全福等人筹划的反清武装起义因事泄失败，党人梁慕义等10余人殉难。当时，倾向于保皇改良的广州《岭海报》主笔胡衍鹗利用这一事件，借题发挥，"著论排斥革命排满，指为大逆不道"，恶毒攻击洪全福起义。为反击保皇派的攻击，黄世仲代表《中国日报》操笔上阵，"著论斥之，持矛刺盾，异常透辟"，"双方笔战逾月，粤垣志士纷纷投稿，为《中国日报》声援，而革命画报在粤销场为之大增"。《岭南报》则订户锐减，败下阵来。这是革命排满和保皇扶满两派报纸的第一次笔战，革命派取得了胜利。这次胜利的取得，黄世仲可谓居功至伟。

1903年春，黄世仲从朋友那里看到康有为《答南北美洲诸华商论中国只可行立宪不可行革命书》，即起而著文，写了洋洋3万余言的《辩康有为政见书》，在《中国日报》上连载。他对康有为中国"只可行立宪，不可行革命"的观点进行了有力的驳斥。文章直指康有为的保皇谬论是"欲作尊君亲上之圣人，可他人父，认以同宗"，是"国民之祸水"。黄世仲认为，康氏的《政见书》"绝无宗旨"，"忽而言道德，忽而言利害，忽而言名分，忽而言天演，忽而言气数；不明种界，不识民族，不识公理，千差万错"。而其目的，"乃欲以唇枪舌剑，对敌风潮，借胡清之剑印，以诛尽汉种之头颅"。在文章的结论部分，黄世仲又正告康有为，尊君保皇是违背潮流、违背人心，完全行不通的。他写道：自康氏鼓吹保皇以来，"未及四年，而保皇之人心亦乃星散，康氏有知，当自悔其非计矣。今者民气既开，风潮递进，海内外人士，皆知种族不可沦亡，公理不可诬蔑。民族主义，万口同声，康静听之，时乎时乎，会当有变。自今而往，毋直摇舌，以乱国民之意"。

黄世仲在香港兴中会机关报《中国日报》发表这篇《辩康有为政见书》，比章太炎的《驳康有为论革命书》在上海《苏报》摘要发表的时间还要早些。同是革命党人的南海人冯自由在《革命逸史》（第2集）中记述："康有为排斥仇满之《政见书》出世，《中国日报》与章太炎先后为文驳之,《中国日报》文字多出世仲手笔。"指的就是这件事情。黄世仲的这篇文章,在当时国内资产阶级革命派的活动中心华南地区以及海外影响很大,粤港澳人士盛赞"黄世仲支笔胜过三千支毛瑟枪"。同年冬,原分期刊于《中国日报》的《辩康有为政见书》印成小册子,分送海外各埠,"风行天下,人人争看"。自此以后,黄世仲文名大盛,"便无人不知有黄小配了"。可以说,黄世仲著文驳斥康有为的保皇谬论,有力地配合了孙中山1903年下半年在海外亲自领导和发动的反击改良派的斗争,打击了改良派的嚣张气焰,扩大了革命派在国内外的影响,促进了革命的发展。

1903年底,《中国日报》著名记者、黄世仲的好友郑贯公因与《中国日报》主持人陈少白发生矛盾,离开《中国日报》另创《世界公益报》。黄世仲这时也辞掉《中国日报》记者职位,随郑贯公任职《世界公益报》。该报日出两大张,近5万字,分《时论》《京省新闻》《杂评》《万国新闻》《粤闻》《港闻》等专栏,公开号召读者"投袂而起,光复中国""变专制为共和,变满清为皇汉",被时人誉为"香港党报之第二家"。因为该报言辞激进,出资人怕招惹是非,请郑贯公略变宗旨,郑贯公不从,遂离开该报。1904年3月,黄世仲随同郑贯公在香港创办另一革命报纸《广东日报》。该报以发挥民族主义,提倡革命精神为宗旨,反对君主立宪,主张暴力革命,鼓吹实行资产阶级民主共和。一年后,郑贯公与黄世仲离开该报,并于1905年6月一起创办了《有所谓报》。该报为通俗小报,全称为《唯一趣报有所谓》。郑贯公为总编辑,黄世仲等人任编辑和撰稿。该报内容分庄、谐两部,以"抒救时之策,鸣警世之钟"为己任,其言论比前几张报纸更加激烈,一问世就宣布要"以言论寒异族独夫之胆,以批评而褫一般民贼之魄,芟政界之荆榛,培民权之萌蘖"。1905年5月,全国掀起了反美爱国运动,《有所谓报》以极大的热情,站在运动前列,声讨美帝国主义排斥和虐待华工等野蛮行径,动员各阶层群众彻底抵制美货,鼓舞群众斗争到底。由于该报旗帜鲜明,庄谐并举,吸引了港、澳、穗地区的广大读者,"一纸风行,为省港各报之冠"。时人评论

其"阐扬民族主义，不亚于中国报"。郑贯公和黄世仲也因办报成为"兴中会后期及同盟会时代华南进步报人中之两员闯将"。

1906年夏，年仅26岁的郑贯公因患心痛病英年早逝，黄世仲失去了亲密的合作伙伴，开始独立办报。是年夏，黄世仲创办了《香港少年报》，自任总编辑兼督印人，提出以"开通民智、监督政府、纠正社会、提倡民族为宗旨"，继续进行革命宣传和启蒙。该报出版一年后因经费困难停刊。1907年5月，黄世仲与胞兄黄伯耀在广州创办《广东白话报》。同年12月，黄世仲又鼎助其兄黄伯耀创办以鼓吹国民责任、讨论政治得失、灌通社会知识、扫除社会窒碍为宗旨的《社会公报》，宣传空想社会主义思想。

综观黄世仲短暂的一生，可以说，在晚清报刊史上，黄世仲以其丰富而激情的创造，对辛亥革命作出了令人瞩目的杰出贡献。

| 故事2 |

黄世仲与《时事画报》

《时事画报》创办于1905年，是晚清革命派在广州创刊的著名文艺刊物。《时事画报》以旬刊出版，由潘达微、高剑父等人发起主办。1908年，《时事画报》因报道黄兴等人发动的钦廉起义和云南河口起义，激怒清政府，被迫迁至香港。接着又因鼓励广州新军起义，清政府曾发出7个照会要求香港港督勒令《时事画报》停刊，港督未予理睬。1912年后，《时事画报》发表的大量漫画，已经完全采取现代漫画的手法，它不但是中国最早的现代漫画刊物之一，而且是中国现代政治漫画刊物的鼻祖。

《时事画报》以"开通群智，振发精神"为宗旨，内容以图画纪事为主，图文并茂，刊登了大量绘画、诗文、曲艺、长短篇小说等，大胆揭露帝国主义对中国的侵略，抨击时政，颂扬革命。

黄世仲和《时事画报》的创办者潘达微、高剑父、谢英伯等人，在革命党中都是交往颇多的朋友和同志。潘达微、谢英伯于1908年参加中国同盟会。在他们加入同盟会的前后，黄世仲先后担任同盟会香港分会的交际员和庶务员，与潘达微等人自然是关系密切。

黄世仲作为《时事画报》的重要撰写人和发行人，其创作的《廿载繁华梦》《党人碑》为《时事画报》提振名气、扩大发行起到了非常重要的作用。《廿载繁华梦》是黄世仲的代表作之一，小说的主人公周庸祐，其所影射的其实是当时的广东官僚买办富豪周荣曜。周荣曜时任粤海关书办，只是一个不入流的小官，但他竟侵蚀公款二百多万两白银。更令人震惊的是，周荣曜进京"傍大腕"，行贿庆亲王奕劻，买到出使比利时大臣的职位。时任两广总督岑春煊听闻此事，迅速上奏要求将周荣曜革职并"严拿监追"。周荣曜知道不是岑的对手，逃往暹罗（今泰国）避罪。黄世仲这部小说的一个重要主题，是要通过描写周庸祐廿载繁华、一朝败亡，从而表现富贵繁华不过一梦的思想。黄世仲《廿载繁华梦》在《时事画报》连载，始于1905年第8期（十一月初十日），终止于1907年第26期（十月初五日）。连载结束后，《廿载繁华梦》又分别在香港、武汉（汉口）等地出版了数个单行本。

1907年，《时事画报》第21期在刊出《本社小说廿载繁华梦全书出版预告》的同时，一并刊出《又有新小说出世名〈党人碑〉》广告，文字如下：

> 迩者党祸多且烈矣。是书内容，历叙十数年来中国近事及党人起伏之情状，一一写出，只作叙事，不加论断。是书于社会有绝大关系，不可不快睹也！著者即本社撰述员黄君小配，前著廿载繁华梦一书，其笔墨价值，久已有目共赏，今此书实后来居上。以著者透观近事十余年，积胸已久，然后下笔成文，其资料丰富、布局奇妙、笔墨精当，自不待言。阅者各手一篇，当不以斯言为夸大也。时事画报谨启。

《廿载繁华梦》和《党人碑》的连载，除去时间上的重复，至少88期、两年又九个月时间，占《时事画报》总期数和存续时间的五分之三以

上；同时，该刊又多次刊登《廿载繁华梦》《党人碑》的广告。就《时事画报》而言，这无疑是很特别的，这也表明，黄世仲与《时事画报》的关系确非一般。还有一个情况也可以帮助人们进一步认识黄世仲与《时事画报》的关系。郑贯公创办的《有所谓报》就刊登了《时事画报》创办的消息以及代售《时事画报》的《特告》。此外，《有所谓报》的总发行处也是《时事画报》在香港的代理处。《时事画报》创刊时写明香港菏理活道开智社为其在香港的唯一的代理处，开智社就是《有所谓报》的总发行所。到1905年底、1906年初，《有所谓报》的总发行所迁到德辅道中，《时事画报》在香港的代理处也跟着迁到德辅道中。这时，《有所谓报》在德辅道中的总发行所开智社仍是《时事画报》在香港的一处代理处。黄世仲是郑贯公的好友和创办《有所谓报》的主要参与者。《有所谓报》和《时事画报》的这种重要关系，也反映出黄世仲与《时事画报》的关系紧密。另外，黄世仲于1906年闰四月初六日创刊《少年报》。在《少年报》创刊时间最近的《时事画报》自1906年7月25日第26期所列的代理处名单中，有一个就是"干诺道《少年报》"，这种情况持续到1907年最后一期即第36期，期间没有任何变化。与此同时，《少年报》也经常刊载《时事画报》的代售广告，《少年报》与《时事画报》的关系显然表明黄世仲与《时事画报》关系密切。

杜定友

　　杜定友（1898—1967），祖籍广东省南海县（今佛山市南海区）西樵镇大果村，出生于上海，初名定有，求学时改名定友，笔名丁右等。他是中国图书馆学和图书馆事业的开拓者，是中国图书馆学史乃至世界图书馆学史上屈指可数的理论大家之一，为建立融东西方图书馆学为一体的中国图书馆学理论作出了杰出贡献。

　　其祖父早年离开南海，先在香港后到上海经营皮鞋生意，后来全家定居上海。1911年，辛亥革命爆发，杜定友剪除发辫，先后考入南洋公学附小及附中（南洋公学即今上海交通大学的前身，由盛宣怀1896年创建于上海徐家汇）。中学毕业，以成绩优良于1918年被校方派往菲律宾大学入读图书馆学系。1920年被授予文学士学位，翌年又被授予图书馆学士、教育学士学位。课余兼职于当地《民报》，又曾兼任中国驻马尼拉领事私人秘书以维持学业费用。毕业后回国拟筹学费续修硕士学位，原派遣他留学的校方不肯支持，只好作罢。后应时任广州市教育局局长许崇清之聘筹办广州市立师范学校并任第一任校长，首创男女同校，及在师范学校讲授图书馆课。期间，出版了《图书馆与市民教育》，为其第一部图书馆学专著。

　　1922年4月，杜定友兼任广东图书馆馆长，创办了国内最早的专业训练班——广东图书管理员养成所。在此时期他还发表了《世界图书分类法》《排字法》《编目法》等文章20余篇。同年7月，赴济南出席中华教育改进社第一次年会，提出《统一图书馆管理法》《推广全国图书馆计划》两个提案，倡议图书馆统一分类编目，极力推动图书馆事业。

　　1923年5月回到上海，应复旦大学邀请任教授兼图书馆教育系主任。翌年离开复旦，与章太炎等人筹办上海国民大学，设立了全国第一个图书

馆系。1924年初，发起并组织上海图书馆协会，并被选为委员长。在他的主持下出版了图书馆杂志、丛书等，进行多种图书馆活动，并受各省市图书馆委托筹组中华图书馆协会，于1926年1月主持筹办了全国第一次图书馆展览会。

1927年3月回到广州，任中山大学图书馆主任，7月间兼任广州市立中山图书馆筹备主任。1929年赴上海，任交通大学图书馆主任兼任上海图书学校主任教授，其间发表《学校图书馆学》《校雠新义》《图书馆学概论》等论文40余篇。

1936年初，中山大学在广州石牌建新校舍，并拟新建大型图书馆，校长邹鲁数次电召请杜定友回校主持图书新馆筹建工作。杜定友于当年6月回穗任中山大学教授兼图书馆主任。翌年中山大学图书馆举行奠基礼，后因七七事变发生，工程停建。

1938年因日本军侵占广州，他千方百计地将图书馆善本碑拓近200箱运至香港九龙仓寄存，并动员人力将余下10万册书运至理学院地下室封存。1940年，时任广东省省长李汉魂聘杜定友为省文化运动委员会委员，成立图书、科学、革命博物馆，杜定友兼任馆长。至广州解放前，杜定友还兼任了广东文献馆主任、广州市立图书馆馆长。在这期间，他写作不辍，出版了《图书管理程序》《广东文化与广东文献》《东西南沙群岛资料目录》等120余篇（册）。

1949年10月广州解放后，杜定友任广东省人民图书馆（广东文献馆与省图书馆合并）馆长。1951年，他提出新的图书分类法设想及新的分类体系，对新的图书分类法编制影响颇大。

1953年因病辞馆长职务，任省文史馆员。1957年5月复任省中山图书馆馆长，并于1963年推选为广东图书馆学会第一届会长。中华人民共和国成立后杜定友仍笔耕不辍，为广东人民图书馆撰写10种辅导资料，发表《图书分类法史略》《参观苏联和民主德国图书馆事业报告》《莫斯科大学图书馆新馆建筑设计简介》《图书分类法的路向》及《图书分类法》（35万字，1964年撰写）等240余篇（册），综计全部著作669种共600余万字，为中国著述最丰的图书馆学者。1967年3月，杜定友因病去世。

| 故事1 |

"我与图书共存亡"

1918年，品学兼优的杜定友以中学毕业生身份被南洋公学选派至菲律宾大学学习图书馆学，而在此之前，南洋公学往年派遣留学生均为大学毕业生，选派中学生留学，杜定友尚属首例。1921年，杜定友从菲律宾学成归国，三年间他共获得文学、图书馆学、教育学三个学士学位和中学教师资格证书。

学成归国的杜定友，受到时任广州市教育局局长许崇清的赏识。杜定友被聘为新设立的广州市立师范学校校长，10月6日，市立师范学校举行开学典礼，孙中山大总统代表胡汉民、省长代表朱念兹、市教育局局长许崇清、高师校长金曾澄等俱出席，场面颇为壮观。杜定友除了在市立师范学校设图书馆管理科，还开设相关课程，亲自讲授。与此同时，杜定友还奉命改组省立图书馆。省立图书馆位于文德路，前身为广雅书局藏书楼，1912年改名为广东省图书馆。杜定友改组省立图书馆，将旧日四部法编目改用十分法编目，依照新图书馆管理法经营。此后，杜定友分别到中山大学任图书馆主任兼广州市立中山图书馆筹备主任以及上海交通大学图书馆主任兼任上海图书学校主任教授。

1936年，在中山大学校长邹鲁力邀下，杜定友重回到中山大学主持图书馆事务并任教授。杜定友回忆："重回中大，图书馆已面目全非。这时，图书馆已迁入石牌新校了。以前经手购入的大套珍贵丛书，很多都散失了。我接管时，按1935年出版的目录点查，缺少了15000余册，数目惊人！查7年之中，换了6个主任。他们都以图书馆为逆旅，其中没有一个内行人，朝秦暮楚，对图书馆哪里会有什么好处？"

这一年，杜定友为中山大学新图书馆进行设计，大至馆舍建筑，小到桌椅式样，无不亲力亲为。其得意之作是解决了图书馆钥匙的问题。全馆

104个房间，有104把钥匙，经机械专家设计，馆长一把钥匙可以开通104扇门，全馆五部主任钥匙可开通属下各室。次年6月，杜定友查清全馆现存图书196121册，添购图书杂志31868册。

杜定友励精图治，准备重新整顿中山大学图书馆时，抗日战争爆发。1938年10月21日，广州沦陷。此前，中山大学已经奉命着手西迁。杜定友将馆内善本书、志书、整套杂志、碑帖等2万余册，装成199箱，移存香港九龙货仓，战时又续存数十箱。广州沦陷前夕，杜定友指挥图书馆员工将中山大学贵重图书装箱，木箱不够，便把书架、桌子、黑板等改做木箱，最后装成299箱共5万余册书籍运走。抗战胜利后，他又赴港交涉追寻寄存的书籍，悉数寻回。

抗战结束，百废待兴，中山大学迁回广州办学，成立复校委员会，但复校委员会中却没有了杜定友之名，分配校舍时也没有图书馆的份。其时，杜定友已经恢复担任广东省立图书馆馆长之职，为此，他自挂"中大、省、市图书馆联合办事处"招牌，奔走接收各处图书。但让人费解的是，中山大学复校委员会竟然不仅否决杜定友要求建临时图书馆的建议，而且命令其将总馆取消，分解成各院分馆，并将旧员遣散。杜定友对此自然是拒不服从。至1949年，省立图书馆各项工作完全进入常态化运作，藏书已达15万册，阅览室读者平均每天1500多人。

1949年10月，解放军大军南下，兵临广州城下。广州国民党当局安排杜定友离开广州，为他准备好交通工具，并命他把一部分珍贵图书随行带走。但杜定友拒绝了这项安排，他以"不做官"为由推辞，坚决留守广州。其时，有熟人对他说："你只接到命令疏散，谁叫你留守？你若不走，非但不能保存图书，恐怕连你老命也不能保，徒为后世耻笑。"杜定友回答说："我与图书共存亡，个人生命早已置之度外。"家人劝他避往香港，他也不从。

10月13日，国民党守军弃城而逃，当地的黑帮蠢蠢欲动，准备趁乱进城洗劫，省立图书馆的门口竟然也被画上符号，在洗劫之列。这可把杜定友急坏了，他奔走求救，最后通过间接关系联系上了匪首请求"豁免"。

对方也答应给他这个面子，但条件是要杜定友先交港币300元作"保护费"。杜定友拿不出钱，也再没有别的办法，只得把图书馆铁门拉上，与馆员轮流守护，通宵不眠。幸运的是，解放军第二日就大军入城，黑帮势力顿时销声匿迹。解放后的广州重归秩序，图书馆文献得以完整保存下来。

| 故事2 |

高产的图书馆学研究专家

杜定友一生共撰写著作86种（其中正式出版或刊行55种），撰写论文512篇（其中正式发表320篇），共600余万字，这是中国近现代图书馆学史上是绝无仅有的。杜定友的学术成就主要体现在图书馆学理论、图书分类学、汉字排检法、地方文献研究、图书馆建筑和设备等方面，而以图书馆学理论和图书分类学最具开创性。

最能代表他早期图书馆学理论特色的作品，无疑是《图书馆通论》。在这本出版于1925年的专著中，杜定友将图书馆置于社会大系统中进行考察，全书分为"图书馆教育""图书馆与教育""图书馆与社会""图书馆与图书馆学"四章。著作从首章"图书馆教育"作为全书理论的出发点，分析作为教育机构的图书馆在教育事业中的地位与作用以及它和其他教育机构的关系。杜定友认为："图书者文化之代表物也。图书馆萃集各代之图书，即所以代表各代之文化，抑匪特代表而已，且负维系之责焉。"由此，他进而提出图书馆的责任是：保存文化，宣传文化，调和文化，萃取精华——取其善而去其恶，采其正而黜其邪。

与此同时，杜定友强调图书馆应主动促进自动的教授法、新科学、新文化的发展。在分析教育者自身教育的需求时，他指出："必赖图书馆为长期学校，以温寻故业，研究新知。"

在接下来的第二、第三章，杜定友从"图书馆与教育"进而论及"图书馆与社会"。他指出："夫书籍者，天下之公器也，自当公开，以为

世用，俾社会人民多一进善之途，使国民思想日益进步，此图书馆所以与社会有莫大之关系也。"作者重点分析了"图书馆为国民修养之中心点""图书馆为国民游乐之中心点""图书馆与国民教育""图书馆与学校""图书馆与农工商界""图书馆与职业指导""图书馆与军政界"等关系。在其后来的研究中，杜定友还把"图书馆与社会"的研究细化到"图书馆与地方自治""国家主义与图书馆""图书馆与女子职业""公共图书馆与劳动者""省图书馆与省政府""出版界与图书馆""公共图书馆与成人教育""社会教育与民众图书馆"等内容。

在著作的最后一章"图书馆与图书馆学"中，他指出，办理图书馆的"要道"，即"能保全图籍，用一定之科学方法以处理之"，"能运用图籍，使之流通，任何人士皆有享阅之利益"。他把图书馆学的范围，区分为专门的和辅助的两大项。所谓专门的，是指图书馆学的专门学识，其中包括理论的（即图书馆学原理和图书馆史），以及实用的（即行政、书籍、指导阅读和教育联络等的管理）。所谓辅助的，是指关于图书馆学有连带关系的学识，其中包括印刷、装订、统计、新闻及博物院等专门科学，以及文学、哲学、教育学、社会学、心理学、演讲术、广告术、论理学和外语等普通科目。

《图书馆通论》的出版，奠定了其图书馆学的基础理论，明确了其图书馆学研究的方向。其最重要的特色，是其开阔的社会视野。在此后的研究中，他还出版了《图书馆学概论》《图书馆与成人教育》《学校图书馆学》《图书馆》等专著及一系列论文。在这些研究成果中，杜定友一直坚持图书馆要以教育学、心理学、社会学和著述史等为原理的观点，从而使得其专业研究在注重解决具体的、细微的技术方法的同时，时刻透溢出浓郁的教育学、心理学、社会学的气息。而他这一价值关照，影响所及，就是在中国当代图书馆学建设的过程中，始终重视图书馆学和教育学的紧密关系，以至于称其为"教育图书馆学"也不为夸张。

除了图书馆理论上的开拓，杜定友还非常重视图书馆学的应用研究，他在图书分类、编目等各种业务方法（亦称管理方法）研究上也卓有成效。1932年由上海中华书局出版的《图书管理学》，是其在图书馆学实用研究方面的集大成者。此前，杜定友已经对图书馆管理方法有比较全面的讨论，出版有大量著作，为《图书管理学》的成书做好了充分的学术准备。

《图书管理学》是一部专业性的教科书，是遵照当时教育部颁行的《高级中学师范科暂行课程标准》编制，供高中师范选科之用。目的在于"使读者能充分利用图书馆及参考图书，以研究学问；并使读者毕业后，担任教务的时候，能指导学生读书，兼能办理小规模图书馆"。《图书管理学》充分体现了作者关于"图书馆教育"的理念：通过介绍图书馆和参考书的使用法，以养成一般图书馆读者；通过介绍图书馆的各种管理法，以造就管理图书馆的专门人才。他把"图书管理"的种种事项组织在一个体系之内，对各事项加以定义和解释，并在它们之间建立起必要的联系，由此体现了高度的专业性和学术性。除了图书馆界所取得的一般成果之外，作者还介绍了自己的分类法、检字法、著者号码表等著作成果。由此，该书无论从综合性、系统性和独创性来说，都成为那个时期图书馆学研究的最高水平。此外，他还在图书目录学、图书分类法的具体研究上取得了丰富而卓越的成就，回国后经多次修改于1935年定型的《杜氏图书分类法》在当时就是极有影响的分类法之一。

中华人民共和国成立初期，杜定友发表了有深远影响的文章《新图书分类法刍议》，首次明确主张以毛泽东关于知识的区分和马克思关于基础与上层建筑的学说为指导来建立新型图书分类法体系。进入20世纪60年代，杜定友陆续发表《图书分类主词目录的建议》《图书分类法的路向》《新图书分类法的远景》等论文。他力主用分面组配和分类主题一体化措施来提升图书分类法的品质，编制分类主词目录来扩大普通分类目录的检索功能。他的这些观点顺应了图书分类法和分类目录发展的世界潮流，符合图书情报工作进一步发展的实际需要。

后　记

　　讲述中国历史文化名人的广东故事，是一次让人"欲罢不能"的挑战！痛点不在于名人故事有多么难写，而在于如何在有限的篇幅里尽可能地涵盖更多的人物，如何在繁星般众多的历史文化名人中挑选出真正富有代表性的人物。然而，这一努力注定是难以"完美"实现的。此次遴选了68位历史文化名人，按照思想宗教篇、政治人物篇、社科学术篇、文学艺术篇、教育传媒篇分编，讲述他们的"广东故事"，但在实际的写作中，"故事"也没有囿于广东，必要时还是选择了更具典型性、代表性的素材。由于编写时间紧张以及编者学识所限，选编难免有所遗漏，窃望方家不吝指正。

　　感谢广东人民出版社钟永宁总编辑、卢雪华主任以及本书编校人员，他们精心安排写作事宜，跟进写作进度，为写作提供了竭尽所能的帮助，使得本书的编写工作得以顺利完成。

编　者

2019年9月8日